출판계 27년 차 베테랑이 알려주는
팔리는 책쓰기의 모든 것

팔리는 책쓰기
망하는 책쓰기

실전 테크닉 편

출판 27년 차 베테랑이 알려주는 팔리는 책쓰기의 모든 것

팔리는 책쓰기 망하는 책쓰기_실전 테크닉 편

초판 1쇄 인쇄 2021년   9월 27일
초판 1쇄 발행 2021년 10월   5일

지은이 장치혁(레오짱)

대표 장선희 **총괄** 이영철
기획편집 이소정, 정시아
마케팅 최의범, 조히라, 강주영, 이정태
디자인 최아영 **표지 디자인** 박진범(공중정원)

펴낸곳 서사원 **출판등록** 제2018-000296호
주소 서울시 마포구 월드컵북로400 문화콘텐츠센터 5층 22호
전화 02-898-8778 **팩스** 02-6008-1673
이메일 cr@seosawon.com
블로그 blog.naver.com/seosawon
페이스북 www.facebook.com/seosawon
인스타그램 www.instagram.com/seosawon

서사원은 독자 여러분의 책에 관한 아이디어와 원고 투고를 설레는 마음으로 기다리고 있습니다.
책으로 엮기를 원하는 아이디어가 있으신 분은 이메일 cr@seosawon.com으로
간단한 개요와 취지, 연락처 등을 보내주세요. 고민을 멈추고 실행해보세요. 꿈이 이루어집니다.

망하는 책쓰기
팔리는 책쓰기

실전 테크닉 편

장치혁(레오짱) 지음

출판 27년 차 베테랑이 알려주는
팔리는 책쓰기의 모든 것

서사원

프롤로그

이 책을 쓰게 된 동기

저는 27년간 숱한 저자분들의 책을 기획, 편집, 홍보 마케팅해드렸습니다. 그중 11권의 책은 제가 직접 기획하고 집필하여 제 이름으로 출간했고요. 직접 기획한 번역서도 2권 냈습니다. 제가 직접 쓰고 기획한 책 13권은 모두 하나도 예외 없이 베스트셀러가 되었습니다(승률 100%). 제가 담당했던 '남의 책들'까지 전부 베스트셀러가 되었다고는 말씀드릴 수 없어요. 어떤 책들은 기대 이상의 성적을 거뒀고, 어떤 책들은 기대보다 못 미쳤죠. 모든 저자들이 다 제 마음 같이 행동하시진 않기 때문에 어쩔 수 없는 부분이라고 생각합니다. 하지만 자신 있게 말씀드릴 수 있는 건, 제가 직접 쓰고 기획 번역한 책들만큼은 하나도 빠짐없이 모두 베스트셀러로 만들었다는 겁니다.

첫 번째 책, 두 번째 책이었던 《나비효과 영문법》《나비효과 KEY20》은 모두 영어 분야 베스트셀러 1위를 차지했습니다. 세 번째 책이었던 《우주에서 제일 쉬운 영어책》은 영어 분야 1위는 물론 종합 베스트셀러 10위권에도 진입했습니다. 이어 낸《우주에서 제일 쉬운 영어회화 상, 하》도 베스트셀러가 됐고요.《스티브 잡스 세상을 바꾼 명연설》도 종합 베스트셀러가 됐습니다.《스티브 잡스 마법의 명언》《오프라 윈프리 마법의 명언》책들 역시 분야 베스트셀러 1~2위를 다투게 만들었습니다.《한토막 논어》《한토막 명심보감》《한토막 손자병법》은 모 서점 종합베스트셀러 1위를 3권이 동시에 차지하는 기염까지 토했습니다.《88연승의 비밀》《스토리텔링 연습》은 제가 직접 기획해 번역한 책들인데 역시나 베스트셀러가 되었고 지금도 꾸준하게 팔리는 스테디셀러로 자리잡았습니다. 제가 직접 집필한 11권과 기획 번역한 2권을 합쳐 총 13권 모두 베스트셀러를 만든 셈입니다.

그것을 알고 여러 초보 저자분들께서 제게 부탁해 오셨어요. "어떻게 하면 팔리는 책을 쓸 수 있나요?" 하고요. 그분들이 제게 요청한 건 '단순히 원고를 쓰는' 수준이나 단순히 '나도 책을 출간했다'는 차원을 넘어선 것이었습니다. '팔리는 책을 효율적으로 쓰고 잘 파는 방법'까지 물어오셨죠. 그분들의 간곡한 부탁을 받고 방법을 알려드리려 2019년 하반기에 오프라인 수업을 열었습니다. 그러다 우연히 다른 분들이 책쓰기 교육을 하고 있는 현장 이야기를 많은 수강생들을 통해 자세히 전해 듣게 됐죠. 아뿔싸! 그 얘길 듣고 제가 완전히 뒤집어졌답니다. 이 판이 완전히 복마전이었습니다.

이 책을 쓰게 된 동기는 단순합니다. "27년간 출판계에서 제가 경험하고 배운 바른 노하우를 제대로 알려드리자!" "혹세무민 하는 사기질이 아니라 책을 쓰고 홍보하는 바른 방법을 똑바로 알려드리자"는 것이었습니다. 저는 단지

'평범한 책을 쓰는 방법'을 알려드리려고 이 책을 쓴 건 아닙니다. '이왕 쓰시는 원고가 널리 사랑받는 책이 되도록 만드는 방법'을 알려드리고 싶었습니다. 그리고 책을 쓰는 가장 효율적인 방법과 바뀐 이 시대에 홍보마케팅하는 방법까지도요.

제가 이 2권의 책에 걸쳐 알려드리는 노하우를 터득하시면 다른 데서 최소 1년 이상씩 걸리는 책쓰기를 단 2개월 만에 끝낼 수 있습니다. 10개월 앞당겨 드리는 셈이죠. 또한 제 노하우를 공부하시면 '확실히 팔리는 책'으로 만들 수 있습니다.

이 책의 핵심 콘셉트 요약

이 책에서 제가 계속 힘주어 주장하는 사항은? "단 하나의 콘셉트로 단순하고 강력하게 써라"는 것입니다. 그런 의미에서 이 책 자체도 한 줄로 요약해 볼까요? 이 책은 '출판 27년 차 베테랑이 알려주는 팔리는 책쓰기의 모든 것'을 알려주는 책입니다. 더 짧게 요약하면? '팔리는 책을 가장 빠르게 쓰게 해주는 가이드북'이죠.

추가적인 홍보 문구를 뽑아본다면 어떻게 쓸 수 있을까요? '기획에서 집필, 계약, 홍보마케팅까지 2권으로 나눠야 할 정도로 끝장 디테일로 설명한 책쓰기 바이블 같은 책!' 정도로 묘사할 수 있겠네요. 책쓰기 노하우 도서 중에 2권으로 낸 것은 최초일 겁니다. 그만큼 자세하게 모든 것을 담았습니다.

어떤 분들을 위해서 쓴 책인가요?

이 책의 첫 번째 핵심 독자는 '책을 한 번도 써본 적 없는 예비 저자들'입니다. 어떤 분들의 니즈가 가장 높을까요? 제가 직접 겪어본 바로는 '퍼스널 브랜딩 목적으로 책을 내려는 강사분들과 프리랜서들'입니다. 두 번째 핵심 독자는? '장차 커리어 독립을 준비하고 있는 직장인들'입니다. 여기에는 프리랜서로서의 삶을 준비하는 경단녀들, 취업 준비자들과 이직 준비자들도 포함됩니다.

확산 독자들로는 누굴 잡았을까요? 첫 번째 확산 독자는 현재나 과거에 '책을 준비 중이지만 절대 탈고가 되지 않는 사람들'입니다. 방향성을 못 찾고 있어서 그럴 수도 있고, 자신감이 부족해서일 수도 있죠. 두 번째 확산 독자는 '책을 내본 적은 있으나 히트한 적 없는 사람들'입니다. 이들의 문제는 콘셉트력 부족, 기획력 부족, 구성력 부족, 출판 문법에 대한 이해 부족 등입니다. 이렇게 네 그룹의 분들을 염두에 두며 눈앞에서 말 걸듯이 이 책을 썼습니다.

어떻게 구성했나요

최대한 쉽게 풀어 썼습니다. 제가 비밀로 간직했던 기밀사항들까지 하나도 남김없이 보따리를 다 풀어드렸습니다. 할 수 있는 한 최대한 쉬운 비유에 빗대어 쓰고자 했고요. 옆집 친구에게 얘기해주듯이 친근하고 다정하게 썼습니다. 그게 제 본성에 잘 어울려서요. 저는 태생적으로 딱딱하고 엄숙하게 얘기하는 걸 싫어한답니다.

최대한 많은 사례를 들어 생생하게 설명해드리고자 했습니다. "아이들은 예시를 통해 배운다"는 아인슈타인의 원칙에 충실하고자 한 거죠. 단순히 테크닉적인 정보를 제공하지 않고 예비 저자들을 위로하는 코너를 군데군데 넣었습니다. 책을 쓰는 예비 저자가 장차 부딪힐 심리적 어려움을 너무나 잘 알고 있기에 마인드적인 지침까지 많이 드리려 했습니다.

책은 크게 3부로 구성했습니다. 1권에 해당하는 1부와 2부는 〈마인드와 기본기 편〉입니다. 2권에 해당하는 3부는 〈실전 테크닉 편〉입니다.

1권 1부. WHY

'1장 책을 쓰면 뭐가 좋아요?' 편에서는 여러분이 미처 모르고 있던 책의 놀라운 효용과 활용법을 일깨워 드립니다. '2장 책으로 역전승한 사람들' 편에서는 책을 써서 인생역전 급 성취를 일군 제 주변인들의 이야기와 노하우를 알려드립니다. '3장 망하는 책쓰기의 7가지 원인' 편에서는 여러분의 책쓰기가 왜 망하게 되는지를 7대 병증 진단을 통해 짚어 드립니다.

1권 2부. WHAT

'1장 팔리는 책쓰기의 7가지 대원칙' 편에서는 어떻게 하면 팔리는 책쓰기를 할 수 있는지 그 기본을 알려드립니다. '2장 분야별 책쓰기 비법' 편에서는 책 콘셉팅의 기본과 코로나 이후의 출판 트렌드, 분야별 책쓰기 방법들을 가이드해드립니다. 단순한 일기 수준을 넘어서는 상업적으로 흥하는 책쓰기 방법을 알려드리는 코너도 마련했습니다. 특히 '4장 절대 지지 않는 책 기획 시크릿 9가지' 편에서는 그동안 저만의 일급 비밀이었던 기획 비법 보따리를 정말 큰마음 먹고 다 공개해드립니다. 아울러 저의 트레이드 마크 중 하나인 '새벽 글감옥' 기법의 상세 노하우를 전수해드리는 시간을 기대해주세요. 마지막으로 책쓰기에 필연적으로 따라오는 '슬럼프를 극복하는 마인드 강화법'도 많은 위로가 되실 겁니다.

2권. HOW

4가지 단계의 HOW를 다루는 2권은 그야말로 책쓰기의 실습 단계입니다. 철저히 실용적으로 썼습니다. HOW 1편은 탐험가가 되어 떠나는 단계입니다. 콘셉트를 잡고 목차를 짜는 법, 와다다 초벌 요점 쓰는 법을 안내해드리고 실습까지 함께합니다. HOW 2편에서는 과학자가 되어 실험하는 단계입니다. 원고를 늘여쓰고, 다듬어 쓰는 노하우를 전수합니다. HOW 3편에서는 예술가가 되어 화룡점정을 하는 단계입니다. 원고를 최종 퇴고하는 노하우를 전수해드립니다. HOW 4편에서는 전사가 되어 승리하는 단계입니다. 투고하고 계약하고 책을 만들어 홍보마케팅하는 모든 노하우를 전수해드릴 예정입니다.

안녕하세요, 2권의 시작입니다

1권과 2권은 '따로 또 같이'라는 기치하에 콘텐츠가 서로 긴밀하게 연결돼 있습니다. 2권에서는 최고의 저자분들이라면 반드시 해야 할 4가지 변신을 주제로 이야기를 해드립니다.

최고의 저자들은 4번의 변신을 할 줄 압니다. 그들은 책의 진행 단계에 따라 트랜스포머transformer처럼 변신할 줄 압니다. 그 4가지 역할이란 바로 탐험가(1단계), 과학자(2단계), 화가(3단계), 전사(4단계)입니다. 저자가 해야 할 4번의 변신을 간략히 소개해 드리면 다음과 같습니다(이건 100% 레오짱 창작이에요! 27년간 책을 잘 쓰시는 수많은 저자분들을 지켜보면서 발견한 패턴이자 결론입니다).

1단계 변신. 탐험가: 찾아나서는 사람(기획과 목차 단계)

2단계 변신. 과학자: 실험하고 검증하는 사람(초벌 원고 집필 단계)

3단계 변신. 화가: 영혼을 불어넣는 사람(최종 퇴고 단계)

4단계 변신. 전사: 굴하지 않고 끝까지 싸우는 사람(투고와 계약과 홍보마케팅 단계)

그럼 단계마다 구체적으로 어떤 역할을 해야 하는지 살펴볼까요?

1단계 변신. 탐험가: 찾아나서는 사람(기획과 목차 단계)

■ 큰 방향(콘셉트)부터 제대로 잡아야 합니다. 그 방향성을 잘 유지해야 합니다.

■ 지도를 확대해서 볼 줄 알아야 합니다(목차 세분화).

■ 부지런히 탐험해 나가는 데 집중해야 합니다(특히 내면, 자기 생각, 자기 노하우).

- 최대한 많이 돌아다녀 봐야 합니다(질보다 양이 우선인 단계).
- 전진만 해야 합니다(후진은 사양한다).

2단계 변신. 과학자: 실험하고 검증하는 사람

- 매일 내 글을 가지고 실험하는 사람이 돼야 합니다(성실성, 일상 리추얼화).
- 다양한 실험을 해봐야 합니다. 변형해보기도 하고, 경우의 수를 늘여보기도 해야 합니다.
- 자료, 근거를 보충해야 합니다.
- 정확성을 기해야 하는 단계입니다. 특히 팩트 체크를 잘 해야죠.

3단계 변신. 화가: 영혼을 불어넣는 사람

- 내용에서 군더더기를 걷어낼 줄 알아야 합니다(구조 다듬기).
- 써놓은 초고를 예쁘게 고칠 줄 알아야 합니다(문장 다듬기).
- 써놓은 초고에 생기를 부여해야 합니다. 예술혼을 넣어야 하고, 전체 원고에 화룡점정을 해야 합니다.
- 역지사지로 음미해볼 줄 알아야 합니다(독자의 눈으로 전체 원고 리뷰하기).

4단계 변신. 전사: 굴하지 않고 끝까지 싸우는 사람

- 좌절에 굴하지 않고 계속 시도하는 사람이 돼야 합니다(투고).
- 뜻을 관철시키거나 협상하거나 할 줄 알아야 합니다(계약).

- 끝까지 성실하게 역할을 해야 합니다(편집, 저자 교정).
- 액션이 최우선인 단계로 무조건 계획한 모든 걸 실행에 옮겨야 합니다(홍보와 마케팅).
- 지속성, 꾸준함이 가장 핵심인 단계입니다. 계속 알리고, 연재하고, 끊김 없이 연속적으로 이벤트를 해야 합니다. 특히 첫 3개월 동안만큼은 집중적으로.

2권의 책에 저의 지난 27년간의 출판 노하우를 하나도 남김없이 다 풀어드렸습니다. 이 책이 예비 저자 여러분에게 작은 길잡이가 되기를 희망합니다. 이 땅의 모든 예비 저자분들의 건승을 기원합니다. 이제 책쓰기라는 신나는 창작의 세계로 함께 여행을 떠나 볼까요.

2021년 가을에

레오짱 드림

차례

HOW 1. 탐험가 되기

3장 실전 글쓰기 3단계: 와다다 요점 쏟아내기

요약: 탐험가

HOW 2. 과학자 되기

HOW 3. 화가 되기

1장 실전 글쓰기 6단계: 최종 퇴고하기(화룡점정)

HOW 4. 전사 되기

2장 계약 노하우의 모든 것(서로 윈윈하는 계약법)

3장 저자 교정에 전투적으로 임하기(실물 책으로 나오는 과정의 모든 것)

4장 홍보와 마케팅의 모든 것

HOW 1. 탐험가 되기

1단계 변신으로 먼저 당신은 탐험가,
즉 찾아나서는 사람의 역할을 충실히 행해야 합니다.

1단계 변신.
탐험가: 찾아나서는 사람

● 큰 방향(콘셉트)부터 제대로 잡아야 합니다.

  그리고 그 방향성을 잘 유지해야 합니다.

● 지도를 확대해서 볼 줄 알아야 합니다(목차 세분화).

● 부지런히 탐험해 나가는 데 집중해야 합니다

  (특히 내면, 자기 생각, 자기 노하우를 발굴해내기).

● 최대한 많이 돌아다녀 봐야 합니다(질보다 양이 우선인 단계).

● 전진만 해야 합니다(후진은 정중히 사양한다).

자, 그럼 본격적으로 실습에 들어가봅시다.

1장 실전 글쓰기 1단계: 콘셉트 잡고 개괄 목차 짜기

이 장에서는 책을 기획하는 추가적인 방법을 알려드릴게요. 콘셉트 잡기 형태로 말씀드릴 예정입니다. 콘셉트를 완전 파헤쳐서 어떻게 마인드맵으로, 개괄적인 목차로까지 발전시키는지를 상세히 알려드릴게요. 콘셉트 잡기 실습을 레오짱 책을 사례로 보여드리고, 나아가 실제 수강생 원고까지 추가 사례로 보여드릴게요. 실습을 통해서도 여러 가지가 선명하게 드러날 겁니다. 타깃 독자가 있고 없고가 얼마나 원고를 달라지게 하는지 느끼실 수 있을 거예요. 자, 그럼 고고씽!

내 책을
잘 기획하는 법

"저는 글쓰기 자체에는 두려움이 별로 없어요. 그런데 제가 콘셉트를 제대로 잡은 건지, 이렇게 쓰면 많은 사람들에게 호평을 받을 수 있을지 도통 자신이 없어요. 글의 전체적인 방향을 제대로 잡고 싶은데 뭘 어디서부터 어떻게 잡아야 하는지 전혀 감이 안 와요. 제가 기획을 모르고 있는 거죠?"

네, 맞습니다. 그런 것을 우리가 '기획'이라고 부르죠. 여러분의 글이 생활 일기나 기록 형태, 블로그 형태로는 잘 쓴 원고일 수도 있어요. 요즘 글 잘 쓰시는 분들도 많으니까요. 표현력도 좋으시고 다 좋은데 책으로서는 뭐가 문제일까요? 이왕 원고 쓰실 거면 자기 혼자만 보고 만족할 수준의 글쓰기보다 한걸음 더 나아가야겠죠. 자비 출판 그 이상의 가능성을 노려보자는 거죠. 어떻게 하면 좀 더 대중적으로 내 책을 팔 수 있을까? 그 문제를 한번 생각해봐야 해요. 그럴 때 필요한 게 무엇일까요? 기획입니다.

요즘에는 기획을 크게 잡으시면 안 돼요. 작고 좁게 잡아야 합니다. 소수 마니아 시장이 요즘에는 굉장히 중요하거든요. 소수에게라도 확실하게 사랑받는 게 중요합니다. 왜냐하면 요즘에 도서 시장은 성숙될 대로 돼서 완전히 레드 오션이거든요. 웬만한 주제의 책들은 다 나와 있다고 보셔도 돼요.

여러분이 레드 오션을 타개하는 방법은? 세분화에 있어요. 마케팅 용어 중에 세그멘테이션segmentation이라는 말 아시죠? 목표로 하는 시장을 잘게 나누는 기법이죠. 본인이 타깃 독자로 생각하는 사람들을 좀 더 정밀하게 나누세요. 니치 마케팅niche marketing이라고도 하죠. 니치(틈새)화시키면 마니아들이 드러나기 시작해요.

이 마니아 시장이 지금은 어떤 때보다 단단해요. 지금은 바야흐로 취향 경제의 시대가 됐기 때문이죠. 우리네 선배들은 전통적인 마케팅 기법으로 인구통계학적 세분화 방법을 쓰곤 했죠. 하지만 그건 이제 구시대적 방법이 됐어요. 취향 시대에는 타깃(독자)의 세분화가 취미 위주로 재편되는 경향이 있어요. 취미야말로 취향을 대변하는 요소니까요.

요즘에는 좁고 깊게 들어간 주제나 영역을 선호하는 시대예요. 소셜 미디어와 각종 단톡방(오픈채팅방, 단체톡방) 덕분에 사람들이 취향 중심으로 너무나 쉽게 모일 수 있어요. SNS가 발달되면서 취향 비슷한 사람끼리 아주 쉽게 이합집산이 되죠. "채식주의자들만 모여라" 하면 오픈 채팅방 형태로 금방 수백 수천 명이 모이기도 하고, 카페나 밴드 등에서 모이는 건 벌써 오래된 공식이고 말이죠. 페이스북 페이지나 인스타그램에서 해시태그로 서로를 팔로우하기도 하죠. 이런 게 굉장히 활발해지면서 취향 경제 현상이 심해진 거죠.

채식주의를 다루는 '비건'이라는 주제의 책을 예로 들어 보죠. 옛날 같으면 아주 작고 미미한 시장이었는데 요즘에는 이런 책들의 반응이 꽤 좋아요. 그래서 《나의 비거니즘》 책도 베스트셀러가 됐고요. 《아무튼 비건》 책도 반응이 좋아요. 이렇게 마니아 시장이 요즘에는 굉장히 단단해요. 그래서 책을 내면 확실하게 사랑을 받는 거예요. 좁고 깊게 들어가세요.

책을 기획할 때 시장분석은 어떻게 하나요?

차별화 포인트는 어떻게 도출할까요? 일단 여러분의 경쟁도서와 나의 다른 점을 찾으세요. 그 후 경쟁도서의 단점을 나의 강점으로 만들어야 해요. 경쟁도서의 아킬레스건을 공략하세요. 《그리스 로마신화》에서 아킬레스라는 사람은 힘 센 장사였죠. 아킬레스의 엄마인 테티스는 아들 아킬레스를 불사신으로 만들어주려고 아이가 태어나자마자 스틱스 강에 담갔어요. 근데 그때 발 뒤꿈치를 손으로 쥐고 담갔기 때문에 이 부분만 강물에 닿지 않아 유일한 약점으로 남게 됐죠. 나중에 트로이 전쟁에서 아킬레스가 발 뒤꿈치(아킬레스건)에 화살을 맞고 죽게 되는 이야기죠. 모든 사람들에게는 아킬레스건이 있어요. 제 아무리 센 상대라도 아킬레스건은 있습니다.

경쟁도서의 약점인 아킬레스건에 해당되는 부위를 나의 강점으로 때리세요. 나의 바위와 같은 부위(예를 들면 엘보우)로 상대방의 계란과 같이 약한 부위(예를 들면 눈)를 때려야 해요(으악! 상상만 해도 너무 아프겠지요! 엘보우로 상대방 눈을 가격하면 얼마나 아프겠어요?) 그래서 이종격투기 경기(레오짱은 MMA마니아)에서도 엘보우로 상대방 얼굴을 제대로 맞추면 거의 다 이기

게 되죠. 같은 원리에요. 그게 바로 내 책의 차별화 포인트 도출이죠.

실제 책의 기획 단계에서 시장 분석은 그럼 어떻게 할까요? 먼저 내 책의 유사도서를 찾아야 합니다. 비슷한 주제의 책이거나 제목이 비슷하거나, 유사한 분야는 아닌데 '자꾸 신경 쓰이네 이거…' '요즘에 이 책이 자꾸 눈에 들어오네?' 하는 책들이 있어요. 분야는 다를지라도 이런 게 다 경쟁도서라고 생각하면 돼요.

경쟁도서를 대략 3권 정도로 잡으세요. 스스로 그 책들의 장단점을 도출해보는 거예요. 여기서 차별화 포인트를 도출하는데 아까 말씀드렸듯이 그 방법이에요. 상대의 단점 부분을 나의 장점으로 어떻게 때릴까? 그걸 연구하는 거죠.

콘셉트를
우라까이 하기

"저는 기획을 새롭고 신박한 걸로 좀 해보려고 해도 새로운 생각이 전혀 안 떠올라요. 제가 생각한 것은 이미 다 책으로 나와 있을 거 같고… 실제로 찾아보면 비슷한 책들이 많이 나와 있더라고요. 이런데 어떻게 새로운 기획을 할 수 있을까요?"

안심하세요. 하늘 아래 새로운 것은 없어요. 상당수의 책들은 이미 존재하던 주제를 요즘 시대에 맞춰서 마치 전혀 새로운 것처럼 '우려먹기'한 경우라고 보셔도 돼요. 이런 걸 업계 용어로 '우라까이'라고 불러요(우려먹기도 아니고). '우려먹기'의 일본 말쯤 되는 걸로 아는데 신문 기자들이 즐겨 쓰는 언론계 은어에요. 다른 언론사에서 취재한 기사의 핵심을 베껴서 살짝 다르게 변형시켜 쓰는 것을 기자들은 '우라까이 한다'고 해요. 하지만 정작 일본어에는 '우라까이'라는 표현이 없대요. 아마도 '우라가에스裏反す-'뒤집다' '변경하다'는 뜻의 동사를 한국식으로 바꿔서 쓰는 말 같아요. "야, 신 기자, 이거 우라까이 좀 해야지. 기사를 이렇게 그대로 쓰면

어떡해? 우리 신문 논조에 맞게 우라까이 해서 고쳐서 쓰라고. 각을 잘 잡아야지." 이런 얘기를 신문 기자들 중 특히 데스크에 있는 사람들이 많이 하거든요.

책의 주제도 모두 우라까이 할 대상이에요. 하늘 아래 새로운 것은 없는 셈이니까요. 우라까이의 핵심은 뭘까요? 주제는 친근해서 많이 들어본 주제에요. 그런데 그걸 바깥으로 드러내는 표현법을 새로운 각도로 낯설게 하는 거예요. 경북 안동이나 일본 아오모리현에서 우박으로 떨어졌던 사과 이야기 아시죠? 이걸 대입 수험생용 '합격 사과'로 둔갑시켜 판매해서 대박이 났잖아요. 우박으로 사과들이 다 떨어져서 몇 개밖에 안 남았는데 이 상황을 단순히 "아이고 농사 망했다!"식으로 받아들이지 않았죠. 그 남은 몇 개를 재포장해서 오히려 더 비싸게 파는 거예요. "이 사과들은 우박에도 버티고 살아남은 애들이니까 대입 수험생한테 이 사과를 주면 합격할 겁니다." 이렇게 두 배 세 배의 가격을 받고 파는 거예요. 역발상이죠.

'부자가 되는 마인드'라는 뻔한 얘기도 '부자 아빠 vs 가난한 아빠'로 새롭게 대비 구도로 만들어준 것도 우라까이한 셈이죠. 옆집에 사는 사람은 부자 아빠에요. 우리 아빠는 가난한 아빠고요. '둘이 뭐가 다르지?'라고 하면서 대비 모드로 책을 써서 대박낸 책이죠. '변해야 한다'는 뻔한 주장을 《누가 내 치즈를 옮겼는가》라는 우화 형식으로 새롭게 우라까이 한 거예요. 이것도 수천 만 부가 팔렸잖아요.

전에 제 수강생분이 쓰셨던 원고도 '사춘기 일기'라는 평범한 얘기를 《나는 딸을 때린 나쁜 아빠입니다》식으로 우라까이시키니까 훨씬 임팩트 있게 바뀌었어요. 제가 출판 코칭해드린 뇌과학과 명상에 대한 접점을 다룬 원고는《뇌를 들여다보니 마음이 보이네》라는 콘셉트로 우라까이해 출간해서 잘 팔리고 있고 해외에까지 수출됐습니다. 처음에는 '회복 탄력성 2' 정도로 가제를 정했던 김근하 씨의 원고도《내 마음은 충전중》이라는 책으로 우라까이해 출간해서 좋은 반응을 얻었죠.

또 최근에 제가 읽었던 책 중에 이런 컨셉도 있었어요. '언니, 나랑 결혼할래요?'라는 도발적인 제목의 책이에요. 보통 평범한 주장이라면 "나랑 결혼할래요?" 정도겠죠. 이런 말은 우리의 인류 역사가 시작된 이래로 남자들이 쭉 여자에게 먼저 건넸던 말이었죠. 너무 평범한 말이죠.

근데 이 책은 여기서 살짝 비틀었어요. "언니! 나랑 결혼할래요?"라고 말이죠. 이건 내용이 완전히 달라지죠. 레즈비언 얘기잖아요. 김규진이라는 여자가 언니뻘 여자에게 실제로 청혼을 한 얘기에요. 책이 나오고 뉴스에도 엄청 많이 나왔어요. 김규진이라는 저자는 얼굴을 일부러 많이 알렸고 (이 사람은 약간 드러내놓는 외향적 스타일이고) 상대방 언니는 꽁꽁 숨기는 스타일이라 비공개 상태에요.

제가 성 소수자에 관심이 있어서는 아니고 요즘 출판 트렌드 파악 차원

에서 이 책을 읽었거든요. 요즘 출판계에 페미니즘이라는 큰 흐름이 있어요.《82년생 김지영》소설도 페미니즘 소설이거든요. 82년생 여자가 결혼해서 겪는 여러 가지 사회적인 장벽 이야기죠. 여권 신장 이슈는 옛날부터 있었지만 페미니즘 책 흐름은 한 3~4년 전부터 본격화됐거든요.

저도 페미 트렌드 파악의 일환으로《언니 나랑 결혼할래요?》를 본 거예요. '도대체 무슨 내용을 쓴 거야?' 하고 봤는데 생각보다 재밌더라고요. 자기는 초등학교 때부터 레즈비언인 걸 깨달았대요. "아무리 남자 애들과 멋진 남자 배우들을 봐도 절대 안 설레더라. 근데 옆에 앉은 여자 애들만 보면 막 심장이 쿵닥쿵닥거리더라." 그런 이야기부터 언니라는 사람을 우연히 만나서 프로포즈 하기까지 그런 이야기, 혼인신고를 해야 되는데 한국에서는 그게 안 돼 여차저차 극복한 이야기, 자기가 뉴스에 나온 이야기 등이에요.

전체적으로 보면 소수자가 어떻게 자기 힘든 소신을 개척했는가 뭐 그런 이야기라고 봐도 돼요. 이런 식의 접근은 기존의 통념을 비튼 제목이라서 마야스럽죠(Maya란 "가장 최신의 것을 다루나Most advanced 수용할 수 있어야 된다Yet acceptable"의 준말이에요. 새롭기는 하되 너무 앞서가서 "이거 전혀 무슨 말인지도 모르겠어." 하면 안 된단 얘기에요.). 엄청 많이 팔리진 않았는데 그래도 화제를 끌어서 뉴스에 많이 노출됐어요.

유명한 소설가 공지영 씨가 쓴 소설《즐거운 나의 집》도 우라까이를 해

서 비튼 케이스에요. 엄청 많이 팔린 책이죠. 저도 아주 재미있게 읽었어요. 감동 포인트도 많았고요.

이 소설의 제목은 반어법에 가깝거든요. 사실은 소설 속 가족들이 그렇게 즐겁지만은 않아요. 공지영 씨가 이혼을 3번 했고, 각각의 결혼에서 자녀를 1명씩 얻어 2남 1녀를 두고

있잖아요. 그러니까 전 남편만 세 명이고 각각 성씨가 다른 아이들이 3명이죠. 그중에 제일 맏이가 위녕이라는 딸이에요. 이혼과 사람들의 편견에 치인 얘기를 해서 마냥 즐겁지만은 않아요. 그런데도 제목에는 '즐거운 나의 집'이라고 우라까이 해서 비틀었죠.

그리고 소설이 작가인 엄마의 시선이 아니에요. 딸이 쓴 것처럼 쓴 소설이에요. 사실은 엄마가 썼는데 딸의 입장에서 쓴 거죠. 딸에게 빙의해서 관점을 달리해서 썼어요. 이것도 다 마야 한 거예요. 어찌 보면 급진적이죠. 이렇게 새로운 기획은 친숙한 이야기를 마야로 우라까이 해서 각을 틀어 다르게 만들어야 합니다.

임시 제목도
미리 지어놔야 좋다

"기획 단계에서 제목까지 미리 고민할 필요는 없겠죠? 너무 이르니까요?
그쵸?"

아닙니다. 책에서 제목은 너무너무 중요한 대목이에요(비중으로 보자면
가장 중요한 첫 번째 요소일 수도 있어요). 처음 기획할 때부터 '가제'라고 부르
는 임시 제목이라도 지어놓고 시작하는 게 좋아요. 그래야 원고의 방향
설정이 명확해지거든요. 아무리 임시로 지은 제목이라도 나중에(더 뾰족
한 아이디어가 안 떠오르면) 최종적으로 그대로 쓰이는 경우도 많거든요. 그
러니까 나름대로 고민해서 끌리는 임시 제목을 지어놓으셔야 해요. 제목
은 편집의 가장 마지막 순간까지도 치열하게 고민해야 할 정도로 매우 중
요한 대목이에요.

그러면 끌리는 제목은 어떻게 만들까요? 제목이 따로 존재하는 게 아
니고요. 기획 단계에서 이어지는 개념으로 도출하셔야 해요. 기획이 곧
콘셉트고, 콘셉트에서 최종적인 1개의 어구나 문장을 정리해 제목으로

도출하는 거죠. 이때 제목은 단 1개의 콘셉트로 뽑으셔야 해요. 콘셉트가 2개가 돼서는 안 돼요. 오직 하나만 뽑으셔야 돼요. 콘셉트가 2개가 되면 집중력이 흐트러지거든요. 콘셉트가 1개로 모아지지 않고 2개가 되는 것은 마치 화살이 중간에 가다가 2갈래로 쪼개지는 형국이에요. 화살이 과녁에 정확히 꽂힐 수가 없죠. 단 하나의 문장으로 정리해야 합니다. 그 1개의 화살이 바로 제목(가제)으로 나와야 돼요.

대부분의 초보분들은 어떤 실수를 할까요? 제목 뽑는다고 그저 멋있는 제목만 쓰려고 해요. 그러면 책 내용하고 전혀 안 어울리게 엉뚱해지는 거예요. 서점 가 보시면 본문 내용과는 어울리지 않게 엉뚱하게 따로 노는 제목의 책들이 의외로 많아요. 본문 내용은 A인데 제목은 B에요. 그러면 사람들이 "와, 이거 사기인데?" 기만당했다고 느끼는 거예요. 그럼 안 사죠. 입소문도 이상하게 나고요. 그 저자에 대해서 안 좋은 인상을 갖게 돼요. 저자로서의 평판 관리에 실패하게 돼요(저자는 평판이 얼마나 중요한데요!). 제목하고 내용이 일치하게끔 모든 게 다 수미일관해야 합니다.

마인드맵으로 콘셉트 잡고
개괄 목차 짜기

이제 마인드맵으로 목차 작성해서 변환 후 빠르게 초벌 원고 쓰기로 넘어가는 방법을 알려드릴게요. 실제 시연은 제가 쓴 이 책의 1장의 첫 꼭지와 두 번째 꼭지를 예시로 들어 보여 드릴게요.

콘셉트와 목차 짜기는 일단 무료 마인드맵 프로그램인 '알마인드'로 하시면 됩니다. 무료 프로그램인데 성능도 좋은 편이라서 제가 아주 사랑하는 프로그램이에요. 일종의 마인드맵 프로그램이에요. 여러분 아시겠지만 마인드맵은 좌뇌와 우뇌의 펼쳐지는 생각의 형상을 그대로 프로그램으로 만든 거잖아요. 자기 생각을 자유롭게 펼치기가 참 좋아요. 펼친 생각을 정리할 때도 굉장히 빠르게 할 수 있어요. 책 쓸 때, 특히 목차 짤 때 이런 프로그램을 활용하시면 좋습니다. 저는 그동안 마인드맵 프로그램을 엄청 애용하면서 많은 책을 써 왔어요. 자, 지금 알마인드 파일부터 깔아두세요. 제가 드리는 이 큐알코드 찍으시면 무료로 다운로드 받으실 수 있습니다.

마인드맵 파일 다운로드 받기

알마인드 프로그램을 다 설치하셨나요?(참고로 PC용만 있고 Mac으로 호환되지는 않습니다. Mac user께서는 Mac 앱스토어에 있는 무료/유료 마인드맵 프로그램을 이용하셔요. X-mind, Thinkwise, i-Thoughts 등)

프로그램을 다 설치하셨다면 파일을 새로 만들기 해보세요. 알마인드 프로그램 사용법은 어렵지 않아요. 그래도 혹시 헤매실 분들을 위해 영상을 보여드릴게요. 제가 직접 찍은 영상이에요. 큐알코드를 찍어보세요.

 마인드맵 프로그램 사용법 영상

알마인드 프로그램으로 문서를 하나 여시고, 먼저 내 책의 콘셉트를 하나 정하셔야 해요. 책이라는 것은 하이 콘셉트, 한 줄 요약이 돼야 한다고 말씀드렸죠? 하이high, 즉 높이 솟은 그 단 하나의 꼭대기 콘셉트가 중요해요. 하이 콘셉트는 '원 콘셉트'와 같은 말이죠. 강력한 책이 되려면 그 책에서 얘기하고자 하는 바를 단 1개의 문장으로 요약해라! 하고자 하는 모든 말이 하나의 콘셉트로 요약이 돼야 한다는 것! 모든 콘텐츠 상품 기획은 이게 핵심입니다. 책도 마찬가지에요. 콘셉트를 복잡하게 설명하시면 안 돼요. 내 책은 표현할 게 너무 많아서 콘셉트가 4개다? 이런 건 필요 없어요. 4개의 포인트를 한 줄 문장으로만 구겨 넣으면 그게 하이 콘셉트냐? 이것도 아니에요. 가장 중요한 핵심 포인트를 딱 하나만 내세우는 거예요. 그래야 강력해지죠.

마인드맵으로 또 하실 일은 목차 브레인 스토밍 작업이에요. 브레인brain, 뇌에 스톰storm, 폭풍을 훅 불어 일으키는 거죠. 그러면 뇌에 있던 온갖 생각들이 다 꺼내져 나오겠죠? 그것들을 연상 키워드라고 해요. 흩어져 있는 그 키워드 거리들을 빨리 끄집어내야 합니다. 의식의 흐름^{stream of consciousness}이라는 심리학 용어처럼 마구 일렬로 끄집어낸 뒤에 정렬은 나중에 하시면 돼요. 상위, 하위, 챕터 1에 들어갈 거, 챕터 2에 들어갈 거… 등은 나중에 정리하세요. 나중에 정렬하는 건 마인드맵 프로그램에서 아주 쉽거든요.

진짜 중요한 것은 본론이죠? 분량이나 구성이 복잡하지 않은 평균적인 책이라면 대략 3개의 중심 덩어리 정도로 챕터를 정리해주시면 좋습니다. 본론의 삼단 구성이라고 부를게요. WHY(왜?), WHAT(그래서 뭐?), HOW(그래서 어떻게?), 이렇게 삼단 구성이죠. 실제 사례로 KTX에 잡지 광고 잘해서 대박의 싹이 움튼 《공부머리 독서법》 책의 목차를 실제로 보죠.

《공부머리 독서법》 책의 챕터 구성은 이렇습니다. 프롤로그가 있고, 본문이 있고, 에필로그가 있죠. 크게는 이렇게 3단 구성이에요. 프롤로그나

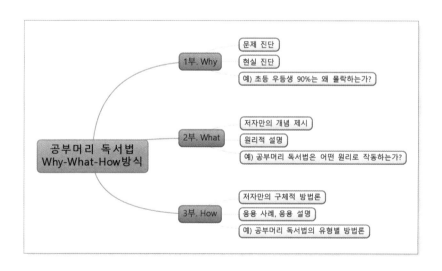

에필로그는 사실 그렇게 어려운 게 아니고 본문이 중요하죠. 본문에서도 다시 한 번 3단 구성으로 나뉘어요. 제1부에서는 WHY, '이 책을 왜 쓰게 됐는지'를 다루고 있습니다. '초등 우등생 90%는 왜 몰락하는가'. 2부에서는 WHAT, '이 책에서 주장하는 핵심 개념이 뭔지'를 설명하는 거예요. 어떤 원리로 작동하는지를 설명하는 겁니다. 3부에서는 HOW, '그래서 어떻게 하는가?' 공부머리 독서법의 구체적인 방법론을 알려주고 있습니다. 이런 패턴이 여러분에게 가장 추천할 만한 목차 구성법이에요

재작년에 초대박 났던 90년대생 MZ 세대를 대표하는 《90년대생이 온다》도 그래요. 이 책은 그냥 범주만 병렬식으로 나눠 놨어요. 1부에서는 '90년대생이 출연했다'. 2부에서는 '90년대생들이 직원이 됐을 때'. 3부에서는 '90년대생들이 소비자가 됐을 때'. 그냥 이렇게 병렬식으로만 나눠놨죠. 이렇게 할 수도 있어요. 여러분이 취사 선택하시면 됩니다. 자, 그럼 실습을 함께 해보면서 실제로 어떻게 마인드맵으로 기획을 잡고 콘셉트를 세우는지 보여드릴게요.

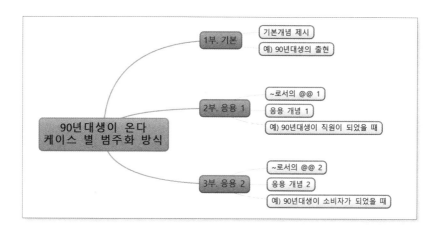

[실제 시연]
레오짱 책: 1단계
(콘셉트와 개괄 목차 세우기)

마인드맵 파일 만들어 열기

그럼 지금부터 책쓰기의 맨 첫 단계부터 함께 해보시죠. 컴퓨터 바탕화면에 마우스 포인터를 놓고 마우스 오른쪽 클릭을 해보세요. '새로 만들기'가 나오죠? 알마인드 무료 프로그램을 깔아 놓으셨다면, 이때 알마인드 관련된 파일이 두 개가 뜹니다. 알마인드 '템플릿'은 만들 필요가 없고 그냥 알마인드 '파일'을 만들면 됩니다. '우주에서 제일 빠른 책쓰기' 이런 식으로 파일의 임시 제목을 하나 만들고 엔터를 치면 파일이 열리죠. 그러면 이 문서에 내용을 작성하면 됩니다. 맨 가운데 첫머리에 이름을 '레오짱 우주에서 제일 빠른 책쓰기'라고 가제를 정했습니다(이 책의 처음 가제였답니다.).

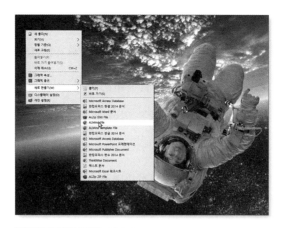

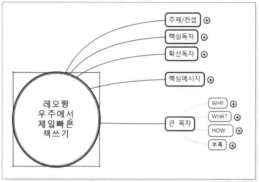

1차로 잡아야 할 것들

그러면 맨 먼저 할 작업은 뭘까요? 이 책의 주제가 뭔지와 콘셉트가 뭔지를 정하셔야겠죠. 그러고 나서 핵심 독자가 누구인지, 확산 독자가 누구인지를 찾으셔야 됩니다. 핵심 독자는 '이 책을 반드시 사볼 만한 사람, 꼭 사볼 만한 니즈를 가지고 있는 사람들이 누구인가'를 규명하는 작업이죠. 확산 독자는 '이 책이 확산되면 이 사람들까지도 기꺼이 사볼 것 같다' 하는 사람들이 누구인가를 밝히면 됩니다.

탐험가 되기

핵심 메시지란 '이 책에서 주장하는 핵심적인 메시지가 무엇인가'를 한 문장이나 두 문장 정도로 요약해보는 항목이에요. '나는 이 책에서 결국에는 이 말을 하려고 한다'는 걸 밝혀내는 거죠. 이것도 굉장히 중요한 작업입니다. 책에서 하고자 하는 말은 많은데 막상 남이 "이 책에서 핵심적으로 당신이 하고자 하는 말이 뭐가요?"라고 물어보면 잘 대답 못하는 사람이 굉장히 많거든요. 그때 가서야 새로 생각하면서 '아하! 이게 내가 원래 하고자 하는 핵심 메시지였구나!'라는 걸 뒤늦게 깨닫습니다. 우리는 이걸 책을 시작하기 전 단계부터 미리 고민해보자는 거죠. 그러면 기획을 훨씬 선명하고 뾰족하게 잡을 수 있기 때문이죠.

다음에 우리가 할 일은? 큰 개괄 목차 뽑기입니다. 개괄 목차는 대강의 목차를 말하죠. 대강의 얼개로 '왜 이 책을 쓰는가(Why)', '무엇을 얘기할 것인가(What)', '그래서 어떻게 할 것인가(How)', 즉 본격적인 어떤 노하우나 테크닉을 알려주는 대목입니다. 부록은 추가적인 스페셜 보너스의 개념입니다. 일단은 '레오짱 우주에서 제일 빠른 책쓰기'라는 가제 책에 대한 전체적인 콘셉트를 이렇게 잡아봤습니다.

주제와 콘셉트 정하기

지금 잡아보는 주제는 일단 러프한 거고 확정된 건 아니에요. 나중에 몇 번이고 수정할 수 있어요. 일단 제가 이 책에서 말하고자 하는 주제는 이겁니다. '출판계 27년 차 베테랑이 알려주는 실전 책쓰기의 모든 것'이라고 밝혔죠. 그리고 추가적으로 '이런 식으로 설명해도 되겠다'는 대목을 두 번째로 밝혔습니다. '시장성 있는 책을 가장 빠르게 쓰는 방법에 대한 가이드서' 혹은 '이런 식으로 표현할 수도 있지 않을까?'라고 해서 추가적으로 비슷한 말을 옆에다가 나란히 적어봤습니다. '팔리는 책을 가장 빠르게 쓰는 방법' 이렇게요. 혹은 더 아이디어를 내서 또 적어볼 수도 있어요. '베스트셀러 저자를 만들어주는 가장 현실적인 조언!' 혹은 조금 긴 설명도 해볼 수 있습니다. '기획에서 집필, 계약, 홍보, 마케팅까지 너무나 끝장 디테일로 설명을 하다 보니까 두 권 분량이 나왔다'는 생각을 적용해보죠. 그럼 '책쓰기 책 분야 최초로 두 권으로 나눠야 할 정도로 끝장 디테일로 설명한 바이블 같은 책', 이렇게 일단 표현을 해봤습니다.

이 정도면 책이 가고자 하는 방향을 어느 정도 정한 것이죠. 확정은 아니지만요. 나중에 글로 풀어 쓰다 보면 이 방향이 조금씩은 수정될 수 있습니다. 그렇지만 '애초에 의도한 큰 방향은 이러하다'라는 콘셉트를 미리 정하는 의의로는 충분하죠.

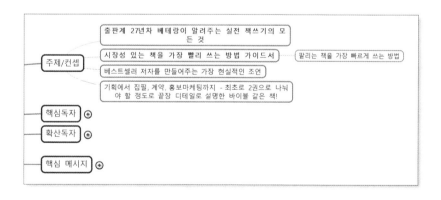

탐험가 되기

핵심 독자 정하기

    그러면 이 책을 반드시 봐야 되는 핵심 독자는 누구일까요? 일단 예비 저자들이 볼 것 같습니다. 퍼스널 브랜딩 목적으로 책을 내려는 사람들이에요. 근데 이 사람들의 정체는 누구일까? 생각해보면 주로 강사들이 그 목적과 니즈가 굉장히 커요. 제가 경험해본 바로는 그렇습니다. 그 다음에 프리랜서들, N잡러라고도 부르는 그 사람들도 퍼스널 브랜딩으로 책을 내려고 하는 사람들 집단입니다. 또 기존에 커리어를 가지고 있는데 별도의 독립을 하려고 하는 사람들입니다. 이 사람들이 누구냐 하면 현재 직장을 다니고 있는 사람이거나 백수이거나 프리랜서들이겠죠? '이런 사람들은 이 책을 반드시 볼 것 같다, 가장 다급한 니즈^{urgent needs}로 볼 것 같다'라는 예상을 스스로 해본 거죠.

    원래 핵심 독자는 한 사람이나 두 사람 그룹 정도만 잡는 게 적절합니다. 너무 많으면 확산 독자로 빼는 게 낫죠. 그래서 '책을 내본 적은 있으나 히트한 적 없는 사람들.' 책을 그 전에 한두 권 써본 적은 있어요. 그렇지만 한 번도 제대로 베스트셀러나 스테디셀러가 돼본 적이 없어서 아쉽다, '뭔가 나

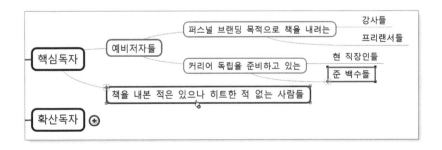

44

에게는 성공 공식이 부족한 거 아닌가?'라고 생각하고 있는 사람들이 이 책을 꼭 사볼 것 같아요. 그래서 이 두 그룹을 핵심 독자로 놓았습니다.

확산 독자 정하기

그러면 '이 사람들까지도 확산될 것 같다'라는 그룹도 설정해야겠죠? 바로 '확산 독자'입니다. 블로그나 브런치 글을 모아서 책을 내고 싶어 하는 사람들이 요즘 많죠. 이 사람들 그룹에 해당하는 사람들이 누굴까요? 당장 떠오르기로는 경단녀들(경력 단절 여성들)이죠. 또 직장인들 중에서도 직장생활 잘 하면서도 블로그나 브런치 연재를 꾸준히 해서 이거 모아서 어떻게 책을 내볼까라는 고민을 하는 사람이 많더라고요. 강사들 중에서도 그런 사람들 있죠. 위 핵심 독자에도 강사를 선정했지만 한 번 더 이런 니즈를 가진 강사들로 추가를 해봤습니다.

또 확산 독자 그룹은 한 두세 개 정도 더 만들 수 있습니다. 일단 생각이

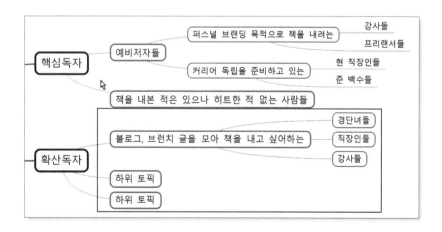

안 나시면 두세 개 정도의 추가적인 그룹은 나중에 또 차근차근 생각해봐도 됩니다. 확산 독자보다는 일단은 이 핵심 독자를 확정짓고 가는 게 훨씬 중요합니다. 왜냐하면 이 핵심 독자를 머릿속에 두면서 내가 글을 써야 하기 때문이죠. 글의 톤과 매너, 어떤 말투와 분위기로 이 글을 쭉 기술하고 풀어가고 설명해갈 것인가라는 방향성은 핵심 독자를 염두에 두면서 써야 되기 때문입니다. 그래서 이런 예비 저자들, 즉 강사와 프리랜서 독립 준비자들을 눈앞에 청중으로 뒀다고 생각하기로 했습니다. 저는 쭉 이 사람들을 위한 맞춤형 말투와 설명의 분위기로 이 글을 쭉 쓰겠다는 겁니다. 아시겠죠?

핵심 메시지 정하기

그러면 '이 책이 주장하려고 하는 핵심 메시지는 무엇인가?'라는 것을 한 번 생각해볼 타이밍입니다. '이 책의 노하우를 알면 1년 걸릴 책쓰기를 2개월 만에(무려 10개월이나 당겨서) 빨리 끝내준다.' 속도를 빨리 끝내준다는 메시지를 강조해 전하고 싶네요. 또 '이 노하우를 알면 그냥 자기 만족으로 끝나는 책이 아니라 대중적으로 의미 있게 판매되는 책을 만들 수

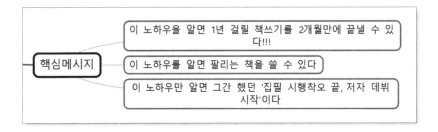

있고 알릴 수 있다'는 메시지도 좋겠다고 생각했습니다. '이 책의 노하우만 알면 그간 했던 집필 시행착오는 끝이 나고 저자 데뷔 시작이다', '고생 끝, 행복 시작이다'라는 메시지를 이 책을 통해서 저는 전하고 싶었습니다.

개괄 목차 뽑아보기

이제 개괄 목차를 한번 짜봅시다. '이 책을 왜 썼나?'라는 Why 파트는 대충 어떤 내용으로 넣을 것인가를 생각해보죠. 일단은 책을 쓰면 뭐가 좋은지, 책으로 역전승한 사람들은 누구인지(책으로 커리어를 바꾼 사람들이요), 책쓰기에 주요한 장벽은 무엇인지 이런 것들을 Why 파트에 넣어야겠다는 생각이 떠오르네요.

그럼 이 책의 핵심 개념을 설명하는 What 파트에는 어떤 걸 넣어볼까요? 베스트셀러 작가들의 필살기 노하우 부분을 얘기해주면 좋겠네요. 또 분야별로 책쓰기 비법을 알려주면 좋겠고요. 장벽을 얘기했으니까 비법도 알려줘야죠. 더 나아가 일기 이상을 넘어 판매가 되는 책을 쓰는 비법을 알려주고 싶네요. 여기까지가 제 책의 What 파트입니다.

그 다음에 How 파트. 그러면 어떻게 할 것인가의 방법은 제 실제적 비법 노하우를 대방출하는 시간입니다. 저는 크게 책쓰기를 네 단계로 봅니다. 탐험가 되기, 과학자 되기, 화가 되기, 전사처럼 싸우기. 이 네 단계의 변신을 해야 베스트셀러 저자가 될 수 있다고 설명을 해 나갈 예정입니다.

마지막, 추가 스페셜 보너스로 이런 걸 주고 싶어서 부록에 '새벽 글감옥 실천 비법'을 알려주겠다고 적어둡니다(최종 탈고 때는 이 파트를 본문에 통합시켰습니다). 그 다음에 '실전 글쓰기에 참고가 될 실제 샘플'을 가져다가 상세하고 친절하게 분석해서 서비스 부록 자료로 주면 좋겠다고 생각해봅니다. 독자분들 글 다듬으실 때 참고하시라고요(최종 탈고 때 이 파트는 '책 구매 인증자'들에게 드리는 외부 연동형 이벤트 서비스로 바꿨습니다).

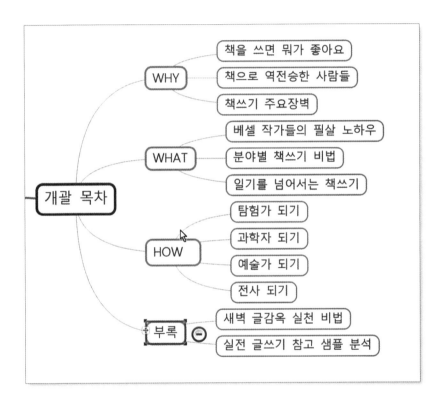

전체적인 구조를 보며 핵심을 추려보기

지금까지 쓴 걸 전체적으로 보시면 구조가 이렇게 되죠. 이 중에서 제

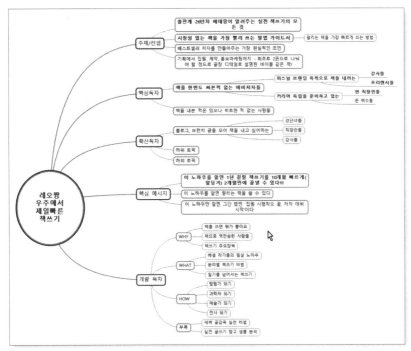

전체 콘셉트 구조도

가 밀려고 하는 핵심을 볼드로 한 번 더 처리해둡니다. 그럼 콘셉트가 한 층 선명하게 정리돼서 좋아요. '출판 27년 차 베테랑이 알려주는' 이런 콘셉트가 중요한 포인트가 되면 좋겠네요. 다른 책과 차별화를 꾀하기 위해서요. 어중이 떠중이 아무나 알려줄 수 있는 평범한 책쓰기 책이 아니라는 걸 강조하기 위해서 이걸 넣어 어필하면 좋을 것 같다는 생각이 듭니다. 또 그냥 혼자 자기 만족에 그치지 않고 '시장성 있는 책을 가장 빨리 쓰는 방법' 대목에 방점을 놓고 싶네요. '빨리'라는 속도에 대해서도 강조하는 이 대목도 괜찮아서요. 이 두 가지가 제가 중점을 두고 싶은 포인트입니다.

핵심 독자 항목에서는? '퍼스널 브랜딩을 목적으로 책을 내려는 강사들과 프리랜서들 그리고 독립 준비 중인 직장인들과 준 백수들' 이들을 포인트로 강조해 놓아야겠어요. 백수까지는 굳이 염두에 두지 않아도 되니까 '책을 한 번도 써본 적이 없는 예비 저자들'을 핵심 독자로 쓰겠다라고 정해봅니다. 그러면 굉장히 쉽게 쓰려고 하는 의지가 자동적으로 다져지는 거죠. 확산 독자는 지금 단계에서는 중요치 않고요.

핵심 메시지 항목에서는? '이 노하우를 알면 1년 걸릴 책쓰기를 10개월 빠르게 앞당겨 2개월 만에 끝낼 수 있다' 이걸 핵심적으로 주장하고 싶어요. 개괄 목차는 지금 적어놓은 이런 식으로 하면 될 것 같고요. 이렇게 개괄 목차를 적었으면 나중에 2단계로 이걸 상세 목차로 풀게 됩니다.

지금 맨 처음 콘셉트를 잡을 때 중요한 포인트를 말씀드릴게요. 이 책의 방향성이 제대로 잡혔는지에 대해서만 최소 하루이틀에서 일주일 정도에 걸쳐서 쭉 고민해보세요. 이 방향이 맞겠는지 올바르겠는지를 여러 각도에서 치열하게 고민해보고 검증해보는 시간이 필요합니다.

그렇지 않고 이 과정 없이 그냥 이걸 만들자마자 바로 "이걸로 확정!" 해버리면 어떤 사태가 일어날까요? 바로 세부 목차 뽑기를 시작해버리고 바로 글 와다다 쓰기와 글 늘려쓰기로 가버린다면? 이미 방향이 다 정해져버리잖아요. 한 번 정한 방향을 몸집이 커진 다음에 되돌리기는 여간 힘든 게 아니에요. 그렇기 때문에 지금 맨 처음 시작하는 이 일머리 단계에서 오래 고민하셔야 해요. 가장 처음을 제대로 잡고 방향을 확정한 뒤에 작업해야 시행착오가 훨씬 줄어들어요.

이 단계에서는 최소 1주일 정도 고민을 숙성시키는 시간을 가져보세요. 그냥 여기서 바로 확정해서 막 써버리지 말고요. 방향에 대한 확신을 일주일 동안 고민한 뒤에 어느 정도 자기 확신을 가진 뒤에 쓰는 게 오히려 현명합니다. 결과적으론 그게 더 시간을 절약하는 효율적인 방법이에요.

　그러면 여기서 1단계가 끝났습니다. 그러면 이번엔 레오짱 글감옥 수강생 몇 분의 사례로 세부 목차를 뽑아 쓰는 작업을 실습해보기로 해요.

[실제 시연]　　　콘셉트 잡기 실습 1:
　　　　　　　　　　　　　　　김치국 대위

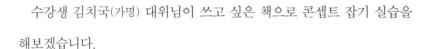

　수강생 김치국(가명) 대위님이 쓰고 싶은 책으로 콘셉트 잡기 실습을 해보겠습니다.

레오짱: 주제는 어떤 걸 생각하고 계신가요?

김치국: 저는 군 생활을 했을 때부터의 이야기로 한번 해 보려고요.

레오짱: 어떤 거요? 구체적으로 어떤 이야기를 하시려는 걸까요?

김치국: 그러니까 선발되기 전까지의 여정….

레오짱: 뭘로 선발되는 걸 말씀하시는 거예요? 좀 더 구체적으로 말씀해 주셔야 합니다.

김치국: 아직 구체적으로 생각은 안 해봤는데요. 학군단에 선발되기 전까지의 과정 같은 거요.

레오짱: 이 대목만 특히 주목하신 이유가 있을까요?

김치국: … 우여곡절이 많았습니다.

레오짱: 아하하…^^;

콘셉트라는 건 구체적으로 잡을수록 좋습니다. 요즘 시대에는 책이 너무 많기 때문이죠. 책이 너무 많다는 의미는? 그 많은 책 중에 웬만큼 일반적인 주제로 쓴 책은 다 나와 있다고 보셔야 된다는 뜻입니다. 거기서 살아남으려면 뭔가 특화시켜야 합니다. 타깃과 주제를 좁혀야 해요. 각 분야마다 나름의 마니아 시장이 있거든요. 그 마니아들은 자기가 정확하게 원하는 것만 딱 짚어주면 오히려 더 잘 움직이고 반응을 해요.

자기 콘텐츠를 음식점이라고 생각해보세요. 분식집에 라면도 있고 돈가스덮밥도 있고 메뉴가 한 50개 있는 분식집이 있으면? 잘 안 가게 돼요. 그렇잖아요. 오히려 김밥 '전문점'에 더 자주 가게 되죠. 요즘 김밥집엔 떡볶이는 웬만큼 취급하긴 하지만 무슨 돈가스덮밥에 이상한 메뉴까지 잔뜩 있는 집이면 신뢰가 안 가잖아요. "여기는 뭘 잘하는지 모르겠어. 여기는 그냥 장사하려고 다 하는 것 같아." 이런 느낌을 주면 절대 안 되죠.

김밥 전문점이라면 더욱 카테고리를 좁혀 '충무김밥 전문점'으로 하면 더 좋습니다. "저희는 충무김밥 딱 3종류만 팝니다. 오징어 들어간 충무김밥, 그 다음에 뭐 들어간 충무김밥…" 이렇게 해서 핵심 메뉴 3종류만 팔면 오히려 장사가 잘 되죠. 책도 그런 원리하고 비슷해서 여러분도 최대한 주제를 좁히시는 게 좋습니다. 콘셉트는 좁힐수록 뾰족해집니다. 뾰족해야 더 강력하게 소비자의 마음을 꿰뚫을 수 있어요.

김치국 대위님 같은 경우에는 '학군단에 선발되기 전까지의 과정'이라고 최종적으로 좁힌 건 잘 하셨어요. 그렇지만 나머지 부분이 현재 좀 모호하네요.

레오짱: 그러면 핵심 독자를 누구로 생각하고 계시는 거예요? 이것도 되게 좁혀서 잡을수록 좋아요. 예를 들어 몇 세에 뭐 하고 있는 사람인지, 여자인지 남자인지, 그가 추구하는 것은 뭔지… 이런 것까지 정확하게 한번 다시 정리해 보셔야 합니다.

김치국: 20대 초반의 대학교 1학년에서 2학년 사이 남학생들…?

레오짱: 학군단에 들어가려고 하는?

김치국: 학군단뿐만은 아니고요. 여기서 저는 '포기하지 않고 뭔가 계속 했기 때문에 내 목표와 비슷하게나마 뭔가를 이뤘다'는 그런 메시지를 보여주고 싶어서요.

레오짱: 포기하지 않고 꾸준히 도전하면 원하는 것을 달성할 수 있다, 이게 핵심 메시지군요? 알겠습니다. 그래서 핵심 독자는 20대 초반의 대학교 1~2학년 사이에 남학생들로 잡으셨네요. 그럼 이번엔 확산 독자를 한번 잡아볼까요? 이 책은 이런 친구들까지도 봐도 된다는 대상은 누가 될까요.

김치국: 사춘기에 접어든 중학교 2학년 학생부터 여대생들도 봐도 될 것 같아요.

레오짱: 입대를 희망하고 있는 여대생요?

김치국: 그냥 여대생으로 하겠습니다.

레오짱: 그냥 여대생은 범위가 너무 넓어요. 뭐 하는 여대생이라고 좀 구체화시켜야 합니다.

김치국: 그럼 군인에 뜻을 두고 있는 여대생들로 해볼까요.

레오짱: 좋습니다. 그러면 가장 핵심 타깃은 20대 초반의 대학교 1~2학년

남학생들이고 확산 타깃은 군인에 뜻을 두고 있는 여대생들로 잡습니다. 핵심 메시지는? 포기하지 않고 꾸준히 도전하면 원하는 것을 얻을 수 있다는 메시지인데 다소 넓어서, 조금 더 구체화시키면 좋을 것 같아요. 전하고자 하는 핵심 메시지가 또 뭘까요. 이거 말고도?

김치국: 그냥 이거를 장교가 되기 전까지의 과정 이렇게 하겠습니다.

레오짱: 좋습니다. 그럼 장교가 되기 전까지의 과정 이야기, 일단 이렇게 부제를 정리해 보겠습니다. 그러면 목차에는 뭐가 들어갈까요. 지금 살짝 생각해보시면 책에 어떤 내용을 담고 싶으세요?"

김치국: 제가 실패하고 좌절했던 이야기들이요.

레오짱: 아뇨, 아뇨. 그걸 좀 더 구체화시켜서 스토리의 과정별로 세분화시켜 말해보세요. 스토리의 러프한 얼개를 먼저 얘기해보세요.

김치국: 제가 원래 사관학교 시험도 봤었는데 낙방했고, 성적이 좋지 않아서 원하는 대학교에 가지 못하는 그런 과정들도 있었습니다.

레오짱: 또 뭐가 있어요?

김치국: 지금까지는 고 정도요?

레오짱: 별로 없으시네요. 이 정도 가지고 우여곡절이라고 하시는 거예요 지금? 저는 뭐 엄청난 일들이 있으셨나 싶었는데… 이 정도는 되게 순탄한 인생이신데요? 좋아요. 일단 전체적인 방향성은 장교가 되기 전까지의 스토리와 준비하는 방법에 대해 다루는 책, 이렇게 방향을 정하시면 될 것 같네요. 이젠 콘셉트가 지나치게 넓지도 않고 적절해 보이네요.

[실제 시연] 콘셉트 잡기 실습 2: 이치현 교사

"이치현(가명) 선생님은 쓰고 싶은 책의 콘셉트를 어떤 것으로 생각하세요?"

이치현: 지금 당장 할 일은 아니지만, 나중에 제가 은퇴 후에 카페를 차리는 과정을 한번 써보고 싶어요.

레오짱: 카페 창업을 희망하는 은퇴 예정자의 이야기인가요?

이치현: 처음엔 퇴직하면서 좌충우돌하는 과정을 적고 싶었어요. 지금은 현직에 있으니까 아직 경험하지 못해서 그건 못 쓸 것 같네요. 지금은 그냥 단순히 커피와 관련된 이야기를 하고 싶어요. '커피 로드' 같은 것도 괜찮을 것 같고요.

레오짱: 커피 로드라는 개념이 있나요? 그런데 이쪽 커피 분야 책은 사실 굉장히 많아요. 아시죠? 그래서 콘셉트를 좀 좁히시면 좋아요. 예를 들어 엊그제 저한테 투고한 사람도 있었는데 그것도 커피 책 원고였거든요. 경쟁서를 한번 같이 살펴보시죠.

경쟁도서를 검색하실 때 요령을 알려드릴게요. 각 서점 사이트는 자기네가 거래 중인 출판사 책들만 정보를 올려놓기 때문에 검색에 한계가 있습니다. 포털 사이트인 네이버 책(네이버 > '책' 섹션)을 들어가 보시면 포괄적으로 다 볼 수 있습니다. 네이버 책은 특정 서점은 아니기 때문에 절판된 책들까지 모든 서지 정보를 올려놓거든요. 검색도 잘 되고요. 그래서 옛날에 나왔다가 사라진 책까지 잠재적 경쟁도서들의 흐름을 파악하기에 더 좋습니다. '커피 이야기' 이런 식으로 검색해 보시면? 옛날에 절판된 책들까지 다 뜹니다.

이 주제의 책들이 벌써 엄청 많죠. 핸드드립 커피 이야기, 무슨 이야기… 엄청 많아요. 최근에 저한테 투고한 사람은 '커피 인문학'이라고 했는데, 이런 콘셉트도 이미 나와 있는 유사서가 있어요. 검색해봅시다.

✓관련도순 ✓출간일순 ✓판매량순   □ e북 □ 오디오북 □ 구입가능도서

커피인문학 (커피는 세상을 어떻게 유혹했는가?)
박영순 글 | 유사창 그림 | 인물과사상사 | 2017.09.22
★★★★ 8.33 | 네티즌리뷰 33건 | **도서구매** 19,000원 → 17,100원(-10%) **e북구매** 11,970원
소개 커피의 무엇이 인류를 이토록 매혹시키는 걸까?인류는 커피를 사랑한다. 커피는 우리에게 맛과 향뿐만 아니라 그 뛰어난 향미만큼 풍성한 이야기를 피워내는 묘한 마력을 지녔다. 그래서 커피를 신이 빚어낸 음료라고 말한다. 「커피인문학」에서는 커피에 대한 교양과 상식을 전달하고...

알고보면 재미있는 커피 인문학
최우성 저 | 원덤북스 | 2017.09.02
★★★★ 0 | 네티즌리뷰 0건 | **도서구매** 12,000원 → 10,800원(-10%)
소개 ▶ 이 책은 커피를 다룬 도서입니다. 커피의 기초적이고 전반적인 내용을 학습할 수 있습니다.

커피와 인문학
김용범(대학교수) 저 | 수동예림 | 2018.07.10
★★★★ 0 | 네티즌리뷰 0건 | **e북구매** 7,200원
소개 김용범교수의 커피와 관련된 인문학자들의 이야기 《커피와 인문학》 . 인문학자들의 눈에 포착된 커피란 무엇일까? 이 책은 그런 질문에서 시작했다. 이 책은 문학, 창작의 고통 그리고 생존의 양식 커피, 카페 드 플로르와 사르트르, 실존(實存)의 커피, 카페 프로코프와 볼테르 관용의 커피...

　'커피 인문학'도 나와 있죠. 커피와 인문학 어쩌고 저쩌고… 아, 그런데 '커피 인문학' 키워드는 생각보다 그렇게 많지는 않군요. 두세 권 정도밖에 없지만, 보시면 2017년짜리가 2개, 2018년짜리가 하나, 이 세 권이 전부네요. 그럼 우리는 이 중에서 조금 더 콘셉트를 좁히면 좋겠네요.

레오짱: 커피 로드도 괜찮은데 좀 더 콘셉트를 좁히면 좋겠어요. 저렇게 제너럴한 커피 이야기는 책으로 이미 너무 많이 나와서요.

이치현: 지금 생각났는데요, 커피를 좋아하는 명사 중에 독서가라든지 작가라든지… 이런 사람들을 다뤄보면 좋을 거 같아요.

레오짱: 그것도 괜찮아요. 그런데 키워드를 뽑을 때는 '좋아한'보다는 '사랑한'이 더 강렬한 말이고요. '커피를 사랑한 작가들' 이렇게 소제목을 뽑아도 좋겠네요. '커피를 사랑한 기업가들' 이런 섹션을

뒤도 될 거 같고요. 이 중에 뭐가 당기세요. 선생님은 뭘 많이 잘 쓰실 수 있어요? 자료 조사나 이런 거요.

이치현: 제가 관심 있어 하는 작가 쪽 내용들이 좋겠네요.

레오짱: 커피를 사랑한 작가들도 있고 커피 관련 책이나 그림 같은 것도 포함될 수 있겠네요. 헤밍웨이가 자주 찾던 카페 등으로 작가들이 자주 갔던 곳들도 다뤄주고요. 그러면 임시 제목은 '커피를 사랑한 작가들'이면 되겠어요? 이 책은 뭘 주장하시는 건 아니라서 메시지 도출은 좀 그렇고요. '이 책이 뭐 하는 책이다'라고 설명하실 수 있을까요?

이치현: 커피가 우리에게 힐링을 주잖아요. 사실은 문학이든 예술이든 결국 우리에게 감동과 행복을 준다는 뜻에서 커피와 예술의 어떤 공통점을 찾아보면 좋을 거 같아요.

레오짱: 우리가 커피를 사랑할 수밖에 없는 이유는 예술작품과 같이 힐링과 감동을 주기 때문이다, 이런 메시지군요. 좋아요. 그럼 핵심 독자와 확산 독자도 한번 설정해보죠. 이 책이 나오면 누구는 꼭 바로 반응을 할 것 같다는 사람들이 구체적으로 누구죠?

이치현: 감수성이 풍부해서 커피와 문학작품을 즐기는 사람들요?

레오짱: 누구예요, 이 사람들의 정체가? 연령대와 성별로 구체화시켜본다면?

이치현: 3040 여성들?

레오짱: 그러면 확산 독자는 누구일까요. 누구까지 봐도 좋을 것 같다는 거요.

이치현: 학생들도 봐도 괜찮을 것 같아요. 인문학에 관심이 있는 학생들이 요?

레오짱: 학생의 범위를 좁히셔야 해요. 중학생과 초등학생은 너무 다르고 고등학생은 또 다르잖아요. 그렇죠?

이치현: 대학생 이상으로 정해야 할까요?

레오짱: 참고로 대학생들은 토익책, 공무원, 수험서 이거 빼고는 다른 분 야 책들은 거의 안 사요. 이 친구들은 대중서의 독자가 아니라고 보셔도 돼요(슬프다, 한국 대학생들의 현실이…).

이치현: 그럼 중고등학생이 나을까요?

레오짱: 중고등학생은 수행평가에 들어가는 책만 보지 않나요? 어느 기관 추천 고전 명작 같은 것들 말이죠. 현실적으로 누가 볼 것 같으세 요? 그럼 일단 '인문학에 관심 있는 3040 여성들' 이렇게 설정해 보시죠. 자 그럼, 정리를 해보죠. 핵심 콘셉트는 '커피와 관련된 인문학 이야기' 이걸로 지금 밀고 싶으신 거고 핵심 메시지는 '우 리가 커피를 사랑할 수밖에 없는 이유' 정도로 해보죠. 좋습니다.

타깃 독자가 있고 없고의
극명한 차이

> "저는 그냥 제 붓 가는 대로, 내 느낌 가는 대로 아무렇게나 쓰고 싶어요. 꼭 타깃 독자를 잡고 싶지 않아요. 그냥 모든 사람들이 읽고 좋아해줄 글로 쓰고 싶은데… 그럼 안 되나요?"

안 됩니다. 타깃팅은 나침반입니다. 타깃팅은 나중에 책을 홍보마케팅 할 때도 중요하게 재활용되고요. 그전에 원고를 쓰는 단계에서도 너무나 큰 역할을 해주는 나침반입니다. 말해야 할 대상이 아무도 없이 혼자 설명하고 떠들 때의 그 텅빈 막막함과 막연함을 아시나요? 혼자 동영상 강좌를 촬영하는 경우, 사람들을 앞에 놓고 특강할 때보다 훨씬 재미없게 녹화되는 이유가 바로 그 때문입니다.

주고받는 인터랙션interaction이 없으니까 활기도 없어지고, 머리도 텅 비어서 뭔가 공허해져버리는 거죠. 저 레오짱도 청중 없이 동영상 강좌를 여러 번 촬영해봐서 알아요. 말하는 대상이 없으니까 허공에 대고 빈 손짓 하는 기분이 들더라고요. 막막해요. 그에 비해 제가 매주 하는 〈레오짱 줌스쿨) 특강에서는 청중들이 얼굴을 보이며 참여하니까 완전히 달라요. 미처 준비하지 않았던 아이디어까지 강의 중에 술술 나오더라고요. 듣는 대상이 있으면 확실히 혼자 떠들 때보다 더 많은 영감들이 솟아납니다. 할 말이 더 술술 나오고, 더 자연스럽게 이야기할 수 있게 됩니다. 현격한 차이가 생겨요. 청중이 있고 없고 차이는 생각보다 굉장히 크답니다.

책에서는 핵심 타깃이 바로 청중의 역할을 해줍니다. 책의 독자도 구체적인 타깃/상대/대상을 명확히 설정하고(모니터 옆에 붙여 놓고) 원고를 써나가면 글이 더 잘 나오게 되는 겁니다. 타깃 독자를 구체적으로 떠올리면서 글을 쓰면 확실한 기준과 방향성이 생기죠. 글이 술술 잘 나올 뿐 아니라 굉장히 생생하고 구체적으로 나오게 됩니다.

톤 앤 매너도 핵심 독자로부터 나온다

핵심 독자를 구체적으로 설정하면 뭐가 좋을까요? 핵심 독자를 선명하고 구체적으로 그릴수록 누구에게 말하는 톤으로 글을 써야 하는지가 잘 그려집니다. 원고를 쓸 때 말이죠.

초등 교사들을 염두에 두고 내용을 설명하는 톤과 엄마들을 대상으로 설명하는 톤은 서로 전혀 달라지겠죠. 항상 핵심 독자를 염두에 두고 글을 쓰는 게 좋아요. 그래야 톤이 일정하게 유지되니까요. 글쓰기 할 때 그걸 우리가 '톤 앤 매너tone and manner'라고 불러요. 글쓰기의 톤(어투)과 매너(태도)를 뜻하죠. 한 권의 책의 톤 앤 매너에는 일관성이 있어야 돼요. 그 일관성의 기준이 바로 핵심 독자입니다. 핵심 독자를 염두에 두고 글을 똑같은 톤으로 쓰셔야 합니다.

위에서 실습해 본 '커피 이야기'를 예로 들어보죠. 이 경우 '3040 이공계가 아닌 문학 지향의 인문계 성향에 책을 좋아하는 여성분들'을 염두에 두고 쓰시는 게 좋습니다. '군인 이야기'의 경우는? '대학교 1, 2학년의 씩씩한 남학생들'을 떠올리면서 글을 써 가시는 게 좋겠죠. 이 경우 여학생들을 떠올리면서 부드럽게 쓰시면 안 됩니다. 씩씩하게 후배들에게 죽비를 때리듯이 쓰는 게 더 어울리겠죠.

글쓰기와 책쓰기가
다른 이유

"글쓰기와 책쓰기가 다른가요? 그냥 글을 길게만 쓰면 책이 되는 거 아닌가요?"

글쓰기는 하나의 작은 꼭지(소주제의 기본 UNIT)만 잘 쓰면 돼요. 글쓰기는 나무 하나만 잘 그리면 되는 작업이죠. 하지만 책쓰기는 전체 숲에 대한 큰 그림까지 그릴 수 있어야 해요. 그게 글쓰기와 책쓰기의 가장 큰 차이죠. 책을 쓸 때는 일반적인 글쓰기보다는 훨씬 크게 숲 전체의 구조를 구상할 줄 알아야 해요. 낱낱의 나무를 그리기 전에 숲, 좀 더 크게 잡으면 산 전체의 모양까지 그릴 줄 알아야죠. 그래야 책쓰기를 제대로 하는 작가 대접을 받을 수 있어요. 그게 바로 콘셉트 잡기이자 목차 잡기 영역이죠.

그렇게 하려면? 처음에 A라는 콘셉트로 쓰기로 했다면, 그 A가 절대 중간에 흐트러지지 않게 해야 해요. 책 전체에 걸쳐 계속 일관되게 주장하는 뚝심이 필요해요. '나는 어떤 분위기의 숲을 그리겠어!'라는 선명한 목표를 세우세요. 부분적으로 엉뚱한 나무들이 튀어나오지 않게 그걸 계속 의식하면서 그림을 그려야 해요. 단풍 든 숲을 그리기로 콘셉트를 잡았으면서 군데군데 봄꽃을 그려놓는 실수를 하면 안 되잖아요?

글솜씨 자체보단 구조 짜기가 중요하다

소설이나 시, 갬성 에세이 등 문학 분야를 쓰신다면 글솜씨 자체가 중요해요. 하지만 그 외 다른 분야의 책을 쓸 때는 굳이 화려한 글솜씨까진 필요하지 않죠(앞서 감성 글쓰기인 '시'와 논리 글쓰기인 '실용문'의 대조에서 한번 설명드렸죠).

표현력이 조금 모자라는 건 걱정 안 하셔도 돼요. 그 책에서 쓰고자 하는 주제와 콘셉트가 분명하고 뒷받침해줄 자기 콘텐츠와 자료가 충분하다면 말이죠. 독자들도 문학 분야가 아닌 책에서 표현력을 따지지 않아요. 나중에 편집할 때 출판사에서도 도와줄 수 있고요.

비문학 분야의 책쓰기는 표현력의 문제가 아니라 구조 짜기의 문제에요. 아, 물론 감성 표현까지 잘 해낸다면 더할 나위 없겠지만요. 미리 내가 그릴 전체 그림을 목차라는 형태로 구조를 짜놓으세요. 그럼 중간에 삼천포로 샐 일이 없어지잖아요? 그러니까 표현력 자체가 모자란다며 자신을 비난할 시간에 목차를 멋지게 짤 궁리나 하세요. 표현보다 구조가 더 중요한 게 요즘의 책쓰기랍니다.

왜 목차부터 세우는 게
중요할까?

"책 한 권 써본 제 지인 중에는 생각나는 거 아무거나 먼저 쓰라는 사람도 있더라고요. 그렇게 아무거나 먼저 쓰는 게 좋나요, 목차부터 세워놓고 쓰는 게 좋나요?"

그분은 뭘 모르고 하시는 말씀이에요. 그분 책 반응 별로 없었죠? 안 봐도 비디오에요. 저는 그런 견해에 절대 반대해요. 어떤 분들은 "그냥 일단 생각나는 거 다 써놓고 목차는 나중에 잡아도 돼!"라는 식으로 얘기하시는데, 목차 없는 책의 구조 자체가 바르게 안 나와요. 특히 요즘에는 내용보다 구조가 더 중요하죠. 이때 '구조'는 '목차' 하고 같은 말이에요. 글솜씨 자체는 소설가나 시인 같은 문인들에게는 중요하겠지만, 요즘의 일반적인 책들에는 구조인 목차 구성부터 제대로 하고 글쓰기를 시작하는 게 훨씬 중요합니다. 최종적으로 그것보다 더 중요한 것은? 그 목차를 집대성해서 하나의 메시지로 뽑아내는 제목이 더 중요하고요.

책을 만들기에 앞서 먼저 목차부터 세워라

　본격 원고 집필에 들어가기 전에 목차를 먼저 세우는 것은 아주 아주 중요합니다. 목차는 책 전체를 지탱하는 뼈대이기 때문이죠. 건물 짓기에 비유하면, 목차는 기초 주춧돌이자 기본 뼈대가 되는 구조물이에요. 골격을 제대로 세워야 그 위에 인테리어 공사가 의미 있겠죠? 골격이 엉성한데 화려한 인테리어(미사여구, 표현법)에만 신경 쓰다간 무너져 내리는 건물이 됩니다. 부실 공사 건물은 나중에 문제가 많이 생기죠. 목차부터 세우고 쓰지 않으면 허술한 책이 되고 말아요.

　책의 원고를 본격적으로 쓰기에 앞서 목차부터 짜야 합니다. 목차를 잘 정돈해서 내가 말하고자 하는 바를 난삽하지 않게 만들어야 해요. 목차를 짜두면 주제와 상관없는 내용이 중간에 끼어들지 않게 해줍니다. 말하려는 바를 하나의 방향으로 수미일관하게 갈 수 있게 가이드해주죠. 구조가 짜여 있으면 전체 틀은 흔들리지 않으니까요. 그러니 원고 쓰기는 목차를 세운 이후에나 본격적으로 작업하세요. 절대 무작정 원고 쓰기부터 들어가지 마세요. 제일 멍청한 짓입니다. 시간 낭비이고 노력 낭비에요. 써야 할 원고가 많아질수록 책이 중간 중간 방향을 잃어버리기 십상인데, 이럴 때 사전에 써둔 목차는 아주 든든한 등대이자 이정표 역할을 해준답니다.

2장 실전 글쓰기 2단계: 상세 목차 짜기

자, 이제 2단계로 하실 일은? 꼭지 하부를 더 잘게 나눠 상세 목차로 짜기에요. 대략적으로 챕터 위주로만 뽑아 놓은 개괄 복자를 자잘한 세부 목차로 나누는 작업이죠. 자잘한 세부 목차는 곧 꼭지들과 그 밑의 소꼭지가 되는 셈이에요. 다르게 생각해 보면 앞으로 쓸 내용들의 키워드를 미리 잡아보는 작업이기도 해요. 앞으로 쓸 것의 글감들을 여기다 미리 수집해 놓는 거예요. 그래야 빠지는 항목이 없게 되고 안 잊어먹어요. 한참 원고를 쓰는 중에는 나도 모르게 쓰려던 말이 머릿속에서 휘발돼 사라져 버리곤 하기 때문이죠. 미리 한꺼번에 쓸 글감들을 꺼내 놔야 그렇게 글 쓰다가 잊어먹는 경우가 적어져요.

목차 정하는 방법이
궁금해요

"그런데 목차는 그냥 제가 생각해서 독자들이 혹할 수 있게 멋진 표현을 쓰면 되는 거 아닌가요?"

아닙니다. 목차는 책의 콘셉트와 따로 노는 게 아니에요. 애초의 콘셉트에서 도출해 목차까지 다 수미일관하게 이어져야 돼요. 보통 목차는 콘셉트concept에서 시작해서 장chapter 목차로 가고요. 나음 꼭지unit 목차로 가고 꼭지보다 하위 목차인 소제목, 소소제목 이런 식으로 내려가요.

콘셉트concept > 장chapter 목차 > 꼭지unit 목차 > 소小제목 목차 > 소소小小제목 목차
(보통은 소소제목 정도까진 잘 안 내려가요. 너무 복잡해 보여서요.)

장 목차는 대부분 다음과 같이 3단 구성으로 하면 좋다고 했죠? 바로 Why, What, How입니다. 1장에서는 '이 책을 왜 썼나?'를 설파하셔야 돼요. 2장에서는 '그래서 이 책이 주장하는 핵심이 뭔가?' 이걸 설명하는 게

탐험가 되기

와야 하고요. 3장에서는 '그래서 대체 어떻게 하라는 건가?'에 대한 해법을 제시하셔야 해요. 이 구성이 책에서 가장 안정적인 목차 구성이에요. 꼭 이 구성만 있는 건 아니지만, 이게 사람들을 설득하는 데 가장 기본이 되는 일반 단행본(비문학) 책 목차 구성법이에요.

제목하고 장제목과 꼭지제목이 수미일관하면서 연관되게 나와야 합니다. 목차도 콘셉트와 따로 놀게 마음대로 뽑는 게 아니라 했죠? '내 책은 이 콘셉트로 갈 거야' 그랬으면 이 콘셉트에서 세분화시킨 것이 곧 목차로 표현되어야 하는 거죠.

[실제 시연] 레오짱 책: 2단계 (상세 목차 짜기)

개괄 목차를 세부 목차로 나누기

이제 개괄 목차를 세부 목차로 나누는 작업을 해볼게요. '책을 쓰면 뭐가 좋아요' 파트에 뭘 넣으면 좋을까요? 일단 제가 생각나는 거 아무거나 막 써볼게요. 책을 쓰면 뭐가 좋냐면… 첫 번째 '내가 살다간 흔적', 그 다음에 '저절로 공부를 하게 함' '브랜딩의 중심축' '생각 정리' … 음, 그 다음에 '두꺼운 명함 역할' 그 다음에 음… 책을 쓰면 또 뭐가 좋을까요? 아, 맞다! '자기계발 시간이 된다.' 추가로 본인에게 자문자답해 보기로 '책을 왜 쓰려고 하세요?' 이런 것도 물어봐야겠어요. 항목 추가! '특별한 지식 없이도 책을 쓸 수 있나요' 이런 것도 물어보면 좋겠고요. '코로나 시국에 책을 꼭 써야 되나?' 이런 것들도 물어보면 좋을 것 같아요.

이젠 이것들의 순서를 재배치해줍니다. 논리 배열을 마음대로 할 수 있는 게 마인드맵의 장점이잖아요? 그래서 가장 먼저 얘기하고 싶은 꼭지

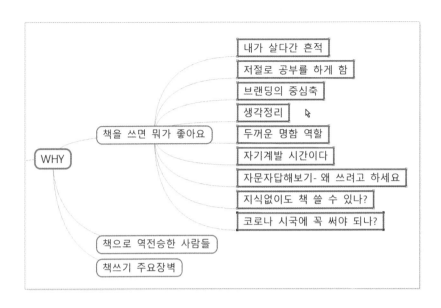

를 위 아래로 당겨서 순서를 조정합니다. '두꺼운 명함'이랑 '브랜딩'은 비슷하니까 나란히 놔줍니다. '책을 쓰면 뭐가 좋아요' 이 정도 레벨은 사실 책으로 치면 큰 상위 영역이죠. 이런 게 곧 챕터가 되는 거죠. 왼쪽의 Why, What, How 이런 게 1부, 2부, 3부 정도의 개념인 거고요. 그러니까 1장이 '책을 쓰면 뭐가 좋아요'에 해당되겠죠? 1장 밑에 있는 '저절로 공부를 하게 한다' '내가 살다가 흔적이다' 이런 것들이 꼭지가 되고요.

  꼭지는 책 구성의 최소한의 유닛(하나의 주제로 글을 쭉 쓰는 기본 단위)을 말하죠. 즉 한 꼭지에 보통 신국판 책 4페이지에서 5페이지 나오는 그 단위 말이에요. 책의 기본 구성 단위인 꼭지를 구성하는 게 이 대목이에요. '책으로 역전승한 사람들' 챕터라면 '레오짱 자신', 다음에 '유수연 저자,' '우지은 저자' 등 여러 사람이 있다고 써놓습니다. 이 내용도 꼭지 제목이 되는 셈이죠. 위 '책으로 역전승한 사람들'이 2장이 되는 챕터니까요.

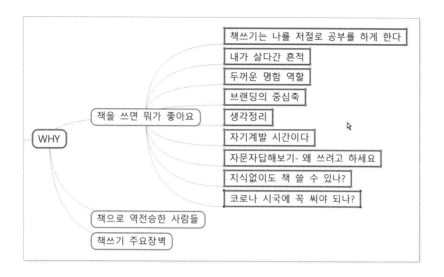

이 상세 목차로 쓰는 작업의 레벨은 보통 이 '꼭지' 제목 정도까지만 끄집어내도 충분해요. 이 이하로 상세한 내용을 적으려면? 마인드맵에서보다는 워드로 변환 후 워드 문서상에서 와다다 글감을 끄집어내기 방식을 하는 게 더 깔끔합니다. 물론 경우에 따라서는 마인드맵 문서상에서 더 깊게 가지치기를 해놓을 수도 있겠죠. 예를 들어 '레오짱 자신' 밑에 '첫 책을 직장 다니며 쓰다' '위상이 달라지다' '두 번째 책도 이직한 직장에서 쓰다' '더 좋은 일이 발생하다' 이런 식으로 세부 글감들을 추가적으로 써놔도 돼요.

그렇지만 제가 권장하는 것은 마인드맵에 가짓수가 너무 많아지면 복잡하게 보이고 혼란스럽죠. 그러니 그냥 이 '꼭지 제목' 정도로만 일단은 끄집어 내놓는 게 좋아요. 워드로 변환한 뒤에 그보다 하위 꼭지 밑에 들어갈 글감들은 추가로 늘여쓰기 작업을 하면 좋습니다. 그렇게 권해드립니다. 개괄적으로 샘플로 보여드리는 예제니까 이 정도로 보여드릴게요.

[실제 시연]

이영희 교사: 상세 목차 짜기 실습

이번엔 글감옥 수강생분 목차로 시연을 해볼게요. 이영희 선생님은 1차 수업 시간에는 '코로나 시대의 엄마랑 영화 보면서 논술 쓰기 가이드'라는 콘셉트로 하셨던 분이에요. 그러다 '온택트 시대의 공부법'으로 콘셉트를 변경하기로 했습니다. 어떻게 됐는지 한번 볼게요. 굉장히 방대하게 많은 것을 목차로 넣으셨네요. 비교적 알차게 잘 하신 것 같아요. 일부 테크니컬한 배열의 문제만 좀 정리해주면 좋을 거 같아요. 아래를 보시죠.

온택트 시대의 공부법(예시)

1. 나의 영어 선생님은 넷플릭스

1.1 A군의 영어 정복기

1.1.1 처음 시작 장면은, 어느 날 영어 대사를 말하고 있는 아이의 모습. 마치 영화 속 주인공과 대화하듯, 영화 대사를 미리 말하고 있는… 그런 과정에 대한 스토리 소개 / 5세 때, 도라DORA 영어 프로그램 시작, 매직스쿨버스, 스머프,

스타워즈 등 영어 애니메이션을 통해 일어난 애피소드 / 돌이켜 생각해보니 영재 발굴단에 소개되는 학생과 같은 학습 동기를 제공했다. 호기심, 재미, 자기 결정성, 자기주도, 반복, 집중

2. 온택트, 뉴노멀이 되다.

2.1 BTS 방방콘 더 라이브

2.1.1 또 다른 지구를 만드는 온택트

동시 접속자 수 75만 3000명, 세계가 랜선으로 하나되다

2.1.2 교육의 새로운 패러다임을 준비하다

학교와 학원 외 제3의 교육현장이 등장했다. 새로운 교육도구(줌, 팀, 아프리카TV 등)와 방법에 대해 생각한다. 학생 중심, 배움 중심, 학습 동기 부여의 중요성 대두, 플립러닝, PBL을 활용한 교수법 필요

2.2 유래

2.2.1 문명의 발달=도구의 발달=교통과 통신의 발달

2.3 개념

2.3.1 온택트^{Ontact}는 비대면 접촉 방식을 말하는 언택트^{Untact}와 온라인^{Online}을 결합한 합성어. 비대면이지만 대면처럼… 코로나19가 바꿔 놓은 새로운 연결 방식 / 온택트가 가능한 것은 통신기기의 발달을 통해 단순히 소통의 방법만 변화한 것이 아니다. 옛날 정보 교환의 역할까지 했던 장터처럼, 온택트는 플랫폼 혁명이 가져온 새로운 문화의 의미를 지닌다. 현실 세계와 가상 세계를 이어주는 말 그대로 플랫폼이다.

마인드맵에서 조심해야 할 배열 방식

다 좋은데요, 소소제목에 해당하는 레벨이 저런 식으로 처리되면 안 돼요. 낱낱이 별도의 소소제목을 대등한 레벨로 나란히(밑으로 나란히 내려 쓰며) 열거해주셔야죠. 뭉뚱그려 한꺼번에 써버리면 목차도 뭣도 아니게 돼요. 이건 알마인드 사용법이기도 한데요. 상세 목차를 꺼낼 때 새끼를 오른쪽으로만 계속 너무 많이 치시면? 나중에 워드 변환하실 때 굉장히 구조적으로 헷갈려 보이게 되어 비추에요. 예를 들어 한 대목을 보면서 얘기하죠.

Before)

1.1.1 처음 시작 장면은, 어느 날 영어 대사를 말하고 있는 아이의 모습. 마치 영화 속 주인공과 대화하듯, 영화 대사를 미리 말하고 있는… 그런 과정에 대한 스토리 소개 / 5세 때 도라DORA 영어프로그램 시작, 매직스쿨버스, 스머프, 스타워즈 등 영어 애니메이션을 통해 일어난 에피소드 / 돌이켜 생각해보니 영재 발굴단에 소개되는 학생과 같은 학습동기를 제공했다. 호기심, 재미, 자기결정성, 자기주도, 반복, 집중

이게 아니라 나란히 병렬해주셔야 해요. 아래처럼 병렬 구조로 고쳐주

세요. 나란히 내려쓰기 형식으로 해주셔야 실제 원고로 변환해서도 작업이 수월해져요. 꼭지들이 계속 이어진 채 뭉텅이 지지 않게 해주세요. 그것만 정리해주시면 상세 목차는 아주 훌륭하게 거의 다 나온 것 같아요.

After)

1.1.1 처음 시작 장면은, 어느 날 영어 대사를 말하고 있는 아이의 모습. 마치 영화 속 주인공과 대화하듯, 영화 대사를 미리 말하고 있는….

1.1.2 그런 과정에 대한 스토리 소개 / 5세 때, 도라[DORA] 영어 프로그램 시작, 매직스쿨버스, 스머프, 스타워즈 등 영어 애니메이션을 통해 일어난 에피소드

1.1.3 돌이켜 생각해보니 영재 발굴단에 소개되는 학생과 같은 학습동기를 제공했다. —호기심, 재미, 자기결정성, 자기주도, 반복, 집중

목차는 어떻게
섹시하게 만들 수 있을까요?

"어디선가 들었는데(아마도 레오짱님의 강연에서 들은 듯요), 목차는 섹시
하게 만들어야 한다던데, 그게 무슨 뜻이에요?"

네, 맞아요. (제 강연이었을 거예요) 목차는 섹시하게 만드셔야 해요. 여기
서 '섹시하게'라는 말의 뜻은? '매력적으로' '독자를 유혹하듯이' 쓰라는
말이에요. 사람들의 책 구매 패턴이 어떤가요? 제목 보고 표지가 마음에
드는지 보고, 저자의 자격을 들춰본 뒤에 목차를 보죠.

이때 저자의 자격은 아까 말씀드린 것처럼 자기 인생의 자격이어도 돼
요. 자기 인생이 충분히 이 주제를 말할 만하다면 저자로서의 자격이 있
는 거죠. 시집을 낸 일본의 백세 할머니처럼 말이죠. "내가 백세 동안 살
았고 무학이야. 그렇지만 나는 세상을 오래 살았고 고생을 지지리 많이
했어. 그래서 당신들에게 격려를 해줄 만한 위치에 있어." 이런 것도 저자
의 자격이잖아요? 이 자격을 독자들에게 어떤 식으로든 증명할 수 있으
면 저자의 자격 요건으로서는 충분해요.

잠재 독자들이 제목, 표지, 저자소개, 이 세 가지를 본 뒤에는? 대부분 사람들은 목차를 들춰 봐요. 그때 목차의 표현이 섹시하게 뽑아져 있어야죠. 이 섹시라는 게 '매력적이어야 된다'는 말이라고 했죠. 목차를 뽑을 때는 일단 기본 키워드부터 쭉 도출해야 합니다. 그 후에 요즘 트렌드와 취향에 맞춰서 표현을 다듬으시면 돼요. 이 목차도 역시나 "이렇게 섹시한데 안 살 거야?" 약간 그런 식으로 도발하듯이 써야 돼요.

  목차는 최대한 섹시하게 뽑아야 됩니다. 사람들에게 메시지를 어필한다고 할 때 광고업계에서는 이걸 '소구점을 찾는다'고 표현해요. '사람들에게 어필하는 포인트를 잡는다'는 말이죠. "이래도 지갑 안 열 거야?"라는 식으로 소구 포인트를 잡아서 써야 돼요. 최근 베스트셀러 중에《돈의 속성》이라는 책이 있죠. 김승호 회장이라고 돈 많이 버신 재미교포 사업가가 쓴 책이에요. 이 책이 목차를 잘 뽑았더라고요. 같이 한번 실제 목차를 살펴보시죠(80쪽 참고).

  '돈은 인격체다.' 그럴 듯하죠. 그 다음에 '돈은 중력의 힘을 가졌다.' '100억을 상속받았는데 절대 잃지 말라는 유언이 붙었다면' 이런 식으로 뭔가 호기심을 자극하잖아요? 사람들에게 자꾸 '이게 대체 무슨 내용이지?' 그러면서 책을 열어보고 싶게 만들고 있죠?

  이 분은 책의 목차에 반어법을 많이 썼더라고요. 예를 들어, '빨리 부자가 되려면 빨리 부자가 되려 하면 안 된다.' '달걀을 한 바구니에 담지 않았는데 왜 모두 깨질까.' 사람들의 상식을 깨는 그런 목차 표현을 많이 적었죠? 굉장히 고민해서 만든 목차예요. '떨어지는 칼을 잡을 수 있는 사람' '흙수저가 금수저를 이기는 법' 이런 것들 다 호기심을 일으키잖아요.

차례

《돈의 속성》의 차례

'이게 도대체 무슨 내용이지?' 그러면서 자꾸 들춰보게 만들잖아요. 이런 게 좋은 목차예요. 잘 뽑았어요. 여러분도 이런 식으로 어필하듯 목차 표현을 뽑으시면 됩니다(아, 물론 이 작업은 퇴고 시에 하시는 겁니다. 초고 때는 아직 표현을 섹시하게 다듬을 타이밍이 아니에요.).

제 원고의 분야는
어떻게 정해야 하나요?

"장르는 보통 본인의 콘텐츠에 따라서 어울리는 장르가 있을 거라는 생각
이 들어요. 예를 들면 교육 쪽은 아무래도 바로 써먹을 수 있는 실용서 쪽이
고 또 어떤 콘텐츠는 에세이, 어떤 쪽은 자기계발서 이런 분야로 나눠질 것
같은데요. 제게 맞는 분야는 어떻게 정해야 할까요? 그런 것들을 미리 생각
하고 목차 구성을 하는 게 맞는지 아니면 나중에 출판사하고 그런 걸 정하
는 게 맞는지가 궁금해요."

애초부터 생각하시는 게 맞아요. 본인 성향이 감성적이라면 에세이 분
야로 글을 쓰시는 게 맞죠. 글배우라는 분 아세요? 남자분인데 그 사람의
인스타를 보면 엄청 갬성갬성해요. 글을 한 줄 한 줄 굉장히 고심해서 쓰
는 스타일이에요. 모든 글을 쉽게 내지 않죠. 엄청 쥐어짜면서 글을 힘들
게 만들어내더라고요. 그래서 글 하나하나가 갬성 덩어리에요. 그러다 보
니까 인스타 감성하고도 맞고 그런 채널에 계속 글을 연재하면서 사람들
의 입소문을 탔죠. 나중에 인기를 끌자 출판사와 연락이 돼서 책을 냈는
데 역시 갬성 에세이로 대박이 났죠. 예를 들어 그는 두꺼운 도화지에 손

글씨를 써놓은 이미지를 인스타그램에 걸어 놓고 글을 시작해요.

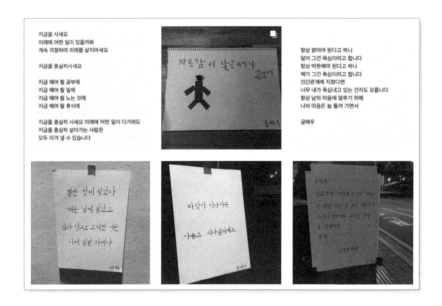

그런 스타일이라면 에세이 분야로 공략하는 게 맞겠죠. '내가 원래 타고나게 감성적이야'라고 자평하신다면 에세이를 공략하시는 게 맞겠죠. 하지만 대부분 사람들은 그렇게 갬성적이지 않아요. 대부분은 자기 전공 분야를 다루면서 글을 써 가시는 게 훨씬 나아요. 내 전공 분야가 스피치 쪽이라면 자기계발 분야로 가겠죠. 자기계발보다 조금 더 테크닉적인 내용을 많이 다뤘다면? 실용서 분야로 놓이겠죠. 그러니까 본인이 갬성보단 논리에 더 가까우신 분들은 에세이 분야를 건드리지 마시고 '자기계발 아니면 실용, 이 두 가지가 나의 시장이다' 이렇게 생각하시는 게 맞아요.

논문을 그대로
책으로 내면 된다는 건 환상일 뿐

"제가 논문 써놓은 게 있어요. 써놓은 콘텐츠가 있는 셈이니까 저는 마음이 아주 든든해요. 이걸 그대로 책으로 내면 되는 거잖아요?"

노노, 절대 비추입니다! 석박사 학위로 가방끈 길게 늘이신 분들이 많이 하시는 착각 중 하나입니다. 논문에는 개념어(추상어) 위주의 표현들이 많습니다. 그것들을 그대로 책으로 냈다가는 쪽망입니다. 연구용으로 그 책을 찾는 학자 외엔 아무도 거들떠보지 않는 책이 됩니다. '논문어'들을 일상적인 '생활어'로 바꾸시고, 사례도 다른 논문들의 조합이 아니라 우리 주변의 실제 에피소드로 사례를 다 바꿔 넣어야 하는 등 갈 길이 멉니다.

논문은 사실 개념을 명확히 하고 근거를 입증하는 연구 활동이잖아요? 그래서 일반 독자들이 보기엔 실용적이지 않은 경우가 대부분이에요. 인용의 인용, 인용의 인용의 재인용… 이렇게 인용 범벅인 경우가 대부분이죠. 구조적, 논리적 완결성만을 높게 쳐주는 논문이라는 형식은 일반 대중서로서는 재미 꽝, 알맹이 꽝이에요. 박사님 출신들이 과거 자기 논문을 염두에 두고 책을 쓰시려 하는 경우가 많아요. 대부분 실제적인 내용 (알맹이)이 거의 없는 책으로 나오곤 해서 망하십니다. 논문 내용은 완전히 잊고 '이 주제로 새로 쓴다'고 생각하세요. 그게 정신건강에 이롭습니다. 새로 사례조사도 하시고, 자기 주변이야기 추가하고, 쉽고 평이한 표현으로 다 새로 바꿔 쓰셔야만 합니다.

《삐뽀삐뽀119》라는 책 아세요? 하정훈이라는 소아과 의사가 쓴 책인데, 대부분 어린 자녀들을 키우고 있는 학부모, 특히 엄마들은 그 책을 다 가지고 있어요. 일종의 전문서에요. "아이가 열나면 어떻게 해야 하나요?" "소아과에 가기 전에 도대체 어떻게 응급처치를 해야 할까요?" 이런 부모들의 급박한 질문을 해결해주는 전문적인 의학서죠. 이렇게 전문적인 분야의 책, 즉 전문서임에도 불구하고 이 책이 아주 오랫동안 엄청나게 사랑을 계속 받는 이유가 뭘까요?

저자인 의사 분이 설명 자체를 굉장히 유머러스하게 써서 그래요. 내용은 의학정보인데 마치 옆집에 살고 있는 친한 의사 오빠가 조곤조곤 얘기하듯이 썼죠. 약간의 장난기와 함께 재미있게 풀어주는 톤 때문에 엄마들이 엄청 그 책을 좋아하고 입소문이 크게 났거든요(그런데 서점에서 최근 다시 확인해본 결과, 초판본인 2014년 그린비라이프 출판사 버전만 그렇게 재미난 어투가 적용돼 있었던 것으로 드러났습니다. 2016년 개정판인 유니책방 출판사 버전에서는 좀 더 백과사전식 어투로 구성이 바뀌었더라고요.).

아무리 전문적인 내용을 다루는 전문서라 할지라도 원론 그대로만 딱딱하게 다루면? 정이 안 가고 손이 안 가요. 말투 자체는 에세이 톤으로 다정다감하게 가져가고, 내용은 내용대로 충실하게 가져가시는 게 전문서를 대중적으로 다룰 때의 베스트 조합법입니다.

저는 기획을 지금도 굉장히 많이 하지만 가장 집중적으로 많이 할 때가 있었어요. 위즈덤하우스라는 국내 톱3에 들어가는 출판사에서였어요. 제가 거기 기획실장도 했고 마케팅 총괄 본부장도 했거든요. 마케팅 본부장은 모든 파트 부서에서 제출되는 기획을 검토해 봐요. 그리고 모든 책의 기획회의와 마케팅회의에 들어가요. 그때 최종적인 책의 방향 결정을 위한 종합적인 의견을 피드백 하는 경험을 압축적으로 굉장히 많이 했죠. "이 책은 콘셉트가 별로인데 드랍drop시키죠?" "이 책은 이렇게 고쳐보는 게 나을 거 같아요" 이런 의견을 매번 줘야 했죠. 일주일에 기획서만 20개씩 봤어요.

그때 "교재를 쓸 때는 이렇게 써야 한다"라는 바이블처럼 제가 삼았던 게 《삐뽀삐뽀 119》 책이었어요. 교재를 교재처럼 딱딱하게 쓰는 책은 흔하디 흔하죠. 하지만 그 책은 그렇게 딱딱한 의학서를 친근하게 풀어내는 해법을 제시한 좋은 샘플이었거든요. 그래서 저자들에게 이걸 베스트 샘플로 삼아서 원고를 쓰거나 수정하라고 가이드를 자주 주곤 했어요. 전문적인 내용을 다룰 예비 저자분들은 꼭 그런 방식의 톤 앤 매너를 많이 고민하세요.

구글 드라이브를 원고 백업용으로 이용하는 것은 필수!

"원고를 많이 써놓고 저장한 줄 알았는데 저장이 안 돼 있네요. 세상에…그래서 지난 1주일간 작업한 추가 30페이지를 어디서도 찾을 수가 없어요! 레오짱님, 저 어떡하면 좋죠?"

어이쿠야, 저런! 클라우드 드라이브에 매일 작업을 끝낼 때마다 백업을 해놓으셨어야죠. 초벌 와다다 원고든 나중에 좀 더 정제해 다듬은 원고든 무조건 매번 꼬박꼬박 클라우드에 백업을 해놓으세요. 우리의 원고는 너무나 소중한 거잖아요. 매 단계의 버전별로 파일 이름을 붙여서 클라우드 서버에 백업해두세요. 날짜별 구분 표시는 기본이에요. 예를 들면, '20210302저녁 초벌 원고 1차본' 이렇게요.

무료 클라우드 드라이브로는 '구글 드라이브' '네이버 드라이브' 등 좋은 무료 서비스가 많아요. 검색해보시고 가입하세요. 구글 드라이브는 15GB까지, 네이버 클라우드(MYBOX로 이름 바꿈)는 30GB까지, 원드라이브는 5GB까지 무료로 사용할 수 있어요(이 얼마나 좋은 공짜 세상이에요? 적극적으로 활용하세요).

그냥 PC나 외장하드, USB만 믿었다간 큰 코 다칩니다. 기기가 충격이나 열을 받으면 자료가 훼손되거나 날아갈 수 있어요. 외부 바이러스에 걸려 날아갈 수도 있는 등 여러 사고 가능성이 있어요. 그에 비해 클라우드 서버는 엄청 안정적이고 보안이 강화된 대기업 서버죠. 데이터가 날아갈 일이 거의 없고 언제 어디서나 어떤 기기로든 접속해 업로드와 다운로드가 가능해서 좋아요.

저는 주로 구글 드라이브와 네이버 드라이브를 애용 중이에요. 너무 좋아요. 여러분도 당장 가입하세요. 15기가에서 30기가라는 어마 무시한 용량을 공짜로 백업 공간으로 활용할 수 있으니까 적극 활용 안 하는 사람들은 바보에요. 원고 파일은 아무리 커봐야 채 1mb도 안 돼요. 원고 파일로만 보자면 거의 무한정 백업할 수 있다는 의미죠. 이 작은 백업 행위 하나를 귀찮아하다가 그동안 내 피와 땀을 녹여 만든 원고 파일을 통째로 날리게 되면? 진짜 지못미 상황이죠. 그런데 이걸 안 해서 주변의 예비 저자분들이 원고를 잃어버리는 걸 너무나 많이 봐왔거든요. 저는 이런 클라우드 백업이 습관화된 지 오래인 사람이라 단 한 번도 원고를 날려본 적이 없어요.

버전이 달라지는 대목은 좀 더 상세한 표식으로 이름을 붙여 백업해두세요. 제가 실제 쓰는 방식을 보여드릴게요.

[망하는 책쓰기 흥하는 책쓰기]원고-20210302아침-보관용(초벌 와다다 상태)

[망하는 책쓰기 흥하는 책쓰기]원고-20210303저녁-(2차 늘여쓰기 중인 상태)

[망하는 책쓰기 흥하는 책쓰기]원고-20210410아침-(3차 다듬은 상태)…

이런 표식을 해놓지 않으면? 나중에 다시 찾거나 글을 실수로 지웠을 때 어떤 버전인지 서로 구분이 안 돼서 되찾는 데 무진장 애를 먹게 돼요. 나중에 알아보기 쉽게 그때그때 버전별로 이름을 표시해두는 게 최고의 파일 백업 방법이에요.

이렇게 적었으면 drag&drop 방식으로 클라우드 드라이브 화면에 툭 던져 놓으시면 돼요. 구글〉(웹)문서에서 바로 작성하거나 업로드했던 문서를 (웹)문서 상태에서 열어 재작업할 수도 있어요. 하지만 그 경우는 서체나 문서 형태가 깨지는 경우가 많아서 아름답게 되지 않아 추천드리지는 않아요. 그냥 다운받아 작업하세요.

툴 추천 1:
마인드맵 프로그램

"한글, 워드 말고 신박한 글쓰기 툴 없나요? 맨날 이 프로그램으로 써왔는데, 좀 더 책쓰기에 최적화되어 있는 프로그램이 있으면 좋겠어요. 소개해 주시면 너무 감사하겠습니다."

첫 번째 추천 툴로는 마인드맵 프로그램입니다. 이건 많이 쓰인다기보다는 실제로 제가 책쓰기 과정에서 아주 많이 이용해서 추천드리는 거예요. 두 권 합쳐 1000페이지짜리에 육박하는 이번 제 책의 거의 40%는 사실은 마인드맵으로 만든 거예요. 구조나 세부 목차, 글감은 전부 다 마인드맵으로 완성했다고 보셔도 돼요.

데스크톱 PC용 무료 마인드맵 프로그램으로 알 마인드가 있죠. 아주 괜찮습니다. 기능도 많아요. (다만, 처음에 이 프로그램을 설치하거나 업데이트 알람 뜰 때 불필요한 자사의 다른 프로그램까지 같이 깔리도록 '설치' 항목에 기본값으로 체크돼 있어서 교묘히 다운로드를 유도하는 게 이 회사의 오랜 영업 방식인데, 그런 부분만 유의하시면 성능 자체는 꽤 만족스러워요.)

그렇지만 마인드맵으로 책 쓰기 하는 범위에는 한계가 있어요. 컨셉 잡고, 목차를 개괄적으로 짜고, 세부 목차인 소제목 짜는 정도까지가 딱 좋더라고요. 그 이상까지 책 쓰기를 마인드맵으로 다 하려고 들면 너무 정신이 없어져요. 왜냐하면 이 프로그램으로 가지치기를 계속 하다 보니까 나중에 가지가 너무 사방으로 뻗어나가고 얽혀 가지고 정신이 하나도 없더라고요. 엄청 길게 써야 하는 본문 작성까지 들어가면 구조가 시각적으로 복잡해져서 비추예요.

근데 마인드맵 이런 거 없이 처음부터 완전히 텅 비어 있는 백지 문서 위에 1천 페이지를 쓴다? 그러면 엄두가 안 나요. '도대체 뭐부터 해야 되는 거지?' 전혀 감이 안 잡히고 겁부터 집어먹게 될 수 있어요. 마치 태평양 위에 혼자 떠 있는 느낌이겠죠.

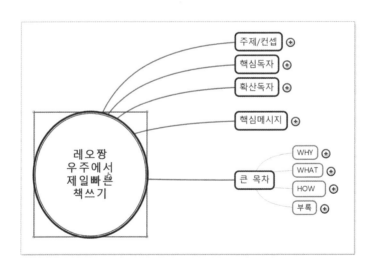

이게 처음에 마인드맵으로 컨셉 잡을 때의 제 실제 문서 모양이에요.

이때의 임시 제목은 '우주에서 제일 빠른 책쓰기'였는데 지금 최종 제목은 바뀌었죠.《팔리는 책쓰기, 망하는 책쓰기》로 최종 결정했습니다. 대비 구도의 제목이 강력하기 때문이죠. 실제 출판계 빅데이터를 보고 그렇게 선택한 거예요. 보시면 마인드맵에서 제가 주제 컨셉도 잡았고 핵심 독자도 여기서 설정했죠. 확산 독자도 이때 잡았고, 핵심 메시지도 열심히 머리를 굴려서 최종적으로 여기에 정리한 겁니다. 큰 목차는 물론 상세 목차도 마인드맵에서 다 짰어요. 구조를 세우고 변경할 때는 마인드맵이라는 도구가 굉장히 강력해요. 특히 책 쓰기 앞 단계에서는 더욱더 강력해요.

제 상담 사례를 모아 책을 내고 싶어요

"저는 상담가예요. 여러 상담 사례들을 그동안 많이 가지고 있어요. 이 아이를 상담한 사례가 이렇고 저 아이를 상담한 사례가 저렇고 하는 재료들을 많이 갖고 있죠. 그런 재료들을 구슬처럼 목걸이로 쭉 이으려면 어디에 방점을 두고 기획하면 좋을까요?"

그러시군요. 상담도 주제가 있을 거 아니에요? 누구 대상인지, 주로 어떤 고충을 겪고 있는 사람들에 대한 상담인지가 중요해요. 상담을 너무 뭉뚱그려서 다 담으면 안 돼요. 예를 들어 내가 고등학생들을 상담하는 사람이라고 쳐보죠. 고등학생에 대한 일반적인 모든 문제를 다 다루겠다? 이건 전혀 뾰족하지가 않죠. 한마디로 콘셉트가 너무 퍼져 있잖아요.

그렇게 하시면 안 돼요. 그보다는 예를 들어 고등학생의 학업 성적 문제만 주구장창 상담을 한다든지, 고등학생의 성교육 상담만 주구장창 상담한다든지… 이렇게 하나만 딱 꼬집어서 다루는 게 훨씬 좋아요. 실제로는 내가 무수한 상담 사례를 가지고 있다 할지라도 나머지는 일단 버려야 돼요. 책으로 쓸 때는 모든 재료를 다 그러모으다가는 어중이떠중이가 돼버려요. 가장 사람들에게 반응이 좋을 만한, 사람들이 뭔가 관심을 가질 만한 그 대표 주제 하나만 뽑아서 그것만 집중적으로 다루는 게 좋죠.

그냥 모든 상담을 끌어모으면 '예쁜 쓰레기'가 돼버려요. 독자들이 돈 주고 사려고 봤더니, "뭐가 많긴 한데 나한테는 필요 없는 대목들이 너무 많네?" 그렇게 독자가 별 관심도 없는 대목의 상담까지 다 들어 있다면? 소위 말하는 '예쁜 쓰레기'가 되는 거죠.

3장 실전 글쓰기 3단계: 와다다 요점 쏟아내기

마인드맵 프로그램으로 상세 목차까지 다 짰으면 그 다음엔? 이걸 워드 문서로 변환하셔서 초벌 와다다 요점 쏟아내기를 하셔야 해요. 초벌 원고는 그야말로 러프한 상태의 원고를 만들어내는 작업이에요. 정교하게 쓰려는 버릇이 오히려 방해가 되는 때죠. 이때만큼은 자유롭게 '맘대로' 쓰세요. 사실 쓴다기보다는 '쏟아내놓는다'는 표현이 더 어울릴지도 모르겠네요. 쓰고자 하는 말 전체를 키워드 중심으로 요점만 빨리 쏟아내세요. 완전한 문장 단위로 쓰지 마시고요.

지금 쓰는 원고가 첫 책이건 2, 3번째 책이건 책쓰기의 첫 단계는 무조건 질보다 양이 중요해요. 지금 와다다 요점 쓰기 단계가 특히 분량을 만들어내는 단계죠. 일단 양부터 확보하면 최소한 글쓰기 공포증만큼은 말끔히 없앨 수 있어요.

마인드맵을 워드로 변환해
작업할 준비하기

"마인드맵에서 상세 목차까지 만들었잖아요. 그럼 그 다음은 어떻게 해요? 마인드 맵을 보고 워드로 다시 목차를 타이핑한 다음에 원고를 쓰면 되나요?"

노노, 그런 수동 방식은 석기시대에나 썼던 방식이에요. 우리는? 마인드맵을 워드로 '자동' 변환해서 쓰면 된답니다(신기하죠!). 그러면 이제 알마인드 문서로 작성한 내용을 그대로 워드 파일로 바꾸는 방법을 알려드릴게요.

'알마인드〉파일'에 가서서 '다른 이름으로 저장' 누르시면? 안 됩니다. '다른 이름'은 그냥 알마인드의 또 다른 버전을 하나 더 만들어줄 뿐이에요. 워드로 바꾸려면 맨 밑쪽에 있는 '다른 형식으로 저장'을 눌러주셔야 해요. 그렇게 하면 옵션 창이 뜹니다. 여러 가지 중에 세 번째에 있는 '마이크로소프트 워드 문서로 저장' 이걸 눌러줍니다.

알마인드 > 파일 > 다른 형식으로 저장 > Microsoft Word 문서로 저장

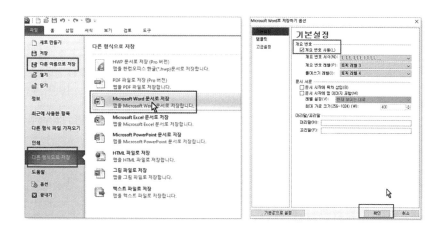

그러면 '어디다 어떤 식으로 저장할 거냐?'고 묻는 팝업창이 뜹니다. '개요 번호'는 사용하는 게 좋으니 체크돼 있는지 확인하세요. 이거 외에 는 디폴트 값 그대로(원래 있던 기본 설정값 그대로) 그냥 '확인' 누르시면 됩 니다. 그러면 왼쪽 하단에 변환 진행 바가 보입니다. 초록색으로 서서히 과정이 진행되고 있는 걸 보여줍니다. 분량이 많으면 변환에 좀 시간이 걸릴 때도 있는데 그래봤자 3분 이내에요. 잠시 후 진행 바가 초록색으로 가득 채워지며 완료됩니다. 뿅! '저장된 문서를 열어보시겠습니까?' '예!' 를 누르면 워드로 성공적으로 변환됩니다.

아래한글이나 워드 중 추천하시는 것은?

"이렇게 되면 워드 작업으로 바뀐 거잖아요. 저는 아래한글이 더 편한

데… 그러면 제가 이렇게 워드 변환된 것을 다시 아래한글 파일에 컨트롤 C해서 갖다 붙이기 해도 될까요?"

당연히 되죠. 만약 나는 체질이 워드랑 안 맞는다고 하시면? 일단 이렇게 워드로 변환한 것을 아래한글로 붙여넣기 해서 작업하셔도 돼요. 편하신 대로 하세요. 어떻게 하냐고요? 워드 문서가 열린 상태에서 Ctrl A^{All}를 누르시면 전체 원고가 선택되죠? 그걸 Ctrl C^{Copy}로 복사합니다. 그 다음 아래한글 문서를 하나 만들어 엽니다. 아래한글 문서가 열리면 거기다 Ctrl V로 붙여넣기 하면 끝이죠(더 간단한 방법은 '워드>홈>다른 이름으로 저장>아래한글'을 선택해도 되죠).

그래도 저는 여전히 MS워드로 작업하시기를 강추드립니다. 변환이 다 돼서 '문서를 열어보시겠습니까?' 팝업 메시지가 뜨면 '예'를 눌러서 워드 문서를 열어볼게요. 워드 문서에서 '보기>탐색창'에 체크를 해보시면 왼쪽에 목차까지가 주르륵 다 보이게 나와 있죠? 왼쪽 목차의 해당 대목을 클릭하면 그 해당 꼭지와 장제목으로 바로 넘어가죠. 그 밑에 꼭지도 바로바로 나오고요. 정말 신기하죠? 지금 전체가 바로 책 원고처럼 준비가 돼버린 거예요.

워드 > 보기 > 탐색창에 체크 누르기 >
왼쪽에 목차 전체가 보임

벌써 원고가 50%는 된 것 같아서 기분이 좋습니다. 저는 워드가 좋은데 여러분 취향은 아래한글이 더 편하다고 하신다면 말리진 않을게요. 그렇지만 아래한글에는 지금 워드에서 보이는 왼쪽의 자동목차 같은 게 안보여요. 그래서 제가 아래한글을 별로 안 좋아하는 거예요. 워드가 이런 구조 짜기 기능이 훨씬 강력해서 추천드려요.

이 상태에서 이제 초벌 원고 쓰기를 시작하는 거죠. 초벌 원고는 쓰고자 하는 말 전체를 문장 단위로 쓰지 마시고 키워드 중심으로 요점만 쓰세요. 저는 앞으로 이 책에서 쓰고자 하는 말을 키워드 단어 중심으로만 빠르게 꺼내듯 쓰는 것을 '와다다 쓴다' 라고 표현하겠습니다(잘 기억해두세요!).

시작이 반이라는 속담은 진리에요. 책쓰기에서 시작은 바로 '1차 초록 작성'을 의미해요. 초록을 완성하면 절반 이상은 달려온 것 같은 자신감이 생기거든요. 사실 초벌 요점을 1차 완성하면 그것만으로도 이미 절반은 성공했다고 여겨도 좋아요. 나머지는 살을 붙여서 2차 원고를 완성하고 다시 3차, 4차, 퇴고를 하면 되죠.

쓰지 말고
그저 쏟아내라

"저는 글 하나하나를 정성들여 쓰는 스타일인 것 같아요. 그런데 어제도 1장, 오늘도 어제 분량 그대로… 도통 진도가 안 나가요. 중간에 자꾸 찾아봐야 할 거 같은 자료도 생각나고… 따로 적어뒀던 블로그 글도 찾아보고 싶어지고… 그러다가 시간 다 가요."

초벌 원고를 처음 윤곽 잡는 단계에서는 쓰지 말고 그저 쏟아내세요. 이때는 '쓴다'는 개념이 아닙니다. 내 머릿속에 있는 생각과 기억들을 밖으로 '쏟아낸다'는 개념으로 접근하세요. '초벌 와다다 쓰기'라고 부를게요. 제가 만든 말이에요. 단초가 되는 핵심 키워드 중심으로 수정하는 과정 없이 내키는 대로 써내려 가시면 됩니다. 완전한 문장이 아니라 하나의 요점 키워드 형태의 글들을 '와다다다~~~(정신없이 자판 두드리는 소리)' 소리처럼 쏟아내세요.

잠시 후 제 시연에서 보여드릴 텐데요. 저 레오짱도 처음 원고의 글감을 마련하는 지금 단계에서는 항상 베토벤이 악상이 떠올라 피아노를 정신없이 치며 '음표'를 쏟아내는 이미지를 연상한답니다. 저도 제 생각을 그렇게 '글표(글감)'로 쏟아내려고 노력해요. 그러면 생각보다 엄청나게 많은 양의 글감들을 마련할 수 있게 된답니다.

마구 쏟아내세요. 내 의식의 흐름을 끊지 말고 와락와락 한 호흡에 쏟아내세요. 되돌이표 하지 마시고 틀리는 거, 엉성한 거, 이상한 거, 말투 달라지거나 미완성형 문장 등 일체 신경 쓰지 마세요. 일단 프롤로그부터 에필로그까지 요점만 다 빼놓는 것—이게 핵심이에요. 원고의 처음부터 마지막까지 핵심만 빠르게 적으세요. "이 꼭지에서는 이게 생각나니까 이거 하나 쓸 예정이야. 다음 꼭지에서는 이런 일이 있었으니 이걸 쓰면 좋을 거 같아. 세 번째 꼭지에서는 여기에 대한 증거를 거기서 찾으면 될 것 같아'… 등으로 자기가 쓸 예정인 글감들의 요점만 표시해 놓는 거예요. 이렇게 꼭지당 요점만 써놓고 쭉쭉 전진하시는 단계에요.

그러면 whole picture, 즉 전체 상을 빠르게 뽑아낼 수 있거든요. 이것만 되면 사실은 내가 이 책을 통해 하고 싶은 말의 50% 이상은 뽑아져 나오는 셈이 돼요. 이 단계 이후에야 지금 단계에서 써놓은 틀을 길게 문장형으로 풀어 쓰고 부연 설명하는 작업을 하시면 돼요. 즉, 지금 써놓은 요점에 살을 덧붙이는 작업은 그 다음 단계에서 하시면 돼요. 책을 빨리 쓰려면 이런 식으로 하셔야 돼요. 안 그러면 1~2년이 훅 지나버려서 '유효기간 지난 우유' 같은 원고가 돼서 버려야 해요.

초벌 원고 글감을 뽑을 때는 외부 자료 검색하려는 충동을 멀리 하세요. 앞서 말씀드렸던 "외부를 건드리지 말라"도 이 단계의 핵심이에요. "뭐 또 찾아봐야지?" 그런 거 지금 절대 하지 마세요. "따로 적어뒀던 블로

그 글도 뒤적여보고 싶은데?" 필요 없어요. 써놓은 글이라면 어딘가에 고이 잘 있겠죠. 그런 건 나중에 보충하시면 되니까 지금은 그런 것들 뒤지느라 정신 빼지 말고 그냥 두세요. 요점 쏟아내기 과정 중에 외부 딴짓을 하면 흐름이 끊기고 시간도 늘어지고 추진력이 중간에 증발돼버려요. '이거 때문에 진도가 안 나가는데.' 이렇게 자꾸 변명거리가 생겨요. 일체 외부 딴짓을 배제하고 내 머릿속 글감의 요점만 밖으로 쏟아내세요.

초벌 원고를 쓰는 맛은 이때만 누릴 수 있는 고유한 맛이 있어요. 그걸 즐기셔야 해요. '초벌 원고 쓰기의 맛'이 뭐냐고요? 그건 바로 '틀려도 전진만 하는 맛'이에요. 틀린 게 있어도 뒤돌아보지 않고 그 대목만 덧붙이면서 다시 쓰면서 전진 또 전진하는 거예요. 틀려도 이렇게 계속 전진만 하기 때문에 빨리 끝낼 수 있는 거예요. 경영학에서 리드 타임lead time이라고 작업 시간이 빠를수록 매출이나 수익이 높아진다고 말씀드렸죠? 글쓰기에서도 리드타임을 최소한으로 줄이세요. 그래야 집필을 빨리 끝낼 수 있습니다.

와다다 요점 쏟아내기를 할 때는
후진 없는 전진만이 철칙

"와다다 쓸 때 틀린 부분을 수정해도 되나요? 아니면 틀린 것도 무시한 채로 계속 쓰기만 하나요?"

틀린 부분 고치지 말고 전진만 하시라고요! 글감이 되는 요점만 와다다 적을 때는 '전진만 있다 후진은 없다'라는 철칙을 잘 지키셔야 속도를 빨리 유지할 수 있어요. 지금은 전체 그림의 윤곽을 빠르게 스케치하는 '크로키' 단계니까요. 크로키는 크로키답게 그리세요. 크로키로 윤곽을 대충 그릴 때 잘못 나간 선이 있어도 그대로 놔두죠? 틀린 거 신경 쓰지 않고 전체 윤곽만 빠르게 잡아야지(크로키가 예쁜 완성 단계도 아닌데) 지우개질 하고 있으면 그것은 크로키의 본질을 망각한 행위에요. 지금은 글의 크로키 단계니까 절대 고치면서 쓰지 마시길!

글감들이 될 사건과 생각, 에피소드, 자료 등의 키워드 위주로만 빠르게 적어두세요. 고치지도 말고, 수정하지도 말고, 다시 앞으로 가지도 말고, 더 예쁘게 쓰려고 하지도 말고, 오타가 나도 그대로 둔 채로 전진만 하세요. 대강의 윤곽 그리기니까요.

단초만 와다다 빠르게 쓰는 것은 비단 책쓰기에만 유용한 기법이 아니에요. 메모 기록이나 리포트를 쓰거나 일기를 쓰거나 회의록을 빠르게 정리할 때도 굉장히 유용해요. 일단은 떠오르는 생각을 키워드 형태로만 빠르게 적어보는 거죠. 그 단초거리들이 내 뇌 속에서 휘발되기 전에 붙잡아놓기 위해서에요. 자세한 디테일까지 적지 말고 일단은 어떠한 '거리들'이 있었다는 글감들만 와다다 빠르게 적어놓으세요.

이때 명심할 사항은 완전한 문장 형태로 쓰지 않아도 된다는 겁니다. 일단 문장의 요점만 미완성형 문장 형태로 적어두셔도 충분해요. 그렇게 해야 빠르게 전체를 크로키 그림 그리듯 스케치 할 수 있게 됩니다. 나중에 다음 단계에서 늘여쓰기 할 때는 그 키워드들을 보면서 그냥 길게 디테일로 부연 설명하듯이 쓰면 되고요. 그렇게 하면 생각이 날아가는 부분 없이 제대로 모든 내용들을 다 잡아낼 수 있게 됩니다.

와다다 쓸 때 자기 비판은 금물

와다다 쓸 때는 스스로에게 비판을 가하지 않아야 해요. 아직은 자아비판을 할 단계가 아니에요. 와다다 쓸 때 스스로에게 비판을 가하면 어떤 상황이 벌어지나요? 꼬리에 꼬리를 물고 일어나던 연상의 줄이 툭~ 끊어져버려요. 그러면 되살아났던 기억과 생각과 아이디어들이 제대로 나오지 못하고 끝나버려요. 우리는 지금 글감으로 쓸 소재들을 꺼내고 있는 것이지, 정신분석이나 교정을 보려는 게 아니잖아요? 와다다 쓸 때는 절대 자기 글에 대해 '좋다 나쁘다' 판단하지 마세요. 이때만큼은 자아 비판 절대 엄금! 자아 비판은 아주 나중에 다듬어쓰기와 퇴고 단계에서나 하세요.

레오짱 책: 3단계
(와다다 요점 쏟아내기)

와다다 쓰는 것을 이 책의 원고 1장 부분을 예시로 보여드려볼게요. 하고자 하는 말들을 다음과 같이 빠르게 요점만 써보는 거예요. 그 전에 따로 정리하실 대목이 있어요.

콘셉트 부분은 기획서용 별도 파일로 저장해두자

워드로 변환된 파일에서 정리할 게 있어요. 앞에 '콘셉트 잡았던 부분들'은 본 원고에 들어갈 대목은 아니니까 따로 빼 두세요. 이런 건 나중에 출판 기획서 쓸 때 별도로 사용하는 대목이니까요. 콘셉트 관련된 부분들만 따로 저장해둡시다.

어떻게요? 워드 문서 상 '보기'에서 '개요' 가서 '주제' 헤드 잡고 '핵심 독자' '확산 독자' '핵심 메시지'까지 헤드들만 따로 잡습니다. Ctrl X 눌러서 잘라내기 해 놓고 따로 Ctrl N 해서 새로운 파일을 하나 만들어서 Ctrl V로 붙여넣기 하면 이거 자체가 기획서 용의 별도 문서가 됩니다. 그러면 남은 부분들은 목차 부분만 있죠. 개괄 목차를 세부 목차로 늘여쓴 이 대목만 가지고 원고 작업을 이제 본격 시작하시면 됩니다.

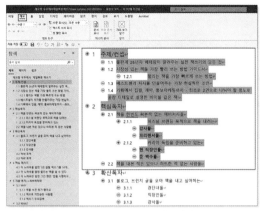

기획서용 별도 파일로 저장해둘 부분들 중 일부 예시

꼭지 제목을 문장형으로 다듬고 시작하세요

'책을 쓰면 뭐가 좋아요.' 이 챕터에 있는 꼭지 제목들을 조금 표현만 다듬어 보면서 작업을 시작하시면 좋을 거 같아요. '책쓰기는 나를 저절로 공부하게 한다.' 이 꼭지 제목은 다듬어졌으니까 두 번째 꼭지부터 표현을 다듬어볼게요. 단문 키워드 위주로 빠르게 적어두었던 것들을 (일단은 꼭지 제목에 한해서) 제대로 된 문장 표현으로 만들어 줍시다. 꼭지만큼이라도 제대로 표현되어 있으면 글감을 뽑아낼 때 생각이 더 잘 나거든요.

내가 살다간 흔적 > 책은 내가 살다간 흔적이다

두꺼운 명함 역할 > 책은 두꺼운 명함 역할을 한다

브랜딩의 중심축 > 책은 브랜딩의 중심축이다

생각정리 > 책쓰기는 생각정리를 도와준다

자기계발 시간이다 > 책쓰기는 자기계발 시간이다

자문자답해 보기 – 왜 쓰려고 하세요 > 자문자답 해보기 – 책을 왜 쓰려고 하세요?

지식 없이도 책 쓸 수 있나? > 글쓰기에 대한 지식 없이도 책을 쓸 수 있나요?

코로나 시국에 꼭 써야 되나? > 코로나 시국에 꼭 책을 써야 될까요?

이런 식으로 문장 형태로 다듬어 줍니다.

초벌 요점원고 꺼낼 때의 마음가짐

이제 초벌 요점 원고를 쓸 차례에요. '초벌 요점 와다다 쓰기'를 해볼게요. 꼭지 제목을 먼저 문장형으로 다듬은 뒤에 하나하나씩 엔터를 치면 문서에 크게 빈 공간이 생깁니다. 탁! 그러면 이 빈 공간에 초벌 요점을 키워드 중심으로 빠르게 쓰면 됩니다.

이때 포인트는 '질보다 양이다'라는 겁니다. '처음부터 멋진 표현을 써야지' 이런 식으로 자기 자신을 자체 검열하지 마세요. 초벌 요점 뽑는 단계에서는 질보다 양이 우선이에요. 그림 그리기로 치면 크로키 단계라고 했죠? 스케치 단계에서 화려한 컬러링부터 하려고 들면 뒤죽박죽 헤매게 되거든요. 이때는 철저히 크로키처럼 대충 빨리 와다다 뒤를 돌아보지 않고 쓰세요. 강제로 진도를 빼는 그런 느낌으로요.

분량도 얼마가 나올지 걱정하지 마시고 일단 생각나는 거 다 꺼내 놓으시기 바랍니다. 마치 친구에게 수다 떨듯이요. 친한 친구랑 수다 떨 때 눈치 보면서 말하지 않잖아요? 편안한 마음으로 머릿속에 떠오르는 얘기를 충분히 하게 되죠. 그처럼 편하게 하고 싶은 말을 빠르게 요점 위주로 끄집어 내놓으시면 됩니다. 초벌은 뼈대 세우기 작업입니다. 곱게 다지고 화장하는 그런 단계가 아니라는 거죠. 화장은 나중에 하세요. 몸에 힘을 빼고 편안하게 요점 위주로 쓰면 됩니다. 이때 잘 생각이 안 나는 대목은 평소에 써둔 메모를 참고해서 덧붙이면 도움이 됩니다.

초벌 요점원고 꺼내기 시연 1

그러면 여기서 실제처럼 한번 요점만 빠르게 써볼게요. '책쓰기는 나를 저절로 공부하게 한다' 이 꼭지에서 연상되는 요점만 빠르게 와다다 끄집어내겠습니다.

> - 1.1 WHY
> - 1.1.1 책을 쓰면 뭐가 좋아요
> - **책쓰기는 나를 저절로 공부를 하게 한다**
> 첫번째 효용이다
> 내 공부가 정리가 된다
> ㄱ아사드 강사들은 알 것
> 남을 가르치다 보면 자신의 생각 정리가 잘돼
> 가장 큰 수혜자가 강사 자신
> 레오짱 대학 졸업 즈음 본 토익 人

말 없이 제가 키워드만 와다다~~ 지금 한 꼭지에 대해서 다 썼죠. 벌써 얼마를 쓴 겁니까? A4 한 장 정도를 쓴 거죠. 한 꼭지 단위로 쓴 분량을 보려면? 컨트롤 엔터Ctrl+Enter 눌러서 새로운 페이지로 나눠서 분량을 보죠. 쭉 보시면 한 페이지 가까이 됐죠? 벌써 한 페이지 가까이 와다다 할 말을 써놓은 겁니다. 이게 바로 초벌 와다다 단계입니다.

그렇죠. 그중에 오타 난 거 많이 보이시죠? 다음 페이지에서 박스 친 부분들, 이런 거 다 무시하고 후진하지 않고 전진만 하는 겁니다. 지금 오타 난 거 고치지 마세요. 전진만 하세요. 여기서 제가 '강사'를 잘못 써서 'ㄱ아사드' 이런 식으로 나왔잖아요. 타이핑 오류(타이포)가 났는데 무시하시고 다시 쓰고자 하는 말을 써놓으면 됩니다. 뒤에 덧붙여서 새로 쓰

책쓰기는 나를 저절로 공부를 하게 한다

첫번째 효용이다

내 공부가 정리가 된다

ㄱ아사드 강사들은 알 것

남을 가르치다 보면 자신의 생각 정리가 잘돼

가장 큰 수혜자가 강사 자신

레오짱 대학 졸업 즈음 본 토익 점수 잘나와

대기업 부장님들에게 영어 가르친 적 있어

해외 유학파 아닌 독학 제가 가르쳐 드릴게요 성적 보장!

독학이라 영어지식 파편화 가르치다보니 체혜화되고 정렬되던 체험, 공감?

그때 깨달음.

앞으로 하고 싶은 공부에 대해 책쓰기 활용을 해도 되ᅢ 돼

한근태 저자의 경우가 그래

앞으로 하고 싶은 공부를 연구ㅎ 해가며 책을 쓰시는 경우

강제적 외부 동기부여 작동 저절로 공부가 돼

강제력 공부진도 빼기 효과 일석삼조

과거 내가 했던 말 보며 자신을 다잡게 돼 과거 편지를 미래의 내가 보며 ㅏㅇ 아하!

내가 쓴 원고에서 위안과 영감 얻어

틀려도 덧붙여 쓰며 전진만 하기

세요. '강사들은 알 것이다'라고요. 그 뒤에도 '체계화' 이것도 '체혜화'라고 잘못 오타났는데 무시하시고요. '공감?' 이렇게 키워드만 간단하게 쓴 대목들도 있죠.

여기도 '되ᅢ' 잘못 오타가 났는데 무시하고 다시 '돼'라고 뒤에 썼죠? '연구ㅎ 해가며' 이것도 오타 났는데 무시하고 쭉쭉 썼죠. 그 다음에 '보며 ㅏㅇ 아하!' 이것도 오타 났는데 다시 '아하'라고 다시 썼죠. 이런 식으로

쭉쭉 전진만 하시라는 거예요. 틀린 걸 수정하려고 하면 시간을 많이 잡아먹으니까 고치지 말고 계속 그냥 써 나가세요. '전진만 있다, 후진은 없다!' 계속 이 마인드로 쓰면 됩니다. 이래서 첫 번째 꼭지인 '책쓰기는 나를 저절로 공부하게 한다'에 대한 초벌 요점 메모 쏟아내기를 완료했습니다.

초벌 요점원고 꺼내기 시연 2

하나 더 해보죠. 그러면 '책은 내가 살다간 흔적이다'라는 두 번째 꼭지도 한번 요점 꺼내기 실습해보겠습니다. 엔터 치면 쭉 내려가죠. 이것도 같은 방식으로 요점만 와다다 쏟아내기 하시면 됩니다. 틀리는 걸 개의치 말고 전진에 또 전진만 하면서요.

역시나 빠르게 하고 싶은 말의 요점만 키워드나 덜 완성된 문장 형태로 빨리빨리 쏟아냈습니다. '질보다 양이 먼저다'라는 생각으로 다 끄집어냈어요. 이것도 벌써 분량이 얼마나 돼요? A4 한 페이지 거의 꽉 채웠죠.

지금 한 페이지 마지막까지 왔잖아요? 이렇게 분량을 빠르게 확보할 수 있는 겁니다. 지금까지 이 작업하는 동안 저는 말 한마디 안 하고 계속 묵묵히 썼죠. 빠르게 빠르게 쏟아내느라 바빴고 한 페이지 다 쏟아내는 데 불과 5분도 걸리지 않았어요.

빠르게 벌써 두 꼭지를 할 말은 웬만큼 다 꺼내놨죠? 이 정도의 원고 쓰기는 엄청나게 빠른 속도입니다. 두 꼭지 분량을 다 써버린 셈이니 신국판 책으로 보면 지금 거의 10페이지가량을 10분 만에 순식간에 써버린 거예요. A4 원고 10페이지를 10분 만에 써버린다? 엄청난 속도잖아요. 초벌 와다다의 매력이 바로 이겁니다. 이렇게 빠르게 초벌 쓰기를 할 수 있는 겁니다. 하고 싶은 말을 핵심 키워드만 빠르게 끄집어내서 그래요. '질보다 양이다' 이 마음가짐으로 임하세요. '와다다'라는 의성어가 절로 연상되는 그런 작업 단계입니다.

지금 뼈대만 세워 놨죠? 살 붙이기나 화장은 아직 하지 않았습니다. 몸에 힘을 빼고 쓱쓱쓱 뼈대만 세워 놓은 겁니다. 친구에게 수다 떨듯이 할 말에 요점만 메모하며 쓴 셈이죠. 여기까지가 초벌 와다다 요점 원고 쓰기 완성 단계입니다. 끝!

이번엔 제 글감옥 수강생분 원고를 가지고 실습을 해볼게요. 이영희 저자님의《온택트 시대의 공부법》원고를 샘플로 해보죠. 알마인드가 자동으로 변환해서 만들어준 워드 파일에 대고 원고를 쓰기 시작하면 됩니다. 여기에 하고자 하는 내용을 키워드만 끄집어내면서 막힘없이 줄줄줄 써가시면 돼요. 샘플로 한번 써보죠.

레오짱: 우리 아들이 어쨌다고요? 한번 쭉 이야기해보세요.

이영희: 제 스토리는… 제 아이가 저랑 이야기하던 그때가 초등학교 1학년 때였어요.

레오짱: 네에, 쭉 하고 싶은 말의 요점을 얘기해보세요. 제가 받아 적어볼게요.

우리 아들은 어렸을 때부터 영화 애니메이션 좋아함

베이비 아인슈타인으로 시작

독박 육아를 했던 상황이라서 그런 영어 애니메이션은 어쩔 수 없이 해야 했던.

내가 그렇게 영화 애니메이션을 했었던 거는 바쁜 엄마라서 어쩔 수 없었던 선택

바쁜 엄마와 친정엄마와 도우미 아주머니들은 하루 종일 홈쇼핑을 틀어놓거나 한국

드라마만 줄창 봄

나도 그런 영상물을 피해갈 수는 없었지만 엄마의 교육적 본능으로 인해서 영어 애니

메이션을 대신 틀어줬던 게 첫 시작이었음

어느 날 어택이 뭐야라고 아들에게 물어봄

아들 왈, 엄마! 어택이 어택이지 뭐야?라고 대꾸함.

네, 이런 식으로 요점만 와다다 꺼내놓으시면 돼요. 지금 와다다 글감 끄집어내기를 잘하셨어요. 독자 여러분이 이번에 하셔야 할 작업이 바로 이거죠. 이렇게 빠르게 앞으로 쓰고 싶은 말의 요점만 적어놓으면 돼요. 자기 생각이나 경험, 기억 등을 완성된 문장이 아니라 단어와 키워드 중심으로만 일단 다 끄집어내놓으세요. 위의 예를 보면, '우리 아들 어택이 뭐야?'라는 사건, '독박 육아 중에 도우미 아줌마들 홈쇼핑만 쳐다봤던 그런 사건.' 이런 식으로 내가 잊지 않기 위해서 포인트만 살려 살짝 적어놓는 거예요. 이렇게 사건의 이야깃거리와 글감을 다 꺼내놓는 것, 초벌 1단계에서는 이것만 필요합니다.

여기까지만 하면 글감이 이제 본격화되기 시작하는 거예요. '이 꼭지에는 이런 내용이 들어갈 거야.' 이 정도만 해놓으셔도 글 전체가 나올 준비가 얼추 끝난 거예요. 거창하게 폼을 잡은 뒤 처음부터 각 잡고 쓰려고 하면? 원고가 좀처럼 잘 안 나와요. "우리 아들이… 어렸을 때… 아, 무슨

얘기부터 하지?!" 이렇게 혼자만의 덫에 갇혀서 고민하다가 날 새요. 이렇게 하지 말라는 얘기에요. 그냥 "우리 아들 어렸을 때 내가 물었다. 어택이 뭐야?" 이런 것들을 줄줄줄 키워드나 단문 형태로 꺼내놓기만 하면 돼요.

몸에
힘을 빼고 써라

"저는 아무래도 완벽주의 성향이 있나 봐요. 처음 와다다 쓸 때조차 좋은 생각이나 좋은 표현이 안 나오면 마음이 엄청 불안해져요. 그래서 앞에 썼던 글을 다시 보고 수정한 뒤 또 보고 하느라고 시간이 많이 걸려요. 책을 쓸 때는 마음이 팽팽하게 긴장되는 느낌이에요. 심지어 이 처음 초벌 단계에서부터 긴장감을 떨쳐버릴 수가 없어요."

운동경기 할 때 선수들에게나 무대에 선 가수들에게 "어깨에 힘을 빼라"고 하는 이유를 아세요? 몸이 굳어 있으면 유연성이 떨어지기 때문이죠. 유연성이 떨어지면 자유로운 표현력이 떨어지는 연쇄 작용이 일어납니다. 초벌 와다다 쓰기를 할 때만큼은 몸에 힘을 완전히 빼고 쓰세요. 자신의 모든 의식과 무의식까지 다 드러내겠다는 마음가짐으로요. 그냥 무의식에서 생각이 나오는 대로 내가 대신 받아 적는 타이피스트가 됐다고 생각하세요. '나는 내 무의식의 대필가일 뿐이야!'라고 되뇌세요. 그렇게 타이피스트가 돼서 요점만 빨리 받아 적으세요.

초벌 와다다의 최대 적은 되새김질이에요. 대다수 예비 저자들이 책쓰기에서 가장 많이 시간을 허비하는 패턴이 여기서 발생해요(소도 아닌데 왜 자꾸 되새김질을 그렇게 많이들 하시는지…). 얼마 되지도 않게 써 놓은 분량을 다시 보고 또 보고… 처음부터 그 작은 것만 계속 다듬으려고 썼다 지웠다 고쳐쓰기를 반복하면 어떻게 돼요? 집필에 매우 오랜 시간이 걸리겠죠? 초벌 원고 때부터 고쳐써 버릇하는 행위가 시간 낭비의 가장 큰 이유에요. 그런 패턴이 작은 고리를 형성하기 시작하면 계속 그 작은 순환고리에 갇혀 진전이 안 돼요. 아까 제가 시연해 드린 거 보셨죠? 아주 부담 없이 글감들을 쭉쭉 뱉어놨잖아요? 힘은 하나도 안 들이고 쭉쭉 뱉어 놓은 거예요. 그렇게 하셔야 해요.

초벌 요점은 뼈대 세우기 작업이다. 화장은 나중에 하자.

외부 자료는 지금 절대 뒤적이지 마세요. 초벌 요점을 와다다 꺼낼 때는 일단 끝까지 자기 생각, 자기 경험 위주로만 쓰는 게 좋습니다. 두 번째 수정 원고부터 외부 자료나 인용 덧붙이기를 추천드려요. 그래야 이것저것 숙제 한다는 느낌으로부터 자유로워질 수 있습니다.

초벌은 그야말로 뼈대 세우기라고 생각하세요. 그래야 부담이 없어요. 첨부터 살 다 붙이고 화장까지 완벽하게 끝내려고 하니까 진도가 좀처럼 안 나가는 거예요. 첨엔 내 생각을 글이라는 매개 위로(뇌 밖으로) 꺼내놓기에만 바쁘면 됩니다. 처음부터 완벽한 초벌 원고란 원래 없어요! 두 번째 세 번째 고칠 때 원고가 업그레이드됩니다. 안심하세요~ 파이팅!

잘 안 써질 땐
녹음하라

"레오짱님은 매번 원고가 그렇게 술술 써지나요? 레오짱님도 어떤 날은 책상에 앉기조차 부담스러울 때 있으시죠? 그럴 땐 어떻게 하세요?"

저도 당연히 그런 날 있죠. 다른 일이 많거나 정서적으로 좀 피곤한 날이 왜 없겠어요? 똑같은 사람인데요. 그렇게 원고가 정 안 써지는 날에는? 녹음으로 원고를 쓰는 방식도 추천드려요. 녹음으로 원고를 쓴다?! 어떻게 하는 걸까요?

일단 핸드폰에 떠오르는 생각을 편하게 녹음해두세요. 그렇게 떠오르는 생각을 녹음해두면 뭐가 좋을까요? 서서, 돌아다니며, 산책하면서도 입력이 가능하죠. 생각의 흐름이 더 자연스럽게 막힘없이 나올 수도 있고요. 저도 종종 산책할 때 원고 녹음을 하거든요. 스마트폰에 녹음기 앱이 있잖아요. 이 앱을 켜놓고 내가 쓰고자 하는 책의 목차 몇 꼭지에 대해서 동네 한 바퀴 도는 동안 생각을 풀어 놓는답니다.

꼭지제목을 먼저 말한 뒤에, "동해물과 백두산이 마르고 닳도록 하느님이 보우하사 우리나라 만세!" 이런 식으로 말하면서 계속 돌아다니는 거예요. 녹음하면서 한 3분 정도 떠들면 꼭지 하나가 만들어져요. 그때의 포인트는? 평소 말할 때의 속도보다 천천히 또박또박 발음하시고, 폰에 바짝 클로즈업해서 대고 발음하시라는 거예요.

제가 이걸 권하는 이유는? 이 녹음한 걸 다시 듣고 받아쓰시라고 권할까요?! 그런 이유로 권하는 게 아니에요. 인공지능 프로그램을 써서 텍스트 변환을 바로 할 수 있기 때문이에요. 브루Vrew라는 음성인식 프로그램을 써서 텍스트 변환을 해보세요. 이 프로그램은 지금 무료로 풀고 있어요. 안드로이드 폰은 더 기능이 좋고 아이폰은 늦게 개발해서 그런지 아직 조금 성능이 모자라요. PC 버전도 있어요. 본인이 편한 기기로 한번 해보세요.

저도 만나본 적 있는 남세동 대표가 개발한 프로그램인데 꽤 좋아요. 음성을 또박또박만 읽어주면 인공지능이 자동으로 텍스트로 변환해줘요. 또박또박 발음하면 80%까지 인식할 때도 있어요. 물론 인공지능은 데이터를 먹고 정확도를 올리는 방식이죠. 아직 한국어는 데이터가 덜 쌓였는지 인식도가 떨어지지만 안 사용하는 것보다는 시간 절약을 많이 해줘요. 그런데 이걸 메인 수단으로 집필하기에는 좀 정확도가 떨어지니까 진짜 글 안 써진다 할 때만 이 방법을 써보세요.

녹음기로 원고 추출할 때의 진짜 장점은?

녹음기에 대고 원고를 추출하는 것의 두 번째 장점은? 글을 써야 한다는 건 알고 있는데 도저히 쓸 기분이 안 들거나 지루해서 몸이 배배 꼬이면서 자꾸만 딴짓을 하고 싶어질 때 하면 좋습니다. 딴짓을 하고 싶을 때마다 녹음을 해보세요. 작업한다거나 집필한다는 부담감 없이 그냥 편하게 혼자 떠들듯이 녹음기에 대고 수다를 떨면 되니까요. 더 이상 일이 아닌 놀이가 됩니다.

일이 아닌 놀이가 되면 내가 원하는 내용들을 빨리빨리 진도를 뺄 수 있잖아요? 일할 때는 진도가 안 빠져도 놀 때는 진도가 팍팍 빠지잖아요. 재미있고 부담이 없으니까요. 그러니까 녹음기에 대고 말하는 것의 장점은 재미있고 부담 없는 놀이처럼 나의 콘텐츠를 추출할 수 있게 해준다는 점이죠.

이동 중 녹음으로
책쓰기에 도전해보라

"레오짱 님, 저는 아침저녁으로 아이 돌보랴 회사 출근도 하랴… 도저히 책 쓸 시간이 없어요! 퇴근 후에는 몸이 파김치가 돼서 쓸 의욕도 기운도 사라져요. 저 같은 워킹맘은 책을 어떻게 써야 하는 걸까요?"

그 상황 충분히 이해는 합니다. 하지만 요즘 같이 기술이 발달된 시대에는 안 통하는 변명이에요. 책 쓸 시간이 없다고 핑계대지 마세요. 책 쓸 시간을 놓쳤다고 후회하지 마세요. 이동 중에 언제든지 책을 쓸 수 있거든요. 휴대폰에 떠오르는 생각을 녹음만 할 수 있다면 그것은 더없이 좋은 원고의 초벌이 돼요. 또박또박 천천히 분명한 발음으로 해보세요.

저도 오늘 새벽 집필 시간을 충분히 확보하지 못 했어요. 아침에 치과에 들러야 해서 일찍 집을 나서야 했기 때문이죠. 하지만 이동하는 그 시간을 잃어버린 시간이라고 치부하지 않았어요. 운전하는 차 안에서 핸드폰에 떠오르는 생각을 녹음하면서 원고를 꽤 많이 썼답니다.

이때의 요령은? 먼저 내가 쓰고자 하는 책의 목차를 출력해서 뽑아놓으세요. 기존에 이미 쓴 대목과 앞으로 써야 할 대목을 체크해 놓을 정도의 준비는 필요하니까요. 녹음기에 하나씩 제목(목차)을 읊어가면서 녹음기에 마음껏 생각을 말하세요. 미리 체크해둔 써야 할 대목의 목차를 보면서요. 그렇게 하면 자투리 시간이 온전히 나만의 책쓰기 시간으로 전환이 돼요.

뿐만 아니라 운전하거나 길을 걸어다니거나 지하철, 버스 등 대중교통을 이용하면서도 원고를 쓸 수 있어요. 떠오르는 여러 가지 새로운 아이디어와 스치는 생각들까지 같이 잡아서 내 원고에 반영할 수 있게 되죠. 덕분에 책상머리에 앉아서 답답하게 안 굴러가는 상태로 썼던 그 원고와 조금 다른 느낌으로 쓸 수 있어요. 꽤 활력 있는 원고를 만들어낼 수 있다는 게 장점이죠. 저는 오늘도 이동 시간조차도 집필 시간으로 탈바꿈시키는 그러한 묘기를 시전하는 중이랍니다. 그래서 저의 모든 시간은 낭비되는 시간 없이 알차게 구성되고 있어요. 저의 모든 시간이 창작의 시간이 되는 셈이죠.

녹음할 때 꿀팁 하나 알려드릴게요. 첫 번째, 일단 녹음기 어플을 켰다 닫았다 하지 마세요. 그냥 계속 켜놓은 채로 '일시정지/재생' 버튼을 누르세요. 다음 좋은 생각이 일어날 때 다시 눌러서 새로운 생각을 이어서 녹음하라는 거예요. 한 방에 좋은 생각을 다 완벽하게 말할 수는 없으니까요. 좋은 생각을 한참 하다가 녹음하고 더 이상 할 말이 없을 때 녹음기를 '일시정지'시키세요. 좋은 생각이 떠오르지 않으면 잠시 녹음기를 켜놓은 채로 멈췄다가, 생각이 떠오른 다음에 바로 또 리스타트restart 버튼을 눌러서 계속 녹음하세요. 그렇게 하면 생각보다 많은 분량의 아이디어를 녹음기로 담을 수 있습니다. 꼭지가 계속 이어지면서 3분 이상의 분량도 확보돼요.

일시정지/재생 모드로 하지 않고 꼭지마다 멈춤 버튼을 눌러버리면 뭐가 안 좋길래?! 자잘한 녹음 파일들이 너무 많아져서 나중에 텍스트로 옮기려고 작업할 때 좀 짜증나는 상황이 만들어지거든요.

폰 녹음은 끊지 말고 3분 이상 떠들기를 추천해요

핸드폰에 녹음할 때는 보통 2분 정도 떠들면 한 꼭지가 어느 정도 말해질 거예요. 사실은 조금 더 길게 3분 정도는 떠들어야 한 꼭지 분량이 마련돼요. 충분한 분량으로 말을 조리 있게 뽑아내는 요령은? 녹음하기 전에 말할 포인트 몇 가지를 생각해둔 후에 말하는 것입니다.

A라는 꼭지에 대해서 할 말이 있다고 해보죠. 별 생각이나 아무 고민 없이 그냥 하나의 포인트로만 줄줄줄 말하지 마세요. '아, 이건 포인트 2개 정도를 가져가서 말해야겠다.' 혹은 '세 개 정도의 포인트를 도출해 나눠서 말해야겠다'고 미리 계획하고 말하는 게 좋아요. 그걸 머릿속에 잠시 기억했다가 그 세 가지 포인트대로 하나씩 하나씩 말해서 녹음하세요. 그럼 훨씬 조리 있게 원고가 나오고 분량도 충분히 확보할 수 있습니다.

평소 써둔 메모가 초벌 단계에서
좋은 지원군이 된다

"저는 평소에 휴대폰이나 SNS에서 '나만 보기' 용도로 짧은 메모를 많이 써 놓는답니다. 이게 책 쓸 때도 도움되는 습관일까요?"

그럼요, 아주 좋은 습관이죠. 평소에 메모해놓은 것은 초벌 와다다 쓰기의 연장선상에 있는 습관입니다. 아이디어는 원래 휘발성이잖아요. 머릿속에서 계속 만들어지지만 메모해 두지 않으면 형체도 없이 사라져 버려요. 휘발돼버린 그 생각을 다시 떠올리는 데는 3배의 노력이 들어갑니다. 아예 다시는 안 떠오를 때가 더 많기도 하고요.

작은 수첩이나 메모지 혹은 휴대폰 메모장에 그때그때 떠오르는 생각들을 메모해 두세요. 키워드, 핵심 단어 위주로만 간단히 메모해 두시면, 그것만으로도 나중에 훌륭한 글감이 돼요. "선명한 기억보다 희미한 연필 자국이 더 낫다"는 어떤 이의 명언처럼 메모해 두면 잊어먹지 않잖아요. 나중에 머리 쓰지 않아도 기록해 놓은 그 글들을 기본 재료로 수십 장의 원고를 바로 만들 수 있어요. 저 레오짱도 휴대폰에 매번 바로바로 메모해 두곤 한답니다. 메모할 때의 포인트는? 간략하게 키워드 몇 개로만 남기는 거예요. 그래야 빠르게 생각의 단초를 기록해둘 수 있으니까요.

정치에 입문한 뒤로는 좀 이상해지시긴 했지만, 저자로서는 종합베스트셀러를 여러 번 기록했던 안철수 씨 아시죠?《CEO 안철수, 영혼이 있는 승부》가 바로 메모를 모아서 만든 책입니다. 이 책은 그가 6년 동안 틈틈이 적어두었던 한 줄 메모들을 정리해서 원고로 엮은 거라고 해요. 또 다른 베스트셀러였던《CEO 안철수, 지금 우리에게 필요한 것》도 그가 3년간 기록해둔 메모와 일기, 칼럼, 이메일들을 정리해 원고로 엮은 거라고 해요.

내 메모가 PC나 폰에만 갇혀 있지 않게 하라

"저는 제 메모가 그냥 제 폰에만 있고 다른 데로 나온 적이 없어요"라고 말씀하시는 분들이 종종 계세요. 그건 자랑이 아니에요. 내 이야기가 폰에만 갇혀 있으면 가치가 올라가지 않아요. 적극적으로 바깥에 꺼내어 공유하세요. 나아가 그것으로 사람들과 소통하시면 글의 가치가 2~3배가 되는 시대입니다. '공유의 시대'잖아요(공유는 좋겠다). SNS나 블로그 등에 연재 형식으로 꾸준히 올려보세요. 그리 하시면 미숙했던 첫걸음 때부터 남긴 족적 모두가 의미 있는 나만의 역사가 됩니다.

SNS에 쓰는 글은 내 생각을 간략히 정리한 거지만 결국 그 작은 조각들이 모여 내 책을 위한 글감이 될 수 있어요. 무시하지 마세요. 그러니 이왕이면 SNS에 쓸지라도 의미 없는 메모가 없게 하세요. 책으로서 일반 대중에게 의미 있는 메모가 되려면? 뭔가 행동^{action}을 취할 수 있게 정리한 결론이 제시되면 좋습니다. 그냥 생각만으로 끝나는 글이면 변화를 일으키지 못하니까요. 그래서 저는 어떻게든 행동을 위한 맺음을 지으려고 노력하며 쓴답니다. 실제 제 포스팅을 예로 보여드리죠.

《부족함은 문제가 아니다》 2021년 4월의 SNS 글 중 일부

어젯밤 과식 후 바로 후회... 이후 든 생각을 적어본다. 과잉^{overdose}이 항상 문제다. 부족함은 전혀 문제가 아니다. 오래 전 '천재가수 겸 작곡가'로 불리던 장 덕을 보라 (최근 우연히 그녀의 다큐 영상을 보게 돼서 떠올랐다). 한낱 감기 기운에 수면제를 좀 많이 복용했던 것 하나 때문에 뜻하지 않게 저 세상으로 가고 말았다. 적은 양을 먹었으면 아무 문제되지 않았을 것을 평소보다 조금 더 과하게 섭취했단 이유만으로 그런 비극이 일어나고 말았다. overdose가 항상 문제다. 부족함은 전혀 문제가 아니다. 부족함은 오히려 의욕을 돋게 한다. 식사도 소식이 오히려 건강에 좋고 에너지를 돋게 한다. 항상 좀 부족하게 지내자! '과유불급^{過猶不及} (너무 과하면 모자란 것만 못하다)'의 진정한 의미다.
#레오짱생각 #오늘의생각

《직체주의》 2021년 3월의 SNS 글 중 일부

저는 간접 경험, 간접 체험, 어깨너머 구경 이런 거 다 싫어합니다. 다 직접 체험하고 직접 내 손과 내 피부, 내 오감으로 느껴야만 그것을 온전한 체험이라고 부릅니다. 저의 인생관은 소유보다는 체험에 맞춰져 있습니다. 좀 더 젊었을 때는 소유를 더 중시했지만, 시간이 갈수록 인생을 소유로만 보내기에는 체험하고 누리고픈 것들이 너무 많더군요. 그에 비해 시간은 너무 짧다는 생각이 들어서 요즘에는 철저히 체험 위주의 인생을 살아가기 위해 노력하고 있습니다.

#직접체험 #직체주의 #가즈아

이런 일상의 메모와 생각의 기록들이 언젠가 다 내 책의 소재로 쓰일 수 있도록 의식하면서 써보세요. 글을 쓸 동기 부여가 단단히 된답니다. 메모광들이 되는 그날까지 여러분 모두 가즈아!

궁금녀: 초벌 요점을 쓰는 데 분량이 어떤 꼭지는 많이 나오고 어떤 꼭지
는 조금 밖에 안 나와서 걱정이에요.

레오짱: 지금은 그런 거 걱정할 때가 아니에요. 초벌 요점 원고를 꺼낼 때
는 분량 걱정은 하지 마세요. 다 꺼내 놓는 데만 온 신경을 집중하
세요. 일단 끝까지 다 써놓고 전체 분량을 가늠하시길 바라요. 축소할지
보완할지 판단은 나중에 하셔도 충분해요.

궁금녀: 아, 지금 쓸 때는 꼭지꼭지마다 분량 형평성이나 균형을 신경 쓸
타이밍이 아니라는 말씀이죠?

레오짱: 맞아요. 그리고 초벌 요점을 꺼낼 때는 편한 친구에게 수다 떨듯
이 하세요. 그냥 주절주절 수다 떨듯이 써놓으시되 요점(키워드)
위주로만 꺼내 놓으세요. 수정은 나중에 이 다음 단계에서 하세요.

궁금녀: 맞아요. 공부 못하는 학생이 자꾸 계획만 세우듯이 글이 안 써지
니까 매번 샛길(자료 찾는다는 핑계)로 빠지게 되는 거 같아요. 그러
다 점점 늪에 빠지는 느낌이 들곤 했어요. 아 찔려~!

레오짱: 네, 초벌은 그야말로 뼈대 세우기라고 생각하시면 부담이 덜합니
다. 처음부터 살 다 붙이고 화장까지 완벽하게 끝내려고 하니까
진도가 안 나가는 겁니다. 처음엔 내 생각을 글이라는 매개 위로
(뇌 밖으로) 꺼내놓기에만 바쁘면 됩니다. 2차, 3차 수정원고 작업
하실 때 살 더 붙이고 퇴고 시에 화장을 마치면 절세미인으로 세
상에 출사표를 던질 수 있습니다!

요약 : 탐험가

탐험가는 뭔가를 찾아나서는 사람이라고 했죠? 내 책을 기획하고 목차를 짜는 단계에서는 탐험을 떠나셔야 합니다.

기획과 목차 단계에서 가장 중요한 일은 컨셉의 큰 방향부터 제대로 잡으셔야 돼요. 컨셉의 방향이 지도 전체의 나침반과 같기 때문에 매우 중요합니다. 이 책의 제1권 2부 4장 〈절대 지지 않는 책 기획 시크릿 9가지〉를 활용하셔야 하고요.

책이라는 건 생각의 탐구니까 외부 자료를 찾기 전에 자기 생각 탐험부터 해야 합니다. 내 생각을 마구 끄집어낼 때는 질을 따지기 전에 양이 일단 풍부해야 합니다. 생각을 양껏 펼쳐내는 데 핵심 방법은 마인드맵 사용이었죠.

탐험가 단계의 두 번째는 지도를 상세히 확대해 보실 줄 알아야 하는 겁니다. 책에서 지도 확대는 곧 목차를 세분화해 잘게 나누는 거죠. 원고의 꼭지 단위로 글감을 섬세하게 마련해 둬야 합니다.

초벌 원고를 와다다 쓰는 단계에서는 뭐가 중요했죠? 마인드맵으로 써놨던 목차의 기둥들을 중심으로 요점들을 빠르게 쏟아내셔야 하죠. 특히 그때는 외부 자료를 찾지 마시고 내면의 자기 생각 탐험에만 집중하세요. 나의 생각과 내 노하우 위주로 우선 요점만 쭉 적어 놓으면 됩니다. 그때 타이핑하기가 너무 지겹다면 녹음해 놓으시라 했죠. 그 녹음을 가지고 텍스트로 자동 변환하기 방식을 쓰시면 원고를 훨씬 빠르게 생산할 수 있다고 조언 드렸습니다.

초벌 와다다 쓸 때의 포인트는 뭐였죠? 네, 바로 '후진 없이 전진만 해라'였죠. '후진 없이'라는 말은 고쳐 쓰지 말라는 뜻이죠. 고쳐 쓰지 말고 양을 많이 생산하는 것을 목표로 해야 합니다. 양을 충분히 확보하되, 여기서 '충분히 확보'의 수준은 얼마였나요? 소설이 아닌 분야는 A4 기준으로 보통은 80페이지 이상을 책 원고 한 권이라고 보죠. 이렇게 탐험의 단계를 마친 뒤 과학자 단계로 넘어갑니다.

HOW 2. 과학자 되기

이번에 여러분이 하셔야 할 변신은 과학자에요.

과학자는 실험하는 사람이죠.

이게 맞을까 저게 맞을까 계속 테스트해보고 수정 보완하는 사람이죠.

책 쓸 때는 원고 늘여쓰기와 다듬어쓰기 단계에 해당하죠.

2단계 변신.
과학자: 실험하고 검증하는 사람
(초벌 원고 집필 단계)

- 매일 내 글을 가지고 실험하는 사람이 돼야 합니다(성실성, 일상 리추얼화).

- 다양한 실험을 해봐야 합니다. 표현을 변형해보기도 하고, 경우의 수를 늘여보기도 해야 합니다.

- 단조로운 방식이 아니라 다채로운 비빔밥처럼 꼭지를 실험할 줄 알아야 합니다.

- 이제는 외부 자료, 근거까지 검색해 찾아서 본격적으로 늘여쓰기를 해야 합니다.

- 정확성을 기해야 하는 단계입니다. 특히 팩트 체크를 잘 해야죠.

- 글뿐 아니라 삽입할 이미지도 모으기 시작해야 합니다.

- 실제적으로 글을 마무리짓는 과정을 시작해야 합니다.

- 대중에게 실험 결과를 발표할 준비까지 서서히 시작해야 합니다(모양새 다듬기).

1장 실전 글쓰기 4단계: 원고 늘여쓰기

이제부턴 써놨던 글을 어떻게 늘여쓸까에 대해 다루겠습니다. 저번에 다 꺼내놓으셨던 초벌 와다다 꺼내놓기의 바통을 그대로 이어받아 늘여쓰는 거죠. 늘여쓰기에 앞서 이 단계에서는 내 원고의 전체적인 톤과 매너를 확정해야 해요. 이제 본격적으로 분량이 많이 나오는 단계니까요. 분량이 많아진 후에 나중에 톤과 매너를 수정하려면? 다시 많은 분량을 수정해야 해서 엄청 골치 아파지거든요. 늘여쓰기 할 때 무작정 많이만 쓰려 하지 말고 요령 있게 쓰셔야 해요. 요령 있게 쓰는 데 빠질 수 없는 4총사 세트도 소개시켜드릴게요. 이제부터는 외부 자료도 찾아서 보강하셔야 하고요. 저작권에 대한 이해도 장착하셔야 합니다. 이번 장에서 제가 모두 알려드릴게요. 고고!

원고 늘여쓰기를
시작하기 전에

이제 4단계 원고 늘여쓰기 단계입니다. 원고를 늘여쓰기 전에 일단 여러분이 할 일은? 어떤 말투와 분위기로 이 책의 원고를 쓸지 정해야 돼요. 톤 앤 매너tone and manner를 정해야 하는 거죠. 요령은? 구체적인 한 명을 떠올리면서 그 사람에게 직접 말하는 느낌으로 쓰세요. 저자 자신의 기분이나 소감을 표현하는 것이 요즘에는 특히 중요해요.

주의할 점은? 문인 스타일로 영감이 떠오를 때까지 기다리려는 버릇이에요. 시나 소설, 감성 에세이 같은 걸 쓸 때는 그런 식의 태도가 도움이 되죠. 하지만 대부분 실용적인 글쓰기에서는 그런 태도가 적입니다. 적! 또 하나, 글을 쓸 때 주장만 거듭하지 말고 글의 꼭지 구성 네 가지 세트를 고루 갖춰 쓰세요. 이건 이따가 자세히 말씀드릴 텐데, 주장만 거듭되면 너무 재미가 없으니까 거기다가 근거도 대시고 예시도 집어넣고 추가적인 자료도 집어넣고 하세요. 꼭지 구성은 이 네 가지, 4총사를 한 세트로 생각하시면 좋습니다.

인터넷 등에서 찾은 자료를 내 원고에 잘 인용하려면? 그런 요령도 알려드릴 거고 자료를 모으고 보충하는 방법, 책을 빠르게 다독하면서 자료를 물색하는 레오짱만의 듣기 독서법도 알려드릴 겁니다. 자료 정리도 마인드맵으로 하면 좋은 이유를 레오짱 식으로 설명드릴 거고요. 집필 중에 사례로 든 사람들의 실명이나 가명을 쓰게 되는 경우가 있는데 그런 경우의 요령도 알려드릴게요.

단순히 평서문으로 쓰지 마세요. 가끔은 일부러 질문형으로 쓰는 법이라든가, 그 외에 책에 들어갈 이미지나 저작권에 대한 이해도 말씀드릴게요. 초상권도 마찬가지고요.

톤 앤 매너
정하기

"이제 본격적으로 원고를 쓸 때 말투는 어떻게 하는 게 좋나요? 저는 강사가 직업이라서 경어체가 더 편하던데… 레오짱님은 어떠세요?"

톤 앤 매너tone and manner에 대한 질문이네요. 톤tone은 '어투(어조)'를 뜻해요. 매너manner는 '태도(방식)'를 뜻하고요. 내 책의 처음부터 끝까지 어떤 어투와 태도로 독자에게 말할 것인가를 결정하는 작업입니다. 그게 곧 '톤 앤 매너를 정한다'는 의미죠.

어떤 어투와 태도로 내 독자들에게 말을 하고 싶으세요? 제 수강생 중한 분이셨던 여군 작가분의 원고를 예로 들어 생각해보죠. 이런 경우 군인처럼 '한다' 체로 통일을 할지 '합니다' 체의 경어 스타일로 갈지 결정하셔야 합니다. 말투의 정체성을 정해야 하죠.

예문) 남자들에게는 의무지만 여자는 의무가 아닌데 굳이 왜 제 발로 들어왔을까를 궁금해들 하신다.

만약 회고록 같은 자서전 형식이라면 "나는 그때 뭐 했다" 이렇게 하는 투가 맞을 것 같죠. 이 경우에는 군인이니까 그냥 덤덤하게 '~한다' 투가 더 어울릴 듯해요. 어떤 분은 "책의 프롤로그에는 존칭어를 쓰고 본문에는 평어체를 써도 되느냐?" 물으셨어요. 그건 각자의 취향이니까 마음대로 하세요. 그러나 이왕이면 책 전체가 통일성을 갖는 게 좋겠죠.

어투는 본인이 선택하시면 돼요. 본인에게 어울리는 말투, 평소에 내가 쓰기에 좀 편하다 싶은 말투나 '나는 이런 말투로 쓰면 글이 더 잘 나온다' 하는 말투로 쓰면 되죠. 저자마다 글이 잘 나오는 말투가 모두 달라요. 친구한테 얘기하듯이 써야 글이 술술 나오는 사람도 있고, 공식적으로 강의하듯이 해야 글이 잘 나오는 사람도 있어요. 개인 성향에 따라 다 달라요.

그중에서 특히 입말투는 자연스러워서 요즘 각광을 받아요. 강의투는 현장의 생생함을 잘 전달하고 재미있게 전달하는 방법 중 하나고요. 저자 입장에서도 전반적으로 읽을 맛이 나는 글로 비교적 쉽게 잘 풀어낼 수 있어요.

구체적인 1명에게만 말하는 느낌으로 쓰라

"글을 쓰다 보면 어투가 중간에 자꾸 헷갈려요. 제 책은 어른이 봐도 될 거 같고, 어린 친구들이 봐도 될 거 같아서 그런가 봐요. 모두를 아우를 수 있게 폭 넓게 어필하는 말투로 하면 어떨까요?"

폭 넓게 어필하는 말투요? 좋은 생각이 아닙니다. 훌륭한 라디오 디제이는 막연한 모두를 대상으로 말하지 않아요. 그들은 자기 앞에 가족이나 친구 사진을 붙여놓고 그들에게 조곤조곤 말하듯이 떠듭니다. 그러면 일반 대중들도 이 사람이 바로 나에게 말하는 듯한 친밀감을 느끼게 되는 거죠. 책의 톤 앤 매너를 정할 때도 그렇게 해야 합니다. 막연한 모든 사람을 독자로 정해서 말하지 마세요. 구체적으로 그려지는 대표 독자 1명을 그려놓고, 그 사람을 사진으로 출력해서 모니터 옆에 붙여 놓고 원고를 써 나가세요.

말하는 대상을 여러 명으로 생각하고 글을 쓰지 마세요. 여러 대상보단 '바로 너 한 사람'에게 얘기하는 느낌이 중요합니다. 가족 사진이나 친구 사진을 붙여 놓고 코 앞에서 떠들 듯이 서술해가시길 바랍니다. 그러면 글이 술술 잘 나오고 독자 입장에서도 바로 이 저자가 내 앞에서 얘기해 주는 듯한 생생함과 친밀감을 줘요. 실제 저도 이번에《팔리는 책쓰기, 망하는 책쓰기》이 책 쓸 때 저의 핵심 타깃인 강사군 중에 제가 아는 사람 얼굴을 모니터 옆에 붙여놓고 쓴 거예요. 그랬더니 역시나 글이 술술술 잘 써지더라구요. 이 사람한테 계속 말을 해줘야 되니까요. 책은 그냥 막연하게 쓰지 말고 그렇게 써야 돼요.

제가 썼던 책으로 또 하나 예를 들어드릴게요. 종합 베스트셀러 만들었던 저의《우주에서 제일 쉬운 영어 책》을 쓸 때도 그랬어요. 실제로 당시에 위즈덤하우스 직원이었던 J양을 등장인물 삼아서 쓴 거예요. 실제로 J양에게 "J, 네가 책에 좀 등장해줘야겠다" 그랬더니 좋대요. 실제로 영어 왕초보였던 아이였거든요. 고등학교 졸업 후 경리와 영업관리 쪽에서 일하던 직원이었어요. 이 책은 제목에서처럼 '우주에서 제일 쉬운' 영어 책이어야 하니까 영어 왕초보가 핵심 타깃이었거든요. 그래서 실제로 베타 테스터(원고를 미리 읽어보는 사람) 역할로 J양이 참여한 거예요.

실제 이름이 재희에요, 이재희. 그래서 원고 쓸 때 재희양=제이양(J양)과 동일시도 잘 됐어요. 당시 24살이었던 재희 양에게 그렇게 직접 말 걸듯이 썼더니 원고가 술술술 나오더라고요.

다음 페이지의《우주에서 제일 쉬운 영어 책》캐릭터 소개면을 보세요.

"호기심 많고 활달하지만 영어 앞에서는 기가 팍 죽는 아이. 외국인이 Hello, nice to meet you. 하고 인사하면 밀려오는 침묵의 순간이 가장 두려운 그녀"라는 설명을 캐릭터 소개에 넣었죠. J양의 두 살 연하인 남친 K군도 등장시켰어요. 영어를 조금 더 할 줄 아는 애인데 찬조 출연을 시켜서

《우주에서 제일 쉬운 영어 책》캐릭터 소개 면

주로 하는 역할은 내 설명에 맞장구 쳐주고 추임새 좀 넣고 하는 역할이었죠. 이렇게 실재하는 사람들을 핵심 타깃 독자로 정하고 그들의 사진을 제 모니터 옆에 내내 붙여놓고 쓴 거예요.

다 쓴 초벌 원고를 1차로 미리 보여줬더니 너무 재미있게 읽고 열심히 피드백을 주더라고요. "이 대목은 설명이 저에게는 여전히 어려워요." "이 대목은 정말 재미있게 잘 푸셨네요. 레오짱님 크크크크" 그러면서요. 그래서 신나게 그 의견을 반영해서 더 재미있는 원고로 만들어서 베스트셀러 1위로 만들었습니다.

왕초보 독자의 리얼한 반응이 실재했기 때문에 쓰는 과정에서도 도움이 많이 됐어요. 실제로 책이 나와서 여기저기 알렸더니 사람들이 너무 재밌대요. 많이 팔았어요. 책 나온 지 한 달도 안 돼서 첫 인세가 들어왔는데 무려 천만 원이 제 통장에 꽂혔어요. 그래서 제가 "와, 쏠쏠하다. 이거 가지고 맛집을 갈까 뭐 할까?" 가족과 행복한 고민에 빠졌죠.

'누구나 다 읽으면 좋지!'라고 막연하게 생각하고 쓰는 무無 타깃팅 글이 되면 안 돼요. 저처럼 핵심 타깃 한 명을 아주 구체적으로 (되도록 실제 인물로 정해서) 사진까지 모니터에 붙여놓고 글을 써보세요.

아무리 내 책이 다수의 대중을 상대로 하더라도 단 한 사람을 상대로 대화하듯 하는 느낌이 가장 좋습니다. 공개 발표하듯이, 웅변하듯이 말하지 마세요. 눈앞에 아주 편한 지인이 있다고 생각하세요. 엄마나 자녀가 앞에서 내 이야기를 듣고 있다고 생각하거나, 아주 오랫만에 만난 가까운 이모나 고모가 있다고 생각하고 글을 쓰세요. 그것이 친근하고 정감 있는 글을 쓰는 비결입니다.

'내 원고가 누구에게 어떤 도움을 줄 수 있을까?'를 고민해 보면 내 책의 효용가치를 알 수 있게 됩니다. 그 '누구에게'의 '누구'를 대표적 1인으로 그려놓고 글을 풀어나가 보세요. 그러면 글이 좀 더 구체적으로 풀려나가는 느낌을 체험할 수 있을 겁니다.

내 기분과 소감 표현이
중요하다

"우리 학창 시절엔 글을 쓸 때 감정 표현을 하면 선생님들에게 많이 혼났던 기억이 나요. 선생님들은 "사실만 써라. 건조하게 써라!"를 많이 강조하셨던 것 같아요. 요즘에는 글 쓰는 트렌드가 좀 다르죠?"

네, 우리가 무슨 언론사 기자도 아닌데 그렇게 드라이하게 글을 쓸 이유는 없어요. 요즘 시대에는 더더욱 저자의 기분이나 감정을 표현해주는 게 중요해요. 요즘 교보문고에서 사람들이 책 사러 들어올 때 제일 많이 검색하는 단어가 '마음' 관련된 키워드들이었던 것만 봐도 그래요. 인간관계, 위로, 우울감, 치유, 힐링… 등이 다 '마음'과 관련된 키워드들이었잖아요. 기본적으로 내가 쓰는 글에 감정 표현을 덧붙이면 참 좋아요.

코로나 사태 이후 세상이 더욱 우울해지고 있어서 이런 마음의 병을 가지신 분들이 많아요. 그래서 지금은 더더욱 우리 내면의 상태에 마음을 기울여 쓰려는 저자들이 많아지고 있어요. 이건 단순히 올해만 유행할 트렌드가 아니라 앞으로도 쭈욱 지속되는 메가 트렌드가 될 거예요. 그러니 앞으로 여러분이 쓰시는 글에도 자기 기분이나 감정을 표현하는 대목을 많이 넣어 주세요. 그럴수록 호응을 받는 시대가 될 거예요. 사실 전달은 기본이고요, 거기에 덧붙여 자기 생각과 느낌을 함께 녹여야 합니다.

	서점 이용자 최다 검색 키워드(1,740만 교보 회원 기준)
1위	인간관계
2위	위로
3위	무기력, 우울감
4위	페미니즘 *여성작가 강세 현상과도 맞물려 있음
5위	사랑
6위	자존감
7위	심리학
이 키워드들의 공통점은? >> '마음'에 관한 것들이 대부분을 차지	

문인형 글쓰기라는
악습을 버려라

> "저는 글을 쓸 때 제 머릿속에서 쓸 거리가 모두 떠올라와서 세팅이 돼야지만 글을 쓸 수 있는 사람인 거 같더라고요. 앞으로는 뭘 쓸 건지, 중간부에는 뭘 쓰고 끝은 어떻게 쓸 건지... 이게 세팅이 다 되고 나서야 자판을 치기 시작하는 거예요. 그게 쉽게 안 되니까 생각만 계속 하고 있게 되는 결과로 나타나고요. 후다닥 써야 하는데 저는 어떤 꼭지를 써야겠다 생각을 하면 거기에 맞게 자꾸 여기를 뭘 어떻게 쓸까만 머릿속으로 고민하다가 진척이 안 돼요."

이런 분들은 문인형 글쓰기 버릇이 잘못 든 경우입니다. 문장 표현 자체를 중요시하는 문인형 글쓰기를 지향하시는 분들이 이런 문제가 많아요. 머릿속에서 영감 떠올라서 "좋아. 이 영감으로 쓰는 거야!" 이런 식의 접근이에요. 이런 유형은 글이 나오는 데 시간이 오래 걸려요. 규칙적인 글쓰기를 해야 하는 실용적인 책이나 자기계발서, 에세이 작가로서는 별로 안 좋은 접근이죠. 필 받으면 밤새서 글을 쓰다가 필 못 받으면 몇날며칠이고 아무 것도 못 하는 분들이에요. 그게 문인형 글쓰기를 하는 분들의 전형적인 문제에요.

　나중에 소설가로 데뷔할 때는 그런 식으로 쓰는 게 도움이 될 수도 있겠죠. 물론 똑같은 소설가임에도 무라카미 하루키는 다르죠. 그는 일관된 습관으로서의 글쓰기를 하는 사람이거든요. 그 사람은 마라톤 달리기 하듯이 글쓰기를 해야 한다고 주장하죠. 소설가는 필 받아서 쓰는 사람이 아니라는 거죠. 하루키 본인은 아무리 영감이 안 떠올라도 하루에 의무적으로 책상 앞에 앉아서 5쪽 이상은 쓴대요. "말이 안 돼도 좋아. 어쨌든 뭔가를 타이핑이나 손으로 쓴다." 이런 규칙을 정해놨어요. 여러분도 그렇게 집필을 규칙적인 노동처럼 대하셔야 돼요.

　머릿속에 생각을 정리해서 쓰는 건 어느 정도까진 필요하죠. 하지만 밑도 끝도 없이 그게 떠오를 때까지 기다리지 마세요. 생각을 고민하고 펼치는 것 자체를 마인드맵 프로그램이나 문서상으로 하시길 권해 드려요. 글로 쓰려고 하면 부담감이 싹트고 머리가 아프다고요? 그런 머리 아픔을 해결해 주려고 고안된 프로그램이 마인드맵 프로그램이잖아요? 마인드맵 문서에 일단 떠오르는 대로 무작위로 막 써놓으세요. 제가 아까 3단계 '와다다 요점 쏟아내기'에서 보여드린 방식으로요. 하나, 두 개, 세 개, 네 개… 막 생각나는 대로 펼쳐 놨다가 '이 구성은 앞에 가야 할 것 같아' 하면 이리저리 당겨서 순서를 조정한 뒤에 바로 워드로 변환해서 긴 글로 풀어내세요.

　생각 속에서 한참 정리한 뒤에야 원고에 손을 대려는 그 습관은 버리세요. 내 생각 자체를 알마인드나 워드에 그냥 생각나는 대로 단어만 한번 쭉쭉 적어보세요. '이것과 이것을 일단 써볼 거고, 이것도 써볼 거고, 이 단어를 이따가 건드려 볼 거고⋯' 이런 식으로 키워드만 끄집어내 보세요. 최대한 단어 위주로만 일단 끄집어내놓아 보시라고요. 생각 자체를 완전한 문장으로 만들려면 그 자체만으로 벌써 부담감을 갖게 되니까요.

글의 꼭지 구성 4총사:
주장+근거+사례+자료(죽은 사자!)

"저는 원고를 쓰다 보니까 계속 주장에 주장만 거듭하고 있더라고요. 꼭지 구성을 좀 재미있고 다채롭게 하고 싶은데, 좋은 생각이 안 떠올라요. 어떻게 하면 책을 재밌게 쓸 수 있을까요?"

책쓰기는 표현력 이전에 구성력입니다. 하나의 꼭지에 한글 문서 기준으로 2, 3페이지는 나와 줘야 하죠. 그런데 그런 꼭지를 구성하는 것도 일정한 배합을 만들어 세트로 묶으면 좋아요. 너무 주장과 이론만 있으면 글이 엄청 지루해지니까요. "이 연사 외칩니다~~~!"만 잔뜩 있으면 방공 소년대회에나 나가셔야죠. 원고가 혼자 일방적으로 강변하는 스타일이 돼버리면 곤란합니다.

일방통행은 요즘 시대의 커뮤니케이션 방식이 아니에요. 전체적으로 원고가 주장하고 주장하고 또 주장하고… 하는 주장의 연속이면 아무리 좋은 얘기도 공자님 말씀처럼 느껴져요. "그래, 옳으신 말씀이야. 그래 알았어. 밥 먹으면 배부르지. 그래서 뭐?!" 독자들 반응이 이렇게 나올 수 있어요. 내용이 아무리 좋아도 주장만 계속 있으면 지루한 글이 됩니다.

방공대회 같은 주장을 했으면 그에 걸맞는 근거도 대시고, "내가 아는 사람이 실제로 간첩을 봤다는데 말야" 이런 사례, 즉 에피소드를 같이 넣어야 바람직해요. "뭐 어쩌게 누가 뭐라고 뭐라고 하더라." 이런 에피소드를 대화체 형식으로 넣어도 좋고요. 저자에겐 아무리 소소한 일상이라 할지라도 에피소드 형태로 삽입되어 있으면 읽는 사람 입장에서 훨씬 재미있거든요.

그게 설혹 신박한 내용 아니어도 괜찮아요. 자기 실제 이야기를 조금씩 추가해주는 것이 독자를 위한 작은 배려가 됩니다. 중간 중간 "내 얘기를 들려줄게. 내가 최근에 들은 이야기인데 말야, 이런 이야기도 있어~!" 하는 식으로 옆집 친구에게 수다 떨듯이 하세요. 그러면 주의도 환기되면서 재미있어져요. 이야기가 다채로워지니 더 재미있어지죠. 마지막으로 관련된 연구 자료나 외부 자료를 찾아서 추가해주세요.

핵심 주장 + 근거 / 이유 + 사례 / 에피소드 + 자료 = 주.근.사.자

모두 합쳐서 '주.근.사.자(죽은 사자, dead lion) 구성법'이라고 부를 수 있겠죠! '주장+근거+사례+자료'의 비빔밥 구성법입니다. 하나의 꼭지를 이렇게 마치 비빔밥처럼 비벼서 독자들에게 떠먹여주세요. 그럼 독자들이 아주 맛있게 먹을 수 있는 원고가 돼요. 꼭지마다 이렇게 주장 한 번 넣고, 근거 넣고, 사례(예화, 에피소드) 한두 개 넣고, 외부 추가자료 한두 개 넣으세요. 이렇게 다양한 구성요소로 꼭지를 구성하는 걸 항상 염두에 두세요. 단순히 주장만 하지 마시라는 거죠.

글 쓸 때나 말할 때 프렙^prep 법칙이라는 게 있어요. 남캘리포니아대학교 스파크스 박사가 정리한 이론이에요. 그가 1980년 초에 전달력이 강한 글들이 가지는 공통점을 찾아냈어요. 아리스토텔레스부터 현대 작가들까지 총망라한 고전인 Great Books 시리즈 60권을 집중 분석했대요. 효과적으로 의사전달을 하고 있다고 판단되는 작품들 위주로요. 소설은 스토리 형식이니까 뺐고요. 그 결과 뭘 발견했을까요? 이들 작품은 한결같이 주장을 먼저 하고 그 뒤에 세부 근거와 사례를 뒷받침하는 패턴을 보였대요. 그 연구로 스파크스 박사가 글쓰기 원칙으로 삼아야겠다고 도출한 게 바로 PREP이에요. 여러분도 앞으로 PREP 방식으로 글을 쓰세요. PREP을 간략히 설명하면 이런 거예요.

P^Point 핵심 주장을 먼저 말하세요.

"나는 비빔밥을 좋아한다."

R^Reason 주장을 뒷받침하는 근거로 이유를 설명하세요.

"왜냐하면 빨리 먹을 수 있고, 맛있고, 저렴하고, 고른 영양가가 있기 때문이다."

E^Example 근거를 증명하는 예시를 실제 사례 위주로 대세요.

"내가 어제 중요한 강연을 앞두고 시간이 없어서 점심을 안 먹고 갔더니 힘이 나질 않았다. 강연 30분을 앞두고 근처 식당에 가서 비빔밥을 시켜 얼른 먹고 양치하고 강의를 하자 에너지가 솟아 알찬 시간을 만들 수 있었다."

P**Point** 아까 했던 핵심 주장을 다시 한 번 강조하세요.

"아무리 시간이 없을 때라도 패스트푸드보다는 비빔밥을 먹을 것을 추천한다. 빨리 먹을 수 있고 영양도 만점이기 때문이다. 나는 앞으로도 비빔밥을 최애식품으로 좋아할 것이다."

이런 식이에요. 마지막 P는 처음 P를 약간 변형해서 재차 강조하면 돼요. PREP을 한 마디로 정리해 보면? '핵심 주장을 먼저 하고, 거기다 근거나 이유를 갖다 대고, 실제 사례나 에피소드를 추가해 넣고, 마지막으로 핵심 주장을 한 번 더 강조하면서 끝내라'는 거죠. 한 꼭지당 이런 구조면 완성도가 매우 높아져요. 말에나 글에나 마찬가지로 해당돼요. 꼭지마다 이런 식으로 자기 주장을 펼치면 훨씬 설득력이 있어져요. 애용해 보시길 바랍니다.

이 PREP 방식을 약간 변형한 것이 제가 위에 말씀드린 '주근사자'라는 비유에요. 약간씩 형식을 변형해서 자기만의 꼭지 구성법으로 만들어보세요. 제가 추천드리는 형태는 이거예요. 꼭지마다 1) 주장 한번 넣고, 2) 근거나 이유를 대고 3) 실제 사례 한두 개 넣고 4) 외부 추가자료 한두 개 넣고 5) 첫 번째 주장을 변형해서 한 번 더 강조하는 것으로 마무리! 이런 비빔밥 구성을 항상 염두에 두세요. 순서는 꼭 1)번의 주장부터 나올 필요는 없어요. 재미있는 " " 속 대화나 인용으로 시작하거나 " " 속 질문으로 시작하는 방식도 역동적이어서 좋아요(레오짱이 이번 책에서 주된 패턴으로 채택하고 있는 꼭지 구성법이에요).

일화가 주는 진짜 효과는
바로 이것이다

"저는 인생이 버라이어티한 사람이 아니라서 꼭지마다 일화를 생각해내기가 참 힘들더라고요. 저 같이 평범한 사람은 경험도 그닥 폭넓지 않은데 일화로 도대체 뭘 써야 할까요? 아니, 애초에 일화를 꼭지마다 넣는 게 왜 좋은 거예요?"

일화는 '작은 이야기'예요. 일화를 영어로는 애넉도트^{anecdote}라고 불러요. 제가 출판 전문가이자 영어 전문가 아닙니까? 잠깐 어원 보고 가실게요. 'an(not)'과 'ec(ex=out)', 'dot(give)'이 합해져서 '밖으로 알리지 않은(not give out)', 즉 '아직 바깥에 한 번도 알리지 않은 이야기'라는 뜻이랍니다. 비화, 일화 정도가 되겠죠. 소설가들은 상상력을 중심으로 이야기를 만들어내죠. 반면 비소설 분야인 에세이나 자기계발서, 실용서 등 대다수의 책들에서 일화는 꾸민 것이 아니라 실제 이야기들로 써야 해요.

왜 일화를 쓰는 게 좋을까요? 적은 지면으로 많은 것을 말할 수 있는 것이 일화이기 때문이에요. 글 쓰는 이와 읽는 이 사이를 친밀하게 만드는 것도 일화의 효과에요. 스토리텔링의 기본 속성을 가지고 있는 게 일화니까요. 단순한 설명글로 쓰는 것보다 일화를 넣어 쓰면 상황을 압축적으로 생생하게 보여줘요. 일화를 사용하지 않고 그 모든 걸 직접 설명문으로만 표현하려고 한다면? 글의 길이도 너무 길어질 뿐더러 엄청 지루해져요.

일화에는 대개 대화가 나오고 그 내용이 극적으로 드라마틱하게 이어질 때가 많아요. 엄청 길게 구성할 수도 있고 꽤 짧을 수도 있어요. 어떤 것은 문장 하나나 둘 정도로 끝날 수도 있어요. 일화를 글의 앞부분에 쓰면 효과적이에요. 글의 시작을 흥미진진하게 만들 수 있으니까요. 예를 들어 이 책의 앞 꼭지 중에 '이동 중 녹음으로 책쓰기에도 도전해보라' 대목이 있었죠. 여기서 저는 이런 제 이야기를 썼어요.

저도 오늘 새벽 집필 시간을 충분히 확보하지 못 했어요. 아침에 치과에 들러야 해서 일찍 집을 나서야 했기 때문이죠. 하지만 이동하는 그 시간을 잃어버린 시간이라고 치부하지 않았어요. 운전하는 차 안에서 핸드폰에 떠오르는 생각을 녹음하면서 원고를 꽤 많이 썼답니다.

이 일화가 엄청 특별한 사례는 아니잖아요? 그렇지만 저자 개인이 직접 경험한 일상의 이야기이기 때문에 독자들에게 의미가 있는 거죠. 매일 겪는 소소한 일상 중에 그 꼭지에 어울리는 주제이기만 하면 모두 일화로 사용하면 돼요. 일화가 안 들어가는 것보다는 들어가는 것이 꼭지가 훨씬 입체적으로 보이기 때문이죠.

톤 앤 매너부터 정하자

자, 그러면 실제로 늘여쓰기를 시연해보겠습니다. 먼저 톤 앤 매너를 정해야 합니다. '~이다'라고 할 것이냐? 저에게 편하고 익숙한 말투는 '~이에요'입니다. 저는 '~인 것입니다'처럼 너무 딱딱한 표현이나 완전한 경어체보다는 격식 없는 경어체, 약간 캐주얼한 경어체를 좋아합니다. 그래서 '~이에요' '~했어요' '맞죠?' 이런 식으로 제 이번 원고의 톤 앤 매너를 정했습니다. 제 원고는 앞으로 그렇게 쭉 써갈 겁니다.

늘여쓰기 단계에서도 역시나 틀린 거(오탈자) 무시하고 쓰고 싶은 말은 다시 쓰기로 남겨놓은 채로 전진하면 됩니다. 나중에 한꺼번에 고치거나 삭제하면 되니까요. 그게 더 훨씬 빠른 방법이거든요.

저 레오짱은 대학 졸업 즈음 본 토익 점수 잘나와 당시 한창 잘나가던

대기업 부장님들에게 영어 가르친 적 있어요. 현대건설, 삼성전자, 대우그룹 등에서 높으신 분들에게 영어를 가르쳤습니다.

해외 유학파 아닌 독학으로 영어를 공부한 제가 마침 영어자ㅓ 점수가 만점이 나와서 그걸 들이밀고 도전했죠. 제가 대학생이지만 여러분을 가르쳐 드릴게요 성적 보장! 어필했더니 아, 괜찮은데? 하시면 강의를 시작하게 됐습니다.

그런데당시 저는 독학으로 영어를 공부했기 때문에 영어지식이 체계화되어 있지 않고 파편화돼 있었어요. 그때 그 어르신들을 정기적으로 가르치다보니 체혜화되고 정렬되던 체험, 꽁감들 많이 ?

실명을 거론해도 되는 좋은 사례면 굳이 숨길 필요는 없죠. 그래서 '현대건설, 삼성전자, 대우그룹 등에서 높으신 분들에게 영어를 가르쳤습니다'라고 그대로 씁니다. 책 이름이 잘 생각이 안 날 때는《책 이름》이라고 자리만 딱 잡아놓고 나중에 한꺼번에 찾아서 써넣으면 됩니다.

책쓰기도 남에게 전달하는 작업이거든요. 책으로 내 지식을 전해야지라고 결심하는 순간부터 머릿속에서 상당 부분의 정리 작업이 시작돼요. 가지들이 정리 깔끔히 됨.

사고체계와 논리가 굳건해짐. 머릿속 정리가 시작됨.

특히 외부자료 찾기 전에 내 생각이 뭔지부터 고민하다 보면 내 생각이 생각의 실체와 본질 알게 돼는 계기가 되죠. 그 자체만으로도 상당히 의미있는 작업이에요.

과거에 흩어졌던 내 지식들을 모으는 것도 유용하지만, 앞으로 하고 싶은 공부에 대해 책쓰기 활용을 해도 됩니다. <책 이름> <책이름> <책이름>를 쓰신 한근태 저자의 경우가 그래요.

앞으로 하고 싶은 공부를 연구ㅎ 해가며 책을 쓰시는 경우

자, 이렇게 늘려 쓰기를 끝냈습니다. 이때의 포인트는 뭡니까? 이 단계에서도 마찬가지로 오자 탈자는 신경 쓰지 않았죠. 오탈자나 이동시키거나 고치거나 삭제할 대목들은 나중에 한꺼번에 하세요. 그게 훨씬 더 빠르거든요. 오탈자는 무시하고 그냥 추가로 늘려 쓸 말에만 최대한 신경을 집중해서 덧붙여 쓰세요. 제 원고에서는 일단 톤 앤 매너를 '~해요' 체로

전부 다 맞추겠습니다.

> **책쓰기는 나를 저절로 공부를 하게 한다**
>
> 책쓰기의 첫번째 효용이에요. 원고를 써 가는 과정에서 내 공부가 정리가 돼요.
>
> 남에게 지식을 전달해 보신 강사들은 잘 알 겁니다.
>
> 남을 가르치다 보면 자신의 생각 정리가 잘돼요. 가르침의 가장 큰 수혜자가 강사 자신이에요.
>
> 자기가 가르치는 내용에 가장 큰 혜택을 보닌 이는 바로 나 자신이라는 마린죠. 말이죠.
>
> 저 레오짱은 대학 졸업 즈음 본 토익 점수 잘나와 당시 한창 잘나가던
>
> 대기업 부장님들에게 영어 가르친 적 있어요. 현대건설, 삼성전자, 대우그룹 등에서 높으신 분들에게 영어를 가르쳤습니다.
>
> 해외 유학파 아닌 독학으로 영어를 공부한 제가 마침 영어자ㅓ 점수가 만점이 나와서 그걸 들이밀고 도전했죠. 제가 대학생이지만 여러분을 가르쳐 드릴게요 성적 보장! 어필했더니 아, 괜찮은데? 하시면 강의를 시작하게 됐습니다.

'책쓰기의 첫 번째 효용이에요.' '정리가 돼요' '알 겁니다' '돼요' '자신이에요'… 이런 식으로 어투를 다 맞춰줍니다. 오타 난 건 이 단계에서도 그냥 무시해요. 나중에 한꺼번에 고치면 되니까요. 띄어쓰기도 지금 단계에서는 신경 쓰지 마세요. 나중에 한꺼번에 고칠 수 있으니까요. 지금은 그런 게 중요한 게 아닙니다. 지금 진짜 중요한 것은 톤 앤 매너에 맞춰서 '~에요' 체로 다 통일해주는 작업이에요.

저도 여기서 한 명에게만 구체적으로 얘기하듯 하고 있죠? 여러 대중에게 막연하고 모호하게 얘기하는 게 아니라, 구체적인 한 명만 콕 찍어서 얘기하는 듯한 말투로 계속 말을 하려고 노력 중입니다. 기분이나 소감도 같이 표현해주면 좋다고 했죠? 예를 들어, '자기가 가르치는 내용의 가장 큰 혜택을 보는 이는 바로 나 자신이라는 말이죠.'라는 대목 뒤에 제 소감인 '정말 감사한 경험입니다' 이런 대목을 짤막하게라도 덧붙여주세

요. 길게 써주면 더 좋고요.

4총사 비빔밥 구성을 염두에 두자

여기서 보시면 아시겠지만 제가 주장을 먼저 하죠. "책쓰기의 첫 번째 효용은 나를 저절로 공부하게 한다"라고 주장한 뒤에는? 근거와 이유를 댄 뒤 바로 사례를 들고 있습니다. 누구 사례? 저 레오짱 사례를 들고 있죠. "레오짱이 대학 졸업 즈음 본 토익 점수 어쩌고저쩌고" 이런 걸로 사례를 들어줍니다.

그러고 나서 다시 아까 했던 주장에 대한 뒷받침 근거로 추가 설명을 하고 있죠. "그때 많이 깨달았어요. 혼자 독학했던 영어 지식들이 편린 상태로 있다가 가르치면서 모아지고 체계화된다는 것을요. 책쓰기도 마찬가지 과정이라서 비슷한 수혜를 자기 자신이 가장 먼저 보게 됩니다." 이렇게 논리를 계속 보충하고 있습니다.

해외 유학파 아닌 독학으로 영어를 공부한 제가 마침 영어자ㅓ 점수가 만점이 나와서 그걸 들이밀고 도전했죠. 제가 대학생이지만 여러분을 가르쳐 드릴게요 성적 보장! 어필했더니 아, 괜찮은데? 하시면 강의를 시작하게 됐습니다.

그런데당시 저는 독학으로 영어를 공부했기 때문에 영어지식이 체계화되어 있지 않고 파편화돼 있었어요. 그때 그 어르신들을 정기적으로 가르치다보니 체체화되고 정렬되던 체험, 공감들 많이 하시죠?

그때 많이 깨달았어요. 혼자 독학했던 그 영어 지식들이 편린 형태로 있다가 가르치면서 모아짖고 체계화되어 간다는 걸;ㅅ 것을요.

책쓰기도 남에게 가르치기와 가 같은 과정. 비슷한 수혜를 자신이 가장 넘 먼저 보게 됩니다.

"과거에 흩어졌던 지식들을 모으는 것도 유용하지만 앞으로 하고 싶은 공부에 대해서 쓸 때도 책쓰기가 좋습니다."라는 두 번째 주장을 하고 나서 한근태 저자를 사례로 들고 있죠? 그분의 이야기를 구체적으로 풀어냅니다. "그분은 공부해가면서 책을 쓰시는 경우가 많다." 이런 식으로요.

어떤 고유명사 이름이나 실명을 거론할 때 잘 생각이 안 나시면 어떻게 하라고요? 나중에 한꺼번에 찾으면 되는 것들은 이름 찾느라고 흐름 끊지 마시고 이렇게 써놓으면 됩니다. 〈책 이름〉,〈사람 이름〉 이렇게요. 나중에 한꺼번에 찾겠다는 뜻으로 빨간 색자로 표시해 두세요.

제가 강의했던 곳들은 바로 생각이 나서 미리 적어놨죠. '현대건설, 삼성전자, 대우그룹 등에서'라고요. 여기다가 사진이나 이미지를 넣고 싶다면? 〈사진 삽입〉 이렇게 적어놓으면 됩니다. '(사진삽입-레오짱 영어강사 시절 사진)' 이런 식으로 적어놓고 잘 보이게 형광펜 처리 등을 해놓으면 좋습니다.

> 저 레오짱은 대학 출업 즈음 본 토익 점수 잘나와 당시 한창 잘나가던 대기업 부장님들에게 영어 가르친 적 있어요. 현대건설, 삼성전자, 대우그룹 등에서 높으신 분들에게 영어를 가르쳤습니다.
>
> 해외 유학파 아닌 독학으로 영어를 공부한 제가 마침 영어자+ 점수가 만점이 나와서 그걸 들이밀고 도전했죠. 제가 대학생이지만 여러분을 가르쳐 드릴게요 성적 보장! 어필했더니 아, 괜찮은데? 하시면 강의를 시작하게 됐습니다.
>
> (사진 삽입 - 레오짱 영어강사 시절 사진)
>
> 그런데당시 저는 독학으로 영어를 공부했기 때문에 영어지식이 체계화되어 있지 않고 파편화돼 있었어요. 그때 그 어른신들을 정기적으로 가르치다보니 체혜화되고 정렬되던 체험, 공감을 많이 하시죠?
>
> 그때 많이 깨달았어요. 혼자 독학했던 그 영어 지식들이 편린 형태로 있다가 가르치면서 모아짓고 체계화되어 간다는 걸¡ㅅ 것을요.

추가적인 자료를 찾아서 보강하고 싶으면? 예를 들어 구글 검색창에 '가르치면서 배운다'라고 한번 쳐봅시다. 그러면 '교학상장'이라는 한자성어가 바로 나오네요. 고입 뉴스라는 신문 기사가 검색 결과로 걸렸네요. 저는 이 사례는 쓰지 않고 그냥 여기 쓰여 있는 '교학상장'이라는 개념만 갖다 써보겠습니다. 자, 제 원고에 아까 '교학상장'을 정의한 대목 복사한 걸 붙여놨습니다. 이런 한자성어를 하나 얻었으니까 여기에 뭐라고 덧붙이는 자기만의 설명을 쓰면 돼요. "이게 보편적인 진리라서 어쩌고저쩌고" 제 생각을 덧붙여주면 자료에서 찾은 추가적인 대목이 한 단락 정도 더 늘어났죠? 이런 식으로 자료 보충을 하면 됩니다. 이 단계에서도 좋은 생각이 나면 언제든지 추가 자료 보강을 하면 됩니다.

마지막으로 처음 했던 주장을 다른 식으로 한 번 더 강조한 뒤 꼭지를 마무리합니다. 이런 식으로 한 꼭지가 구성됩니다. 지금까지 분량을 늘여서 쓰기 단계가 어떻게 실제로 진행되는지를 생생하게 보여드렸어요. 이상으로 4단계 원고 늘여쓰기 샘플 작업을 마칩니다. 여러분도 해보세요, 파이팅!

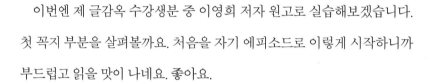

[실제 시연]   이영희 저자:
첫 꼭지 구성법 실습

이번엔 제 글감옥 수강생분 중 이영희 저자 원고로 실습해보겠습니다. 첫 꼭지 부분을 살펴볼까요. 처음을 자기 에피소드로 이렇게 시작하니까 부드럽고 읽을 맛이 나네요. 좋아요.

《아이의 두뇌는 재미를 느꼈을 때 성장한다.》

"킥킥킥키~이~익, 투덜이 스머프가 말하는 것이 정말 재미있어."

대원이는 영화를 볼 때마다 마냥 신이 났고 호기심과 흥미로 가득했다. 깔깔대며 신나게 보고 있는 대원이의 모습에 엄마는 문득 궁금한 생각이 들었다. '대원이가 정말 내용을 이해는 하고 웃는 것일까?' 엄마는 대원이가 웃는 것이 영어 대사를 알아듣고 웃는 것인지 아니면 웃긴 장면만 보고 그냥 웃는 것인지 확인하고 싶어졌다. 영어를 못하는 엄마지만 그 영화 속 대화 중에 'attack'이란 단어가 유일하게 귀에 들렸다.

"대원아, attack이 뭐야? 방금 스머프가 attack이라고 말했잖아."

그러자 대원이가 어이없다는 표정으로 엄마를 쳐다보더니 말했다.

"엄마, attack이 뭐기는 뭐야. attack이 attack이지."

대원이는 엄마의 질문이 질문 같지도 않다는 듯 귀찮아했다.

좋네요. 이렇게 일화로 먼저 원고의 서두를 열어 주신 게 아주 좋아요. 이어서 자기 생각(주장 포함)을 적으셨네요. 그 뒤 실제 사례에서 주고받았던 대화를 추가적으로 보여줬고요. 모범적으로 잘 맞추신 꼭지 구성법이에요.

워킹맘으로 자녀를 키운다는 것은 사실 많은 인내와 노력을 필요로 한다. 엄마로서 늘 아이 곁에서 많은 시간을 함께 하지 못한 것에 대한 마음의 짐을 안고 산다. (중략) 누구나 그렇듯이 퇴근하고 제일 중요하게 생각했던 일은 아이와 눈을 마주치며 스킨십을 하고 최대한 이야기를 많이 하려고 했다. 아이가 엄마의 사랑을 느끼며 교감하고 이야기하는 것이 아이의 성장에 매우 중요하다는 것을 익히 알기 때문이다. 캔자스 주립대의 Betty Hart 교수와 앵커리지대학 Todd Risley 교수는 <The 30Million Word Gap by Age3. 1995>라는 논문을 통해서, 아이가 만 3살이 되기까지 부모가 얼마나 많은 대화를 했는가에 따라 아이의 정서와 언어기능 발달에 큰 영향을 준다고 발표하였다.

그 다음에 자기 주장하는 것에 이론적인 근거를 댔네요. 여기다가 자연스럽게 학자들을 인용하셨네요. 좋아요. 그런데 말이죠, 베리 하트 교수와 토드 라이즐리, 리즐리? 아마도 '리즐리'라고 읽을 거예요. 외국 지명이나 외국 인명 등을 다 포함해서 외국어는 그대로 적지 마시고 한글로 병기併記(옆에 나란히 적어주기)를 해 주세요. 독자들이 '리즐리' 또는 '라이즐리'라고 읽어야 하는지 모르는 사람이 많잖아요? 그러니 한글로 다시 병기해 주시는 게 원칙이에요. 어떻게 발음하는지 검색으로 확인을 해보세요. 병기를 하든지 아니면 한글로만 적어주든지 둘 중에 하나를 선택하세요. 그런데 이미 영문이 있기 때문에 그냥 한글로 나란히 병기하거나 괄호( )를 쳐서 병기하든지 하는 게 좋겠네요. 인용할 논문 제목도 본문에 적어주실 거면 번역해서 표기해 주셔야 합니다. 이런 식으로요.

After)

캔자스 주립대의 베티 하트(Betty Hart) 교수와 앵커리지대학 토드 리즐리(Todd Risley) 교수는 <세 살에 3,200백만 단어 차이(The 30Million Word Gap by Age3. 1995>라는 논문을 통해서, 아이가 만 3살이 되기까지 부모가 얼마나 많은 대화를 했는가에 따라 아이의 정서와 언어기능 발달에 큰 영향을 준다고 발표하였다.

본문의 꼭지를 그냥 주장을 서술만 하는 것보다 대화체로 함께 풀어주면 좋아요. 생생한 현장에 동참하면서 구경하는 느낌을 독자에게 줘서 좋아요. 이런 식으로 계속 풀어주세요. 에피소드를 단순히 뭐 했다 뭐라더라 칭찬하더라 이렇게 서술만 하는 것보다 서로 주고받는 대화 형식으로 하면 훨씬 생동감 있고 좋습니다. 실제 대화를 주고받는 형태로 보여주면 전체적으로 글의 분위기가 부드러워져요.

아이의 유치원에 상담하러 갔을 때였다.
"대원이 어머님이군요. 그렇지 않아도 어머님이 어떤 분이신지 많이 궁금해서 뵙고 싶었답니다."

아이의 담임선생님이 나를 많이 기다렸다는 듯이 반가워하며 말했다. 담임선생님이 나에 대해 궁금해하며 관심을 갖고 있었다고 하니 갑자기 쑥스러운 마음이 들었다. 그리고 오히려 무슨 일 때문에 그런 것인지 내가 더 궁금해졌다.

"무슨 일 때문에 그러시는지…."

"대원이가 어쩜 그렇게 영어를 잘 해요? 집에서 별도로 가르치는 거라도 있나요?"

구성을 전형적으로 잘 짜셨네요. 에피소드(일화) 한 번 먼저 나오고, 다음에 자기 생각과 근거 이론을 한번 풀고, 실제 아이에게 적용한 이야기를 풀고… 이렇게 잘하셨어요. 제가 주문한 대로 비빔밥 식으로 맛있게 섞어 구성하셨어요. 굿!

인용 대화체를
활용하자

"제 에피소드만 넣자니 생각도 잘 안 나고 소스도 부족한 거 같아요. 다른 사람 에피소드를 넣어도 될까요?"

당연하죠. 베스트셀러 저자들도 본인의 에피소드만 넣는 경우는 거의 없어요. 주변 사람들의 사례도 넣고, 지인의 지인을 통해 전해 들은 이야기도 넣고 해요. 글감의 레이더 망을 자기 자신 주변 반경만으로 굳이 좁힐 필요는 없어요. 세계가 너무 협소해지잖아요. 내가 쓰는 책의 주제와 상관만 있으면 이야기의 소스를 최대한 넓혀 보세요. 그래야 이야기가 풍성해지죠.

에피소드를 말할 때는 서술문 방식(누가 뭐 했다 식)만 고집하지 마세요. 인용 대화체 삽입 방식도 애용해 주세요. 자기 말만 하지 마시고 가끔 남의 말 인용하는 것도 객관적으로 보이고 좋아요. 꼭 유명한 사람이 얘기한 게 아니어도 돼요. 옆집 아주머니가 어저께 뭐라고 얘기했다든가 하는 것도 좋아요. 주제와 상관만 있으면 그런 것도 소소하지만 재미있는 요소에요. 인용 대화를 삽입해주면 독자들 뇌리에 주의를 환기시켜주는 효과를 줘요. 예를 들어 볼게요.

아이의 유치원에 상담하러 갔을 때였다. "대원이 어머님이시군요. 그렇지 않아도 어머님이 어떤 분이신지 많이 궁금해서 뵙고 싶었답니다." 아이의 담임선생님이 나를 많이 기다렸다는 듯이 반가워하며 말했다.

대화체를 표현할 때는 " "라는 쌍따옴표 안에 넣어주세요. 자기 머릿속 생각을 혼잣말, 즉 독백으로 할 때는 ' '로 표시되는 홑따옴표고요. 이것만 구별하시면 돼요. 남의 대화를 인용할 때는 쌍따옴표, 독백을 표현할 때는 홑따옴표! 그냥 줄줄줄줄 서술 글만 쓰면 되게 지루할 수 있는데 가끔 이렇게 대화체를 중간중간에 넣어주면 꽤 생생한 느낌이 나거든요. 다른 수강생분 원고로 예를 들어 볼게요.

Before)
20년 남짓 군 생활 동안 가장 많이 받은 질문이 있다. 왜 군에 들어왔나요? 힘들지는 않나요? 딸도 군대에 보내실 건가요?

이건 인용, 즉 남이 한 말이니까 그냥 같이 본문에 넣지 마시고 따로 쌍따옴표로 표시해야 돼요. 그리고 이 질문들이 각각 다른 사람들이 한 말이잖아요? 그럼 각각 따옴표를 별도로 쳐줘야 해요. 좀 더 완성된 문장형으로 바꿔주면 좋고요. 내용은 현재 좋아요.

After)

20년 남짓 군 생활 동안 가장 많이 받은 질문이 있다. "왜 군에 들어왔나요?" "힘들지는 않나요?" "딸도 군대에 보내실 건가요?" 등이다.

인용을 내 말투로 바꾸기

에피소드, 사례 등을 인터넷 검색으로 찾은 경우 좀 더 안전하게 사용하시려면? 자기 말투로 변환을 하세요. 변환하는 요령은 이렇습니다. 두세 문장을 일단 읽어서 머리로만 기억하세요. 원래의 문장을 쳐다보지 않은 채 기억으로만 다시 타이핑하세요. 그때 1차로 자기 말로 어느 정도 바뀌어서 나와요. 2차로 그걸 한 번 더 완전한 내 말투로 의식적으로 바꿔보세요. 그러면 거의 재창작 수준이 돼요. 이런 식으로 표현을 완전히 바꿔버리세요. 이건 일종의 제2창작이기 때문에 저작권으로부터 자유로워져요(고쳐쓰기, 즉 rephrasing의 효용이죠).

자료를 모으고
보충하는 법

"자료는 어떻게 모아야 돼요? 다른 책이나 인터넷 검색으로 자료를 찾으면
되는 건가요?"

맞아요. 다른 책이나 인터넷 검색으로 관련 논문이나 잘 정리된 글들을
참고하세요. 단, 인터넷으로 찾은 참고 자료는 출처가 분명히 적혀 있어
서 신뢰할 만한 것이어야 해요. 인터넷에는 어중이떠중이 이상한 자료도
굉장히 많거든요. 아무 자료나 참고하면 신뢰성이 떨어지니까 출처를 분명히
밝히고 인용한 게시물만 믿으세요.

책에서든 인터넷에서든 자료를 찾으셨다면? 자료를 읽으면서 좋은 대
목을 발췌해 옮겨 적어 놓으세요. 손으로 쓰는 게 일반적인 필사죠? 하지
만 우리는 이걸 컴퓨터로 입력해 필사해 놓으셔야 해요. 그래야 나중에
자료로 재활용할 수 있으니까요.

자료를 수집할 때도 우리가 써놓은 목차가 나침반 노릇을 해준답니다
(목차, 이 예쁜 녀석!). 목차라는 명확한 가이드를 참고해서 찾으면 외부 자

료를 수집할 때도 효율이 높아져요. 책이나 자료를 읽을 때 내가 쓴 목차를 기준으로 불필요한 부분은 흘리듯 빨리 대강 읽으시면 돼요. 나에게 필요한 부분만 빠르게 발췌해 자료화하세요.

자료를 모았으면 그중에서 핵심만 추려 보세요. 자료를 자기화시키기 좋은 방법은 어떻게 한다고 했죠? 자료를 있는 그대로 인용하지 말고 내 말로 다시 써 보시는 겁니다. 자료를 요약할 때도 나만의 언어로 고쳐서 요약해 버릇 하세요. 그럼 그 모든 게 제2창작이 돼요. 자료의 성격이 비슷한 것들끼리는 묶고, 성격이 다른 것들끼리는 분리하세요. 그렇게 재배열하고 재구성한 뒤 자료들을 내 언어로 바꾸기까지 완료하면 더욱 나를 위한 맞춤형 자료로 변신합니다.

내가 쓰고 있는 주제에 대해 주위에 떠벌려라

자료를 찾는 것의 기본은 다른 책이나 인터넷 검색이죠. 주변 사람을 통해서도 자료나 글감을 찾을 수 있어요. 때론 이 방법이 더 효과적일 때가 많아요. 친구든 누구든 만나는 사람마다 내가 지금 무슨 원고를 쓰고 있는지를 말해 두세요. 보안이 걱정된다고요? 걱정도 팔자이십니다. 책 주제만 듣고 흉내 낼 지인이라면 능력자이거나 사기꾼이겠죠. 걱정은 집어넣어 두세요. 제 오랜 경험상으론, 주변에 내가 쓰고 있는 책에 대한 이야기를 많이 하면 할수록 그만큼 더 많은 정보와 조언이 들어왔어요. 그런 정보 중에는 아주 쓸모 있는 것들도 많았죠.

제가 다녔던 취미 동아리 회장에게 집필 중인 주제 이야기를 했더니 관련 PDF를 하나 보내주더라고요. 거기에는 좋은 참고문헌 목록이 잔뜩 들어 있었어요. 친한 의사 형에게도 제가 쓰고 있는 원고를 말했어요. 그랬더니 논문을 하나 건네주시더라고요. 역시 아주 귀한 자료가 돼주었답니다. 책을 여러 권 내본 친구에게도 얘기했어요. 그 친구가 곧 다른 친구를 한 명 소개시켜주었는데 그 사람이 해외에서 발행된 전자책을 제게 알려줬어요. 제가 쓰려는 글의 핵심을 다룬 책이었죠. 그 사람이 아니었으면 전혀 몰랐을 아주 귀한 자료였어요.

그러므로 지인들에게 미리미리 소문을 내세요. 지금 본인이 무엇에 대해 쓰고 있는지를요. 주변에 널리 알리세요. 대부분 기꺼이 도와주려고 할 거예요. 사람들은 지인의 부탁을 받으면 의외로 도움을 잘 줘요. 아마도 이 예비 저자의 집필에 기여함으로써 일종의 대리만족을 느끼는 것 같았어요.

주변 사람들에게 이야기했을 때 그들이 꼭 자료를 주진 않더라도 에피소드나 사례를 제공할 수도 있어요. 저는 전화통화로 지인에게 예화가 될 만한 것들을 수집한답니다. "제가 지금 쓰고 있는 이 주제와 관련해 직접 하신 경험이나 주변에서 듣거나 보았던 재밌는 에피소드 있으면 알려주세요!"라고 가이드를 주면서요(독자 여러분은 소중하니까 레오짱만의 꿀팁 대방출! 우후훗!).

숫자 자료를 다룰 때의 집필 요령

데이터 자료나 숫자 등은 초벌 와다다 쓰는 단계에서는 임시로만 표시해 놓으세요. 이런 것들까지 정확히 다 팩트 체크해 가면서 쓰려면 원고

진도가 안 나가니까요. 일단은 써놓고 나중에 찾아볼 부분은 땡땡이만 처리해 놓으세요.

예를 들어 내가 코칭 노하우에 대한 글을 쓴다고 칩시다. '한국 코치협회 누적 배출 코치 수가 … 음 몇 명이었지?' 하면서 자료 뒤적이다가는 시간 다 날아갑니다. 일단은 본인만 알아보게 표시해 두세요. 'KSC라는 등급은 @명, KAC라는 등급은 @명, …' 이렇게 자기만 알아보게 대충 빨리 처리해 놓으세요. 숙달된 조교의 집필 요령 중 하나에요. 자기만 알아볼 수 있는 메모 처리 방식으로 원고를 빨리빨리 진행시키는 게 좋아요. 이 @@ 대목들은 나중에 자료를 검색할 때 한꺼번에 찾으면 훨씬 시간이 압축되거든요.

빠르게 다독하며 자료를 물색하라 (레오짱의 듣기 독서법)

"다른 책을 참고하거나 인터넷을 검색하거나, 주변 사람들에게 물어봐서 자료 찾는 방법을 알려주셔서 너무 감사해요. 혹시 레오짱님만의 남다른 자료 수집법이 또 있을까요?"

네에, 있어요. 이것까지 다 알려드릴게요(원래는 영업 비밀인데… 독자님들은 소중하니까). 독서력을 포함한 공부력(스스로 공부하는 힘)이 있어야 요즘처럼 급변하는 시대에는 계속 살아남을 수 있어요. 새로운 것들을 학습할 수 있어야 바뀌는 상황에 잘 대처할 수 있으니까요. 상황 대처력이 곧 생존력이잖아요. 독서력은 기본적인 생존에도 필수일 뿐 아니라 책을 쓰는 과정에도 필수에요.

책쓰기를 잘 하려면 평소 읽어둔 책이 많아야 해요. 그 책들이 내가 책을 쓸 때 가장 중요한 자료들이 돼주거든요. 특히 자신이 쓰려고 하는 분야의 다른 좋은 책들을 많이 읽어 두세요. 자기계발서를 쓰려고 한다면? 그 분야 베스트셀러나 주변에서 평가가 좋은 책들을 많이 봐 두세요. 그러면 어느 순간 "아, 나도 이런 느낌으로 쓰고 싶다!" 하는 영감이 떠오를 때가 있어요. 다른 책들은 자료로서의 측면뿐 아니라 톤 앤 매너에 대한 참고자료로서도 가치가 있어요.

그런데 책을 꼭 눈으로 읽어야만 할까요? 앞으로는 듣는 책의 효용이 커질 거예요. 세상이 갈수록 바쁘고 복잡해지고 있어서 뜻하지 않게 멀티태스킹으로 업무를 처리해야 하는 경우가 많기 때문이죠. 저 레오짱은 책을 읽을 때도 주로 듣기 방식을 이용한답니다. 예비 저자분들의 원고를 읽을 때도 바깥을 산책하면서 듣기 방식으로 원고를 다 읽어버려요. 운전이나 이동할 때도 들을 수 있어 멀티태스킹이 가능하기 때문이죠. 바깥바람도 쐬고 능률도 높아요. 책은 꼭 자리에 앉아 눈으로 읽어야만 한다는 개념은 구시대적 발상입니다.

'책을 듣는다'는 게 무슨 말인지 모르겠다고요? 바로 인터넷서점 사이트에서 전자책을 구매해서 '듣기 모드'를 실행시키는 걸 말합니다. 저는 이런 새로운 기술과 기능에 관심이 많아요. 그래서 모든 서점의 전자책 듣기 모드를 테스트해 봤는데요, 제 취향과 만족감에 가장 부합하는 곳은 리디북스의 듣기 모드였습니다. 물론 다른 서점에서 제공하는 전자책 버전의 듣기 모드도 그렇게 나쁘진 않았어요.

그런데 리디북스에 비해 약간 더 기계음으로 느껴져서 오래 듣고 있으면 피곤하더라고요. 제가 선호하는 것은 리디북스의 여자 목소리 버전입니다. 오래 들어도 전혀 부담스럽지도 않고 질리지도 않더라고요. 그동안 이 기능으로 '들어서 읽은' 책들이 수천 권입니다.

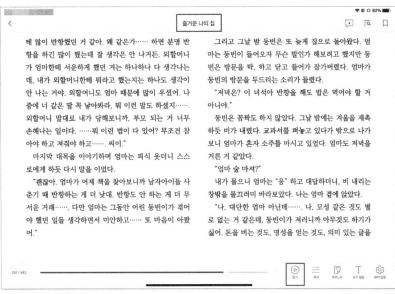

테 많이 반항했던 거 같아. 왜 같은가…… 하면 분명 반항을 하긴 많이 했는데 잘 생각은 안 나거든. 외할머니가 엄마한테 서운하게 했던 거는 하나하나 다 생각나는데, 내가 외할머니한테 뭐라고 했는지는 하나도 생각이 안 나는 거야. 외할머니도 엄마 때문에 많이 우셨어. 나중에 너 같은 딸 꼭 낳아봐라, 뭐 이런 말도 하셨지……. 외할머니 말대로 내가 당해보니까, 부모 되는 거 너무 손해나는 일이다. ……뭐 이런 법이 다 있어? 무조건 참아야 하고 져줘야 하고……. 씨이."

마지막 대목을 이야기하며 엄마는 피식 웃더니 스스로에게 하듯 다시 말을 이었다.

"괜찮아. 엄마가 어제 책을 찾아보니까 남자아이들 사춘기 때 반항하는 게 더 낫대. 반항도 안 하는 게 더 무서운 거래……. 다만 엄마는 그동안 어린 동빈이가 겪어야 했던 일을 생각하면서 미안하고…… 또 마음이 아팠어."

그리고 그날 밤 동빈은 또 늦게 집으로 돌아왔다. 엄마는 동빈이 들어오자 무슨 말인가 해보려고 했지만 동빈은 방문을 탁, 하고 닫고 들어가 잠가버렸다. 엄마가 동빈의 방문을 두드리는 소리가 들렸다.

"저녁은? 이 녀석아 반항을 해도 밥은 먹어야 할 거 아니야."

동빈은 꼼짝도 하지 않았다. 그날 밤에는 겨울을 재촉하듯 비가 내렸다. 교과서를 펴놓고 있다가 밖으로 나가보니 엄마가 혼자 소주를 마시고 있었다. 엄마도 저녁을 거른 것 같았다.

"엄마 술 마셔?"

내가 물으니 엄마는 "응" 하고 대답하더니, 비 내리는 창밖을 물끄러미 바라보았다. 나는 엄마 곁에 앉았다.

"나, 대단한 엄마 아닌데……. 나, 모성 같은 것도 별로 없는 거 같은데, 동빈이가 저러니까 아무것도 하기가 싫어. 돈을 버는 것도, 명성을 얻는 것도, 의미 있는 글을

리디북스의 듣기 모드

물론 듣기만 하면 그때뿐일 수 있죠. 그래서 저는 듣기로 1차 독서를 끝내면 반드시 다시 텍스트에 밑줄도 긋고 제 생각을 메모도 하면서 2차 독서를 마칩니다. 한번 들어서 내용을 다 파악했기 때문에 밑줄은 인상 깊었던 대목에만 굉장히 빨리 그을 수 있어요(총 2회씩 읽기를 수천 권을 한 셈이죠). 진짜 감명 깊었던 책은? 컴퓨터에 별도로 문서를 만들어 핵심 요약을 함과 동시에 제 생각도 덧붙여 정리해 둡니다.

자료 정리도 마인드맵으로 하면 좋은 이유

일단 저는 모든 독서나 자료 조사도 마인드맵으로 정리하는 것을 좋아합니다. 마인드맵으로 정리하면 뭐가 좋을까요? 그냥 책에 밑줄 긋는 것

은 기본이고요, 그 밑줄 그은 것을 가지고 자기만의 키워드로 뽑아서 내 콘텐츠화할 수 있습니다(레오짱만의 꿀팁!─책을 요약해 정리할 때는 미리미리 《책 제목》과 〈페이지〉를 옆에 표시해 놓아야 나중에 다시 확인하기 편합니다). 저는 제가 읽은 책을 다시 마인드맵 방식으로 새롭게 정리할 뿐더러 거기에 제 생각과 제 에피소드를 추가해 제 글감으로 바로바로 변형시킵니다.

키워드를 뽑을 때도 그냥 워드로만 치시면 내용들이 앞뒤로 정리가 잘 안 돼요. 앞에 나온 내용과 뒤에 뒤에 나올 내용이 사실은 서로 연관성이 있는데도 서로 적절하게 연관지어 배치를 못해요. 제가 마인드맵을 쓰는 이유는 그겁니다. 앞뒤로 마음대로 당겨서 수시로 위치를 바꿀 수 있기 때문이에요.

본문을 요약할 때는 모두 키워드 중심으로 요약을 한 것임에도 이게 본문 순서대로가 아닙니다. 제 나름대로 다 재배치한 거예요. 본문 순서와 전혀 상관이 없습니다. 이런 식으로 정리하면 뭐가 좋을까요? 나중에 책 요약본을 활용해 자기 콘텐츠로 만들기가 훨씬 쉬워져요. 책이 책의 요약일 뿐 아니라 자기 콘텐츠로 되는 거예요.

여기서 자기 콘텐츠로 되는 핵심은 이거죠. 제가 만든 마인드맵 정리본을 바탕으로 사람들 앞에서 설명회를 가집니다. 그러면 그 과정에서 자연스럽게 제 말투로 모든 내용이 바뀌어서 나오게 되기 때문이죠. 키워드만 염두에 두면서 자기 말투로 바꿔서 얘기하고 거기에 저자의 사례뿐 아니라 제 에피소드를 재미있게 섞어 이야기하다 보면, 어느덧 제2의 창작이 되는 거랍니다.

자료를 잘
정리하는 법

"저는 평소 읽어둔 책은 많은데 막상 책 쓰려고 자료를 찾으면 뭐가 어디 있는지 하나도 못 찾겠어요. 흠흠… 레오짱님만의 자료 정리법이 있나요? 좀 알려주세요."

평소 읽어 둔 참고도서에 그냥 밑줄만 그어 두고 책을 다시 덮어놓는다 면? 자료로서의 가치가 없어져요. 헛일이에요. 나중에 책 쓰는 데 참고하 려고 다시 찾을 때 시간이 엄청 많이 걸려요. 제가 쓰는 방법을 알려드릴 게요(아아, 레오짱 꿀팁 대방출 타임). 그동안 봤던 자료 리스트를 엑셀 파일 에 정리해두세요. 엑셀 문서는 검색이나 재정렬이 간편한 게 최대 강점이죠. 파 일을 열어 Ctrl+F만 눌러 키워드를 검색하면 해당 정보를 0.1초만에 바로 바로 다시 찾을 수 있어요. 진짜 강추하는 방법이에요. 참고 정보에 각각 키워드를 붙여놓는 게 핵심입니다. 엑셀 파일은 다음과 같이 항목을 만들 어 정리하시면 돼요. 실제로 레오짱이 만들어 활용 중인 예시를 보여드릴 게요.

참고자료 키워드 파일				
분야	주제	핵심키워드	출처/페이지	내 메모
심리	스트레스	통제력,통제감,스트레스, 슈피처, 통제할 수 있는, 통제 못할	잠깐 스트레스 좀 풀고 올게요, 유혜리, 25페이지	자아통제감 관련 인용할 때 좋음
심리	자신감	선 액션 후 감정, 모션-이 모션, 용기, 배짱	이기려면 뻔뻔하라, 조관일, 45 페이지	just do it 마인드 관련 참 조자료로 좋음
마케팅	퍼스널 브랜딩	키워드 장악, 목표키워드, 대표성,세그멘테이션,책 쓰기, 글감옥,레오짱	영향력을 돈으로 만드는 기술, 103페이지	레오짱이 사례로 나온 부분
책쓰기	기획	기획,책쓰기,세그멘테이 션,매니아,취향경제	https://youtu.be/zx8DH9wq4R 8	유튜브 '레오짱TV'에 좋은 말이 많이 나옴

분야: 심리학, 심리, 마케팅, 홍보, 책쓰기… 등 포괄적인 분야를 적어두세요.

주제: 분야에서 한 단계 좁게 들어간 항목을 적어두세요. 심리에서도 스트레스, 자신감, 회복탄력성… 등으로 더 잘게 나눠 적어주세요.

핵심 키워드: 이 부분에는 어떤 포인트를 참고할 대목인지를 나타내는 단어로 4~5가지 정도를 적어두세요. 나중에 검색으로 찾을 때도 잘 걸립니다.

출처/페이지: 이 부분에는 책이름과 해당 대목이 나온 페이지를 적어두세요. 책이 아니라 인터넷이라면 관련 링크를 삽입해 두세요.

내 메모: 이 자료와 관련돼 떠오른 내 생각이나 아이디어, 나중에 참고할 포인트가 뭔지 등을 간략히 적어두세요.

실명이냐 가명이냐: 인물을 사례로 들 때

호평, 즉 좋은 사례로 쓸 때는 그대로 가도 돼요. 나쁜 사례로 이 사람을 썼다면 가명을 써주는 게 안전하죠. 괜히 나중에 당사자가 이 대목을 봤다가 "너 왜 내 얘기 이상하게 썼어? 가만 안 둘 거야. 고소할 거야!" 이러면 골치 아파요. 호평이나 악평이 섞인 원고라면? 적당히 가명과 실명을 섞어주면 됩니다. 'A 씨의 경우는…' '홍길동 씨는 그랬다' 이런 식으로요. 실명 썼다가 이니셜이나 가명 썼다가 혼용해주셔도 돼요. 굳이 억지로 모두 이니셜로 통일할 필요는 없어요.

저자인 제 이름을 실명으로 쓸까요, 필명으로 쓸까요?

"책을 출간할 때 실명으로 쓰는 것과 필명으로 쓰는 것 중 어떤 게 좋아요?"라고 물어보시는 분들이 많아요. 자기를 브랜딩 하시려면 실명으로 가는 게 낫죠. 요즘에 이효리나 이런 사람들처럼 부캐(서브 캐릭터)를 키우시려면 필명으로 가는 게 좋고요. 저 같은 경우에는 실명하고 필명을 같이 써요. 부캐와 본캐(본 캐릭터)를 같이 해서 "나는 이런 매력도 있고 다른 면도 있어요. 부캐인 레오짱은 약간 발랄한 캐릭터지만 본캐인 장치혁은 은근히 섬세하고 예술적이에요." 이런 걸 동시에 어필하려고 같이 쓰고 있답니다.

처음에는 저도 '레오짱'만 밀고 나갔어요. 그랬더니 사람들이 제가 레오짱인지 잘 모르더라고요. 서점에 출판 강연을 갔는데 "레오짱이라는 분 왔어요? 레오짱 님은 왜 안 와요?" 청중들이 그러시길래 "전데요!" 그러면 다들 "아! 그렇군요." 하는 식이었죠. 그래서 '아하, 내 본명도 같이 가져가야겠구나!' 해서 그 다음부터는 같이 사용하고 있습니다.

그런데 "저는 진짜 제 신원을 밝히기 싫어요. 저는 조용히 살고 싶어요. 안 유명해지고 그냥 실속만 차려서 인세로 돈만 많이 받으면 좋겠어요." 이런 사람들은 필명을 쓰시면 돼요. 그렇게 하는 사람은 은근히 많아요. 류시화 씨 아시죠? 시인 중에 초대박 작가가 된 분이요. 이 분은 사실은 류시화라는 이름으로만 책을 내는 게 아니에요. 여러분이 모르는 필명이 여러 개 더 있다고 알고 있어요. 그래서 류시화 씨에게 가는 인세는 실제로 어마어마하게 많아요. 한때 우리나라 통틀어 '인세 수입 1위 작가'였던 적도 있어요. 저희 출판쟁이들은 잘 알아요. 실제로 실속을 가장 많이 차리는 사람은 그런 사람들이에요. 필명을 여러 개 쓰면서 여러 가지 부류의 책을 내고 있는 사람들이요. 대박이 나도 사람들은 이 사람이 이 사람인지 몰라요. 류시화 씨는 자기 색깔하고 맞는 것만 자기 이름으로 내고, 조금 다른 결의 책을 실험해보고 싶으면 다른 필명을 썼거든요. 그중에 몇 개가 터지면 그것도 굉장히 큰 수익이 돼요.

과학자 되기

질문은
힘이 세다

"항상 '누가 뭐 했다'는 식으로만 쓰니까… 좀 지루한 글이 되는 거 같아요. 가끔은 좀 다른 식으로 문장을 써보고 싶은데 좋은 방법이 있을까요?"

네, '누가 뭐 했다'고 서술하듯 쓰는 문장을 평서문이라고 부르죠. 원고의 대부분을 평서문으로만 쓰면 읽는 맛이 안 나요. 가끔은 일부러 질문형 문장으로 바꿔보세요. 그래서 독자를 생각하게 만들어 보세요. 평서문을 질문하는 물음표로 바꿔놓으면 독자들은 자기만의 생각을 시작하게 돼요. 예를 들어서 제 글감옥 수강생 중에 치위생사가 있었는데 이렇게 썼어요.

Before) '나는 상담 실장이 아니니까 상담은 안 할래.'
After) '내가 상담 실장도 아닌데, 상담을 해도 괜찮을까?'

또 스트레스 주제의 원고를 썼던 수강생의 경우도 한번 보죠.
Before) 스트레스는 짜증나고 싫다고 피할 수 없다.

After) 스트레스가 짜증나고 싫다고 피할 수 있을까?

이렇게 의문형으로 바꾸니까 더 생동감이 생겼죠? 또 스스로 하는 자문자답 형태로 써보는 것도 재미있어요. 아래는 제 글감옥 수강생 중 초등학교 교사분의 글이에요. 스스로 묻고 스스로 답하는 이런 방식도 재미있답니다.

예) 그때 우리 반 선생님은 아이들에게 왜 그렇게 일기를 쓰라고 하신 걸까? 그 이유를 지금은 알겠다.

내가 쓴 메시지가 누구를 향하는지 항상 신경 써라(중요!)

내 책이 내 개인만의 지극히 사적인 의미를 담은 회고록 같은 인상을 안 주려면 어떻게 해야 할까요? 작가 자신은 뒤로 돌리고 독자를 겨냥한 표현을 찾아야 해요. 내가 지금 쓰고 있는 메시지가 독자를 향하는지 나를 향하는지를 살펴보세요. 독자들은 자기네 자신들에 대해서 쓴 글을 좋아해요.

예를 들어 책 제목을 이런 식으로 쓰신 저자분이 계셨어요. '나는 레드카드를 주는 여자다.' 이건 왜 비추에요? 메시지가 저자 자신에게만 향하고 있잖아요. 이렇게 쓰지 말고 이왕이면 '무례한 사람들에게 레드카드를 주는 여자가 되자!'라고 쓰세요. 이렇게 하면 메시지가 독자들에게 향하게 되죠. 독자들이 '아, 이 책은 내 얘기를 하는 거구나!'라고 느낄 수 있게요. 독자들이 자신들의 삶에 적용해볼 수 있게 표현의 방향을 약간 틀어주세요.

모든 인간은 자기 자신에게 관심이 있어요. 그것도 아주 많이요. 그 사실을 이해하고 나면 독자들의 니즈를 충족시켜주는 글쓰기를 할 수 있을 거예요. 인간이란 자기 자신에게 다가오는 메시지에만 관심이 있다는 걸 알고 책을 쓰도록 합시다.

저작권을
이해하고 넘어가자

"저작권은 너무 많고 복잡해서 뭐가 뭔지 통 모르겠어요. 저작권 부분도 좀
설명해주시면 안 될까요?"

왜 안되겠습니까? 친절한 레오씨는 출판에 대해 다 꿰고 있으니 설명
드릴게요. 저작권 문제가 골치 아프다고 호소하시는 분들이 많아요. 저작
권이 뭔지 제가 단 한 문장으로 정리해드릴게요. 저작권의 핵심을 한 줄로
요약해드리면? "대중에게 전달할 땐 저작권자 허락 받고 해! 그 외엔 네 맘대로
해도 돼!" 이거예요. 저작권의 핵심은 Communication to the Public 개념, 사
실 이것뿐이에요. 혼자 이불 뒤집어 쓰고 보면 전혀 문제되지 않는 법이
라는 거죠.

저작권법은 사실 디지털 시대 이전부터 있었어요. 하지만 과거엔 아무
도 신경 안 썼어요. 그 누구도 그 법을 지키지도 않았고 벌금도 매기지 않
던 시대를 우리 모두 지나왔어요. 과거엔 개인들에게 복사기도 없었고,
방송기기도 없었고 널리 공유도 못하는 시대였기 때문이죠. 과거 시대엔

사실 아무도 저작권법에 신경 안 썼어요. 인터넷과 모바일 때문에 저작권 시대가 본격화된 겁니다. 지금은 스마트폰 하나로 그 모든 복사 행위와 방송 행위를 하고 즉각즉각 공유도 할 수 있으니까 비로소 큰 문제가 된 거죠. 인터넷과 모바일 생활을 끊지 않는 한 누구나 저작권법을 알아야 하는 시대가 됐어요.

저작권법은 '돈 내라'는 민사책임과 '몸으로 때워라'는 형사책임, 이 2가지를 동시에 적용할 수 있는 법이에요. 저작권자가 어떤 걸로 거느냐에 달린 거죠. 저작권은 친권이에요. 친권이 어떤 거예요? 당한 사람 본인이 불만(클레임)을 제기해야만 효력이 발효된다는 뜻이에요. 다른 제3자가 아무리 "저거 저작권 침해한 거 아니야?" 하고 말해봐야 소용없다는 얘기죠. 저작권자 본인이 직접 문제 제기를 해야만 비로소 문제가 되는 게 저작권입니다.

여러분이 초고를 다 쓰셨잖아요? 그러고 나서 외부 자료를 반영할 때는 인용을 해야 하는데 이때 저작권을 이해하고 있으면 좋아요. 어느 정도까지를 '인용'이라고 봐야 할까요? '인용이라 보일 만큼 짧은 분량이냐, 인용이라 보기엔 너무 긴 분량을 갖다 썼느냐?'로 판단해요. 인용을 할 때는 부분 인용이 안전해요. 대략 신국판(보통 흔한 단행본) 기준으로 3~4줄 이하면 그대로 인용해도 무리가 없어요. 그 정도 분량이면 출처만 간단하게 밝히면 돼요. 무슨 책의 몇 페이지인지만 표시해주면 충분하죠. 일일이 원저자에게 허락 메일 안 보내도 된단 얘기에요(이건 제가 저작권위원회에 자주 가서 얘기해봐서 알아요).

그런데 이것보다 좀 더 길게 인용하려면? 그건 저작권자에게 허락을 받거나 아예 표현을 완전히 바꾸기(리프레이징, rephrasing)를 해서 자기 표현으로 바꾸세요. 핵심 메시지만 남기고 표현은 자기 말로 완전히 바꾸세요. 그러면 문제가 안 돼요. 표현을 자기 말로 바꾼 것에 자기만의 관점을 추가하면 더욱 안전해지죠. 완벽한 자기의 제2창작물, 즉 '2차 저작물'이 됩니다.

덧붙여 알아두면 좋을 상식! 인용 중에서도 팩트Fact 인용은 아무리 많이 써도 사실은 저작권 위반 대상이 아니에요. 예를 들어 "어제 A라는 축구팀이 B라는 축구팀을 몇 대 몇으로 어떻게 이겼다"는 내용을 그대로 보고 베꼈다면? 이건 팩트 인용이죠. 전혀 저작권 위반이 아니에요. 팩트에 덧붙여진 글쓴이의 '사상'과 '감정'에 대한 표현을 베꼈을 경우에만 저작권 위반이에요. 같은 논리로, 아이디어를 참고해 변형한 것도 그래서 위반이 아니게 되는 거예요.

진짜 자료가 너무 딱 적절하게 좋아서 좀 많이 인용하고 싶다면? 그럴 때는 책 뒤에 있는 판권에 보면 출판사 이메일이 있어요. 원 저작자인 저자 연락처는 대부분 공개되어 있지 않으니까 대신 출판사로 이메일을 보내 허락을 구하세요. "이거 인용해도 될까요? 제대로 출처 표시할 테니 사용할 수 있게 해주세요. 제발요!" 이렇게 이메일 보내면 대부분 오케이해요. 그런데 저자가 좀 까다로운 경우도 있어요. "안 돼요. 쓰고 싶으면 돈 내세요!" 이런 사람들이 가끔 있어요. 저자가 모든 걸 돈으로 치환하는 경우라면? 안 쓰는 게 좋아요. 돈도 돈이지만 그런 까다로운 부류는 애초에 안 엮이는 게 신상에 좋아요. 깔끔하게 잊어버리고 다른 자료를 인용하세요.

책에 들어갈
이미지를 구하는 법

"이미지를 넣으면 책이 좀 있어 보이잖아요. 책에 넣을 이미지들은 어디서 구해야 하나요?"

　일단 가장 보편적인 방법은 구글링입니다. 구글 사이트에서 '이미지〉도구'로 들어가서 '재사용 가능한 이미지들'을 사용하세요. 재사용 가능한 버전이 구글에 있어요. 예를 들어 '사도세자' 이미지가 필요하다고 해보죠. 구글 사이트 보시면 '이미지〉도구' 있죠. '도구'를 클릭했더니 밑에 뭐가 하나 뜨죠. '크기 위주로 선택' 할 거냐? 크기도 클수록 좋아요. 진짜 중요한 건 하단 맨 오른쪽에 있는 '사용권' 항목이에요. 요것만 신경 쓰면 돼요. '사용권' 클릭했을 때 '크리에이티브 커먼 라이선스' 이걸로 검색하면 돼요. 창작create, creative 하는 걸 추구하는 사람들에게 공공재common, commons처럼 풀었다는 얘기에요. 카먼즈commons는 '공공재'라는 뜻으로 퍼블릭한 거라서 출처를 밝히면 쓸 수 있어요. 그런데 아래 검색 옵션에 '상업 및 기타 라이선스' 필터로 찾아진다면? 그건 "돈 내라"는 이미지들이에요.

만약 어느 회사의 제품이나 서비스 사진을 싣고 싶다면? 그런 건 대부분 오케이에요. 회사에서는 제품을 최대한 홍보하고 싶어 하기 때문에 그 회사의 보도자료 코너에서 다운받아 쓰면 돼요.

저는 무료 사진 전문 사이트들을 애용해 보시길 추천드려요. 픽사베이, 언스플래시, 픽점보 이런 곳에서 웬만한 건 무료로 구할 수 있어요. 특히 픽사베이는 데이터가 엄청 많아요. 심지어 무료죠. 회원가입도 필요 없이 무료로 구할 수 있는 사진 자료가 굉장히 많아요. 언스플래시라는 곳도 있고 픽점보도 다 무료 사이트인데 픽사베이가 제일 데이터가 많은 것 같더라고요.

그런데 이런 무료 이미지 사이트에는 아주 특정한 사진은 없어요. 예를 들면 실존 유명인 사진 같은 건 없고 그냥 일반적이고 보편적인 사진만 있어요. 아이와 아빠가 함께 뛰노는 장면 아니면 연못에서 앉아 있는 장면 뭐 이런 통상적인 사진들 말이죠. 예를 들어 픽사베이 사이트 들어가서 '기린' 이미지 하나 찾아 다운로드 받고 싶다면? '기린' 검색어를 넣어 보세요. 좋은 고화질 사진들이 많이 뜨죠. 예쁜 기린 하나 골라서 '무료 다운로드' 클릭하면 돼요. 심지어 이 사이트는 사진 출처를 안 밝혀도 돼요. "나는 조금 분명한 사람이다. 이건 어디서 썼는지 내 자신이 알고 싶다." 약간 모범적인 스타일 사람들은 '출처: 픽사베이닷컴' 이렇게 표시하시고요. 본인이 궁금해서라도 기록용으로 남겨두고 싶다면 일일이 출처를 표시해 두는 것도 좋은 방법이에요.

보도자료 사진 같은 걸 쓰고 싶다면? 보도자료 사진은 언론사에서 보통 컷당 10만 원씩 팔아요. 돈 내고 쓰게 된다면 저는 주로 인물 사진을 구

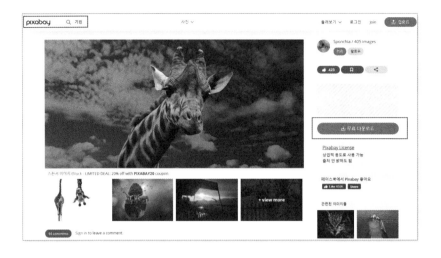

할 때 이용해요. 무료 이미지 사이트에는 특정한 인물 사진은 없거든요. 예를 들어, (레오짱이 좋아하는) 마이클 잭슨 사진을 찾아 책에 쓰고 싶다면? 찰스 황태자와 다이애나비 사진 같은 걸 쓰고 싶다면? 그런 건 언론사 사진 사이트에서 사야 돼요. 언론사마다 각 사에서 보유한 사진들을 사이트에서 판매해요. 연합뉴스에는 연합포토라는 사이트가 별도로 있고, 조선일보도 조선포토가 별도로 있어요. 모두 각 언론사별로 자료사진을 별도의 사이트에서 판매하고 있어요.

그런데 매체를 운영하지도 않는 여러분이 책에 작게 넣으려고 굳이 돈까지 주고 이미지를 살 필요는 없다고 생각해요. 고퀄리티의 유명인 사진이 많은 데는 '게티 이미지'라고 있는데 역시나 비싼 비용을 주고 구입해야 해요. 일반적인 저자라면 이런 곳들은 잘 안 쓰죠. 특정 인물 사진은 포기하고 대체할 보편적인 인물 사진을 사용하시길 추천합니다.

요즘 출판계 사람들은 스톡이미지 사이트들을 많이 써요. 유료지만 상대적으로 단가도 저렴하고 고퀄리티의 사진도 많기 때문이죠. 다양한 주제로 좋은 품질로 된 많은 분량의 사진을 맘껏 이용할 수 있어요. 전 세계에서 프로와 아마추어 사진작가들이 찍은 좋은 사진들을 다운받아 쓸 수 있어요. 그 작가들이 일종의 공유경제처럼 업로드하면 사용자에게 공유경제식 단가를 붙이는 시스템이에요. 그래서 작가들에게 수익 배분을 하죠. 우리 독자분들도 직접 찍으신 나름의 고퀄리티 사진을 그런 사이트에 올려서 수익을 창출할 수 있어요. 소소하겠지만 다만 얼마씩의 용돈벌이는 해줄 거예요. 저희 출판사는 이런 스톡 사이트와 1년 단위로 계약해서 고퀄리티의 좋은 이미지들을 많이 쓰고 있어요.

과학자 되기

사진 속 초상권
동의 구하기

"사람 얼굴 사진에는 초상권이 걸려 있잖아요. 그걸 제 원고에 싣고 출판하려면 어떻게 해야 하나요?"

맞아요. 누구나 자기 얼굴에 대한 정보를 사전 동의 없이 대중에게 공개당하지 않을 권리가 있죠. 이걸 우리가 '초상권'이라고 불러요. 무료 스톡 사이트 같은 곳에서 찾은 사진들은 그냥 출처만 써주면 바로 사용할 수 있고요. 내가 찍은 사진 중에 타인의 얼굴이 있을 경우에는 "내가 당신 얼굴 들어간 사진을 좀 쓰고 싶어요. 사용할 수 있게 허락해주세요." 이런 내용으로 이메일이나 카톡 등 문자로 동의를 받아놓으세요. 그래야 뒷탈이 없어요.

예를 들어 요즘 기업체 같은 데 가서 강의한 뒤 단체 인증샷을 찍는 경우 많죠? 그런데 누가 "내 얼굴은 가려주세요. 나는 얼굴 나오는 거 싫어해요."라고 한다면? 그 사람만 모자이크 처리해주면 되겠죠. 대부분 지인들 사이에 찍은 인증샷들은 그렇게까지 까칠하게 구는 사람 없지만, 혹시 모르니까 책에 사진으로 실을 경우엔 당사자들에게 사전에 동의를 받아 놓으세요. 문자나 카톡 등으로 사용 허락 증거를 남겨놓고 잘 캡처해 증거 자료로 보관해 두셔야 안전해요.

초등교사인 저자가 학급 아이들의 얼굴 사진을 쓰려면? 고민해 보셔야 해요. 부모님들 중에 까칠한 부모가 있을 수 있거든요. 사전에 부모님의 동의를 전부 받아 놓는 게 좋아요. 괜히 사진 하나 때문에 인쇄한 책을 모두 파기할 수는 없으니까요. 요새 젊은 학부모들 중에는 까칠한 사람들도 있거든요. "우리 아이 초상권인데 왜 허락도 없이 쓰셨어요?" 그렇게 아는 체하면서 클레임 거시는 분들 가끔 봤어요. 그러니까 쓰시려면 학부모들에게 일괄적으로 동의를 구하는 문자나 이메일 같은 걸로 "사진 좀 써도 되겠죠?"라고 사전에 동의를 구하세요. 원고가 디자인된 해당 페이지를 미리 보여주시면 돼요. 그래서 모두 오케이 하면 문제없죠. 말 안 했는데 나중에 누가 뭐라고 하면 골치 아파져요.

기사를
인용하는 법

> "인터넷 검색 하다가 걸린 자료 중에 뉴스 기사가 있더라고요. 신문 기사를 원고에 그대로 갖다 쓸 수 있나요?"

안 됩니다. 기사의 내용 전체를 통째로 갖다 쓰시려면 원래는 돈을 내야 되요. 신문사들이 기사를 책이나 다른 데 전문을 인용하게 허락할 때는 기사 한 건당 보통 10만 원 정도씩 받아요. 그런데 우리가 개인적으로 쓰는 원고에 군이 10만 원을 주고 인용할 필요까진 없잖아요? 그냥 링크만 달아주시면 돼요. 링크가 길어지면 독자들이 불편하니까 기사 링크를 QR코드로 바꿔주면 좋고요.

'QR코드 생성기'라는 거 아시죠? 인터넷에서 QR코드 생성을 공짜로 할 수 있어요. 포털에 'QR코드 만들기'라고 검색해보세요. 결과로 보이는 'QR코드 생성기' 같은 것을 사용하면 돼요. 좀 전에 복사했던 링크를 여기에 붙여넣기만 하시고, '생성' 누르면 오른쪽에 QR코드가 하나 만들어집니다. 이걸 그대로 다운로드하거나 캡처해서 쓰시면 돼요.

캡처도구 중에 정확도가 높고 편해서 제가 애용 중인 것은 알캡처에요. 무료이고 좋아요. 깔끔하게 캡처 해서 그림 파일로 저장한 뒤, 원고에 사진 형태로 집어넣으면 끝이에요. 독자분들이 책에 삽입된 QR코드에 휴대전화를 갖다 대기만 하면 자동으로 링크로 넘어가죠. 너무 긴 링크는 지저분해 보이니까 QR코드로 만들어서 책에 넣는 방식을 추천드려요.

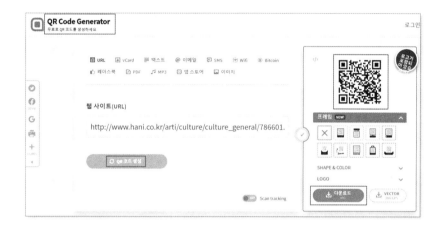

예시) 사진 학급 경영: 찍어야 하는 것과 안 되는 것 찾기(기사 참고)

http://www.hani.co.kr/arti/culture/culture_general/786601.html

(한겨레신문, 2017년 3월 15일자)

출처 표기를
하는 방법

"다른 책이든 검색이든 자료를 갖다가 쓴 뒤에는 출처 표기를 꼭 해줘야 하나요? 가끔 보면 출처 표기 안 한 책들도 보이던데요?"

출처 표기는 가급적 꼭 해주시는 걸 권장합니다. 우리는 지성인이니까 대부분 사람들이 하는 실수를 따라 해선 안 되겠죠. 출처 표기를 이왕 할 거면 정확히 해주는 게 좋습니다. 갖다 쓴 자료에 대해 '정확히' 출처 표기를 안 하시는 분들이 가끔 있어요. 이건 저작권과 관련된 문제니까 정확히 해주실수록 좋아요. 예를 들어 볼게요. 제 글감옥 수강생분 중 한 분이 이렇게 인용해 놓고 출처 표시를 잠시 깜박하신 적이 있어요.

내가 평소에 좋아하는 문구처럼, 내 앞에 닥친 비바람이 언제 지나갈까를 기다리기 보다는 그 빗속에서 춤을 추는 방법을 배우는(Life is not about waiting for the storm to pass, but learning to dance in the rain. – 작자 미상) 나만의 삶을 대하는 태도라고나 할까...

너무 멋진 말이잖아요. 그런데 이걸 '작자미상'이라고 적어놓으셨네요? 본인이 평소 좋아하는 문구가 있어서 인용한 건 너무 좋은 시도에요. 그런데 이걸 다시 검색해서 찾아보지 않고 그냥 '작자 미상'이라고 표시하면 안 돼요. 구글 등의 사이트에 원문 키워드를 몇 개만 쳐도 바로 뜨거든요. "Life is not about"만 쳐봐도 바로 뜹니다. 요즘 세상에는 자료를 검색하고 찾는 게 너무 쉽기 때문에 출처 찾는 걸 게을리하시면 안 됩니다.

만약 '명상'이라는 단어를 네이버에서 찾아서 정의를 넣어두겠다 하시면? 이 출처를 단순히 '상담학 사전'이라고만 뭉뚱그려서 표시하시는 건 비추에요. '네이버 상담학 사전'이라고 좀 더 정확하게 적어주셔야 합니다.

명상: 몰입하도록 만들어 참된 자아를 찾는 동양종교의 수행법(상담학 사전〉 네이버 상담학 사전)

명상: 마음을 자연스럽게 안으로 몰입시켜 내면의 자아를 확립하거나 종교 수행을 위한 정신 집중을 널리 일컫는 말(백과사전〉두산백과)

조어와 약어에도
도전해보자

"업글인간, 편리미엄 같은 용어들은 저자가 직접 만든 말이죠? 말을 이렇게 저자 마음대로 만들어 써도 되나요?

네, 맘대로 만들어 쓰셔도 돼요. '업글인간' '편리미엄' 'n차신상' '메타버스' 등과 같이 저자가 마음대로 만들어 쓰는 말을 '조어'라고 불러요. 저자는 창작자creator니까 얼마든지 그렇게 하셔도 돼요. 여러분도 자기가 만든 말(조어)이나 줄여서 쓰는 말(약어), 이런 것을 과감히 여러 개 만들어서 본인 원고에 써보시길 추천드려요. 그러면 뭐가 좋냐고요? '있어빌러티'가 상승하죠.

예를 들어, 래리 킹의 《대화의 법칙》이라는 책이 있어요. 유명한 방송 진행자가 저자죠. 책 속에 이런 내용이 있어요. "대화할 때 키스의 법칙이라고 아세요? 키스KISS, Keep it simple, stupid! 그냥 단순하게 말하라고, 이 멍청아!" 말할 때는 단순하게 전달해야 된다, 이게 키스의 법칙인데 저자가 이렇게 조어로 만든 거죠. '키스의 법칙' 같은 말을 여러분도 그럴듯하게 만들면 돼요.

책에 내가 만든 조어를 기록해 놓으면 자기가 이 말을 최초로 만든 사람이다 하는 걸 세계 최초로 증명하는 셈이에요. 그런 남다른 의미도 돼요. 그래서 나중에 이 말이 인기를 끈다, 그래서 어떤 연예인이 내 조어를 쓰고 있다면? "내가 원작자야, 내 책 나온 연도를 보여줄까?" 그러면서 한번 보여주면 게임 끝이죠. "판권 속에 있잖아. 몇 년도에 책을 이렇게 발행했고 내용이 몇 페이지에 있잖아" 하면 빼박이에요. "나한테 저작권료 내놔." 이렇게 얘기하실 수도 있어요. 책 출간이라는 건 공식적으로 기록물로 발표하는 거니까요. 내가 최초로 만든 크리에이티브에 대한 공증 효과가 생기는 거죠. 제 수강생 중 치위생사이신 분이 있어요. 원고에 'KFC 요소'라고 약어를 만들었어요. 꽤 그럴듯하죠?

예)

치과 체어사이드 상담에는 'KFC 3요소'가 필요하다. 유명한 치킨 브랜드 이름을 생각하면서 기억해주기를 바란다. 내가 만든 용어다.

첫째, knowledg – '지식'이다. 둘째, figure out – '이해'이다. 셋째, consistency – '일관성'이다.

툴 추천 2:
스크리브너

원고 쓰기용 두 번째 추천 툴은 스크리브너입니다. 처음 들어보셨죠? 익숙한 이름은 아닐 거예요. 스크리브너는 짧은 글 말고 길고 복잡한 원고를 본격적으로 요리조리 지지고 볶을 때 좋아요. 실제 이 프로그램은 소설가가 만든 프로그램이에요. 왜 만들었냐? 워드하고 엑셀을 섞어서 장편 소설을 쓰다가 혼자 빡 쳐가지고 "와, 이런 프로그램들 너무 짜증 난다. 프로그램이 왜 이 따위야? 내가 하나 만들어야지!" 하고 뚝딱 만들었대요. 작가인데 굉장히 엔지니어스러운 사람이었나 보죠. 해외에서는 매킨토시가 유행하니까 매킨토시가 주력 버전인데 최근에 윈도우 버전도 나왔어요. 최신 버전이 바로 이 그림에 보이는 Scrivener 3이에요. 유료예요. 무료 아니에요. 그렇지만 시험판[trials]으로 제법 충분히 오래 테스트해볼 수 있기 때문에 한번 사용해보세요.

실제 스크리브너 프로그램의 장점 첫 번째는, 드래프트(초고) 폴더

에 아무리 긴 글뭉치라도 다 집어넣기가 가능하다는 거예요. 심지어 폴더를 통째로 넣을 수도 있어요. 이 부분이 참 좋죠? 보시면 여기《엄마의 성장통》이라는 책의 표지도 들어가 있죠. 표지 커버도 넣을 수 있고 큰 글목록 덩어리로 엄청 긴 원고를 따로따로 넣을 수도 있어요. 긴 분량의 원고가 하나씩 따로 덩어리져 구성되는 거예요. 프롤로그 따로, 에필로그는 물론 본문 꼭지들마다 따로따로 덩어리지게 구성할 수 있어요. 모두 엄청나게 긴 글들이 하나씩 덩어리로 뭉쳐 있는 거예요. 그래서 전체를 보면 이렇게 블록처럼 구성돼 보여요.

장점 두 번째, 포스트잇처럼 재배치가 돼요. 폴더 덩어리를 아무리 크게 만들어 넣어도 나중에 폴더째로도 재배치가 다 돼요. 폴더가 아니라 글 뭉치를 작게 넣어도 물론 다 재배치가 되고요. 이 블록들을 앞으로 뒤로 순서를 마음대로 당길 수도 있다는 뜻이에요. 이런 게 직관적이어서

과학자 되기

좋아요. 저자 소개를 앞으로 보낼 수도 있고 맨 뒤에 있던 에필로그를 맨 앞으로 보내볼 수도 있고요. 레고 블록처럼 이런 식으로 마음대로 글 덩어리들을 변경할 수 있어요. 아무리 긴 글이라도 마음대로 요리조리 섞을 수 있어요. 이런 게 너무 편하더라고요. 장점이 몇 가지 더 있어요.

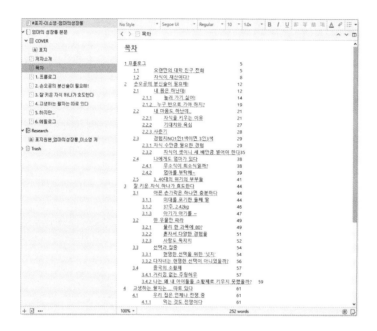

위 목차를 보시면 링크가 살아있어요. 목차를 클릭하면 해당 페이지로 바로 넘어가요. 웹페이지 링크처럼 목차에도 그런 기능이 활성화돼 있는 거죠. 그냥 단순한 워드 이런 게 아니라 전자책의 기능을 살려 만들 수 있다는 얘기죠.

장점 세 번째, Research(조사)라는 폴더에 참고자료도 다 넣어놓은 뒤 원고 내부에 연동시킬 수도 있어요. 참고자료에는 텍스트는 물론이고,

PDF도 들어가고 신박하게도 동영상도 들어가고 오디오도 들어가고 웹 페이지 링크까지 다 들어가요. 원래 웹 페이지를 긁어가지고 복붙(복사+붙이기)해서 문서에 넣기 하면 서체도 깨지고 이상해지잖아요? 이 프로그램은 그런 게 없어요. 깨끗하게 웹페이지째 통째로 복사돼 들어가요.

장점 네 번째, 완성 원고를 출력하는 것을 우리가 컴파일(compile=한꺼번에 묶기, 엮어내기)이라고 부르죠. 이걸 할 때 꽤 다양한 포맷으로 출력이 돼요. 아까 말했던 워드 이런 건 기본이고 PDF, RTF, Epub 2, Epub 3 모두 가능해요. Epub 2, Epub 3 이게 전문적인 전자책 기능으로 만드는 포맷이거든요. 전문 전자책의 특징이 뭐예요? Reflow가 돼요. 글을 다시 흘릴 수가 있어요. 이게 무슨 말이냐? 내가 노안이 와서 눈이 너무 안 보인다고 쳐요. 글자를 크게 하고 싶으면 글자 급수를 키울 수 있죠. 그러면 텍스트가 본문 포맷에 맞춰 다시 흐르는 거예요. 페이지가 바뀌면서 텍스트가 다 재정렬이 돼요. 이걸 우리가 전자책의 리플로우 기능이라고 해요. 이것이 바로 되는 거예요. 그리고 TTS라고 Text to Speech, 즉 텍스트를 음성언어로 바꿔서 읽어주는 기능도 돼요. 자동으로 듣기 모드를 구현할 수 있는 거예요. 성우 안 써도 돼요. 그냥 기계 음이 읽어주는 거예요.

이펍 포맷은 현재 출시된 전자책의 최상위 버전이에요. 전자책이 가장 유치한 수준은 아래 한글을 그대로 전자책이랍시고 어딘가에 턱 올려놓고 파는 레벨이죠. 크몽 이런 데 보면 아래 한글로 대충 써놓고선 구리디구린 디자인으로 만든 원고를 책이라고 2~3만 원씩 파는 사람들이 많아요. 80퍼센트 이상이 그래요. 그런 건 진짜 쓰레기고 거기서 좀 발전한 애들이 조금 디자인 비스무리하게 손 대가지고 PDF로 굽는 형태죠. 하지만 여전히 B급이죠. 전자책의 최상위 레벨은 이펍 버전이에요. 이펍 버전은 이렇게 리플로우 기능과 듣기 기능이 돼요.

원래는 기존에 이펍을 출력하려면 굉장히 힘들었어요. 어도비 사의 인디자인이라는 프로그램을 사서 사용법을 힘들게 익혀서 꽤 복잡한 설정 값으로 다 세팅한 뒤에 출력해야 했어요. 프로그램도 엄청 무거워요. 그렇게 해야 이펍 파일을 만들 수 있었거든요. 저도 스크리브너 써보기 전까지는 그렇게 만들었어요. 근데 세상에 이 프로그램이 이펍 변환을 너무 쉽게 뚝딱 해버리는 거 있죠? 깜짝 놀랐거든요. '어떻게 이펍으로 출력이 이렇게 쉽게 되지? 그동안 헛짓거리 했구나' 하는 그런 느낌?

단점도 많아요. 일단 기능이 너무 많아서 복잡해요. 연구해 가면서 봐야 돼요. 만약에 하다가 잘 안 되시면 저처럼 잘 다루는 사람에게 물어보세요. 제가 사용법을 꿰고 있으니까요. 사용법이 제법 복잡해서 영어로 된 매뉴얼만 800쪽에 육박해요. 누가 한글로 번역을 해놓긴 했는데 그걸로 봐도 한 눈에 안 들어와서 기능들을 다 익히기가 어려워요. 그래서 안 보는 게 나아요. (레오짱에게 그냥 전화해서 커피 쿠폰 쏘시면서 알려 달라 하세요. 세트로 된 거 있죠? 커피 달랑 한 장짜리 쏘지 마시고 제발 세트로 된 거 있죠? 빵이랑 같이 묶여 있는 거 정도로는 쏘면서 물어보셔야 남사스럽지 않죠. ㅎㅎ)

두 번째 단점은 이게 한국 돈 6만 원 정도로 유료라는 거예요. 맥 버전은 3만 원인가 하는데 윈도우 버전이 6만 원이에요. 일단 시험판으로도 사용해볼 수 있으니까 자기와 잘 맞는 프로그램인지 충분히 테스트해본 뒤에 구매 결정하세요. 저는 최근에 이걸로 전자책 꽤 많이 만들었거든요. 본격적인 전자책 만들기에 욕심 있는 분들이라면 추천드립니다.

업그레이드 하면
된다는 자세

"제가 개발새발 써놓은 초벌 원고를 보면 너무 부끄러워져요. 자신감이 자꾸 떨어지는데 이러다 지레 자포자기하게 될까봐 마음 한 구석으론 걱정이 돼요."

누구나 초고는 좀 부끄러운 상태랍니다. 그 유명한 소설가 헤밍웨이도 "모든 초고는 걸레다"라고 말했을 정도잖아요? 어떤 원고도 처음부터 완벽한 모습으로 나오는 작품은 없어요. 소설가 은희경 씨도 자기 초고는 절대 남에게 보여주지 않는다고 하죠. "초고를 여러 번 고쳐 써야 겨우 발표할 수준이 된다"고 스스로 고백한 바 있어요.

헤밍웨이가 말한 그 걸레는 나중에 빨아 쓰면 되잖아요? 더러웠던 걸레를 빨면 깨끗이 청소를 할 수 있죠. 초고도 열심히 다듬기를 하면 훌륭한 원고로 탄생하게 돼요. 보석을 세공하는 과정이라고 생각하세요. 원석을 다듬어서 아주 깔끔한 커팅으로 다이아몬드를 완성하면 비싼 값에 팔 수 있어요.

그러니 안심하시고 일단 원고는 빨리 쓰고 일단락 지어버리세요. 그런 자세가 매우 바람직합니다. 원고는 빨리빨리 털고 "나중에 저자 교정 단계가 올 때 또 손 보면 되지!"라는 태평한 자세를 가질 필요가 있어요. 경험 많은 저자분들은 실제로 많이들 그렇게 해요. 출판사에 완벽하게 만든 원고를 보내는 게 아니에요. 어떻게든 마무리해서 일단 보내놓고 손을 털어요. 그런 뒤 교정지 버전으로 오면 그때 손 보는 거예요. 그렇게 하면 점점 업그레이드가 되죠(물론 너무 정리 안 된 원고를 출판사에 보내면 예의가 아니고요).

그렇지 않고 혼자 움츠러들어서 "아, 이거 완벽히 마무리하는 순간은 도대체 언제 오는 거야? 포기하고 싶어져!"라고 생각하면 절대 안 됩니다. 자신은 '매사에 얼렁뚱땅 70점'이라고 자책하시는 예비 저자분도 계셨는데, 초벌 원고는 누구나 70점 상태에요. 중간중간 보완하시면 돼요. 그래서 80점으로 올라가고 그 다음에 90점으로 만들면 됩니다. 언제든 나중에 업그레이드 하면 되니까 마음을 편하게 가지세요. 파이팅!

2장 실전 글쓰기 5단계: 원고 다듬어쓰기

이제 원고를 다듬어쓰기 하는 단계입니다. 이 단계에서만큼은 반드시 듀얼 모니터로 쓰실 것을 추천드리고요. 이제는 꼭지 단위로 분량 체크에 들어가셔야 합니다. 지금 5단계에서 중요한 것은 만연체가 아닌 단문으로 쓰기, 부드러운 표현으로 바꿔주기, 쉬운 단어로 바꿔주기, 구체적으로 표현을 다듬어 주기 등입니다. 문단과 꼭지에 대한 이해도를 높여서 좀 더 원고를 크게 조감해 보는 연습도 할 겁니다. 자, 그럼 다듬어쓰기 단계를 향해 고고씽!

꼭지 단위 분량을
현명하게 체크하는 법

"제 원고의 분량이 적절한지 어떻게 알 수 있을까요? 지금 각각의 원고가 분량 균형이 맞는지, 제대로 쓰고 있는지 모르겠어요. 방법을 좀 알려주세요!"

네, 지금은 좀 더 원고를 크게 조감해보는 단계라고 말씀드렸죠? 문단과 꼭지에 대한 이해도를 높여서요. 글을 쓸 당시에는 정신없이 하고 싶은 말만 줄줄줄 쓰느라 아마 써놓으신 페이지 분량들이 꼭지마다 들쑥날쑥할 겁니다(이건 정말 장담해요!). 이젠 꼭지 단위로 얼추 비슷한 분량으로 조절해줘야 합니다.

방법은? '워드〉홈〉스타일〉제목 2 레벨'에 해당하는 제목이 하나의 꼭지에요. 이 꼭지 단위로 페이지 넘김을 하시면 됩니다. 무슨 말이냐고요? 꼭지 하나당 페이지 전체 넘기기를 Ctrl 엔터로 해놓으시라는 겁니다. 이후에는 각 꼭지가 균등한 길이와 분량으로 떨어지는지를 체크해보셔야 합니다.

Ctrl 엔터키를 눌러 보세요. 그러면 꼭지 단위로 페이지를 넘길 수 있어요. 그 뒤에 '파일〉인쇄〉2페이지씩 보기'로 미리보기를 해보세요. 그러면 꼭지당 페이지 분량이 어떻게 되는지 한눈에 쉽게 파악할 수 있습니다. 넘치는 분량은 나눌 수 있으면 나누시고, 모자란 분량(이 대목이 문제!)은 추가로 써서 맞추세요. 제목1은 장(챕터) 레벨이니까 이건 별도의 페이지가 될 예정이에요.

만연체는
제발 참아주세요

"원고를 와다다 열심히 쓰다 보니 제 글들이 하나같이 엄청 길더라고요. 문장 하나하나가 끊길 듯 끊길 듯 끊어지지 않고 계속 이어져 있던데… 제가 만연체의 함정에 빠진 건가요?"

맞아요. 처음에 '초벌 와다다 책쓰기'를 하다보면 자칫 말이 길어지고 엉켜서 길어지기 십상이에요. 이렇게 한 문장이 길게 쓰여 있는 걸 '만연체 문장'이라고 부르죠. 만연체가 되면 내용이 엉키고 덩어리져요. 글쓴이 본인이 아닌 외부 독자들이 한눈에 보기 힘들어져요. 문장 전체가 한눈에 안 들어오니까(특히 주어와 술어) 의미를 파악하는 데 애를 먹게 돼죠. 대부분의 독자들은 긴 문장을 굳이 애써 해석하려고 노력하지 않아요(아주 냉정해요!).

글을 쓰실 때는 길게 쓰지 말고 짧게 쓰세요. 한글이라는 언어는 영어와 달리 말이 길어지면 길어질수록 결론을 바로 알기가 힘들어요. 한국어를 말로 하든 글로 쓰든 주어와 술어가 빨리 만나게 해야 합니다. 한국어에서 주어와 술어는 연인 사이여야 해요. 최대한 가까이 두세요. 주어와 술어를 최대한 가까이 두는 것이 단문을 유지하는 중요한 기준이 됩니다. 한국어는 말이 길어질수록 주어와 술어 사이에 끼어들어가는 말들이 늘어나거든요. 그래서 결론이 뭐라는 건지 한눈에 알기가 힘들어져요.

> **예)** 나는 어제 롯데시네마에서 예쁜 생머리를 한 보조개가 매력적인 여자와 영화를 봤다.

이런 문장을 썼다고 쳐봐요. 문장에서 결론은 술어, 즉 동사에요. 최종적으로 '주체자(주어)가 뭘(목적어) 어떻게 했다(동사)'는 얘기가 문장의 결론인 셈이니까요. 그런데 위의 예문에서 보세요. 주어인 '나는'과 동사인 '봤다'가 서로 엄청 멀리 떨어져 있죠?

중간에 끼어 들어가 있는 말들이 엄청 많아서 그렇죠(제가 비교언어학 공부도 많이 해서 이 분야를 좀 알고 있어요). 한국어는 말이 길어질수록 주어와 술어 사이가 점점 더 멀어져요. 말을 길게 추가할 때마다 샌드위치처럼 중간에 끼어들어가는 것들이 많아지게 돼요. 그러다 보면 어떻게 되겠어요? "내가 어제 롯데시네마에서~~~" "야, 야~~, 그래서 뭐 어쨌다고? 결론만 빨리 말해봐."라며 상대방이 답답해 할 수 있어요.

한국어는 말이 길어지면 그래서 어떻게 됐다는 건지 빨리 묻고 싶어지는 언어 구조가 돼요. 위 문장에서 결론은 뭐에요? 결국 영화를 '봤다'는 거잖아요? 그런데 말이 길어지면 영화를 봤다는 건지 안 봤다는 건지 문장이 끝나기 전까지는 듣는 사람은 알 수 없기 때문에 답답해지죠. 한국어는 문장 구조상 말이 길어질수록 주어와 술어 사이가 멀어져서 결론을 빨리 알 수 없게 된다는 사실을 꼭 기억하세요. 한국어가 동양의 귀납적인 사고 패턴을 반영한 언어라서 그래요.

그런데 영어는 반대예요. 이걸 영어로 치환해봅시다.

I saw a movie with a girl of beautiful dimples and ~~~ at Lotte Cinema yesterday.

I saw a movie… 문장의 결론인 술어, 즉 동사가 주어 다음에 바로 나왔죠? 결론이 끝났죠. '봤다'고요! 영화를 봤다고 결론이 바로 파악되죠? 영어는 이렇게 결론이 바로 나와요. 영어는 서양의 연역적인 사고방식을 반영한 언어라서 그래요. 어떤 언어가 더 좋다는 게 아니라 민족의 사고 패턴이 근본적으로 다르다는 거예요. 이 분석에 대해 자세히 알고 싶으시면? EBS 다큐멘터리로 방영된 적 있는 〈동과 서〉를 보시길 추천드려요.

한국어는 말이 길어지면 끝나기 전까지는 결론을 알 수 없어요. 그 이유로 한국어는 짧게 끊어야 결론을 독자들이 빨리 안다는 거죠. 그래서 문장을 단문으로 여러 번 끊어 쓰시라고 계속 강조해서 말씀드리는 거예요. 그래야 모바일에 익숙한 요즘 젊은 세대들이 읽기도 편하고, 글에도 리듬감이 생겨요. 물론 필력이 좋은 분들은 길게 만연체로 써도 독자들이 잘 이해되고 읽을 맛나게 쓸 수 있어요. 하지만 그게 안 되는 대부분의 초심자들에겐 짧게 쓸 것을 권해드려요.

단문으로 글을 쓰는 요령은
바로 이것!

"글을 단문으로 쓰라는 말씀은 알겠어요. 그런데 단문이라는 게 정작 어떻게 쓰는 건지 저는 잘 모르겠어요. 예를 좀 들어주실 수 있나요?"

모든 문장에는 하나의 생각할 거리가 담겨 있어야 해요. 하나의 문장에는 하나의 사건, 하나의 메시지만 담으세요. 단문은 그게 더욱 선명하게 드러나는 문장 형태죠. 글쓰기의 기본기는 단문 쓰기에서 출발해야 합니다. 단문短文이 뭔지 아직 모르신다고요? 주어, 술어, 목적어로 구성된 최소한의 문장 단위를 말해요. 주어, 술어, 목적어도 헷갈리신다고요? 친절한 레오짱이 다 설명해드릴게요.

주어란 문장에서 '무엇이' '누가' 등 행위나 상태의 주체가 되는 말
예) 나는 너를 사랑해.

술어란 문장에서 '어찌하다' '어떠하다' '무엇이다'에 등 주어의 움직임,

상태, 성질 등을 설명하는 말

예) 나는 너를 사랑해.

목적어란 문장에서 '무엇을' '누구를' 등 술어의 대상이 되는 말

예) 나는 너를 사랑해.

명연설가로 유명했던 고 노무현 대통령도 항상 단문 쓰기의 중요성을 강조했어요. 강원국의《대통령의 글쓰기》책에는 노 대통령의 이런 말이 있죠. "한 문장 안에서는 한 가지 사실만 언급해주게. 헷갈리네. 문장은 자를 수 있으면 최대한 잘라서 단문으로 써주게. 탁탁 치고 가야 힘이 있네."

이게 무슨 뜻일까요? 문장이 길어지면 어법(특히 주술 호응)이 틀릴 가능성이 높아지고 생각도 잘 정리가 안 돼요. 길게 쓰는 복합 문장이나 장문은 내용이 한눈에 잘 안 들어와요. 어지간히 노련한 기성 작가가 아닌 바에야 대부분 복잡하게 말이 꼬이게 돼서요. 특히나 요즘처럼 SNS가 발달되고 모바일적인 글 읽기가 대세인 세상에서는 더더욱 만연체로 쓰면 외면 받아요. 짧고 간결하게 단문으로 쓰세요.

베스트셀러 저자 한근태 박사님은 특히 끊어치기의 달인이에요. 샘플로 보여드립니다. 대부분 사람들이 쓰는 방식(Before)과 한근태 저자님의 방식(After)를 비교해서 보여드릴게요.

Before)

피곤하다는 사람들의 원인은 자세가 나쁘기 때문이다. 자세를 좋게 하고 싶으면 좋은 자세를 위한 근육을 만들면 되는데 그것이 바로 운동이 중요한 이유이다. 당신이 습관적으로 피로함을 느낀다면 아무 것도 하지 않고 몸을 움직이지 않고 웅크린 채 스마트폰만을 보고 있기 때문이다. 지금 당장 일어나서 움직이고 근육을 위한 운동을 하라.

그런데 한근태 저자님처럼 이렇게 단문화시켜 써보세요. 글에 리듬감이 생깁니다.

After)

피곤하다고? 자세가 나쁘기 때문이다. 자세를 좋게 하고 싶다고? 그럼 좋은 자세를 위한 근육을 만들면 된다. 운동이 중요한 이유다. 피로한가? 아무 것도 하지 않고 몸을 움직이지 않고 웅크린 채 스마트폰만 보고 있기 때문이다. 당장 일어나라, 움직여라. 근육을 위한 운동을 하라.
_한근태 저자의 20201015 뉴스레터 글 중에서, '자세가 피로를 만든다'

탁탁 치고 나가니까 문장에 힘이 있죠? 리듬감도 생기고요. 한근태 박사님도 초고 상태부터 이렇게 단문으로 잘 다듬어 쓰시는 건 아닙니다. 초고 때는 일단 길이에 상관없이 생각을 꺼내 놓죠. 나중에 문장을 다시 다듬을 때 이렇게 단문으로 정리하는 거죠. 여러분도 할 수 있습니다. You can do it, too!

레오짱 책: 5단계
(원고 다듬어쓰기)

원고 다듬어쓰기 개괄

이제 드디어 5단계로 원고를 다듬어쓰는 단계를 시연해드릴게요. 다듬는 작업을 할 때는 듀얼 모니터로 작업하시기를 추천드려요. 원고 쓰기에 큰 도움을 주는 문명의 이기에요. 적극 이용하세요. 안 그러면 훨씬 작업이 더디니까요. 컴퓨터 본체는 1개, 모니터는 본체에 연결해 2개를 쓰는 방법을 '듀얼 모니터로 세팅한다'고 하죠. 방법을 모르시는 분들은 아래 큐알 링크를 참고하세요.

싱글 모니터로는 창을 두 개 이상 띄워 놓고 작업을 할 수가 없거든요. 원고 다듬어쓰기 단계에서는 창을 중

복으로 여러 개(레오짱은 3개 이상)를 띄워 놓고 작업해야 훨씬 능률적이에요. 그렇기 때문에 듀얼 모니터로 하세요. 그리고 레오짱의 진짜 꿀팁 하나! '워드〉보기' 가서 '새 창'을 이용하시길 강추드려요.

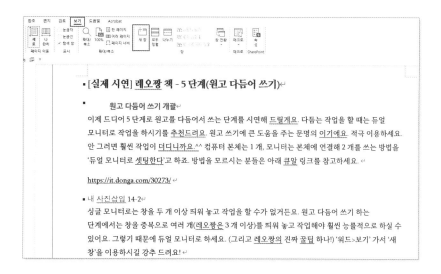

그 메뉴를 누르면 새로운 창이 떠요. 빈 창이 아니라 여기 있는 콘텐츠가 그대로 복제가 돼서 또 하나 만들어져요. 여기에 뭔가를 수정하면 원래 문서 창에도 그대로 반영이 되고요. 이 부분이 기가 막힌 매직이죠. 마법과도 같은 기능입니다. 이게 좋아서 저는 워드 문서로 작업하기를 좋아합니다. 이 새 창을 하나 띄우고 밑에 다른 모니터에 그 창을 내려놓으세요. 그 후 다른 모니터에서는 다른 페이지를 보거나 목차만 보면서 작업을 한다든지, 다른 페이지를 검색해보면서 중복되는 내용은 없는지 체크하면서… 듀얼 모니터로 작업하면 여러 가지로 편해요.

대부분 사람들은 워드에서 그냥 '화면 나누기' 기능만 쓰세요. 근데 이건 화면이 너무 작아서 답답해요. 저는 별로 능률적인지 모르겠더라고요. 이걸로 작업하면 화면이 너무 작아져요. 창 나누기를 하면 하나의 화면에 서밖에 못 쓰게 되죠. 화면을 분할해 보며 앞에서 자른 것을 한참 뒤에 있는 다른 페이지에 이동시키기에도 너무 불편해요.

이렇게 하지 말고 '화면 나누기' 대신에 '새 창'을 누르세요. 이 기능을 누르면 완전히 '빈' 새 창이 뜨는 게 아니고, 기존 내용이 있는 창이 복사가 돼서 떠요. '새 창' 기능을 이용하면 별도의 모니터에 따로 화면을 띄워주면서도 수정이 실시간으로 동시에 자동 반영이 돼요. 그 부분이 너무 좋아요. 이거야말로 저자에게 최고의 작업 세팅이 아니겠어요(소곤소곤 비밀 공개: 저 레오짱은 새 창을 눌러 실시간 수정 반영이 되는 창을 3~4개씩 띄워 놓은 채 다듬어쓰기를 해요).

'빈' 새 창은 다른 명령 키가 있죠. Ctrl N이라고. 그건 빈 문서를 새로 하나 만드는 경우고요. 그거하고 전혀 다르죠. 기존의 문서를 열어놓은 상태에서 새 창을 누르면 그 문서에 적용한 온갖 수정본이 자동으로 똑같이 반영되면서 작업을 할 수 있기 때문에 굉장히 유용합니다. 레오짱만의 실용 책쓰기 꿀팁이에요. 제 영업 비밀을 알려드렸습니다. 듀얼 모니터를 활용해 다듬기 하는 법을 말씀드렸고요.

이제는 꼭지 단위로 분량 체크를 들어가셔야 되는 단계입니다. 그래야만 '이 꼭지는 분량이 충분한데 그 다음 꼭지는 분량이 모자란다'는 등의 사실을 바로바로 알 수 있어요. 분량의 형평성과 균형을 맞출 수 있게 되죠.

그리고 지금 5단계에서 중요한 것은 만연체가 아닌 단문으로 쓰기에 중점을 두시라는 겁니다. 또 논문체처럼 딱딱한 말들 말고 구어체로 평이하게 쓰는 말로 바꿔야 합니다. 어려운 문자 쓰지 말고 쉬운 단어로 표현하는 것으로 수정해주셔야 하고요. 모호하거나 추상적인 표현은 구체화시켜줘야 됩니다.

'문단'에 대해서 이해를 잘 못하는 분들이 많으세요. 특히 초보 저자분들 중에는 문단에 대해서 기본적인 이해가 안 되어 있는 분들이 많아요. 문단 안에서 글을 문장마다 다 내려 써버린다든지(줄 바꾸기=행갈이), 문단을 너무 길게 만든다든지, 너무 짧게 만든다든지… 이런 여러 가지 실수들을 하십시다. 이런 것에 대해서도 짚어드리겠습니다.

마지막 꿀팁! 꼭지의 처음은 재미있게 구성하는 것에 신경 쓰세요. 또 책 원고 전체에서 처음 30%에 정성을 쏟는 게 좋습니다. 이런 것도 신경 쓰셔야 될 타이밍이 바로 원고 다듬어쓰기 단계입니다.

원고 다듬어쓰기 시연

> **책쓰기는 나를 저절로 공부를 하게 한다**
>
> 책쓰기의 첫번째 효용이에요. 원고를 써 가는 과정에서 내 공부가 정리가 돼요.
> 남에게 지식을 전달해 보신 강사들은 잘 알 겁니다.
> 남을 가르치다 보면 자신의 생각 정리가 잘돼요. 가르침의 가장 큰 수혜자가 강사 자신이에요.
> 자기가 가르치는 내용에 가장 큰 혜택을 보닌 이는 바로 나 자신이라는 말이죠. 정말 감사한 경험입니다.
> 저 레오짱은 대학 졸업 즈음 본 토익 점수 잘나와 당시 한창 잘나가던 대기업 부장님들에게 영어 가르친 적 있어요. 현대건설, 삼성전자, 대우그룹 등에서 높으신 분들에게 영어를 가르쳤습니다.
> 해외 유학파 아닌 독학으로 영어를 공부한 제가 마침 영어자ㅣ 점수가 만점이 나와서 그걸 들이밀고 도전했죠. 제가 대학생이지만 여러분을 가르쳐 드릴게요 성적 보장! 어필했더니 아, 괜찮은데? 하시면 강의를 시작하게 됐습니다.

그럼 실제로 다듬어쓰기를 실습해보겠습니다. 여기서 보시면 문장마다 이렇게 내려 쓰시면 안 됩니다. 한 문단은 하나의 주제를 담고 있는 덩어리 글이거든요? 문단이라는 덩어리가 하나의 동일한 흐름이어야 합니다. 앞 문장들과 붙여서 한 문단이 되게 해줘야죠. 보통 5~6줄 정도를 평균으로 보면 됩니다.

그 흐름이 조금 바뀌기 시작한다면? 그 덩어리를 다른 문단 덩어리로 분리해 줘야 되는 거고요. 예를 들어 레오짱 사례를 든 이런 대목처럼 흐름이 바뀌기 시작한다면 문단을 달리해 줘야죠.

> 남에게 지식을 전달해 보신 강사들은 잘 알 겁니다. ↵
> 남을 가르치다 보면 <u>자신의</u> 생각 정리가 잘돼요. 가르침의 가장 큰 수혜자가 강사 자신이에요.↵
> 자기가 가르치는 내용에 가장 큰 혜택을 <u>보닌</u> 이는 바로 나 자신이라는 말이죠. 정말 감사한 경험입니다. ↵
> 저 <u>레오짱은</u> 대학 졸업 즈음 본 토익 점수 잘나와 당시 한창 잘나가던 대기업 부장님들에게 영어 가르친 적 있어요. 현대건설, 삼성전자, 대우그룹 등에서 높으신 분들에게 영어를 가르쳤습니다.
> 해외 유학파 아닌 독학으로 영어를 공부한 제가 마침 영어자ㅓ 점수가 만점이 나와서 그걸 들이밀고 도전했죠. 제가 대학생이지만 여러분을 가르쳐 드릴게요 성적 보장! 어필했더니 아, 괜찮은데? 하시면 강의료 시작하게 됐습니다. ↵
> (사진 삽입 – 레오짱 영어강사 시절 사진)↵

이렇게 첫 문단은 몇 가지 표현이나 오타 등을 수정해주면서 다듬기를 마쳤습니다. 두 번째 문단을 보죠. 지금 단계에서 따옴표 처리를 조금씩 해주셔야 합니다. 인용이나 대화는 따옴표 처리를 해서 '대화'임을 분명히 나타내줘야 해요.

여기서 만약 더 추가로 할 말이 생각났다면? 지금 단계에서 원고를 더 추가해 주시면 되겠죠? 아래처럼요. 여담이지만 재미있는 에피소드잖아요. 생각이 새로 나는 것들은 바로바로 추가해 주세요. 지금 마무리 단계지만 꼭 다듬기만 하라는 법은 없죠. 마무리 단계인 5단계에서도 생각나는 게 있으면 추가로 이렇게 늘여쓰기 작업을 하시면 됩니다. 다만 이 단계에서는 각 꼭지마다 분량이 앞뒤 꼭지와 비슷하게 맞춰지도록 신경 쓰시면서 하세요.

여기는 상대적으로 문단이 굉장히 길죠. 그렇지만 흐름이 동일한 레오짱 사례라는 것으로 하나의 논리 흐름이죠. 그래서 문단 길이가 조금 길어졌더라도 하나로 문단을 유지해주는 게 맞습니다. 앞에는 간단한 설명문이니까 간단하게 문단이 구성이 됐습니다.

아래 사진의 세 번째 문단도 이어서 길게 이어주면 더 좋겠네요. 문장들을 다듬어주시고 틀린 말들도 고쳐주면서, 동시에 자료에서 추가로 찾은 '교학상장'이라는 말의 설명을 여기서 조금씩 보완해주면 좋습니다. 한자 풀이 같은 것 말이죠. 여기서 제가 교학상장 낱낱의 한자들을 일일이 찾아 뜻풀이를 정확히 해줬죠? 그리고 인용 대목들을 따옴표로 표시해줬습니다.

(사진 삽입 – 레오짱 영어강사 시절 사진)

그런데 당시 저는 독학으로 영어를 공부했기 때문에 영어지식이 체계화되어 있지 않고 파편화돼 있었어요. 그런데 그때 그 어르신들을 정기적으로 가르치다보니 제 머릿속 지식들이 마구 체계화되고 정렬되던 체험을 강렬하게 했습니다. 강사분들은 공감들 많이 하시죠? 이게 보편적인 진리라서 그런지 이 현상을 묘사하는 전문용어까지 있네요. 바로 교학상장(教學相長) '가르치면서 나도 공부'라는 한자성어에요. '가르침(教)과 배움(學)이 함께(相) 성장한다(長)'는 뜻이죠. 저 레오짱이 너무 사랑하는 말이라 줌스쿨에서도 모토로 삼았답니다.

추가적으로 제가 다른 메모장에 써놓았던 게 있는데 여기에 붙여놓으면 좋습니다. "…모토로 삼았답니다." 어쩌고저쩌고. 이렇게 평소에 써놓았던 추가적인 말들을 지금 단계에서 붙여넣기 하시면 분량도 늘어나고 내용도 풍성해지죠. 좋죠?

문단도 큰 덩어리가 지게 이어주시고요. 문장 내려쓰기 이런 거 삼가주시고요. 단문으로 짧게 끊어주시고요. 대충 자리만 차지해 놓았던 고유명사를 지금 단계에서는 모조리 한꺼번에 검색해서 찾아주시면 됩니다.

이 정도로 문장들을 깔끔하게 다듬어줬습니다. 다듬어쓰기 단계에서 제가 한 것은 주로 문단으로 이어지게 붙여주고, 긴 문장은 짧게 단문으로 만들어준 것이죠. 어려운 표현들은 구어체로 부드럽게 바꿔줬고요. 쉬운 말로 바꿔 쓰려고 노력을 많이 했습니다. 이상으로, 원고 다듬어쓰기 샘플링 작업을 마치겠습니다, 여러분도 해보세요. 파이팅!

이번엔 제 글감옥 수강생분들 사례로 한번 실습해 보죠. 생각이 많아지면 자기도 모르게 만연체로 나오는 대목들이 많아질 수 있어요. 아래를 보죠.

만연체 예문1

Before)

2020년 전 세계를 휩쓴 코로나19는 우리의 평범하지만 소중한 일상을 바꾼 계기가 되었는데 특히, 자라나는 청소년들에게 있어 즐겁고 행복해야 할 학교생활인데 문제가 심각해서, '온라인 개학'이라는 지금까지 경험하지 못했던 사상 초유의 사태를 맞이하기도 하였다. 또한 직장인들에게는 재택근무가 일상이 되었고 강력하게 통제된 방역지침으로 인해 사람 간 접촉을 피하게 되었으며 이로 인해 외출을 삼가던 사람들은 온라인을 통한 소통이 자연스런 일상으로 자리잡게 되었다.

지금 문장의 길이를 보세요. 문장의 길이가 전체적으로 너무 길어요.

한 문장이 2~3줄씩으로 이어지며 안 끝나고 있죠? 그러면 독자들이 읽기 벅차요. 이게 초벌 원고라서 더 그런 측면이 있어요. 이제는 서서히 다듬으면서 단문화시켜 주세요. 위의 글은 다 좋은데 문장을 단문화시켜서 쳐주셔야 하는 상태예요. 영어로 촵핑chopping한다고 하죠. 과감한 도마질이 필요합니다. 그래야 음식이 독자의 목구멍에 걸려 컥컥 대게 하지 않고 잘 넘어갈 수 있어요.

After)

2020년 전 세계를 휩쓴 코로나19는 우리의 평범하지만 소중한 일상을 바꾼 계기가 되었다. 특히, 자라나는 청소년들에게 즐겁고 행복해야 할 학교생활인데 문제가 심각했다. '온라인 개학' 이라는 지금까지 경험하지 못했던 사상 초유의 사태를 맞이하기도 하였다. 또한 직장인들에게는 재택근무가 일상이 되었다.

만연체 예문 2

이건 다른 예비 저자님이 쓰셨던 습작 글이에요. 기본적으로 만연체로 길게 쓰시는 경향이 있어서 제가 단문화시켜 달라고 재차 주문했어요. 드라마 〈부부의 세계〉를 예시로 든 대목인데요, 보시죠.

Before)

남편의 불륜 상대가 여다경임을 알면서도 자신의 도덕적인 신념을 굽히지 않고, 병원의 규칙임을 강조하며 자신 남편의 아이를 불륜 상대가 가졌음을 알면서도 수술할 수 없다고 한다.

After)

남편의 불륜 상대가 여다경임을 알았던 지선우. 그녀는 자신의 도덕적인 신념을 굽히지 않았다. 병원의 규칙임을 강조하며 불륜 상대가 자기 남편의 아이를 가졌음을 알면서도 수술할 수 없다고 한다.

어려운 문자 쓰지 말고
쉬운 단어로 써라

"저는 평소에 논문을 많이 들여다 봐서 그런지 자꾸 쓰는 말이 건조하고 어렵게 나와요. 가족한테도 원고를 보여줬더니 글이 너무 딱딱해서 읽을 맛이 안 난대요."

딱딱한 용어와 말투로 쓰면? 독자에게 돌처럼 딱딱한 빵을 주고 알아서 씹어 먹으라고 하는 것과 같아요. 어려운 용어나 딱딱한 말투는 최대한 부드럽고 자연스러운 일상용어로 바꿔 주세요. 특히 나이가 좀 있는 분들은 한자어를 일상 생활언어로 바꿔주기만 해도 많이 좋아져요.

예를 들어, 제 수강생 중에 '통상'이라는 말을 버릇처럼 쓰는 분이 계셨어요. 이런 말은 '보통' '대개' 정도로도 충분하고요. 역사적인 사실을 언급할 때 '선양했다'는 말을 쓰는 분도 봤어요. 이걸 누가 이해할 수 있을까요? 요즘 MZ세대들은 기본적인 한자어도 생소해 하던데… 그냥 평범한 일상어로 '왕위를 물려줬다'로 고치세요. '스마트폰을 소지하고 다닌다' 이런 표현도 봤어요. '스마트폰을 가지고 다닌다' 하면 될 일인데요.

과학자 되기

괜히 어렵게 표현하려 들지 마세요. 고풍스러운 단어나 표현을 씀으로써 글쓴이의 우아함과 무게를 자랑하려는 문체를 우리가 의고체擬古體(아르카이즘)라고 불러요. 의고체 안 돼요.

언론사 데스크 사람들이 흔히들 하는 말이 있죠. "중학교 2학년 수준 단어로 기사를 써라!" 선배 기자들이 후배 기자들에게 하는 말이에요. 영화감독들이 영화의 연출 수준을 정할 때도 이와 비슷한 말을 하곤 했죠. 흥행감독으로 유명했던 강우석 감독은 "중학교 2학년 애들이 흥분할 영화로 만들면 성공한다"는 말도 하셨죠. 요즘엔 이 기준이 더 낮아지고 있습니다. 한류 열풍의 중요한 축인 한류 드라마는 그 대상 수준을 중2에서 초등학교 5, 6학년 정도로 수정했습니다. 요즘 애들이 조숙해진 탓도 있겠죠. 아무튼 초등 5학년 눈높이로 글을 쓰세요. 전 연령을 아우를 수 있어야 하기 때문입니다. 책의 원고 쓰기도 마찬가지입니다.

책에 쓰는 기본적인 단어를 논문 쓰듯이 하는 분들이 계세요. 자기 지식 자랑하려고, 혹은 자기도 모르게 습관이 돼서 그래요. 모두 독자들을 불편하게 만드는 지적 허세입니다. 논문체 말고 구어체로 쓰세요. 글로 쓰지 않으면 그 정확한 뜻을 알기 어려운 문어체文語體는 가급적 피하세요.

아무리 논문 쓰기에 정통한 교수님, 박사님이라 해도 마찬가지에요. 대중적인 책 원고를 쓸 때는 논문체 말고 구어체로 쓰기를 추천드려요. 입으로 말하는 투, 즉 입말투로 쓰세요. '코칭이란 무엇인가' 이렇게 논문처럼 표현하지 말고 '코칭이 뭘까/뭐예요/뭐지?' 이렇게 입으로 하는 말처럼 표현해보세요. "앞으로는 듣는 책의 효용이 커질 것입니다."라고 쓰기보단 "앞으로는 듣는 책의 효용이 커질 거예요."라고 써야 조금 더 부드럽죠. '의기투합을 도모했다' 이런 어마무시한 표현 대신에 '으쌰으쌰 하면서 함께해 나갔다' 이런 일상적인 말로 표현할 수도 있잖아요? 이런 게 입말투예요.

"어려운 문자를 쓰면 있어 보이지 않나요?" 논문 쓰기에 오래 시달려온 석박사 출신 사람들이 이런 착각을 많이 해요. 현학적인 말을 쓰면 '내가 배운 사람이야'라는 티를 낼 수 있으니까 '문자'를 써요. 근데 그런 건 독자에 대한 배려가 1도 없는 태도죠. 바게트 안 썰면 되게 딱딱하거든요. 못 먹어요. 나이 드신 분들은 바게트 와락 잘못 씹다가 이도 나가요.

어려운 문자를 쓰는 건 그것과 같은 짓을 하는 거예요. 요즘에는 애들은 한자에 별로 친숙하지 않아요. 그래서 문자 쓰면 어렵다고 되게 싫어해요. 나이 드신 옛날 스타일 저자분들이 주로 문자를 많이 쓰세요. 화룡점정이네 토사구팽이네 이런 말 쓰면 "뭐지 저거?" 그러면서 외면하죠. 먹기 좋은 비스킷처럼 바삭하고 씹기 쉽게 줘야 해요. 그렇게 먹기 좋은 말이 바로 우리가 구어체라고 부르는 겁니다. 논문체 말고 구어체로 쓰셔야 합니다. 작가 공지영 씨도 글을 굉장히 쉽게 잘 써요.《즐거운 나의 집》소설도 어린 딸 위녕이의 눈높이, 즉 딸 세대의 어휘로 썼어요.

"엄마는 세상이 다 알아주는 베스트셀러 작가였다. 하지만 내가 다시 엄마를 만났을 때 엄마는 빈털터리가 되어 있었다. 인터넷으로 싸구려 옷들을 사서는 "위녕, 이거 얼만 줄 아니? 팔천팔백 원이야" 하며 어린애처럼 좋아하는 엄마. 일 안 하는 내 친구 엄마들도 다 들고 다니는 명품백 하나 없는 엄마가 어쩌다가 돈을 다 잃어버렸을까?"

_공지영《즐거운 나의 집》중에서

공지영 씨의 이 글을 보세요. 어려운 말 하나도 없죠? 심지어 우리가 일상적으로 쓰는 한자도 안 써요. 보통 여러분 같으면 "엄마는 유명한 베스트셀러 작가였다" 이렇게 쓰겠죠. 그런데 이 분은 실제로 어떻게 썼어요? '세상이 다 알아주는'이라는 더 쉬운 표현을 썼죠? 또 대개의 사람들은 글을 쓸 때 '개인 파산했다' '파산 상태였다' 이렇게 표현하잖아요. 그런데 공지영 씨는 이걸 어떻게 표현했어요? '빈털터리'라는 굉장히 쉬운 순우리말을 썼죠. 중학생 딸이 말할 듯한 어휘로 썼어요. 또 '어쩌다 돈을 다 잃어버렸을까?'라고 했죠. '파산'이라는 용어를 공지영 씨는 저렇게 쉬운 용어로 바꿔서 쓴 거예요. 어린 딸 다운 어휘 선택이죠. 마치 소꿉놀이하다가 잃어버린 돈처럼 말이죠.

표현과 어휘 사용의 디테일을 보세요. 공지영 씨가 달리 베스트셀러 작가가 아니에요. 요즘 시대에는 여러분도 최대한 쉬운 말을 찾아야 돼요. 그래야 이런 베스트셀러를 만들 수 있어요.

설명하지 말고
보여줘라

"감정 표현을 많이 하라고 하셔서 몇 마디 쓰다 보면 쓸 말이 별로 없어요. '그날 나는 화가 몹시 났다.'라고 쓰고 나면 뭘 어떻게 더 써야 하나… 막막 해지더라고요. 어떻게 하면 좋을까요?"

설명하지 말고 보여주세요. 이게 무슨 뜻일까요? 예를 들어 "나는 화가 났다"고 쓰지 말고, '어떤 상황이' 당신을 화나게 만들었는지를 보여주세요. 독자들이 당신의 분노를 함께 느끼게끔 쓰세요. 단순히 내가 '화가 난 상태'를 추상적으로만 한 마디 툭 내뱉고 쓱 지나가 버리지 말란 뜻이에요. 내가 그 감정을 느끼게 된 상황 속에 독자들을 던져 넣으세요. 풍덩! 그러면 독자들도 그 감정에 흠씬 젖어 생생하게 함께 느끼게 됩니다. 다음은 레오쨩의 몇 달 전 일기장 내용 중 하나에요. Before는 가상으로 만들어본 글 스타일이 고 After가 제 실제 일기 글이에요.

Before)

며칠 전 주차장에 차를 몰고 내려가고 있었다. 나는 정상적인 속도로 가고 있었는데 뒷차에 웬 성질 급한 사람이 계속 경광등을 비추고 방방거렸다. 나는 화가 났다.

After)

며칠 전 주차장에 차를 몰고 내려가고 있었다. 좁고 어두운 주차장 내리막길을 갈 때의 권장속도는 시속 30킬로(20킬로?) 이하다. 그런데 갑자기 뒷차가 번쩍번쩍 경광등을 비췄다. '거 참 성격 급한 사람이네...'라고 속으로 생각하며 무시하고 원래 속도대로 갔다. 1초도 안돼서 또 방방 경적 소리가 들린다. 역시나 정상 속도를 유지했다. '누가 법규를 어기는 사람인데?'라고 생각하면서. 평탄한 주차 공간에 들어서자마자 뒷차가 쌩~ 하고 내 차 옆으로 오더니 차창을 내리고 "당신 지금 뭐 하는 거야?"라고 대뜸 반말로 고함을 친다. 적반하장이 아닐 수 없었다. 이럴 때 참으면 바보가 되는 기분이다. 그래서 나도 맞고함을 쳤다. "야, 이 차이코프스키야~!"

-《호두까기 인형》의문의 1패

베스트셀러 소설가인 김연수 씨가 '30초 안에 소설 잘 쓰는 법'을 말한 적 있어요. 이 맥락도 역시 "설명하지 말고 보여줘라"는 말과 같은 취지이기에 소개합니다.

"30초 안에 소설을 잘 쓰는 법을 가르쳐 드리죠. 봄에 대해서 쓰고 싶다면, 이번 봄에 어떤 생각을 했는지 쓰지 말고, 무엇을 보고 듣고 맛보고 느꼈는지를 쓰세요. 사랑에 대해서 어떻게 생각하는지 쓰지 마시고, 연인과 함께 걸었던 길, 먹었던 음식, 봤던 영화에 대해서 아주 세세하게 쓰세요. 다시 한 번 더 걷고 먹고 보는 것처럼."

— 《소설가의 일》, 김연수, 문학동네, 217페이지 중에서

초벌 원고를 다듬을 때는 추상에서 구체로 가야 해요. 내용을 추상적인 단어 몇 개로만 대충 설명하고 넘어가려 하지 마세요. 사진을 들여다보며 하나하나 설명하듯 상황을 그림처럼 그려서 구체적으로 묘사해주세요. 그때 내가 느낀 감정도 솔직하고 구체적으로 드러내야 합니다. 설명하지 말고 보여주세요.

레오짱 줌스쿨에서 강사로 모신 적 있는 《싱싱 글쓰기》 책의 이가령 저자께서 이걸 잘 설명해주셨어요. 잠깐 소개해드릴게요.

"A에 대한 생각 자체만 쓰면 대동소이한 글이 나옵니다. 대신 A에 대한 이야기나 에피소드를 쓰면 자기만의 글이 나옵니다. 일상을 글감으로 만드는 방법은 뭘까요? 개념어 한 마디로만 뭉뚱그리지 말고 내가 본 대로, 들은 대로, 느낀 대로, 한 대로를 아주 구체화시켜서 풀어 쓰면 됩니다."

여기에 레오짱은 하나 덧붙일게요. 자기만의 통찰을 가미해 그 에피소드가 가지는 의미를 도출해보세요.

스티브 잡스도 2010년 1월 27일(미국 현지 시간 기준) 처음으로 아이패드를 발표하는 자리에서 '설명하지 말고 보여줘라'는 원칙을 아주 잘 보여줬죠. "아이패드는 배터리가 오래 갑니다"라고 추상어로 말하지 않았어요. 대신 그는 이렇게 말했어요. "아이패드를 켜면 한 번 충전에 샌프란시

과학자 되기

스코에서 도쿄까지 가는 비행 내내 영화를 볼 수 있습니다(원문 "I can take a flight from San Francisco to Tokyo and watch video the whole way on one charge.")." 아주 구체화시켜 말했죠? 잡스는 여러 가지 면에서 선각자visionary에요. PT(프리젠테이션)에서도 선각자였죠. 여러분의 글도 잡스가 프리젠테이션 하듯이 쓰세요. 설명하지 말고 보여주세요.

문단이
정확히 뭐예요?

"저는 문단이 정확히 뭔지, 문단을 왜 사용하는 건지, 문단을 나누는 기준이 뭔지 잘 모르겠어요. 그래서 어떨 때 보면 원고가 엄청 큰 덩어리로 뭉쳐져 있더라고요."

문단은 '글토막'이에요. 영어로는 패러그래프paragraph라고 부르죠. 출판 전문가이자 영어 전문가이기도 한 레오짱으로서, 어원 풀이 또 한 번 가시죠. para-는 옆에beside, graph는 쓰다write의 어원을 가지고 있어요. '옆에 쓴 것'이라는 뜻이죠. 즉 이야기가 새로 시작되는 표시라는 어원입니다.

문단은 한 마디로, 독자로 하여금 내용을 잘라먹기 좋게 안내하는 '글 토막'이에요. 이 글토막은 마치 벽돌(문장)을 하나하나씩 쌓아 올려서 내용 전체(한 꼭지)를 담을 작은 수납공간을 만드는 것과 같아요. 원고를 문단 단위로 토막토막 나누어 놓으면 독자들이 훨씬 수월하게 읽을 수 있어요.

단어가 모여 문장이 됩니다. 그 문장들이 모여 문단이 되고요. 여러 문단들이 모여 하나의 주제를 담은 한 꼭지가 됩니다. 정리해 보면 '단어

〈 문장 〈 문단 〈 꼭지 〈 장(1장, 2장… 등의 챕터) 〈 부(1부, 2부… 등의 파트)'의 위계를 갖는 게 책이죠. '한 문단'은 '한 단락'이라고도 말하죠. '문단'과 '단락'은 같은 말이에요.

문단이 정확히 뭐예요?

┌ "저는 문단이 정확히 뭔지, 문단을 왜 사용하는 건지, 문단을 나누는 기준이 뭔지 잘 모르겠어요. 그래서
└ 어떨 때 보면 원고가 엄청 큰 덩어리로 뭉쳐져 있더라구요."

┌ 문단은 '글토막'이에요. 영어로는 패러그래프(paragraph)라고 부르죠. 출판 전문가이자 영어
│ 전문가이기도 한 레오빵으로서, 어원 풀이 또 한번 가시죠! para-는 옆에(beside), graph 는 쓰다(write)의
└ 어원을 가지고 있어요. '옆에 쓴 갓'이라는 뜻이죠. 즉, 이야기가 새로 시작되는 표시라는 어원입니다.

┌ 문단은 한 마디로, 독자로 하여금 내용을 잘라먹기 좋게 안내하는 '글토막'이에요. 이 글토막은 마치
│ 벽돌(문장)을 하나하나씩 쌓아 올려서 내용 전체(한 꼭지)를 담을 작은 수납공간을 만드는 것과 같아요.
└ 원고를 문단 단위로 토막토막 나누어 놓으면 독자들이 읽어갈 때 훨씬 수월해져요.

┌ 단어가 모여 문장이 됩니다. 그 문장들이 모여 문단이 되구요. 여러 문단들이 모여 하나의 주제를 담은
│ 한 꼭지가 됩니다. 정리해 보면 '단어 〈 문장 〈 문단 〈꼭지 〈 장(1 장, 2 장… 등의 챕터) 〈 부(1 부, 2 부…
└ 등의 파트)'의 위계를 가지는 게 책이죠. ('한 문단'은 '한 단락'이라고도 말하기도 하죠. '문단'과 '단락'은
└ 같은 말이에요.)

┌ **캡처사진으로 설명(이미지 삽입) 14-9**
│ 문단은 '문장들이 모여서 하나의 중심 생각을 나타내는 글 덩어리'라고 봐도 돼요. 여기서 포인트는
│ '하나의 중심 생각'입니다. 즉, 하나의 문단 안에 있는 문장들은 '그 하나의 중심 생각'을 일관성 있게
└ 표현하면서 서로 연결돼 있어야 합니다. 앞 문단과 뒷 문단도 서로 논리적으로 연결되어 있어야 하구요.

┌ 문단이란 결국 글의 흐름을 안내하는 역할을 해요. 한 문단이 시작될 때마다 읽는 이들은 "자, 이게 또
│ 새로운 한 토막이 시작되는군. 여기서부터 새로운 토막의 내용이 나올 거야."라고 예상하게 돼요.
│ 이렇게 문단들을 벽돌들의 집단으로 보세요. 그렇게 토막들을 하나하나 완성시키는 일에 주의를
│ 집중하다보면 어느새 많은 글을 쓰고 있을 거예요. 이런 문단의 구분 없이 꼭지 전체를 뭉뚱그려
└ 한꺼번에 다 쓰려고 덤비다 보면? 글쓰는 이 저자 자신부터 쉽게 절려버리게 돼요.

┌ 그래서 몇 템포의 논리가 끝나고 새로운 전환을 만들고자 할 때 문단 나누기(문단 같이)를 사용하세요.
│ 문단은 언제 바뀌 줘야 하나요? 논리나 맥락이 바뀔 때 바뀌 주세요. 개론에서 각론으로 세분화시킬 때
│ 바뀌 주세요. 그 문단 내에 등장하는 주요 인물이나 장소나 시간 등이 바뀔 때도 문단을 바꿔 주세요.
└ 문단은 보통 5 줄 안팎이 적당해요. 하지만 논리상 끊기 애매할 때는 10 줄 이상 길어질 경우도 생각요.

┌ 문단 전환은 독자들로 하여금 생각의 전환을 불러 일으키는 효과를 줍니다. 〈자기 역사를 쓴다는
│ 것〉이라는 책에서 다치바나 다카시는 이렇게 설명합니다. "글은 불가사의한 측면이 있다. 단락만
│ 나뉘어져 있어도 읽는 사람의 머리가 자동적으로 환기가 된다. 갑자기 전혀 다른 새로운 글이
│ 시작되더라도 그것을 이상하게 여기지 않고 받아들이게 된다. 이는 아주 오래 전부터 이어 온 약속과
└ 같은 것이기 때문에 모든 사람이 이상하게 여겨지지 않는다. 단락만 나뉘어져 있으면 연결이 아무리 좋지

페이지 **294 / 344**

'ㄷ'로 표시한 부분이 문단임

문단은 '문장들이 모여서 하나의 중심 생각을 나타내는 글 덩어리'라

고 봐도 돼요. 여기서 포인트는 '하나의' 중심 생각입니다. 즉, 하나의 문단 안에 있는 문장들은 '그 하나의 중심 생각'을 일관성 있게 표현하면서 서로 연결돼 있어야 합니다. 앞 문단과 뒷 문단도 서로 논리적으로 연결되어 있어야 하고요.

문단이란 결국 글의 흐름을 안내하는 역할을 해요. 한 문단이 시작될 때마다 읽는 이들은 "자, 이제 또 새로운 한 토막이 시작되는군. 여기서부터 새로운 토막의 내용이 나올 거야."라고 예상하게 돼요. 이렇게 문단들을 벽돌들의 집단으로 보세요. 그렇게 토막들을 하나하나 완성시키는 일에 주의를 집중하다보면 어느새 많은 글을 쓰고 있게 될 거예요. 이런 문단의 구분 없이 꼭지 전체를 뭉뚱그려 한꺼번에 다 쓰려고 덤비다 보면? 글 쓰는 저자 자신부터 쉽게 질려버리게 돼요.

몇 템포의 논리가 끝나고 새로운 전환을 만들고자 할 때 문단 나누기(문단 갈이)를 사용하세요. 문단은 언제 바꿔 줘야 하느냐? 논리나 맥락이 바뀔 때 내려주세요. 개론에서 각론으로 세분화시킬 때 바꿔 주세요. 그 문단 내에 등장하는 주요 인물이나 장소나 시간 등이 바뀔 때도 문단을 바꿔 주세요. 문단은 보통 5줄 안팎이 적당해요. 하지만 논리상 끊기 애매할 때는 10줄 이상 길어질 경우도 생겨요.

문단 전환은 독자들로 하여금 생각의 전환을 불러일으키는 효과를 줍니다. 《자기 역사를 쓴다는 것》이라는 책에서 다치바나 다카시는 이렇게 설명합니다.

"글은 불가사의한 측면이 있다. 단락만 나뉘어 있어도 읽는 사람의 머리가 자동적으로 환기가 된다. 갑자기 전혀 다른 새로운 글이 시작되더라도 그것을 이상하게 여기지 않고 받아들이게 된다. 이는 아주 오래 전부터 있어 온 약속과 같은 것이기 때문에 모든 사람이 이상하게 여기지 않는다. 단락만 나뉘어져 있으면 연결이 아무리 좋지 않아도 모두 그대로 읽어 내려간다. 글을 쓰다가 막히면 새로운 단락을 만들어 써 내려가면 된다. 이것을 머릿속으로 환기시킬 줄 아는 사람이 좋은 글을 쓸 수 있다."

아주 좋은 포인트입니다.

전환 표현어 총정리

선생님이 학생들을 가르치는 수업시간을 떠올려 보세요. 한 토막의 내용에서 다음으로 넘어갈 때 "자, 이제 영어의 8품사를 끝내고 다음 항목인 BE동사로 넘어갑시다"라고 말하죠? 작가도 한 문단에서 다음 문단으로 넘어가는 행동을 할 때 전환을 만들어낼 수 있어요. 글쓴이는 여러 가지 방법으로 전환의 효과를 낼 수 있죠. 몇 가지 전환 표현어를 정리해드릴게요.

1. 부언하거나 확대하는 전환: 예컨대, 예를 들면, 그 하나를 보면, 또 하나를 보자면, 그중에서도 특히; 그리고, 또, 또는, 더구나, 더욱이, 아울러, 그와 마찬가지로; 다행히도, 슬프게도, 안됐지만…

2. 원인과 결과로 연결하는 전환: 그러므로, 그렇기 때문에, 그로 인해, 결과적으로, 그 결과로, 당연히도…

3. 종합하는 전환: 그래서, 결국, 결과적으로, 요약하면, 드디어, 종합해 보면, 종합적으로 보면, 이렇게 해서, 그러므로, 그렇게 돼서…

4. 예외로 전환: 그러나, 하지만, 반대로, 그렇다 할지라도; 확신컨대, 확실히, 그건 인정하더라도, 물론; 한편, 반면, 어떤 경우든, 그럼에도 불구하고, 그렇다 해도, 그렇긴 하지만, 그런 주장이 있을 수 있지만. 그것은 그렇지만, 거꾸로, 다른 예도 없지 않다…

5. 한계를 나타내며 전환: 가끔, 가끔은, 드물지만, 그렇다 할지라도; 그렇다는 가정하에, 그런 경우에는, 어떤 경우에는…

6. 시간을 짚고 넘어가는 전환: 한편, 곧, 그러자마자, 드디어; 그날, 그날 저녁, 다음날 아침, 그때, 그때까지는, 그 전에; 언제나, 때로는, …

문장마다
내려 쓴다고?

"저는 글을 쓸 때 줄 내려쓰기가 습관이 돼 있어요. 그렇게 쓰면 원고 분량이 좀 모자라도 넉넉해 보이기도 하고, 분위기도 있어 보여서 말이죠. 호호호."

어디서 잘못된 걸 배우셨군요. 시나 잠언집을 쓰시는 게 아니라면 줄 바꿔 내려쓰기(전문용어로 '행갈이')는 하지 마세요. 문장마다 내려쓰기를 하는 저자분들이 의외로 많습니다. 특히 초짜일수록 많아요. 문단과 문단 사이는 행갈이를 하는 게 맞는데, 문장과 문장마다에는 행갈이를 하는 게 아닙니다.

그렇게 행갈이를 전문적으로 사용하는 문장은 따로 있어요. 시나 시적인 감성 에세이나 소설에서 대화를 주고받는 대목에서나 그리 하죠. 시나 잠언처럼 뭔가 행과 행 사이를 천천히 음미할 대목에만 내려쓰기를 하셔야 해요. 일상적 스토리를 굳이 시처럼 천천히 음미할 이유는 없죠. 기본적으로 문장과 다음 문장은 다 이어쓰기를 하세요. 그렇지 않으면 내가 원고를 엄청 많이(엄청 많은 페이지로) 쓴 것 같은 착각, 즉 분량을 착각하게 되는 부작용이 생깁니다.

예시)

그녀들은 빛나는 진주 목걸이를 마다하고 차디찬 쇠줄을 목에 걸고,

뾰족하고 예쁜 하이힐 대신 투박하고 무거운 전투화를 신고,

유행 따라 달라지는 패션룩이 아닌 사계절 변함없는 얼룩 무늬 전투복을 입고,

화려하고 예뻐지기 위한 화장이 아닌 나를 감추기 위한 위장을 한다.

그렇게 그녀들은 매일군번줄을 목에 걸며 죽기를 각오하고,

전투화 끈을 동여 메며 살기를 다짐한다.

이건 지금 시적인 표현이라 문단문을 다 내려썼죠. 시적인 부분은 이렇게 구절마다 행갈이를 해서 써도 돼요. 하지만 보통의 본문에서는 웬만하면 문장과 문장의 행을 다 붙여야 합니다. 하나의 문장과 그 다음 문장 사이를 행갈이 해 놓으면 너무 산만해 보이거든요. 한 문단의 길이는 보통 문서 기본값을 전제로 4~5줄 정도가 되게 덩어리로 이어주세요. 문장으로 치면 여섯 문장 전후가 되겠네요. 내용의 전개나 분위기가 바뀌는 대목에서 문단을 바꿔 주면 된다고 말씀드렸죠.

Before)

대한민국 남자들에겐 의무지만 여자는 의무가 아닌데 왜 굳이 군에 제 발로 찾아들어왔는지를 의아해하며 이유를 궁금해하는 사람들이 많다.

예전에는 군대가 남자들만 가는 곳이라는 인식이 많았다.

남자들에게 국방의 의무는 매우 위중하면서도 부담스러운 삶의 과업이다.

사실 어떻게든 방법만 있으면 안 가고 싶은 것이 솔직한 마음일 것이다.

그런 남자들에게는 군에 자발적으로 찾아오는 여자들의 심리가 궁금하고 이해하기

어려울 수도 있을 것이다.

After)

대한민국 남자들에겐 의무지만 여자는 의무가 아닌데 왜 굳이 군에 제 발로 찾아들

어왔는지를 의아해하며 이유를 궁금해하는 사람들이 많다. 예전에는 군대가 남자들

만 가는 곳이라는 인식이 많았다. 남자들에게 국방의 의무는 매우 위중하면서도 부

담스러운 삶의 과업이다. 사실 어떻게든 방법만 있으면 안 가고 싶은 것이 솔직한 마

음일 것이다. 그런 남자들에게는 군에 자발적으로 찾아오는 여자들의 심리가 궁금

하고 이해하기 어려울 수도 있을 것이다.

한 문단의 길이도 보통은 한 문단에 문장들이 최소한 5~6줄 정도는 만

들어지게 해주세요. 너무 짧아 보이지 않게요. 한 문단을 제대로 만들어

주셔야 해요. 최소한 3~4줄 이상은 되게 한 문단을 구성해야 합니다. 이

정도 해주고 또 새로운 문단으로 이어서 쓰면 됩니다.

Before)

나 또한 고등 시절에 방영 체험의 기억으로 호기심과 도전의 의지를 실천으로 옮겼

다.

After)

나 또한 '고등학교 시절 병영체험에서 느꼈던 호기심과 지금 아니면 할 수 없는 경험'
에 대한 끌림이 매우 컸다. 그래서 '의무복무 기간인 3년만이라도 해보자'는 생각으
로 무엇에 홀린 듯 여군에 지원을 하게 되었다.

반대로 문단이 너무 뭉텅이지게 엄청 긴 덩어리로 이어 붙여놓기만 하
는 저자분들도 많이 계세요. 문단 나누기를 도통 안 하시는 거죠. 문단 나
누기는 5줄 전후로 필요합니다. 계속 이어져만 있는 글을 보면 독자들이 쉴 포
인트를 못 찾아서 쉬이 피로감을 느끼게 돼요. 저자의 의도대로 호흡이 바뀌는 지
점을 독자분들에게 안내해주세요. 그래야 독자들이 읽다가 마음에 환기가
일어나 계속 글을 읽어나갈 에너지가 생깁니다.

한 문단을
다양한 길이로 변주해보자

"문장을 만연체로 쓰지 말고 단문으로 쓰라고 말씀하셨잖아요. 그래서 문장을 짧게 치기를 열심히 했더니 역시 글이 한결 읽기 좋고 리듬감이 생기는 것 같더라고요. 근데 너무 쳐대니까 나중에 '이 방법밖에 없는 건가?' 싶기도 하고요."

오! 이제 다음 단계로 올라설 채비가 되셨다는 신호에요. 문단에 대한 기본적인 이해는 다 하신 셈이니, 조금 더 고급 단계로 나가보죠. 한 문단 길이에 강약을 주는 방법이에요. 앞서 문장은 기본적으로 일단 짧게 치는 게 좋다고 말씀드린 바 있죠. 책쓰기 초보자분들은 일부러 모든 문장을 토막 내보시길 추천드려요. 한국어는 짧아질수록 리듬감이 생기니까요. 그런데 말씀하신 것처럼, 모든 부분을 시종일관 토막만 쳐 놓으면 멋이 없죠! 가끔은 중간 길이와 긴 길이도 섞어 줘야 더 조화로워 보여요.

음악에서 말하는 '강약중강약'처럼요. 글도 '약-약-중-강-약' 스타일로 섞어 쓰세요. 문장 길이로 보자면 '단-단-중-장-단' 이렇게 뽑아주시면 좋습니다. 베스트셀러 저자 한근태 박사님의 아래 글을 보죠. 물론 실전에서는 여러 길이가 혼용되어 쓰여요. 아래 예문의 경우엔 '단-단-단-중-단-중-장-단'으로 되어 있네요.

예문)

피카소 아버지는 그림에 재능이 있는 아들에게 말했다. **(단)** 1년간 비둘기 다리만 그리라고. **(단)** 피카소는 아버지 말을 충실히 이행한다. **(단)** 그리다 보니 비둘기 다리가 50종류가 넘는다는 사실을 발견한다. **(중)** 관찰력이 달라진 것이다. **(단)** 남들이 보지 못하는 것을 보면 경쟁할 필요가 없다. **(중)** 우리가 살기 힘든 이유, 경쟁을 해야만 먹고 살 수 있는 이유는 남들이 보는 것 이상을 볼 수 없기 때문이다. **(장)** 관찰력이 달라지면 사는 게 달라진다. **(단)**

_《재정의》, 한근태 저, 클라우드나인

반드시 꼭 이렇게 쓰라는 건 아니에요. 이렇게 길게와 짧게를 변통해서 쓰면 이것도 글 쓰는 맛이라는 얘기에요. 여전히 초보자라면? 기본적으로 모든 문장을 짧게 쳐주세요. 초보자들이 문장을 길게 쓰려고 덤비다가는, 자칫 주어와 술어 호응도 안 맞게 뒤틀릴 수도 있고 무슨 말을 하려는지 길을 놓칠 수도 있으니까요. 말을 자꾸 길게 늘여 쓰려는 만연체 습관만 버려도 글의 기본기가 좋아져요.

각 꼭지의 서두를
인상적으로 써라

"경제학 법칙 중에 파레토 법칙이라는 게 있잖아요. 전체 결과의 80%가 전체 원인의 20%에서 일어난다는 거잖아요. 책 원고에도 이런 현상이 적용되는 대목이 있을까요?"

오, 그렇지 않아도 그 부분을 설명드릴 생각이었어요. 어떻게 아시고 미리 적절한 질문을 주셨네요. 책쓰기에도 파레토 법칙(80-20 법칙)이 적용돼요. 실제로는 어떻게 적용하면 될까요? 모든 글은 앞부터 읽잖아요? 중간이나 뒤부터 읽지 않죠. 눈치 채셨나요? 네, 바로 '서두를 인상적으로 쓰시라'는 얘기에요. 글의 서두는 부정적인 내용보단 긍정적으로 밝고 활기차게 쓰세요. 글 쓰는 전체 시간의 3분의 1은 각 꼭지의 첫 부분에 힘을 쏟으세요. 글이란 반드시 서두가 밝고 매력적으로 구성돼 있어야 해요. 그래야 독자에게 계속 읽어갈 동기를 주기 때문이죠.

서두를 임팩트 있게 쓰려면 어떻게 하는 게 좋을까요? 서두에서 평범하지 않은 내용을 반짝여 주세요. 밋밋하게 시작하지 말고 한번 비틀어

기분을 전환시켜준다는 느낌으로 써보세요. 의외의 내용으로 시작하거나 장난기가 넘치게 시작해보세요(말괄량이 삐삐처럼요). 독자로 하여금 생각하게 만드는 질문을 던져서 반짝하는 효과를 줄 수도 있어요. 이런 장치들이 모두 글의 처음을 반짝이게 하는 효과를 줘요.

원고의 첫 30%에 특히 정성을 쏟아라

80-20 파레토 법칙은 책 전체에도 적용이 돼요. 원고 전체를 놓고 봤을 때도 초반 30%에 특히 심혈을 기울이세요(이건 사실 업계의 비밀인데 알려드릴게요. 이 책의 독자분들은 소중하니까요. 근데 너무 많이 알려드리는 것 같기도 하고요). 실제 대다수 독자분들은 책을 사 놓고도 전체를 다 읽지는 않아요. 공공연한 비밀이지만 사실 책의 맨 초반 30% 정도만 읽습니다. 제가 출판계에 오래 몸담으면서 발견한 사실인데 대부분 독자들이 그러시더라고요.

물론 원고 전반의 완성도를 고루 높여야 하는 건 당연한 얘기죠. 하지만 '이왕이면 다홍치마'라고 특별히 주의와 정성을 '더' 기울여야 할 대목이 있다면? 그건 명백히 원고의 초반 30%여야 합니다. 초반 30%에 온갖 정성과 다듬기를 하시고 임팩트 있는 내용들도 전진 배치해 선보여주세요.

물론 지구력이 있어서 끝까지 책을 다 읽는 독자분들이 '소수' 계시기는 해요(지식욕이 강한 분들이죠. 여기에 해당되신다면 축하드려요!). 그렇지만 대다수 사람들은 책을 자기 돈 내고 사놓고도 끝까지 못 읽어요. 앞에 30%만 읽고 덮어놨다가 잊어버려요. '나중에 또 읽어야지' 했다가 잊어버려요. 그러다가 '내가 언제 그런 책을 사기는 했던가?' 하고 헷갈려 하기도 하죠. 서점에 갔을 때 '아, 이 책 딱 내 취향인 것 같아' 하고 사고 보면 저번에 이미 샀던 책이에요. 그런 경우 주변에서 되게 많이 봤어요. 저도 그런 경우 있었고요.《스틱》이라는 책인데 '1초 만에 착 달라붙는 메시지' 어쩌고 하는 부제를 달고 있던 책이었어요. 알고 보니 그 책을 제가 두 권이나 샀더라고요. 판쇄(버전)도 똑같은 거였는데요. '아, 출판쟁이인 나도 이런 실수를 하는구나!' 하고 폭소를 터뜨렸던 기억이 나네요.

"쌍따옴표와 홑따옴표는 어떻게 구분해서 써야 하는 거예요? 엄청 헷갈려요... 알려 주세요!"

네, 따옴표에는 크게 두 가지가 있죠. 쌍따옴표(" ")와 홑따옴표(' ')요. 특히 독백이나 대화체를 직접 인용하는 방식으로 쓰실 때 따옴표를 제대로 써야 해요. 많은 초보저자들이 틀리는 대목이에요. 한 마디로 정리해 드릴게요.

마음속에서 일어나는 혼잣말이나 생각은 홑따옴표인 ' '을 써야 해요. 자기 머릿속 생각을 표현하는 경우는 이불 홑청처럼 하나만 쓴다고 생각하세요.

- 언젠가 '우리 선생님이 글쓰기 연습을 시킨 이유가 있었구나.' 깨닫는 날이 왔으면 한다.

- '내가 이런 말 했을 때 친구가 심드렁한 반응을 보이면 어떡하지?'

- 갈색 벽돌 건물 1층에 들어서면 '나 이 정도로 오래된 건물이야.'라고 온몸으로 보여 주었다.

이것들은 다 혼잣말이니까 홑따옴표인 ' ' 안에 넣었죠. 그렇지만 명백히 보이는 상대가 있어서 대화를 서로 주고받을 때는 쌍따옴표인 " "로 처리해야 돼요. 사람들이 이거 의외로 진짜 많이 틀리니까 주의하세요.

- "김수연 학생." 막 잠들려던 순간이었다. 정말 화들짝 놀랐다.
- "아이가 주말마다 낑낑댔어요." 학부모들이 들려주신 후일담이었다.

"김수현 학생" 하고 교수님이 부르는 그런 소리는 남이 나에게 말 거는 거니까 쌍따옴표겠죠. 하여튼 홑따옴표와 쌍따옴표의 사용법 구별해 써 주시면 당신은 센스쟁이, 우후훗!

내 마음 속 독백, 생각을 표현할 때 = 홑따옴표 ' '

상대와 주고받는 대화를 표현할 때 = 쌍따옴표 " "

기타 알아두면
좋은 상식들

"참고문헌을 다룰 때는 어떻게 하는 게 좋을까요? 책에 유행어를 써도 되나요?"

참고문헌을 다루는 법

요즘에는 책의 말미에 다 몰아서 넣으시는 걸 추천드릴게요. 책 페이지 하단마다에 각주를 달면 뭐가 안 좋냐고요? 너무 논문처럼 딱딱해 보이고 내용이 어려워 보인다는 인상을 줘요. 해당 본문 밑에 각주로 처리하지 않고 뒤에 한꺼번에 후주로 몰아서 보는 방식을 요즘 독자들은 선호하는 것 같아요. 각주 설명은 찾아볼 사람만 보라고 독자들에게 선택권을 주는 셈이죠.

- 대개는 책의 말미에 간단하게 참고문헌, 각주를 붙이는 게 요즘 특징

- 논문식으로 복잡하게는 no no: "책이름, 저자명, 발간 시기, pp.~~~"

- 부연설명을 추가하기도: "이것은 @@박사가 주장한 이론인데 지금 학계에서는 논란이 많다. 아직은 널리 통용되지는 않은 이론이다."

해외 석학들이나 권위자들은 자기 책에 부연 설명을 자세하고 길게 추가하는 이런 방식도 많이 해요. 하지만 보통은 간단하게《회복 탄력성의 비밀》이라는 책을 참고했고 누가 썼고 몇 페이지고 출판사는 어디고… 정도만 밝혀줘요. 그게 제일 깔끔하고 좋더라고요.

1장 참고도서
1.《회복탄력성》, 김주환 저, p.88, 위즈덤하우스
2.《상처 받지 않는 영혼》, 마이클 싱어 저/이균형 역, p.112, 라이팅하우스

그런데 진짜 간단하게 책 제목만 쓰는 분도 있는데 그건 비추입니다. 이왕 쓸 거면 1번처럼 쓰는 게 바람직해요. 제대로 안 쓸 거면 아예 그냥 출처도 참고도서도 부록에서 빼버리는 분도 있어요.

유행어 표현

유행어 표현도 원고에 가끔 써주면 재미있어요.

예) 코칭이 뭐지?' 좋은데, 좋아도 너무 좋은데…' (뭐라 설명할 방뻡이 없네!)

이거 어디서 유행한 겁니까. 천호식품이라는 음식회사 창업자인데 《10m만 더 뛰어봐》라는 책의 저자분이 유행시킨 말이었죠. 이 분이 TV에 나와서 광고를 하는데 사장인 본인이 직접 출연한 거예요. 그때는 다들 전문 모델을 썼던 분위기였는데 구수한 외모의 업체 대표가 직접 나와서 엄청 투박한 경상도 사투리로 "아~~ 이게 츠암 좋은데~~ 좋아도 느무 좋은데, 뭐라 설명할 빵~뽑이 없네!" 그러니까 사람들이 "와, 저 아저씨 웃기다!" 하면서 빵 터진 거예요. 그래서 갑자기 미친 듯이 매출이 올랐어요. 재미있으면 매출이 오르잖아요. 그래서 제품이 대박난 거예요. 이 표현은 요즘 세대는 모를 수 있는데 요즘에도 여기저기 인용되기도 해요.

예) 너는 계획이 다 있구나?!

이건 어디서 유행한 말이에요? 봉준호 감독의 영화 〈기생충^Parasite〉에 나오는 유행어죠. "아들아, 너는 계획이 다 있구나(Son, you've got a plan!)"라고 아버지가 얘기했던 대목이었는데 이내 유행어가 됐죠. 이런 표현을 응용해서 내 원고에 아주 가끔 써주면 재밌는 감초 역할을 해줘요. 너무 오래된 거 아니면요.

요약: 과학자

과학자는 실험하고 검증하는 사람이라고 했죠. 뭘 실험해야 한다고요? 글로 하는 실험이죠. 내 글을 넣어도 보고 빼도 보고 여러 궁리를 하는 거예요. 주된 실험의 대상은 죽은 사자였죠. 죽은 사자는 주근사자(주장, 근거, 사례, 자료)의 줄임말이죠. 기본적으로 모든 꼭지는 이 네 가지를 담고 있으면 입체로운 책이 된다는 것을 명심하세요.

글이 재미없어지는 이유가 특히 주장까지만 하셔서 그래요. 대부분 주장만 하고 끝나는 저자들이 태반인데 주장에는 반드시 이유를 밝혀야 돼요. 왜 이 주장이 타당한지 Why가 빠지면 안 돼요. 이왕 하는 주장도 뻔하지 않게 해야 되고요. '밥 먹으면 배부르다'가 아니라요.

그리고 가장 중요한 건 사례죠. 글이 입체적이고 재밌어지려면 사례가 빠지면 안 돼요. 근데 이 사례가 없거나 부족한 책들이 대부분이죠. 책을 쓸 때 사례를 빼먹는 경우가 가장 흔하거든요. 사례가 없거나 빈약해서 글이 재미가 없는 거예요. 대부분 초보 저자분들이 외부 자료는 요래조래 잘 갖다가 짜집기들 하시는데, 정작 중요한 건 자기 주변의 사례에요. 이 사례를 채운답시고 외국 논문과 인용을 데일 카네기 시절부터 가져와 끌어다 쓰시는 분들 많은데 그런 건 너무 먼 나라 얘기잖아요?(먼 나라 이웃 나라 찍는 것도 아니고요.) 우리 주변에서 지금 일어나고 있는 이웃들의 사례를 최대한 끌어 모으세요. 전화나 이메일 등으로요. 주변 이야기를 다 사례로 끄집어 쓰시면 돼요. 괜히 오래 된 외국 자료 갖다가 무슨 데일 카네기가 어떻고, 보이지 않는 고릴라가 어떻고 이런 식으로 다른 책에서 이미 쓴 사례를 식상하게 다시 집어넣지 마시고요. 그럼 모든 사람의 사례가 겹쳐서 비슷한 책이 돼버리니까요.

과학자 단계의 두 번째 포인트는 외부 자료를 추가하는 부분이죠. 외부 자료를 넣을 때는 팩트 체크가 가장 중요해요. 자료가 정확해야 되잖아요. 팩트 체크는 출판사에서 해주는 거 아니고요, 저자에게 책임이 있습니다. 원고에 대한 팩트가 맞는지 아니면 저작권에 위배되는 부분은 없는지 등의 콘텐츠 책임은 저자에게 있거든요. 매일 리추얼로 실험하고 검증하는 과학자 단계가 끝나면 이제 예술가 단계로 넘어가 마무리를 지어야 합니다.

HOW 3. 화가 되기

드디어 원고의 마무리를 해야 하는 퇴고 단계에 이르렀습니다. 여기까지
도달하면 원고 쓰기는 거의 다 하신 겁니다. 축하드려요! 이제 여러분이 하
셔야 할 변신은 화가에요. 자기가 의도하는 '작품'이 나올 때까지 글을 매끈
하게 매만지고 고치는 작업을 해야 해요. 훌륭한 예술가는 자꾸 덧셈을 해
가는 사람이 아니라 뺄셈을 해가는 사람이라는 말이 있죠. "나는 대리석에
서 천사를 보았고 그 천사가 자유롭게 풀려날 때까지 조각을 했다(I saw the
angel in the marble and carved until I set him free)."는 미켈란젤로의 말처럼요.

3단계 변신.
화가: 영혼을 불어넣는 사람
(최종 퇴고 단계)

- 많이 고쳐쓰기로 매끈한 퇴고를 해내야 합니다.

- 내용에서 군더더기를 걷어낼 줄 알아야 합니다(구조 다듬기).

- 말버릇처럼 쓰는 대목은 없는지 이상한 문장은 없는지 살펴야 합니다
  (말버릇, 비문 제거하기).

- 논리적으로 말이 되는지 체크해야 합니다(논리 체크).

- 써놓은 초고를 예쁘게 고칠 줄 알아야 합니다(문장 다듬기).

- 써놓은 초고에 생기를 부여해야 합니다. 마지막 예술혼을 넣어야 하
  고, 전체 원고를 마무리 짓는 화룡점정을 해야 합니다.

- 역지사지로 음미해볼 줄 알아야 합니다(독자의 눈으로 전체 원고를
  리뷰).

1장 실전 글쓰기 6단계: 최종 퇴고하기 (화룡점정)

전체 초고를 대략 다듬어쓰기를 하셨다면 그 다음 단계는? 이제 마무리를 향한 여정, 바로 퇴고입니다. 그동안 써놨던 원고를 마음에 들 때까지 고치기를 반복하는 작업을 퇴고라고 부르죠. 보통 전체 원고의 퇴고는 3~4번 정도 하면 됩니다. 이때는 거칠었던 내 원고를 예술가가 된 마음으로 좀 더 단정하게 다듬어주고 좀 더 아름답게 화장을 해줘야 합니다. '메이크업 아티스트(화장 예술가)'로 변신할 타이밍입니다.

이후에는 자잘한 나무에서 벗어나 더 큰 숲을 보면서 각 꼭지마다의 분량이 균형적인지, 조정하거나 보완할 대목은 없는지 체크해야 합니다. 최종적으로 A4 80페이지 이상 되는 분량이 되도록 조정해주는 작업이죠.

화가는 마지막에 화룡점정畵龍點睛을 할 줄 아는 사람이죠. 화룡점정이 무슨 뜻이냐고요? 중국 양梁나라 때의 화가 장승요에게서 비롯된 한자성어예요. '벽에 그린 용에 눈동자를 그려 넣는 순간 그 용이 살아서 하늘로 올라갔다'는 옛 이야기예요. 즉, 눈睛과 같이 가장 핵심적인 부분을 마무리하면 그 작품이 비로소 완성된다는 뜻이에요. 내 원고 전체에서 가장 중요한 포인트들을 가다듬어 강조해 화룡점정도 할 줄 알아야 합니다. 자, 그럼 퇴고를 향해 고고!

좋은 원고는
많이 고쳐쓰기(퇴고)로 탄생한다

"제 초고가 너무 거지 같아서 자존심이 상해요. 이대로 책을 낸다는 건 상상도 하기 싫어요. 흑흑… 어찌 하면 좋죠?"

　자의식 과잉입니다. 자기 글이 잘 쓰여지지 못한 것에 대해 처음부터 너무 지나치게 의식하지 마세요. 초고는 일단 양을 확보하기 위해 무조건 와다다 쓴 결과물이었잖아요? 모양이 예쁘지 않은 건 당연하죠. 세계적인 소설가 헤밍웨이조차도 "내 초고는 완전히 쓰레기였다!"고 고백한 적 있어요. 《노인과 바다》, 《누구를 위하여 좋은 울리나》 《무기여 잘 있거라》도 초고 때는 최종 퇴고 상태와는 많이 달랐대요. 초고를 계속 마음에 들 때까지 보완하고 고쳐쓰기를 반복해서 지금의 원고 상태로 나온 겁니다.

　세계적인 작가조차 초고는 자칭 "쓰레기 상태였다"고 했어요. 내 마음에 들 때까지 보충하고 다듬는 과정, 즉 퇴고를 하면서 원석 덩어리가 세공한 보석으로 변합니다. 그러니 안심하세요. 자신의 퇴고를 믿으세요. "신에게는 아직 12척의 배가 있습니다"가 아니라 "신에게는 아직 3~4번의 퇴고의 기회가

화가 되기

있습니다!" 이걸 철석 같이 믿으시고 안심하시길 바랍니다.

퇴고는 내 마음에 들 때까지 반복하세요. 단, 스스로 너무 물리지 않을 정도로만 하세요. 너무 퇴고를 많이 해도 더 이상 뭐가 좋은지 헷갈리는 마취 상태가 오니까요. 보통 전체 원고의 퇴고는 3~4번 정도 하면 마무리됩니다. 3번째 정도의 퇴고 후에는 하루이틀 정도 잠시 원고에 손을 대지 말고 거리두기를 하는 시간을 가져 보세요. 숙성시키는 타이밍이죠. 그러면 나무에서 벗어나 더 큰 숲이 보이실 거예요. 그때 보완하거나 뺄 대목이 보일 겁니다.

퇴고는 산고다

자기 책을 내고 싶어 하는 분들은 참 많아요. 하지만 끝까지 탈고(퇴고)해내시는 분들은 별로 많지 않습니다. 왜 안 될까요? 탈고를 하려면 집필에만 집중하는 시간을 절대적으로 많이 할애해야 하는데 그게 안 되기 때문이죠. 스마트폰, SNS, 인터넷, 다채널 미디어 등 다양한 분산거리들 distractions이 범람하는 이 시대에 오롯이 내 글쓰기에만 집중하기란 여간 어려운 일이 아니에요.

그럼 퇴고('퇴고'의 quality도 여러 level이 있지만 여기서 말씀드리는 퇴고는 '양서'로서의 가치가 있는 탈고)를 해내시는 분들은 어떻게 하는 걸까요? 일상이 아무리 바빠도 새벽이든 야밤이든 별도의 초집중하는 시간을 추가로 마련해 실행한 분들입니다. 유명한 학자든 일반인이든 공평하게 적용되는 현실이죠.

'세계 100대 공학자'로도 등재되신 박창규 교수님(건국대 유기나노시스템공학과)의 경우를 살펴보죠. 교수님은 2개월간 거의 매일 새벽 4, 5시에 귀가하시면서 원고 집필과 자료 구축에 집중하셔서 엄청 빠른 속도로 탈고를 해내셨습니다. 원래 단행본의 적정한 분량은 원고지 기준 800매 정도인데 무려 2배에 가까운 1,500매를 써내셨어요.

물론 A4 80페이지도 안 되는 원고 분량으로도 행간을 늘여 널널하게 책으로 내는 분들도 계십니다. 하지만 그럴 경우 책의 임팩트는 떨어질 수밖에 없어요. 대중적으로 파급력 있는 책이 되려면 최소 분량인 A4 80페이지 이상의 원고가 필요하고, 멘토급의 내공을 농축한 콘텐츠를 '대중의 언어로' 풀어내야 합니다. 교육자도 저자도 모두 수용자(학생이나 독자)의 눈높이에 맞춰 전달하지 못하면 환영받지 못하는 시대입니다. 제대로 된 탈고 작업은 산고에 준하지만, 산고를 겪고 나면 내 인생의 큰 자취가 될 '소중한 나의 분신'이 탄생하는 보람이 아주 큽니다(이 원고는《콘텐츠가 왕이라면 컨텍스트는 신이다》(박창규, 클라우드나인)로 발간되어 좋은 반응을 보였습니다.)

퇴고는
고독한 작업이다

"퇴고를 혼자 하려니 너무 고독해요. 제가 평소엔 이렇게 혼자 오랫동안 작업을 해본 적이 별로 없어서 그런가 봐요. 나 자신과 마지막 긴 전투를 치르는 기분이에요."

맞아요. 퇴고는 몹시 고독한 작업이랍니다. 타인과의 싸움이 아니라 자기 자신과의 싸움이라서 더 고독한 거고요. 그 싸움의 본질을 알면 이 고독함을 낯설게만 여기지 않을 수 있어요. 이 고독함 자체를 친숙하게 여겨 보세요. 그럼 싸움에 임하는 자세가 조금 달라져요.

원래 예술이나 모든 창작 활동은 자신의 내면에서 우러나와서 해야 하는 작업이죠. 그래서 본질적으로 고독할 수밖에 없어요. 창작자에게 외로움은 그림자처럼 따라다니는 숙명인 셈이죠. 이 숙명을 응당 필수적인 거라고 생각하세요. 그럼 마음이 훨씬 가벼워질 겁니다.

'자기 자신과의 싸움에서 이긴다'는 것의 기준은 어느 지점을 넘어가는 것일까요? 어디까지가 나와의 싸움에서 이기는 것인가? 자기 자신이 먼저 그 기준을 세팅해놔야 합니다. 목표 마감 시간을 정하고 그 날짜로부터 역산해서 기한을 잡으세요. 자신이 목표로 하는 원고 분량이 있잖아요. 예를 들어 A4 80페이지 쓰기를 목표로 잡았다면? 언제까지가 탈고 목표일인지를 계산할 수 있죠. 날짜 수로 80페이지를 나누면 매일 탈고해야 하는 원고의 분량이 나오잖아요. 매일 열 페이지의 원고를 탈고하기로 기준을 세웠다면? 그날그날 "열 페이지 이상을 넘겨 쓰면 미션 클리어 했다"고 스스로를 축하해주면 됩니다.

　퇴고는 고독한 작업임과 동시에 꽤나 설레고 흥분되는 작업이에요. 그동안 힘들게 써놨던 구슬들을 깔끔하게 꿰는 작업이니까요. 꿰어서 보배가 완성되는 예술 작업이니까 보람도 굉장히 큰 작업 단계에요.

　본격적인 퇴고 작업에 앞서 자주 쓰는 기능적인 것 몇 개만 알고 갈게요. 먼저 퇴고할 때 자주 쓰는 자판키에는 표시를 해두세요. 책 원고를 쓸 때 컴퓨터 자판 중에 손이 특히 자주 가게 되는 부위들이 있습니다. 이건 원고의 진행 단계에 따라 조금씩 달라지는데요. 저 같은 경우엔 퇴고할 때 압도적으로 많이 쓰게 되는 곳은 Ctrl + Del(글자를 블록 단위로 한꺼번에 삭제하기) 키입니다. 그래서 아예 잘 보이게 마커로 표시까지 해두었답니다.

　퇴고 시 인쇄해 놓으면 도움되는 대목들도 알려드릴게요. 쓰던 원고 중에 인쇄해 놓고 두고두고 활용할 대목들이 있어요. 특히 목차! 목차를 세부까

지 다 짰으면 인쇄하세요. 그리고 초고가 작성되는 대목들은 초록색 형광
펜으로 그으세요. 해야 할 대목들은 붉은색 펜으로 체크하시고요. 이렇게
진행상황을 실시간으로 컬러풀하게 표시하면서 가세요. 그렇게 하시면
언제든 전체를 수시로 보며 체크할 수 있어요. 진도 관리에도 도움이 되
고 큰 그림을 파악해 심리적인 안정감을 느낄 수 있죠.

최종 퇴고하기 개괄

　이제 6단계 최종 퇴고하기 단계를 실제로 시연해드릴게요. 주 포인트는 이런 겁니다. 생략할 수 있는 대목은 최대한 생략하세요. 반복되는 말이나 접속사, 형용사, 부사, 지시어, 의존명사처럼 걸리적거리거나 습관적으로 쓰는 말들이 있죠? 그런 것들은 없앨 수 있으면 최대한 다 없애 보세요. 그러면 훨씬 문장이 유려해지고 지루하지도 않고 리듬감이 생깁니다. 불필요한 지시대명사는 날려줘도 지장이 없고 더 깔끔해 보입니다.

　지금 단계에서는 쭈욱 원고를 다시 훑어 보시다가 설명이 부족한 대목은 보완하시고 보충하시기 바라고요. 어렵게 느껴지는 부분은 쉽게 풀어 쓰세요. 거친 곳은 부드럽게, 어색한 곳은 자연스럽게 만드세요. 너무 뻔해 보이는 곳은 표현이나 내용을 조금 색다르게 바꿔보세요. 논리 구조가 맞는지를 체크해 보시고요. 혹시 비문, 즉 제대로 된 문장이 아닌 경우가 있는지 체크해보세요. 비문을 체크하는 방법은? 주어와 술어를 떼어서 보거나 주어와 술어를 가까이 붙여놓고 봤을 때 따로 논다 그러면 비문이죠. 이런 체크법은 나중에 자세히 알려드리겠지만 지금 실습할 때도 한번 보죠. 문장을 피동형 말고 능동형으로 써야 된다는 점도 유의하시고요.

지금 단계에서는 저자의 의도를 반영한 강조 대목들을 내 문서에도 미리 강조 처리해 놓으면 좋답니다. 나중에 출판사 편집 디자인에 적용될 수 있도록 말이죠. 이 단계에서는 전반적으로 독자의 시각에서 자기 원고를 처음부터 끝까지 소리 내어 읽어보는 방법이 가장 좋습니다. 그래야만 저자의 입장에서 벗어나서 독자의 입장에서 내 원고가 재미있고 리듬감 있게 읽히는지를 알 수 있거든요.

이 외에도 좀 더 큰 목차 단위로 수정을 해줘야 될 때도 있고요. 전체 원고를 다 퇴고하신 뒤에 한꺼번에 교정을 보는 테크닉도 알려드릴 겁니다. 이런 단행본 원고는 오랫동안 읽히는 매체이기 때문에 시한성을 최대한 중화시켜서 없애놓는 것이 유리하다는 점도 설명드릴게요. 이 정도의 포인트를 일단 대강 짚어드리고요. 지금부터 그러면 6단계 최종 퇴고하기 시연 작업을 해보겠습니다.

최종 퇴고하기 시연

지금 단계에서는 셀프로 맞춤법도 체크해줘야 합니다. '~이'가 맞는지 '~가'가 조사로 맞는지 그런 것도 봐주세요. '아실 거예요.'라는 앞의 문장과 '잘 된다는 사실을요.'라는 뒷문장으로 바꿔줘야 전체적인 호응이 조금 더 자연스럽죠?

책쓰기는 나를 저절로 공부를 하게 한다

책 쓰기의 첫번째 효용이에요. 원고를 써가는 과정에서 내 공부가 정리가 돼요. 남에게 지식을 많이 전달해 보신 강사 분들은 <mark>잘 아실 거에요. 남을 가르쳐 보면 그 무엇보다도 내 자신의 생각이 정리가 잘 된다는 사실을요.</mark> 가르침의 가장 큰 수혜자<u>는</u> 다름 아닌 강사 자신이에요. 자기가 가르치는 내용에 가장 큰 혜택을 보는 이<u>가</u> 바로 나 자신이 된단 말이죠.

저는 대학 졸업반 즈음에 본 토익시험 점수가 잘 나와서(990 만점) 당시(IMF 이전) 한창 잘나가던 대기업들이었던 현대건설, 삼성전자, 대우그룹 등에 들어가서 높으신 분들(이사님들과 부장님들)에게 영어를 가르친 적이 있어요. 저는 해외 유학파 아닌 그냥 독학으로 영어를 공부했었는데 그때 마침 영어시험 점수가 만점이 나와서 그걸 들이밀고 도전했던 거죠. "제가 대학생이지만 여러분을 가르쳐 드릴 수 있습니다! 당신의 토익 성적 보장!" 이렇게 어필했더니 그 대기업분들이 "아, 괜찮은데?" 하시면서 영어강의를 시작하게 됐습니다. (그러고 보니 제가 은근 저돌적이었네요.)

이렇게 자연스러운 호응으로 만들어주는 그런 과정, 이게 퇴고 작업 중 중요한 한 축이 돼야 합니다. 그리고 너무 긴 만연체에 가까운 문장들은 좀 짧게 끊어주세요. 이때도 단문화 작업이 필요합니다. 퇴고할 때도 계속 적용을 시켜야죠. '저는 어쩌고저쩌고~~ 토익 점수가 잘 나왔습니다.' 단문화시키고요.

책쓰기는 나를 저절로 공부를 하게 한다

책 쓰기의 첫번째 효용이에요. 원고를 써가는 과정에서 내 공부가 정리가 돼요. 남에게 지식을 많이 전달해 보신 강사 분들은 잘 아실 <u>거에요.</u> 남을 가르쳐 보면 그 무엇보다도 내 자신의 생각이 정리가 잘 된다는 <u>사실을요.</u> 가르침의 가장 큰 수혜자는 다름 아닌 강사 자신이에요. 자기가 가르치는 내용에 가장 큰 혜택을 보는 이가 바로 나 자신이 <u>된단</u> 말이죠.

저는 대학 졸업반 즈음에 본 토익시험 점수가 잘 <u>나왔습니다</u>(990 만점) 당시(IMF 이전) 한창 잘나가던 대기업들이었던 현대건설, 삼성전자, 대우그룹 등에 들어가서 높으신 분들(이사님들과 부장님들)에게 영어를 가르친 적이 있어요. 저는 해외 유학파 아닌 그냥 독학으로 영어를 공부했었는데 그때 마침 영어시험 점수가 만점이 나와서 그걸 들이밀고 <u>도전했던</u> 거죠. "제가 대학생이지

가만 보시면 여기서 제가 습관적으로 쓰는 말 중에 하나가 뭔지 아시겠어요? 바로, '~하는 거'라는 의존 명사를 많이 쓴다는 점이죠. 이런 경향

은 최대한 없애 줘야 해요. '들이밀고 도전했던 거죠'라는 말에서 보시듯 '~하는 거'라는 말을 습관적으로 쓰는 버릇이 저에게 있어요. 이것을 '들이밀고 도전했죠.' 하고 좀 더 단순하고 간결하게 줄여줬습니다.

말 중간 중간에 '이제' 이런 표현도 제 구어체 언어 습관 중 하나에요. 이건 구어체 중에서도 심한 구어체에 해당하니까 삭제해주면 더 좋겠네요. '막 재미있게 해 주고'에서 '막'이라는 표현도 너무 구어체니까 삭제해주면 좋을 것 같아요.

다들 이제 지쳐나가 떨어져 있을 때 > 다들 지쳐 나가 떨어져 있을 때

젊은 애가 하나 들어와 막 재밌게 해주고 > 젊은 애 하나가 들어와 재밌게 해주고

'체험했었어요' 이거 약간 영어적인 표현인데. 이걸 우리말스럽게는 좀 더 단순하게 쓰죠. '체험했어요' 이렇게 단순 과거형으로 쓰는 게 좋겠습니다. 또 기본적으로 띄어쓰기나 맞춤법은 현재 내가 알고 있는 선에서 보일 때마다 고쳐보시고요. '편린' 이렇게 어려운 한자는 좀 더 풀어줘야겠죠. '흩어져 있는 조각들'이라고 괄호 안에 넣어 풀어줍니다.

중간 중간에 제가 하는 버릇 중 좋은 것도 있습니다. '문서 저장하기' 버튼을 수시로 누르는 버릇인데요. 이건 여러분도 열심히 따라하셔야 할 좋은 버릇입니다. 저장 버튼을 안 눌러 버릇해서 고생고생해서 작업한 원고를 다 날리는 예비 저자분들을 아주 많이 봤거든요.

이렇게 과거에 흩어졌던 내 지식들 모으는 것도 참 유용한 효능이지만, '앞으로' 공부하고 싶은 주제에 대해 책쓰기를 활용하시는 경우도 있어요. <몸이 먼저다><고수의 질문법><애매한 걸 정리해주는 사전> 등으로 유명한 한근태 저자님이 특히 그런 경우에요. 그 분은 자기가 앞으로 공부하고 싶은 주제를 새로 연구해가면서 책을 쓰시는 경우가 많아요. 실제로 <몸이 먼저다> 책을 쓰실 때는 헬스클럽에 가서 개인 코칭을 받는 과정을 담아 공부하면서 쓰셨다고 합니다. 헬스 전문가가 아닌 일반인의 입장에서 트레이너가 해준 조언과 자신의 발전해 가는 모습, 그 과정에서 깨달은 것들을 정리해 공부하듯 책으로 쓰셨어요. 결과는? 베스트셀러가 됐습니다. 헬스 분야 전문가가 전혀 아니셨음에도 불구하고 공부해서 쓰면 이렇게 좋은 반응을 얻게 됩니다.

따옴표 처리할 부분도 빠진 곳이 있으면 잘 채워주시고요, 설명 부분이 부족해 보이는 대목은 내용을 충실하게 채워 넣으시고요(꼭지의 전체 분량을 가늠해 봐가면서요). 추가해서 넣었습니다. 문단이 너무 짧은 것들은 이렇게 통합해주시고요. 너무 긴 것들은 나누기 해주세요. 문단의 길이는 보통 대여섯 줄 안팎이 적절하거든요. 너무 뭉텅이가 크게 져 있어도 독자들이 읽기에 부담스러워지니까요. 조금 논리가 바뀌거나 흐름이 바뀌는 대목이 있다 싶으면 그 대목을 다른 문단으로 나눠주면 됩니다.

이렇게 과거에 흩어졌던 내 지식들 모으는 것도 참 유용한 효능이지만, '앞으로' 공부하고 싶은 주제에 대해 책쓰기를 활용하시는 경우도 있어요. <몸이 먼저다><고수의 질문법><애매한 걸 정리해주는 사전> 등으로 유명한 한근태 저자님이 특히 그런 경우에요. 그 분은 자기가 앞으로 공부하고 싶은 주제를 새로 연구해가면서 책을 쓰시는 경우가 많아요. 실제로 <몸이 먼저다> 책을 쓰실 때는 헬스클럽에 가서 개인 코칭을 받는 과정을 담아 공부하면서 쓰셨다고 합니다. 헬스 전문가가 아닌 일반인의 입장에서 트레이너가 해준 조언과 자신의 발전해 가는 모습, 그 과정에서 깨달은 것들을 정리해 공부하듯 책으로 쓰셨어요. 결과는? 베스트셀러가 됐습니다. 헬스 분야 전문가가 전혀 아니셨음에도 불구하고 공부해서 쓰면 이렇게 좋은 반응을 얻게 됩니다. 그럼 강제적인 외부 동기부여가 작동되기 시작해서 저절로 공부가 잘 돼요. 강제력만큼 공부 진도 빼기에 좋은 방법도 없거든요. 공부도 하면서 돈도 벌고 새로운 전문성도 갖추고 그야말로 일석삼조죠.

책을 써놓으면 또 좋은 점은요, 과거 내가 했던 말을 다시 보며 나 자신을 다잡게 된다는 점이에요. 과거 내가 부쳐놓은 통찰이 가득 담긴 편지를 미래의 내가 보며 아하! 하는 순간이 가끔 생기거든요. 과거에 내가 쓴 책들에서 스스로 위안과 영감을 받게 돼요. 과거의 내 시간들이 헛되지 전체 퇴고 원고를 이렇게 다 쓰셨으면? 이제 실제로 책 디자인 작업 시 반영될 수 있도록 저자가 강조하고 싶은 대목에 볼드나 색자 처리로 해두시면 좋습니다. 여기서 강조 처리를 할 대목을 한번 표시해볼게요. '가르침의 가장 큰 수혜자는 다름 아닌 강사 자신이에요.' 부분만 마우스로 블록을 잡아서 Ctrl B 눌러서 볼드 처리하세요. 한 꼭지에 여기저기 한두 군데에 이런 식으로 강조 처리를 해놓으시면 됩니다. 이 이외에 자세한 퇴고의 테크닉은 제가 그 다음 꼭지에서 자세히 말씀드릴게요. 이상으로 실습을 마치겠습니다. 파이팅!

이게 보편적인 진리라서 그런지 이 현상을 묘사하는 전문 용어까지 있어요. 바로 **교학상장(敎學相長)** 즉, **'가르침(敎)과 배움(學)이 함께(相) 성장(長)한다'**는 뜻이죠. '남을 가르치면서 나도 배우게 된다'는 한자성어에요. 저 레오짱이 너무 사랑하는 말이라서 '레오짱 줌스쿨'에서도 모토로 삼았답니다. 수강생들이 이해를 잘 못하는 대목에 대한 질문에 답하다 보면 저 스스로 잘 알고 있다고 여겼던 내용도 다시 생각해 보게 돼서 훨씬 개념이 명확해집니다. 설명을 하다 보면 내가 정확이 어떤 부분을 애매하게 알고 있었는지를 알아낼 수 있게 됩니다.

여튼 저는 그때 많이 체험했어요. 혼자 독학했던 그 영어 지식들이 편린(흩어져 있는 조각들)처럼 돼 있었는데 그분들을 가르치면서 모두 다 모아지고 체계화되어 간다는 것을요. 남에게 전달하다 보면 하나의 체계화된 나만의 지식구조를 갖추게 된다는 걸 생생하게 체험했어요. '가르침의 가장 큰 수혜자는 가르치는 사람 자신이구나'를 절감했어요. 책쓰기도 남에게 내 경험을 전달하는 일종의 가르치기와 같은 과정이라서 비슷한 수혜를 자기자신이 가장 먼저 보게 돼요.

퇴고하는 포인트를
좀 더 세분화해보자

퇴고 시엔 조금이라도 군더더기 같으면 아까워 말고 과감히 버릴 줄 알아야 합니다. 군살을 빼야 깔끔한 바디 라인이 내 체형을 살려주겠죠? 군더더기 원고는 과감히 다이어트해 없앨 줄 알아야 해요. 그래야 원고의 라인(선)이 살아납니다. 퇴고할 때 고쳐 쓰는 기본적인 포인트 몇 군데를 짚어드리죠. 이 중에 특히 중요한 대목은 강조해 보여드릴게요.

1. 분량이 부족한 대목과 설명이 부족한 부분은 보완하세요.

2. 설명만 있고 예시가 없거나 부족한 부분은 사례를 보강하세요.

3. 긴 문장은 짧은 문장들로 나눠 주세요.

4. 어려운 부분은 쉽게 풀어 쓰세요.

5. 거친 곳은 부드럽게 다듬으시고, 어색한 곳은 자연스럽게 만드세요.

6. 뻔한 대목은 좀 색다르게 바꾸세요.

7. 생략할 수 있는 곳은 최대한 생략하세요. 불필요하거나 반복되는 부분도 버리세요. 접속사, 꾸미는 말(형용사, 부사), 대용해 쓰는 명사류(대명사, 지시어,

의존명사) 등도 되도록 없애세요.

8. 나만의 말버릇이 뭔지 알아내서 버리거나 수정하세요(입버릇처럼 반복해 쓰는 표현들이 뭔지 파악 후 고치기).

9. 비문은 없는지 주어와 술어를 떼어서 살펴보세요. 문장 안에서 술어가 호응하는지 체크하세요(주술 호응, 목술 호응-뒤에서 자세히 설명 예정).

10. 피동형 말고 능동형 문장으로 돼 있는지 확인하세요.

11. 나열할 때는 자격을 같게 하세요(뒤에서 자세히 설명 예정).

12. 문맥상 논리구조가 맞는지 체크하세요. 앞에서 했던 주장과 뒤에서 하는 주장이 일관되고 있는지 확인하세요.

13. 전체 원고를 소리 내어 읽어 보세요. 호흡을 써서 읽어 보면 내 원고에 자연스러운 리듬감이 있는지 부족한지 여부를 체크할 수 있습니다. 더 읽기 편한 문장으로 만드는 데 도움이 되죠.

14. 철저히 독자의 입장이 돼서 독자의 눈으로 자기 원고를 평가해보세요.

생략할 수 있는 곳은
최대한 생략하라

생략할 수 있는 대목은 최대한 생략하세요. 불필요한 대목은 버리세요. 반복되는 부분도 버리세요. 특히 불필요한 접속사는 최대한 버리세요. 예를 들어, '그런데, 그리고, 그러나…' 같은 말들요. 꾸미는 말에 해당하는 형용사, 부사도 꼭 필요한 경우 아니면 최대한 절제해서 쓰거나 날려버리세요. 대용해 쓰는 명사류(대명사, 지시어, 의존명사) 등도 되도록 없애는 게 깔끔하답니다. 실제로 이 책을 퇴고하는 과정에서 제가 고쳤던 부분들을 예시로 보여드릴게요.

접속사 생략하기

Before) 지금은 스마트폰 하나로 그 모든 복사 행위와 방송 행위를 하고 즉각즉각 공유도 할 수 있으니 문제가 된 거죠. 그래서 저작권 시대가 본격화된 겁니다.

After) 지금은 스마트폰 하나로 그 모든 복사 행위와 방송 행위를 하고 즉각즉각 공유도 할 수 있으니 문제가 된 거죠. 저작권 시대가 본격화된 겁니다.

화가 되기

주어 생략하기

Before) <mark>내가</mark> 자기계발서를 쓰려고 한다면 이 분야 베스트셀러나 주변에서 평가가 좋은 책들을 많이 봐두세요.

After) 자기계발서를 쓰려고 한다면 자기계발 분야 베스트셀러나 주변에서 평가가 좋은 책들을 많이 봐두세요.

일본식 조사 '의' 사용 자제하기

Before) 다양한 주제<mark>의</mark> 많은 양<mark>의</mark> 좋은 품질의 사진을 맘껏 이용할 수 있어요.

After) 다양한 주제<mark>로</mark> 좋은 품질<mark>로 된</mark> 많은 분량의 사진을 맘껏 이용할 수 있어요.

꼭 없어도 되는 말 날리기

Before) 예를 들어 <mark>실제 책 중에</mark> 래리 킹《대화의 법칙》이라는 책이 있어요.

After) 예를 들어 래리 킹《대화의 법칙》이라는 책이 있어요.

Before) 친권이 뭐에요? 당한 사람 본인이 클레임을 제기해야만 효력이 발효된다는 뜻이에요. <mark>그 말은</mark> 다른 제3자가 아무리 "저거 저작권 침해한 거 아니야?" 하고 말해봐야 소용없다는 거예요.

After) 친권이 뭐에요? 당한 사람 본인이 클레임을 제기해야만 효력이 발효된다는 뜻이에요. 다른 제3자가 아무리 "저거 저작권 침해한 거 아니야?" 하고 말해봐야 소용없다는 거예요.

반복해 쓰는 말버릇들은
의도적으로 바꿔줘라

> "그런 부분에 대해서라면 제가 좀 달리 생각했던 부분도 있었고요, 다른 부분으로 접근할 가능성 또한 고려하고 있는 부분이 있습니다. 그러니 계약해주세요."

어떤 예비 저자분이 실제로 썼던 원고에서 발견한 문장입니다. 여기서 '부분'이라는 단어가 몇 번이나 반복됐는지 찾으셨나요? 이 분은 실제로 말할 때도 똑같은 습관을 가지고 계시더라고요. 생각이 모호하거나 스스로도 내용을 잘 모르고 있을 때 이런 화법이 자주 튀어 나오게 됩니다. 마치 사투리 중에 '거시기' 화법처럼요. 말로는 앞뒤 맥락과 톤과 뉘앙스로 상대가 알아차릴 수 있지만, 그런 분위기를 바로 알기 힘든 텍스트(글)에서는 그렇게 하시면 안 돼요. '부분'이라는 대목은 비슷하지만 다른 말(유의어)로 모두 바꿔 주세요.

After) "그런 부분에 대해서라면 제가 좀 다른 생각도 해봤습니다. 다른 방식으로 접

화가 되기

근할 가능성 또한 고려하고 있답니다. 그러니 계약해 주세요."

중복을 피하라

어떤 사람이 한 말을 또 하고 또 하고 하면 짜증나죠? 글 쓸 때도 보기 싫은 것 중 하나가 표현을 중복하는 버릇이에요. 특히 와다다 정신없이 생각을 글로 꺼내기 바쁘다 보면 같은 단어가 반복해 나오기 쉽죠. 그러니 다듬어 쓰는 단계에서는 불필요하게 중복된 것이 없는지 살펴봐야 해요.

예를 들어, "화가 많이 난 상황에서는 그런 행동을 하는 상황이 있을 수 있으며 이런 상황에서는 옆에서 말려야 해요."라고 쓰는 식이에요. 지나친 중복은 독자로 하여금 '글쓴이가 어휘력이 많이 딸리는 사람인가?'라고 의심하게 만들어요. 한마디로 세련미가 없죠. 비슷한 다른 표현(유의어)으로 바꾸거나 아예 빼버리세요.

Before) 저희 신상품이 아직은 수요가 많지 않지만 차츰 방문객이 많아지고 문의전화도 많아지고 있어 긍정적으로 보고 있습니다.

After) 저희 신상품이 아직은 수요가 많지 않지만 차츰 방문객이 늘어나고 문의전화도 증가하고 있어 긍정적으로 보고 있습니다.

'많지 않지만' '많아지고' '많아지고 있어' 등 '많다'는 표현을 계속 반복해 쓰고 있죠? 비슷한 표현으로 바꿔주세요.

Before) 나 혼자만 이런 생각을 하고 있는 것이 아니라는 것을 알게 된 것이 다행이라고 생각했어요.

After) 나 혼자만 이런 생각을 하고 있는 게 아니라는 사실을 알게 된 점이 다행이라고 생각했어요.

한 문장에서 '것'이라는 말만 세 번 나오죠? 좀 심하다 싶죠. 긴 호흡의 글을 쓰다 보면 이런 반복 습관이 자기도 모르게 튀어나올 수 있어요. 한 문장에 '것'을 남발하는 저자분들이 제법 많아요. 최대한 비슷한 다른 말로 바꿔주세요.

유의어를 쉽게 찾는 방법은?

내 머릿속으로만 끙끙대면서 '아아 내 어휘력은 이 정도밖에 안되나?' 고민하지 마시고 포털 사이트 사전 중에 유의어 사전을 찾아보시면 돼요. 저는 수년 전부터 이 기능을 이용해서 다양한 표현을 써오고 있답니다.

네이버 > 사전 > 어학사전 > 국어

실습해볼게요. 국어사전에 '방종'을 입력해보세요. 그럼 3가지 항목 정도가 뜰 거예요. 거기서 1번 항목의 '방종 1 放縱. 명사. 제멋대로 행동하여 거리낌이 없음.'을 클릭해 들어가 보세요. 그러면 처음 설명으로 기본 뜻 풀이가 나오고, 2번째로 '연관 단어'라는 게 나오고, 3번째로 '유의어/

반의어' 항목이 보이시죠? '방종'과 비슷한 단어로 '방일放逸(석가모니가 애용했던 말)' '종임' '자사'라는 단어들이 소개되고 있죠? 와~~ 이렇게 새로운 어휘도 알게 되고 책의 글도 더 풍성해지니 얼마나 좋아요? 이상 유의어를 쉽게 찾는 방법을 알려드렸어요. 애용해 보세요(자세한 내용은 아래 큐알코드로 확인해 주세요).

유의어 찾는 방법 예시

비문은 없는지
주어와 술어를 떼어 살펴보자

"비문을 피하라, 비문을 만들지 말아라는 얘기는 들어본 것 같아요. 그런데 애초에 저는 비문이라는 것 자체가 뭔지 모르겠어요. 그리고 비문인지 아닌지를 제가 어떻게 알아낼 수 있나요?"

비문非文은 아닐 비非, 문장 문文이죠. 말 그대로 문장이 아닌 것, 즉 문법이 잘못된 문장을 가리켜요. 비문인지 아닌지 어떻게 아냐고요? 그건 '호응'을 살펴보면 됩니다. 특히 '주술 호응'과 '목술 호응'을 보면 되죠. 줄임말로 해놓으니 어렵다고요? 별거 아닙니다. '주술 호응'이라는 것은 주어와 술어가 어울리는지 보는 거고, '목술 호응'은 목적어와 술어가 서로 맞는지 보는 거예요. 방법은 쉬워요. 주어와 서술어만 뚝 떼어 읽고서 서로 어울리는지 보시면 끝!

예문) 내가 사업에서 실패한 까닭은 기획을 너무 만만하게 생각했다.

화가 되기

이 문장을 읽어보시면 '아아, 뭔가가 이상한 것 같은데?'라고 바로 감이 오세요? 비문은 이게 맞나 틀리나 싶게 약간 애매하게 파악될 때도 많아요. 그때는 어떻게 하라고요? '이 문장에서 주어가 뭐지? 술어는 뭐지? 목적어는 뭐지?' 이렇게 찾으신 뒤에 이것들만 따로 이어서 읽어보세요. 그럼 그 문장이 말이 되는지 안 되는지 바로 알게 되실 거예요.

주술 호응 맞추기, 지나친 주어 생략, 기본 맞춤법 등이 틀리면 저자에 대한 신뢰감을 떨어뜨리는 요소가 돼요. 전체적으로 헷갈리는 표현은 나중에 마무리 지을 때 한꺼번에 체크가 필요합니다.

예문) 나는 여기서 모든 결정이 끝날 것이에요. > 나는 여기서 모든 결정을 끝낼 거예요.

이 문장에서 행동의 주체, 즉 주어는 '나는'이죠. 그럼 '나는' 결정을 끝나는 게 아니라 끝내야 하는 주체가 돼야죠. 더 자연스럽게 표현하려면 '나는 여기서 모든 결정을 내릴 거예요.' 정도가 되겠죠. 가수 박정현 씨의 노래 'You mean everything' 가사 중에도 주술호응 실수가 발견된 부분이 있더라고요. 제가 발견했어요. 잠깐 보시죠.

You are everything to me. 그대 짓는 표정이 나를 바꿔요.
You mean everything. 나를 숨쉬게 하는 가슴 속의 주인은 바로 그대여> 바로 그대요/그대에요.

문장 안에서 서로 호응하는지 체크하라
(주술호응, 목술호응)

문장은 기본적으로 주어+목적어+술어로 되어 있죠. 주어와 술어는 서로 호응이 돼야 하고, 목적어와 서술어도 서로 호응이 돼야 해요. 그런데 종종 주어와 술어를 호응시키지 못하는 글이 나오는 이유는 뭘까요? 주어와 술어 사이에 끼인 말이 너무 많아 저자 스스로 어떤 것을 주어로 했는지 잊어버리기 때문이죠. 특히 문장이 길어질 때 이런 증상이 많이 보여요. 긴 문장에서 주어가 여러 개 나올 때 특히 실수가 많이 나오죠.

비문을 해결하는 가장 쉬운 방법은? 문장이 길어질 것 같으면 주어와 서술어 사이에 다른 말을 많이 넣지 않거나, 문장을 아예 단문으로 짧게 끊어 치시면 돼요. 이 방식의 글쓰기가 비문을 만드는 실수를 줄여줍니다. 가장 확실한 방법은? 만연체를 없애고 문장을 짧게 쓰는 겁니다. 단문으로 쓰기! 문장이 짧다고 글이 다 멋져지진 않겠지만, 짧은 문장일수록 비문이 될 가능성은 낮아지거든요. 문장이 짧으면 비문인지 아닌지 글쓴이도 독자도 바로 알아차릴 수 있게 되고요.

Before) 내 꿈은 멋진 프로그래머가 되어 사람들이 귀찮아하는 반복적인 잡일을 자동화시켜 주려 한다.

After) 내 꿈은 멋진 프로그래머가 되어 사람들이 귀찮아하는 반복적인 잡일을 자동화시켜 주는 것이다.

주어 '내 꿈은'과 술어 '자동화시켜 주려 한다'가 서로 호응이 안 맞죠. 맞게 수정해 주세요.

Before) 내가 사업에서 실패한 까닭은 기획을 너무 만만하게 생각했다.

After) 내가 사업에서 실패한 까닭은 기획을 너무 만만하게 생각했기 때문이다.

주어인 '까닭은'과 술어 '우습게 생각했다'가 서로 호응하지 않죠? '까 닭은 ~이기 때문이다'가 자연스러운 호응법이에요.

피동형으로
쓰지 마라

"가끔 제가 쓴 문장을 다시 보면 영어식 문장인 거 같은 느낌이 들 때가 있어요. 제가 영어공부를 열심히 해서 그런 걸까요? 이거 순수한 우리말식 표현 맞나 하는 것들이 많아요…."

맞아요. 요즘엔 글로벌 시대라 언어끼리도 서로 영향을 많이 주고 있어요. 다른 나라 언어의 사고방식이 한국어에도 많이 스며들었죠. 특히 영어식 피동문의 피해가 심각해요. 피동문이란 건 뭐에요? 사람이 아닌 무생물을 주어 자리에 놓고 쓰는 문장이죠. 무생물은 능동적 주체가 될 수 없는데 주어로 쓰는 거죠. 영어에서 '물주구문'(물건이 주어가 되는 구문)이라고 해서 많이 쓰는 어법이에요. 하지만 한국어에는 물주구문이 거의 없고, 동사도 당하는 형태의 동사(피동사)가 별로 없어요. 그래서 영어식 피동문을 한국어에 쓰면 억지 번역문을 읽듯이 부자연스럽게 느껴져요.

영어가 세계 공용어처럼 자리잡으면서 크게 영향을 받은 결과겠죠. 한국어에도 피동형 문장을 구사하는 사람들이 늘어나게 됐어요. 한국어에서

화가 되기

는 피동형을 쓰면 문장이 많이 어색하게 들려요. 글에 자신감도 없어 보이고 힘도 떨어져요. 사람이 주체가 되지 못하기 때문에 글이 좀 조심스러워 보이기도 하고요. 그러니 피동형으로 쓴 동사는 최대한 능동형 동사로 바꿔 주세요.

Before) 서울시가 30세 이상 주부들을 대상으로 글쓰기 실력을 평가한 결과 70%가 낮은 점수를 받은 것으로 조사됐다.

After) 서울시가 30세 이상 주부들을 대상으로 글쓰기 실력을 조사한 결과 70%가 낮은 점수를 받은 것으로 나타났다.

'~로 조사됐다'는 피동 표현은 심한 영어식 어법이죠. '~로 나타났다'로 능동형으로 바꿔 주세요.

Before) 이번에 모여진 기부금은 코로나로 격무에 시달려지고 있는 의료진에게 유용하게 쓰여질 것으로 보여집니다.

After) 이번에 모인 기부금은 코로나로 격무에 시달리는 의료진에게 유용하게 쓰일 것으로 보입니다.

'모여진' '시달려지고 있는' '쓰여질' '보여집니다'는 모두 아주 심한 피동형 동사들이죠? 최대한 능동형으로 바꿔 주세요.

나열할 때는
자격을 같게 하라

"제가 쓴 원고를 다시 보니까 뭔가 어색한 거 같아요. 그런데 그게 뭔지 모르겠어요. 특히 여러 가지 사실을 나란히 열거할 때 이상해 보이는 것 같아요."

나란히 나열하는 것을 우리가 '병기倂記한다'고 해요. 단어나 구절을 병기할 때는 반드시 앞뒤에 오는 말들이 같은 자격의 성격이나 구조를 지녀야 해요. 나열하는 단어의 성격이 서로 다르거나 구조가 다르면 앞뒤가 자연스럽게 이어지지 않아요. 나열할 때는 같은 성격을 유지하세요. 한국, 미국, 중국, 스페인처럼 국가를 열거할 때는 국가 이름만 써야 하죠. 서울, 샌프란시스코, 베이징처럼 도시를 열거할 때는 도시만 나와야죠. 다른 종류의 단어와 섞으면 논리력이 딸려 보여요.

Before) K팝 인기와 더불어 요즘 넷플릭스에서 한국 드라마가 중국, 태국, 블라디보스톡 등에서 각광을 받고 있다.

화가 되기

After) K팝 인기와 더불어 요즘 넷플릭스에서 한국 드라마가 중국, 태국, 러시아 등에서 각광을 받고 있다.

중국, 태국은 나라 이름이지만 블라디보스톡은 도시 이름이니까 나열하는 성격이 다르죠. 러시아로 나라 이름으로 고쳐주는 게 맞죠.

Before) 오늘 아침 배탈이 크게 나서 회의를 할 수도 출장도 갈 수 없었다.
After) 오늘 아침 배탈이 크게 나서 회의를 할 수도 출장을 갈 수도 없었다.

'회의를 할 수도'의 조사 구조와 '출장도 갈 수'의 조사 구조가 서로 같지 않죠? 한 문장 안에서 나열할 때는 똑같은 구조로 고쳐줘야 자연스러워요.

Before) 그 일이 너무 걱정이 돼서 밥도 못 먹고 잠을 자지도 못했다.
After) 그 일이 너무 걱정이 돼서 밥을 먹을 수도 잠을 잘 수도 없었다.

이제 감 잡으셨죠?

논리가 수미일관한지
체크하라

"내가 앞에서 했던 주장과 뒤에서 하는 주장이 일관되고 있는지 확인하라고 하셨잖아요. 그걸 구체적으로 어떻게 하는지 잘 모르겠어요."

문맥상 논리구조가 맞는지 체크하시라는 거예요. 앞에서 했던 주장과 뒤에서 하는 주장이 일관되는지 딴소리로 새진 않았는지 확인하세요. 내 책의 콘셉트를 A라고 해봐요. 그러면 책 전체의 목차는 다음 페이지의 구조처럼 짜는 게 좋아요. 제가 문학 이외의 실용적인 책에는 'WHY(왜 이 책을 쓰는가)-WHAT(이 책의 핵심 개념은 무엇인가)-HOW(그래서 어떻게 하자는 얘긴가)' 이 구조를 적용시키는 게 좋다고 말씀드렸죠? 맨 앞에 쓰는 프롤로그는 책 전체의 안내 글이고, 맨 뒤에 쓰는 에필로그는 책을 정리하는 마무리 글이고요. 한 권의 책 전체를 관통하는 키워드가 '대문자 A'니까 이것들의 작은 변형을 '소문자 a'라고 부를게요. 그러면 WHY 챕터가 다뤄야하는 것은 'WHY A?' 즉, '왜 A인가?'가 되겠죠? 그 하위에 채워 넣어야 할 대목들은 WHY a1, a2, a3… 이런 식으로 전개가 돼야 하고요.

화가 되기

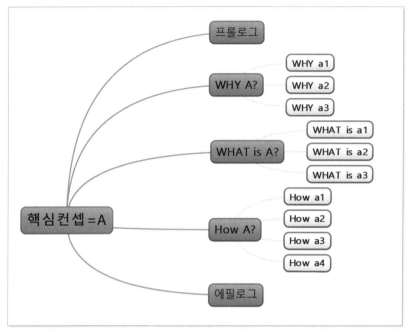

논리가 수미일관한지 체크하기

여기서 뜬금없이 WHY b1, b2, ··· 얘기를 해버린다든가 WHY a1, b1, a2, c1··· 식으로 콘셉트와 주제를 섞어 써서 삼천포로 빠지는 구조를 만들면 안 돼요! 그게 바로 비논리적인 책쓰기죠. 비논리적인 구조를 만드는 원흉이 테마와 주제를 내키는 대로 섞어 써버리는 글이에요.

"누가 그런 함정에 빠지겠어요?"라고 반문하실 수도 있어요. 하지만 실제 여러 저자분들이 써놓은 원고를 보면 그렇게 중간에 딴 길로 샌 경우가 많아요. 초벌 원고 쓰는 데만 매몰되다 보면 자기도 모르게 그렇게 해놓을 때가 많아요. 그 책의 주제와 별 상관없는 엉뚱한 이야기로 빠져 삼천포에서 놀고 계신 저자분들이 심심찮게 있어요. 주의하셔야 해요. 지금 퇴고 단계에서는 이런 '삼천포 대목들'이 없는지를 면밀히 살펴보세요.

목차 단위로
수정을 해야 할 때도 있다

"퇴고할 때는 문장만 잘 다듬으면 되나요? 좀더 크게 꼭지 단위로 수정하고 싶으면 어떻게 해야 할까요?"

좋은 질문이에요. 퇴고할 때쯤 되면 목차 단위로도 수정을 많이 가해야 해요. 꼭지 단위로 이 내용이 앞에 나오는 게 좋을지 뒤에 나오는 게 좋을지 계속 고민해보세요. 주변 지인에게 베타테스터로 원고를 미리 읽혀 보시면 피드백이 다양하게 나올 수 있어요. 예를 들어, "맥락상 어떤 부분이 앞으로 가는 게 더 좋을 거 같다"라는 의견이 나온다면 적극적으로 경청하세요. 원래 모든 책은 임팩트 있는 대목이 앞으로 가는 게 좋다고 말씀드렸죠? 지인들의 검토 의견이 일리가 있으면 적극 수용하세요.

원고를 쓰다 보면 내용의 시한이 지나서 업데이트를 시켜야 할 대목들도 있어요. 요즘에는 워낙 분위기와 트렌드와 상황이 빨리 변하기 때문에 정보와 상황을 수시로 업데이트 해줘야 해요. 또 각 목차 꼭지당 분량이 안 맞으면 통합시키거나 분할하거나 하면서 목차가 달라질 수 있어요.

화가 되기

저 레오짱은 퇴고할 때 꼭지 단위로 이동을 굉장히 많이 시키는 타입이에요. 분량이 작게 나오는 꼭지는 분량이 애매한 꼭지와 통합하기도 하고, 다른 꼭지 밑에 하위 소꼭지로 단위를 낮춰서 편입시키기도 해요. 여튼 저는 퇴고 시점에서 꼭지 단위의 이동을 엄청나게 많이 한답니다. 꼭지의 순서와 조합을 대략 50%는 바꿔놓는 것 같아요. 서로 합이 잘 맞는 꼭지간 궁합과 균등한 분량 배분을 위해서죠. 퇴고를 마치는 순간까지 그렇게 꼭지 단위로도 끊임없이 변화를 줘야 해요. 꼭지들을 서로 이동시키고, 합치고, 분할하고 하는 게 퇴고 단계에서 필수에요.

전체 맥락상 특정 꼭지가 어느 대목으로 재배치되면 좋겠다 하면 효율적으로 이동시키는 방법이 있어요(이건 진짜 레오짱만의 영업비밀 꿀팁인데 별걸 다 알려드립니다. 독자 여러분은 소중하니까). 꼭지 단위로 쉽게 이동시킬 수 있는 기술을 알려드릴게요.

워드 > 보기 > 개요 > 수준 표시-수준 2~3까지만 보기

이렇게 하신 뒤 이동시킬 꼭지의 제목을 잡고 위 아래로 드래그해서 이동시키면 끝이에요. 꼭지만 잡아 이동시켜도 밑에 속해 있는 거대한 텍스트 단락들까지 전체가 함께 움직여요. 이 방법을 쓰시면 한 눈에 전체 구조를 파악할 수도 있고, 쉽게 자리 변동을 시킬 수도 있어요. (이건 진짜 다른 어떤 작가도 몰랐던 초꿀팁이에요!)

- 피동형으로 쓰지 마라
- 나열할 때는 자격을 같게 하라
- 논리가 수미일관한지 체크하라
- 목차 단위로 수정을 해야 할 때도 있다
- 퇴고 때 챙겨두면 좋을 소품들
    - 원고에 강조 처리해 놓기
    - 퇴고시 꼭 출력물로 다뤄야 할 대목들
    - 단행본 원고에는 시한성을 없애라
- 헷갈리는 단어를 교정보는 요령
- 전체원고를 한방에 교정해 버리기
    - 한글 맞춤법의 핵심 동영상 서비스
- 에필로그와 프롤로그 쓰기
    - 에필로그 먼저 쓰기
    - 프롤로그는 맨 마지막에 쓴다

퇴고 때 챙겨두면
좋을 소품

"퇴고할 때 제가 넣고 싶은 그림이나 도표를 넣어도 될까요? 또 특별히 강조하고 싶은 대목이 있으면 표시해도 되나요? 그러면 그런 게 나중에 책으로 인쇄될 때도 반영이 잘 되나요? 그 외에도 퇴고할 때 알아두면 좋을 꿀팁들 좀 알려주시면 감사해요!"

그럼요. 요즘엔 시각과 영상에 익숙해진 세대가 주류잖아요? 그러니 도해, 도표, 그림 같은 비주얼 요소를 많이 넣어주시면 좋습니다. 시각적 요소들을 추가하면 책으로서의 완성도도 높아지고 독자들의 이해도도 높아지죠. 주변에 삽화나 손그림 같은 것 잘 그리는 지인 있으면 부탁해보세요. 아니면 저자 본인이 PPT 도표로 설명용 도해를 몇 개 만드셔도 됩니다. 그럼 나중에 출판사에서 디자이너분에게 의뢰해 깔끔하게 다시 정식으로 그려줍니다.

원고에 강조 처리해 놓기

원고가 분량이 많다 보면 뭐가 중요한지 한눈에 안 들어온다고 느낄 독자들도 있을 수 있어요. 각 꼭지마다 내용의 핵심은 볼드나 색자 등으로 강조해서 처리해두세요. 그럼 나중에 출판사에서 교정 작업을 할 때도 용이하게 반영시킬 수 있습니다. 워드 문서상에 볼드, 색자, 밑줄 처리 이런 거 해두시면 실제로 책으로 편집할 때 출판사에서 웬만하면 다 반영을 해줍니다. 다시 말해 색자로 처리해두면 나중에 실제 인쇄되는 책에도 색자에 준하는 처리가 되어 나오는 식이죠.

물론 워드 문서에서 그렇게 적용한 서식은 인디자인이라는 전문 편집 프로그램으로 옮겨지면서 서식이 모두 없어져버리긴 하지만요. 그래도 여러분이 미리 워드에 표시해둔 걸 보고 디자이너분이 다른 프로그램에서 서식을 적용시키니까 여튼 표시를 해두세요. 출판사에서는 웬만하면 저자분의 의도를 반영해드리려 합니다. 2중 작업이 되긴 할 테지만요.

각 꼭지의 말미마다 그 꼭지 핵심에 대한 요약 정리를 해주시는 것도 좋은 아이디어에요. 다 읽어도 뭔 말인지 모르겠다는 이 분야 문외한 수준의 독자들을 배려하는 재정리 역할을 해주거든요. 독자의 1초~10분을 아껴주는 저자의 정성에 독자분들은 감동합니다. 저자와 출판사의 작은 친절, 배려, 서비스 장치들이 책 선택을 용이하게 만들어줍니다(저는 개인적으로 이런 배려가 있는 책들은 좀 더 빨리 구매하게 되더라고요).

혹은 제가 코칭한 유혜리 저자의《잠깐 스트레스 좀 풀고 갈게요》책처럼 꼭지의 말미마다 to-do(독자들이 할 사항)이나 to-think(생각해볼 문제) 형식으로 정리해줄 수도 있어요. 제가 이 구성법을 삽입하라고 저자분에게 코칭해드렸는데, 실제 나중에 독자들 구매 후기에서 이 대목에 대한 만족도가 상당히 높게 나왔어요.

퇴고 시 꼭 출력물로 다뤄야 할 대목들

목차를 세부까지 다 짰으면 인쇄하세요. 그걸 퇴고 작업 하는 내내 책상 옆에 놓고 보면서 원고 수정 작업을 하세요. 수정이 한 번씩 끝날 때마다 작업된 대목들은 초록색 형광펜으로 그어 놓으세요. 초록색으로 1차 합격 통과불을 표시해두는 거죠. 당장 해결할 수 없거나 좀 복잡해서 나중에 다시 신경 써야 할 미결 대목들은 붉은색 형광펜으로 표시해 놓으세요. 그렇게 하면 전체 전도를 언제든 수시로 보며 체크할 수 있고요. 이 책의 전체 그림을 내 마음 속에 잘 그릴 수 있어요.

단행본 원고에는 시한성을 없애라

잡지나 신문과 달리 독자들에게 두고두고 읽히는 게 단행본 원고잖아요? 독자들이 구매하는 시점도 사람에 따라 모두 다른 상품이 책이죠. 책이 나온 후 1년 있다가 살 수도 있고 3년 있다가 살 수도 있어요. 그렇기 때문에 책의 원고는 시기적 트렌드를 너무 예민하게 반영하면 안 됩니다. 주간지나 월간지 글이라면 그러는 게 더 맞죠. 단행본은 몇 해, 스테디셀러로 자리 잡을 경우 몇 십 년 동안에 걸쳐 두고두고 읽히는 글이라 잠깐의 그때 시기에만 해당하는 글을 적어놓으면 안 좋아요. 그런 대목 몇 군데 때문에 나중에 보면 굉장히 오래된 책(구간)처럼 보이게 만들기 때문이에요. 예를 들어 제 글감옥 수강생 중 한 분이 이런 원고를 쓰셨더라고요.

> "거의 석 달을 꽉 채워 기다린 아이들의 개학도 이태원 클럽 사태 이후로 등교했다가 확진자가 발표되면 고3마저도 속수무책 바로 집으로 돌아오는 등 불안정한 상태입니다."

잘 쓴 원고지만, 이런 대목은 시한성이 걸립니다. 시류를 덜 타는 이슈로 사례를 바꿔 주시는 센스를 발휘해주시기를!

마지막으로 원고에서 자기 예, 자기 일화도 쑥스러워 말고 더 많이 추가하지 못해 안달을 내셔야 해요. 남의 사례와 인용 설명도 좋지만, 독자들은 저자 본인의 이야기에 더 감정몰입을 경험하고 동질감을 느끼게 되니까요. 혹시 본인 예시나 일화를 더 추가할 대목이 없을지 마지막으로 더 살펴보세요.

헷갈리는 단어를
교정 보는 요령

"원고를 퇴고하다가 이 단어가 맞는지 확인하려면 어떻게 하는 게 좋나요? 구글 검색을 해야 할까요?"

나중에 출판 계약을 하면 출판사에서 교정교열을 봐줘요. 그래도 기본적인 맞춤법 정도는 저자분이 한 번 점검하시는 게 좋아요. 투고할 때나 계약할 때 너무 기본적인 것조차 틀려 있으면 저자의 자질이 낮아 보이니까요. 최소한의 상식적인 수준은 점검하고 갑시다.

헷갈리거나 모호한 표현은? 구글은 검색 기능이 강력하긴 하지만 외국 회사라 한국어 맞춤법을 체크하는 데는 서툴죠. 요즘에 포털사이트 '사전' 항목에 보시면 기능이 좋아요. 포털사이트에서 '사전' 섹션을 검색하세요. 네이버사전, 다음사전… 등 인터넷으로 검색하면 다 나와요. 예를 들어 '네이버〉네이버 맞춤법 검사기'로 치고 들어가 보죠. '받아드리다'라고 틀린 표현을 치고 나서 '검사하기'를 눌러 보세요. '받아들이다'가 맞다라고 추천 결과가 뜨죠. 순식간에 교정을 해주는 거예요.

예) 받아드리다? > 받아들이다

네이버 맞춤법 검사기 좋아요. 빅데이터 기반 프로그램이잖아요. 네이버도 인공지능에 요즘 계속 투자하고 있어요. 그동안 한글 오류 난 데이터를 많이 쌓아놨어요. 그래서 그런 데이터가 더 많이 쌓일수록 인공지능 프로그램은 점점 좋아지죠. 옛날에 인공지능 기반이 아닌 맞춤법 검사기 때보다 훨씬 진화하고 있어요. 활용하면 여러모로 편해요.

예) 공항장애? > 공황장애

공항에만 가면 장애가 생기는 게 공항장애냐? 아니죠. '공황장애'가 맞다고 이렇게 딱 조정해 줘요. 또, '이태리' 같은 외래어 표기법도 자기 마음대로 표시하면 안 돼요. 한국식 외래어 표기법이 정해져 있어요(외래어 표기법은 특히 검색해 보셔야 해요).

예) 이태리? > 이탈리아

일상적으로 많이 쓰는 '이태리 타월'이라고 평소처럼 '이태리'로 쓰면 안 돼요. '이탈리아' 이렇게 쓰는 게 맞다고 포털사이트에 검색해 보면 잘 안내해줘요.

참고로 '한국어 맞춤법/문법 검사기'라는 프로그램도 있어요. 이건 옛날에 부산대학교에서 만들어 유료 CD로 팔던 프로그램인데, 요즘에 무료로 인터넷에 있어요. '주구장창'이라고 틀린 표현을 쓰면 '주야장천'으로 고쳐주는 이런 식인데 맞춤법 상식을 키우기에 좋아요. 그렇지만 요즘엔 네이버 맞춤법 검사기가 AI 기반으로 돼서 더 강력한 것 같아요.

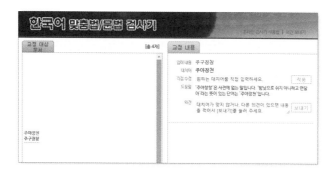

네이버 맞춤법 검사기를 강추해요. 생각보다 강력하게 교정해주거든요.

전체 원고를
한방에 교정하기

"그런데 제가 하나둘 씩 고치는 건 너무 감질이 나잖아요. 한꺼번에 맞춤법
을 확인할 방법은 없는 건가요?"

성격이 급하시군요. 그때그때 궁금증을 해결하면서 맞춤법을 확인하
려면 앞에서 알려드린 방법이 좋아요. 그런데 그게 너무 감질나거나 품이
많이 든다고 생각되시면? 한꺼번에 하는 방법도 있어요. 이것도 사실 초
꿀팁인데, 여러분에게 참 별걸 다 알려드리네요.

네이버 초기화면으로 가서 상단 중앙〉'더 보기' 들어가면 '포스트' 항
목이 보입니다. 여러분 네이버 아이디만 있으면 별도의 뭘 개설하지 않아
도 포스트 쓰기를 바로 할 수 있고요. 여기에 여러분의 소중한 원고를 전
부 복사해서 한번 검사해봅시다.

**네이버 > 더보기 > 네이버 포스트 > 포스트 쓰기 > 원고 복사해 붙여넣기 > 맞
춤법 검사 - 실습해보기**

1) 네이버 포스트(smart 3.0 이상 버전에서)-'글 수정 상태'에서 검사하기

2) 1차 저장 후 '수정 상태'로 다시 들어간 뒤 오른쪽 마우스-구글맞춤법검사(모든 언어+고급 맞춤법 검사)를 가동시켜 2차 검사! 이렇게 하시면 원고의 상태가 더 정교해집니다. 옛 시절에 유료 맞춤법 프로그램 CD보다 더 간편하고 퀄리티도 좋고 더 빠릅니다(작업 시간이 대폭 줄어듭니다. 200페이지 교정을 20분만에 끝낼 수 있습니다).

실제로 함께 실습해볼게요. 일단 내 원고 전체를 카피해봅시다. 문서에 대고 Ctrl+A(컨트롤 all의 준말, 내용 전체를 한꺼번에 선택할 때), 이걸 눌러서 Ctrl+C로 복사를 다 하세요. 전체 원고라서 분량이 꽤 되는데 전체 원고를 포스트에 모두 붙여넣기 할 수 있습니다. 살짝 시간이 걸린 뒤에 다 들어갑니다.

가끔 글씨가 엄청 크게 들어가도 그런 건 개의치 마세요. 진짜 문제는 가끔 단락별로 따로따로 텍스트가 블록이 져서 인식되는 경우가 있는데 그런 경우만 피해 주세요. 블록마다 하나씩 다뤄져서 나중에 한꺼번에 복사 다시 뜨기가 힘들거든요. 이건 왜 이렇게 단락마다 블록이 쳐져버렸냐하면 워드문서에서 그대로 붙여넣기를 해서 '서식'이 적용돼서 그래요.

어떻게 해결해야 할까요? 메모장을 활용하시면 됩니다. 아무 서식 적용 기능 없이 텍스트만 흐르게 만들어버리는 빈 메모장을 여세요. 거기에 붙여넣기를 한번 하고 이걸 카피를 떠서 다시 포스트에 붙여넣기 하시면 깔끔하게 들어갑니다. 글 전체가 블록이 구분되지 않고 한꺼번에 전체를 카피할 수 있는 상태가 되는 거죠. 아무런 서식이 먹혀 있지 않은 그 상태로 해

야 블록이 덩어리지지 않고 전체를 한꺼번에 다루기가 편해지죠.

그럼 이제 맞춤법 검사를 가동시켜 봅시다. 상단 중앙의 '맞춤법 검사'를 누르세요.

맞춤법 검사 중입니다. 이건 네이버가 투자한 인공지능 기반인데 아직은 오류 정보가 많아서 정확도는 좀 떨어져요. 하지만 이 정도만 해도 감지덕지 감사할 일이죠. 인공지능에게 밥(주식)은 데이터잖아요? 지금은 그 데이터가 많이 쌓이지 않아서 뭔가 완성도가 조금 떨어지는 상태인데 앞으로 한 1년만 지나면 굉장히 좋아질 것 같아요. 거의 종이 사전은 폐기해야 하는 시대가 될 것 같아요. 종이 사전을 뒤적이면 옛날 꼰대 소리 듣는 세상이 됐습니다.

맞춤법 검사 결과를 한꺼번에 주르륵 보여줍니다. 여기 노란색으로 뜨는 게 '뭔가 문제가 있으니 한번 검토해볼래?'라는 뜻이에요. 인공지능이

다 잡아놓은 거예요. 클릭하면 '추천하는 수정 표현'이 떠요. 붙여쓰라는 둥 고쳐쓰라는 둥… 그러면 수정을 누르면 수정이 반영되는 식입니다.

잘못된 추천어를 제시할 때도 많은데 그건 저자가 내용을 잘 아실 테니 조절하시면 돼요. '여기 추천어가 엉터리라 바꾸기 싫은데?' 그러면 그냥 바탕화면을 클릭하면 없어져요. 나머지 노란 줄 대목들만 쭈욱 보시다가 진짜 확실히 틀린 것만 수정하겠다 그러면 그 대목만 클릭해도 수정이 되는 거죠. 일부 추천어가 엉터리이긴 해도 이 방법이 훨씬 빨라요. 혼자서 고민하면서 이게 맞을까 저게 맞을까 하는 것보다 한방에 쭉 이어서 수정해볼 수 있으니까요.

그래서 맞춤법 검사가 다 끝났으면? 이 포스팅 원고 전체를 복사해 원고에 다시 붙여넣기(Ctrl A > Ctrl C > Ctrl V)하세요. 자기 원고에다 다시 흘려넣기 하시면 됩니다. 깨끗하게 별 문제되지 않는 1차 걸러진 원고 상태가 되는 거죠. 그런 식으로 하시면 됩니다.

참고로, 인디자인 프로그램에 내장돼 있는 맞춤법 검사는? 빅데이터 기반이 아니어서 별 도움이 안 되는 것으로 제 실험 결과 밝혀졌습니다 (어도비 지못미!).

한글 맞춤법의 핵심 동영상 서비스

독자 여러분을 위해서 제가 별걸 다 준비해 놨어요. 맞춤법 특강 동영상 강의를 찍어놨죠. 맞춤법의 핵심 원리에 대해서 제가 좀 다른 캐릭터를 써서 '햄잼잼 레오짱'이라는 부캐로 설명합니다. 〈한글 맞춤법의 핵

심〉 (유료 강좌이지만 이 책의 독자 여러분에게만 무료로 제공해드릴게요. 책의

판권에 자기 이름을 쓴 뒤 사진을 찍어 레오짱 카페에 올려주시면 유료 강좌 접근

권한을 드립니다).

레오짱 카페

에필로그와
프롤로그 쓰기

"본문을 다 탈고했어요. 이제 뭘 하면 되나요? 그냥 다 끝난 걸까요? 와, 만
세!"

아, 거의 다 하신 건 맞지만 진짜 중요한 몇 가지 숙제가 있답니다. 바로
에필로그와 프롤로그 쓰기에요. 에필로그는 쓰는 경우도 있고 안 쓰는 경
우도 있지만 저는 쓰시라고 추천드립니다. 그래야 책이 긴 여정을 끝내고
마무리가 되는 느낌을 주거든요. 프롤로그는 반드시 쓰셔야 합니다. 그
이유는 잠시 후 알려드릴게요.

에필로그 먼저 쓰기

그러면 이제 여러분께서 본문은 다 쓰셨다고 가정하고 얘기할게요. 마
지막 부분에 에필로그, 즉 맺음말을 하나 추가하면 책의 구성이 완벽해집
니다. 포괄적인 결론을 한번 내려주세요. '이 책은 뭐에 대한 책으로 지금

까지 쓴 것이다'라고 얘기해주세요. 당부사항 같은 것도 써주시고요. 예를 들어 '이 책은 A라는 얘기를 중점으로 했지만, 혹시라도 B 영역까지 관심 있는 분은 이런 책들도 참고해라.' '내 책은 A까지를 다뤘다. AB 전부를 다룬 것은 아니다.' 이런 식의 솔직함을 발휘해도 되고요.

마지막으로 잊으면 서운한 특별한 감사 인사도 남겨야죠. "대조 교정을 한번 봐달라고 맡겼다가 부부싸움 나게 만든 남편에게… 그래도 여전히 고마워. 당신 덕분에 이 악물고 끝까지 쓸 수 있었어." 이런 거 남겨주시면 좋죠. 남편에게 절절한 게 없어서 낯간지럽고 안 써지는 분이면 '아쉽지 않은 남편에게' 이렇게 써주시든가요. 여하튼 가족이나 지인들에게 감사 말씀 하나 전해주시면 두고두고 기록이 남는 거니까 좋습니다.

■ 에필로그 쓰기 (=맺음말, 내용 갈무리짓기 개념)

　□ 포괄적 결론, 서머리

　□ 당부의 말씀 (다룬 지점, 한계, 참고 가이드)

　□ 감사의 말씀

프롤로그는 맨 마지막에 쓴다

프롤로그는 맨 처음 쓰는 게 아니라 맨 마지막에 쓰시길 추천드려요. 프롤로그를 맨 마지막에 쓰라는 이유는? 독자들이 가장 먼저 접하는 부분이라 너무 중요해서죠. 제목이나 캐치프레이즈 확정하기 전에 원고를 쓰다 보면 원고 전체가 원래 기획 의도와 달리 조금씩 달라지는 대목이 생겨요. 최종적인 원고로 완성한 후에 프롤로그를 써야만 제대로 된 안내를 할 수 있기 때문이죠. 그래서 프롤로그를 마지막에 써야 합니다.

프롤로그는 책 전체에 대한 안내문이자 미리보기 같은 개념입니다. 프롤로그에서 다룰 내용은 이런 겁니다. 책을 쓰게 된 동기를 밝히는 게 중요하고요. 책의 구성을 간략히 안내해 주셔야 합니다. "1장에서는 어떤 얘기를 할 예정이고, 2장에서는 뭘 다루고, 3장에서는 뭘 얘기할 겁니다." 이런 걸 살짝 귀띔해주세요. "이 책의 전체를 관통하는 나의 주장은 이것이다" 하는 핵심 메시지를 미리 한번 요약해주면 좋습니다. 마지막에 '2021년 한여름에 서재에서' 이런 식으로 마무리하면 됩니다.

2021년 5월 30일? 곧 이제 탈고하실 거면 6월로 적으세요. 책 인쇄 날짜가 아무래도 6월이 될 것 같다 그러면 6월 혹은 '2021년 여름에 홍길동'이라고 적어주세요. 그래야 실제 출간 후에 보는 타이밍과 맞겠죠. 책을 처음 사보는 사람에게 이왕이면 2021년 한여름 신상처럼 따끈따끈한 느낌으로 전달하면 좋죠. 6월이라고 특정 월로 한정해버리면 나중에 봤을 때 시간이 너무 지난 느낌이 들게 하니까 그냥 한여름에 하는 게 더 좋을 수도 있고요.

■ 프롤로그 쓰기 (=머리말, 내용 미리보기 개념)

　□ 이 책을 쓰게 된 동기

　□ 이 책을 어떻게 구성했나 (1장에서는 어떤 이야기를 다뤘고~~~)

　□ 전하려는 핵심 메시지는 뭔가 (3~4줄 요약)

　□ 2021년 한여름에 서재에서, 홍길동

실제 책으로 한번 살펴보죠. 제 전자책쓰기 수강생 중 황윤지 저자님 머리말로 한번 보죠. 인터넷서점 미리보기에 나오니까요. 머리말이 책의 글 중에서 굉장히 중요한 역할을 하는 이유는 독자들이 미리보기로 머리말을 다 읽을 수 있기 때문이죠. 프롤로그는 독자들이 책을 실제 검토할 때 가장 먼저 노출되는 부분이잖아요. 그래서 이 대목이 나름 인상 깊어야 해요.

이 책 프롤로그를 보세요. "제2 땅굴로 오라고요?" 이렇게 세게 시작한 것도 그 이유죠. 이 책의 경우도 "저는 어떤 이유로 이 책을 썼다" 그리고 "나는 인생 2막의 짧은 여정을 이 책에 담아보았다"는 취지를 담았어요. 마지막에 '2020년 가을날 황윤지' 이렇게 적었죠. 이렇게 쓰시면 돼요.

독자의 눈으로
전체를 다시 보라

> "퇴고를 열심히 한다고는 했는데 이게 사람들에게 어떤 느낌을 줄지 모르겠어요. 주변 사람들에게 원고를 읽어보게 하고 의견을 받아보는 게 좋을까요?"

네, 일단 믿을 만한 주변 사람들에게 내가 쓴 원고 전체를 한번 읽혀보세요. 이런 사람들을 전문 용어로 '베타테스터(시험 삼아 미리 검토하고 의견을 주는 사람)'라고 불러요. 베타테스터 제도를 시스템으로 운용하고 있는 출판사들도 있어요. 다른 사람들은 나와 좀 다른 입장, 시선, 시각으로 바라보잖아요. 그래서 내가 미처 보지 못한 부분을 볼 수 있어요. 원래 바둑이나 장기 둘 때도 옆에서 훈수 두는 사람들에게만 잘 보이는 포인트들이 있잖아요? 그게 외부인 효과에요. 구경꾼의 입장, 제3자의 입장에서 보면 그 안에 매몰되어 있는 사람(저자)은 미처 보지 못한 것을 볼 수 있죠. 그들에게 구체적으로 주문하세요. 내 원고가 충분히 이해가 되는지, 어려운 대목은 없는지, 근거가 잘 납득이 되는지, 갸우뚱해지거나 동의 못할 대목은 어

화가 되기

디인지, 인상 깊었던 대목은 어디인지 등의 의견을 달라고요.

퇴고가 어느 정도 마무리되어갈 때쯤(보통은 전체를 3번 정도 고친 뒤)에는 내 원고를 숙성시키는 시간을 가져보세요. 원고가 김치도 아닌데 어떻게 숙성시키냐고요? 가장 핵심적인 방법은 내 원고를 내가 다른 사람의 눈(시선)으로 보는 거예요. 먼저 의견 달라고 보여줬던 외부인들에게만 내 원고를 맡겨 놓지 마시고, 저자 자신도 그 시간에 동시에 독자의 눈으로 빙의해서 전체를 리뷰해보세요.

특히 전체 원고를 프린트해서 보면 객관적으로 검토하는 데 도움이 많이 돼요. 출판사 사람들이 원고 교정을 볼 때 반드시 프린트해서 그 위에 빨간 펜으로 교정을 보는 이유가 뭘까요? 컴퓨터 자판을 벗어나 최종 출력물의 형태로 보면 멀리 보기, 즉 객관화가 되거든요. 프린트물을 철저히 독자의 입장이 돼서(빙의해서) 살펴보고 맹점이나 보완점을 체크해두세요.

목차 자동 추출하고
업데이트 하는 법

"다 쓴 원고를 목차처럼 만들어서 전체 구조를 일목요연하게 보고 싶어요. 이럴 때 일일이 수동으로 목차를 만드는 건가요?"

아뇨. 전부 자동으로 생성할 수 있습니다. 본문 목차를 만드는 것은 아래한글 프로그램보다 워드 프로그램에서 하면 더 편하고 효율적입니다. 본문 해당 대목에 커서를 둔 뒤 '홈〉스타일〉제목1'을 클릭하면 하나의 꼭지 단위가 만들어집니다. '제목2' 레벨을 클릭해주면 그 하위의 소꼭지 단위가 만들어지는 식이죠. 이런 식으로 전체 꼭지의 제목들을 다 레벨을 지정해주는 작업을 해두면 바로 목차를 자동 추출할 수 있게 돼요.

그리고 나서 '탐색창'을 켜면 왼쪽에 목차가 잔뜩 보이게 됩니다. 목차는 본문의 맨 앞, 제목 다음에 있으니까요. 문서의 맨 앞으로 가보세요. 여기에 'Ctrl+엔터'를 눌러서 페이지 하나 다 비워놓으세요. 그냥 '엔터'는 한 칸만 내리지만 'Ctrl+엔터'는 페이지 하나를 다 내려줍니다. 빈 페이지를 중간에 하나 만드는 거예요. 이건 아래한글도 마찬가지에요.

화가 되기

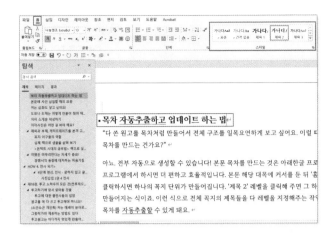

이 비어 있는 페이지에 목차를 삽입하면 되는데요. '워드〉참조' 메뉴에 들어가세요. 참조가 가운데 있네요. 왼쪽 메뉴바의 '목차' 항목에 가서 맨 밑에 목차 만드는 형식(워드 버전마다 이름이 다르게 나오기도 하는데 아마도 '자동목차2')을 선택하면 자동으로 목차가 만들어져요.

수정한 뒤에 업데이트도 자동으로 돼요. 예를 들어 프롤로그에서 본문 표현을 '프롤로그-1' 형태로 수정했다 칩시다. 목차에도 이 수정본이 자동으로 반영이 돼야 할 거 아니에요? 그러면 '워드〉참조〉목차' 부분 메뉴로 가서 두 번째 줄에 있는 항목, 즉 '목차 업데이트'를 누르면 업데이트가 반영됩니다. '목차 전체 업데이트'를 선택한 뒤에 '확인' 버튼을 누르세요. '페이지 번호만 업데이트' 하는 건 별로 쓸 데가 없으니까 하지 말고 '목차 전체 업데이트'를 누르세요. 확인! 그러면 '프롤로그-1'이 반영됐죠. 본문을 수정한 게 반영됐어요.

이런 식으로 목차를 자동으로 만들어줍니다. 페이지가 바뀌면 페이지도 자동으로 수정이 돼요(사실은 반자동이죠). 내가 일일이 몇 페이지였더라 하면서 고치지 않아도 됩니다. 이런 기능이 좋기 때문에 제가 그렇게 제목1, 제목2… 이런 레벨링 작업을 미리 본문에 정해 놓으시라고 누누히 강조드렸던 거예요. 이걸 정했기 때문에 목차가 만들어진 거예요. 그걸 정하지 않으면 목차가 자동 추출되지 않습니다. 문명의 이기는 적극 이용할 줄 알아야 현명한 저자가 됩니다.

■ 목차 자동 추출하기
   □ 본문의 맨 앞에 커서를 놓은 후
   □ 추출: 워드 > 참조 > 목차 > (맨 밑)제목1 – 지정
   □ 목차 삽입 완료

■ 목차 업데이트
   □ 기존 목차 클릭 > 목차 업데이트 > > 목차 전체 업데이트

본문에
사진 삽입하는 요령

"책에 넣고 싶으신 사진이 있으면 어떻게 해요? 원고 문서 안에 사진을 직접 넣으면 되나요?"

원고 파일 안에 사진을 직접 넣지는 마세요. 종종 어떤 저자분들은 본문에 직접 '사진 삽입'으로 넣어 주시기도 해요. 그렇게 하지 마시고 따로 골라 놓으세요. 사진을 설명하는 말(사진 캡션)을 본문 해당 대목에 텍스트의 형태로 넣어놓는 것으로 족합니다. 괜히 사진 자체를 원고에 삽입하면 문서 용량만 커지고 위치도 틀어지게 됩니다.

제1장 1-1) ○○○.jpg

제2장 2-10) ○○○.png

제3장 3-13) ○○○.tiff

해당 자리에 사진 설명문(사진 캡션)만 넣어두세요. '제1장 1-2) ○○○'

이런 식으로 사진 설명을 달아놓으면 돼요. 이 사진 원본 이미지들은 폴더에 따로 저장을 하시되, 사진 파일명도 위처럼 지정해두셔야 해요. 사진 1-1, 1-2 등으로 이름을 정해 놓으면 좋아요.

사진 파일의 종류는 보통 jpg 방식으로 주시는 게 가장 무난해요. png는 배경을 투명하게 만드는 사진을 전달할 때 효용이 있고요. tiff도 무손실 파일 형태라 괜찮아요. 이렇게 이름을 붙인 사진들을 하나의 폴더에 모아서 압축파일(zip파일) 형태로 만드세요. 그걸 이메일로 출판사에 한꺼번에 전달해주면 출판사에서 실제로 책 속에 깔끔하게 삽입해서 디자인적으로 다듬어 줍니다.

예전에는 폰으로 찍은 사진의 경우 해상도가 낮아서 인쇄용으로는 적절하지 않은 경우가 많았어요. 그런데 요즘 스마트폰은 해상도가 충분히 높아서 웬만한 사진은 그대로 출판 인쇄용으로도 쓸 수 있습니다(가끔 무슨 어플로 다시 만진 결과, 사진 용량이 팍 줄어든 경우도 있어요. 그런 경우 해상도가 너무 낮아져 사용하지 못할 수도 있어요. 항상 원본 사진 그대로 전해 주시길 바랍니다). 스마트폰으로 찍은 것은 어디까지나 스냅사진 느낌이죠. 현장의 리얼함을 살리는 용도로는 괜찮습니다. 하지만 좀더 깊은 느낌의 사진을 사용하고 싶으면? DSLR로 찍은 사진이라면 더 좋습니다. 사진의 깊이감이 다르니까요.

저는
삽화도 넣고 싶어요

"저는 그림을 제법 그린다는 평가를 듣는데 제 첫 책엔 그림을 직접 그려넣고 싶어요!"

그래요? 일단 그림 재능이 있으시다니 축하드려요! 실용적인 내용의 책에는 사진이나 삽화가 많이 들어가면 좋아요. 저자가 시각적인 이미지를 스스로 직접 표현하는 것이 어떤 그림의 톤을 정확하게 전하는 데는 좋아요.

그런데 그 '잘 그린다'는 평가는 대단히 주관적일 수 있어요. 객관적으로 다른 사람들이 보기에는 좀 실력이 별로이거나 요즘 출판되는 책들의 그림 감성과 많이 다르면 곤란해요. 그런 부분이 잘못 그려지면 출판된 책의 느낌을 약간 갸우뚱하게 할 수 있어요. 본인의 실력에 자신 있고 요즘 트렌드에도 맞는다는 평가가 있다면 직접 그리는 게 베스트겠죠. 그렇지 않으면 삽화가를 고용해서 "이런 톤으로 그려주세요." 하는 게 좋습니다.

요즘 사진이나 삽화의 톤은 예전하고 좀 달라졌어요. 꼭 빼어나게 잘 그릴 필요는 없어요. 다만, 옛날처럼 그냥 정직하게 사진 같은 그림을 쓰지 않아요. 요즘 삽화들은 옛날처럼 라인이 너무 딱딱 맞아떨어지게 규격화해 그리지 않는 추세에요. 그런 삽화보다는 뭔가 약간 허술해 보이는 삽화를 좋아해요. 라인이 하나둘씩 끊어져 있고 색조는 파스텔 톤이거나 단색으로 표현될 때는 음영을 넣은 정도? 딱 그 정도가 요즘 독자들이 선호하는 그림체더라고요. 망고보드나 미리캔버스 같은 데서 인기 끌고 있는 삽화류가 그런 케이스라고 보시면 돼요.

예를 들어 《나는 나로 살기로 했다》 그런 책의 삽화처럼 그리면 좋을 것 같아요. 그런 풍의 그림들이 요즘 한국 독자들에게 먹히거든요. 살짝 손 그림 스타일의 B급 감성을 담은 듯한 그림 스타일 말이죠.

"내가 어떻게 그림을 그려?"라고 삽화를 넣는 걸 포기하지 않아도 돼요. 저자가 투박하게라도 그림의 콘셉트를 스케치 형식으로 그려서 전문가에 의뢰하면 좋아요. 그걸 '산그림'이나 '그라폴리오' 같은 전문가 사이트에 의뢰하면 돼요. 거기선 전문가들이 수고료를 받고 그림을 그려줘요. 생각보다 합리적인 가격이라 맡길만 하죠. 보통 컷당 지급하면 꽤 훌륭한 삽화를 내 책에 넣을 수 있어요. 삽화도 아까 사진처럼 폴더에 따로 모아 저장하고 텍스트의 해당하는 자리에 설명 캡션만 넣으면 돼요.

삽화는 저자가 직접 수급할 수도 있고, 출판사에서 자기네 부담으로 의뢰할 수도 있어요. 출판사와 잘 얘기해보세요. 당신 책에 삽화를 그려 넣고 싶은데 당신은 20개 넣는 게 맞는다고 생각한다고 해보죠. 그런데 보통 컷당 최하 5만 원(그림 난이도에 따라 비용이 더 올라갈 수도 있어요)이니까 20개까지 그리면 최하 100만 원 들어가네요? 그러면 출판사에서는 "그 100만 원을 우리가 왜 갑자기 부담을 해야 하죠?"라고 딴지를 걸 수 있어요. 이건 출판사에 따라 달라요. 관대한 출판사는 "삽화 20컷 정도는 우리가 부담해서 해줄게요"라고 하는 데도 있고 "그건 저자분이 알아서 부담하셔야죠." 빡빡한 데는 이렇게 얘기해요.

그러면 대부분 협상을 하죠. "그래도 저자가 이거 100% 부담하기는 좀 그러니까 우리 반반 나눕시다." 그러면 5:5 이렇게 나눠서 20컷 정도 그리자고 결론이 날 수 있죠(출판사에서는 원고에 꼭 필요한 그림은 원고에 해당한다고 판단해서 저자분에게 그림 비용 부담을 제안하고, 디자인적으로 필요해서 넣는 경우에는 출판사에서 디자인 비용으로 부담하는 경우가 일반적입니다. 상황에 따라 협의가 필요합니다._편집자 주).

아니면 주변 지인 중에 졸라맨 스타일 그림으로 좀 깔끔하게 그린다 싶은 분을 찾아 보세요. 채사장의 《지대넓얕》에 들어간 삽화가 그런 초간단 졸라맨 스타일의 약식 그림이거든요. 그런 삽화로도 대박 셀러가 됐잖아요? 그렇게 간단한 삽화로 그릴 경우엔 그냥 저자가 주변 지인에게 부탁해서 단돈 10만 원에 한 10컷 그려달라 할 수도 있겠죠.

참고로 삽화 저작권은 누구에게 있는 걸까요? 돈 주고 그 삽화를 산 사람(출판사나 저자)일까요 아니면 원래 그림을 그린 삽화작가일까요? 정답

은 삽화작가에요. 저작권은 돈을 내고 그 작품을 산 사람이 아니고 맨 처음 창작
자에게 권리가 남아 있는 게 원칙이기 때문이에요. 계약서상으로 명백히 '권
리를 빼앗아 왔다'는 '매절' 조항이 없으면 그렇습니다.

화가 되기

도표나 도해는
어떻게 만들어 줘야 해요?

"어떤 책들 보면 삽화 외에 도표 같은 것도 많이 들어가 있더라고요. 그런 게 있으면 더 원고가 풍성해 보이고 전문적으로 보인달까요…?"

맞아요. 도표나 도해 같은 걸 넣으면 설명이 더 풍성해지죠. 시각화시킨 자료는 독자들의 이해를 도와주니까요. 원고에 저자분이 직접 ppt 등을 이용해서 표를 그려 넣거나, 손그림으로 스케치한 사진을 삽입해두세요. 그러면 나중에 계약한 출판사에서 전문 디자이너의 손을 거쳐 다시 그려줘요. 그때는 전문적인 디자인 프로그램으로 훨씬 정교하게 만들어주죠. 저자분이 이런 도표나 도해를 그릴 때는 잘 그릴 필요까진 없고 '정확하게(수치나 위치가 틀리지 않게)' 그리는 게 중요해요.

도표로 만들어놓은 외부 자료를 쓰려고 화면 캡처 사진을 사용할 경우도 있어요. 그때 캡처를 작게 받으면 인쇄용으로 쓰기엔 너무 해상도가 낮거나 조악한 느낌을 줄 수 있어요. 화면 캡처는 되도록 큰 모니터에서 크게 받으면 좋아요. 크게 캡처할수록 이미지의 해상도 값도 그만큼 커지니까요. 이런 도해나 캡처 사진도 아까 사진의 경우처럼 폴더에 따로 모아 저장하고 텍스트의 해당하는 자리에 설명 캡션만 적어 두면 돼요.

열정이는 A, B 기업의 자소서를 동시에 작성하고 있다. 두 기업 모두 같은 경험이 사용되지만 문항에 맞게 경험을 스토리텔링하여 작성했다.

A기업	B 기업
더 높은 목표를 세워 달성하는 과정에서 느꼈던 한계는 무엇이고, 이를 극복하기 위해 기울였던 노력과 결과를 구체적인 사례를 바탕으로 말씀해 주세요.	본인이 내세울 만한 목표 또는 과업을 성취한 사례와 그 과정에서 어떻게 노력하였는지를 구체적으로 기술하시오.
졸업작품으로 OO 프로젝트를 진행했습니다. OO 프로젝트를 더 완성도 높이기 위해 학교에서 배우지 않은 O을 추가하여 완성하기로 목표를 세웠습니다. 배운 것 만으로 프로젝트를 하는 것도 힘든데 배우지 않은 O을 추가하는 것은 저에게 큰 도전이었습니다. 우선 제가 아는 부분을 다 진행한 후 O 추가를 위해 알아야 하는 부분을 인터넷과 책을 찾아 공부했습니다. 그런데 혼자 공부하여 이해하는 데 한계가 있었습니다. 포기하고 다른 친구들과 똑같이 할까 라는 생각도 들었지만 목표한 것을 이루고 싶은 생각에 선배 중에 O에 대해 잘 아는 분이 있는지 찾아보았습니다. 그런데 다행히 도와준다는 분을 만날 수 있었고 제가 이해하지 못한 부분을 잘 알려주었습니다. 그래서 프로젝트를 품질 높게 안정화시킬 수 있었습니다. 이 과정을 통해 높은 목표가 사람을 더 성장시킬 수 있다는 것을 느꼈고 한계도 노력하면 해결될 수 있다는 것을 느꼈습니다.	졸업작품으로 OO 프로젝트를 진행했습니다. 저의 목표는 OO 프로젝트를 실제 상황에 적용할 수 있게 만드는 것이었습니다. 이런 목표를 이루기 위해서는 배우지 않은 O 를 추가해야 했습니다. 우선 제가 아는 부분을 다 진행한 후 O 추가를 위해 알아야 하는 부분을 인터넷과 책을 찾아 공부했습니다. 하지만 배우지 않은 과목이라 혼자 공부하는데 어려움이 있었습니다. 그래서 선배 중에 O 에 대해 잘 아는 분이 있는지 찾아보았습니다. 다행히 아는 분을 만났고 그분께 목표를 말씀드렸더니 잘 이룰 수 있게 도와주고 싶다면 적극적으로 저를 알려주시고 도움을 주셨습니다. 그래서 실제 상황에서도 적용할 수 있는 프로젝트를 완성할 수 있게 되었습니다. 이 과정을 통해 목표가 있어야 구체적인 성과를 얻을 수 있다는 것을 느꼈고 구체적인 목표가 타인의 도움을 이끌어내는 것에도 큰 영향을 미친다는 것을 알게 되었습니다.

스토리텔링 작성법 2. 두괄식으로 작성한다.

자소서 항목마다 핵심 키워드가 정해졌다면 핵심 키워드를 앞 또는 뒷부분에서 강조할지를 정해야 합니다. 중심 내용이 글의 앞부분에서 강조하는 것을 두괄식이라고 하고 뒷부분에서 강조하는 것을 미괄식이라고 하죠.

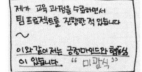 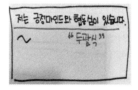

원고에 도표를 삽입한 오미현 저자의 사례

저자 소개문
작성하기

"에필로그와 프롤로그 다 쓰고 본문에 넣을 사진도 모두 골라놨어요. 다음에는 뭘 해야 할까요?"

오, 드디어 설레는 시간이 왔네요. 바로 독자들에게 저자 자신을 소개하는 문장, 즉 저자 소개문을 써야 할 타이밍이에요. 떨리시죠? 저자 소개는 이력서 쓰듯이 딱딱하게 쓰지 마시고 스토리텔링하듯 들려주세요. 과거에 하셨던 일 한번 적으시고, 현재 무슨 일 하는지 한번 적으시고. 앞으로 하고 싶은 계획 적으시면 대강 구성이 괜찮습니다. 특히 눈에 띄는 어떤 경력이나 경험을 적는 게 포인트죠. 샘플로《눈맞춤 육아법》의 김효선 저자 소개 문구를 한번 참고해보세요.

놀이상담심리 전문가로 현재 일산에서 하하가족상담센터를 운영하고 있다. 아동심리치료학을 대학원에서 전공하고 현장에서 10여 년 이상 활동해왔으며 지금까지 수만 명의 부모와 아이들을 만나 상담하고 치료해왔다. 영유아에서 청소년까지 다양한 연령대 아이들의 상담과 놀이 치료를 집중적으로 진행하는 것과 더불어 부모와 자녀 간의 상호작용 문제를 개선하고 향상하는 데에도 관심을 갖고, 실질적인 도움을 줄 수 있는 여러 활동들을 하고 있다. 다양한 교육기관에서 부모 교육과 강의도 진행하고 있으며, 육아 전문 미디어 <리드맘> 등에 칼럼을 쓰면서 아이에게 맞는 자녀 양육법도 폭넓게 소개하고 있다.

예제처럼 현재 어디에서 뭘 운영하고 있다. 뭘 전공했고 현장에서 10년 뭘 했고 앞으로 뭘 할 계획이고… 등등 전반적인 자기 활동 내역과 계획을 적으면 돼요. 보통 위 예시 정도 길이로 적으면 돼요. 자기가 자기 자랑하듯 얘기하면 안 돼요. 마치 기자가 제 3자를 좀 더 객관적으로 소개하듯이 하시면 좋아요. "이런 사람이 있습니다"라고 자신을 타자화시켜 소개하는 기분으로 말이죠. 이제는 쌈박한 저자 소개문 한번 만들어야 할 타이밍입니다. 제 코칭을 거쳐 책으로 출간된 《라이브 커머스 성공 전략》 이현숙 저자님의 자기 소개를 한번 보죠.

백지연 같은 앵커를 꿈꾸던 신문방송학과 출신으로 공영방송 MC와 리포터, 메이저 TV홈쇼핑 1.5세대 쇼호스트로 약 25년간 활동하며 수많은 생방송을 진행했다. 방송콘텐츠진흥재단에서 '1인 방송 제작 스쿨(커머스 분야)'의 교육생 선발을 위한 면접과 평가, 강의를 담당하며 자신을 더 업그레이드할 기회로 '라이브 커머스'에 깊은 관심을 갖게 되었고, 방송에서 더 매력적으로 보이는 법을 개발하기 위해 '이미지 컨설팅'과 '퍼스널 브랜딩'을 공부했다. 비대면 비접촉 언택트 경제가 무섭게 성장하고 있는 지금, 1인방송 라이브 커머스 셀러로 성공하고 싶은 사람들에게, 혼신으로 부딪혀

화가 되기

가며 터득한 판매 방송 노하우를 알려주고 싶어 『라이브 커머스 성공 전략』을 썼다.

현재는 방송콘텐츠진흥재단 '1인 방송 제작 스쿨(커머스 분야)' 심사(면접)위원, 멘토, 전담 강사 및 한양사이버대학교 광고영상창작학과, 한국방송예술진흥원 방송학과, 씨티칼리지 홈쇼핑학과 등 다수의 대학에서 강의 활동을 하고 있다.

그 외에도 방송콘텐츠진흥재단 '대한민국 1인 방송대상' 심사위원, 한양사이버대학교 '1인 방송 분야' 자문 위원, 아산 진로직업체험지원사업 전담 멘토 강사로도 활동 중이다. 또한 글로벌 이미지 컨설턴트협회GICA 정회원으로 활동 중이며, 대기업 그룹사 예비 CEO, 국립대 학장, 외국계 기업 임원 등에게 퍼스널 브랜딩 이미지 컨설팅을 한 바 있다.

과거에 어떤 생각을 갖고 어떤 활동을 해왔는지를 먼저 설명하고 있죠? 왜 이 주제의 책을 쓰게 됐는지로 다음 문장들을 연결했고요. 현재는 어떤 활동을 하고 있고, 앞으로는 어떤 계획을 가지고 있는지도 살짝 밝혀주는 형식으로 쓰시면 베스트입니다.

저자 사진은
어떤 걸 써야 해요?

"출간된 책들을 보면 어떤 경우엔 저자 사진이 들어 있고 어떤 경우엔 없던데, 이건 누가 결정하는 거예요? 그리고 저자 사진을 넣을지 말지의 기준이 있다면 그건 뭘까요?"

네, 이제 여러분 책의 날개(앞표지에 이어지는 펼침면)에 들어갈 저자 사진을 고르셔야 해요. 저자 사진은 저자와 출판사가 합의해서 넣을지 말지 결정하면 되는데요. 저는 넣을 것을 강력히 추천드려요. 저자 사진을 넣는 것과 안 넣는 것은 효과가 천지 차이거든요. 저자 사진이 있으면 책의 신뢰도가 훨씬 올라가요. 그동안 오래 출판해 보니까 저자 사진이 있는 쪽이 확실히 더 반응이 좋더라고요. 이건 그 사람 생김새하고는 별 상관없어요. 아무리 요상하게 생긴 분이라도 저자가 자기 얼굴을 드러내면 "아, 그래. 어떤 분위기의 사람인지 알겠네. 느낌 괜찮아." 하면서 일반 독자들은 그 책에 훨씬 신뢰를 갖게 되더라고요. 호감도 생기고요.

가장 좋은 저자 사진의 형태는? 뒷배경이 지저분하지 않게 스튜디오에서 제대로 찍은 거예요. 깔끔한 단일 색상 배경으로 찍은 상반신 사진이 제일 좋아요. 아니면 강의하고 있거나 사람들 앞에서 말하고 있는 모습을 담은 사진도 현장감을 주니까 좋고요. 보통 전신 사진은 잘 안 쓰고 상반신만 나오게 찍은 사진이 좋아요.

요즘에는 앱으로 후보정을 추가하면 한 5살 어려 보이잖아요. 그렇게 만드셔도 돼요. 그렇지만 너무 많이 손대면 나중에 저자 강연할 때 "아이고, 이 분은 어디 가셨어요?" "아니 저자분 왜 안 오세요?" "제가 이 사람 맞습니다만…" 이러면 서로 약간 민망해지는 경우도 있으니까, 과하지 않게 살짝만 보정하세요.

저자 사진을 넣으면 책의 신뢰도를 높일 수 있다.

제목과 부제, 캐치프레이즈를
본격 고민해야 할 시간

> "책에 보면 제목과 관련 어구 같은 게 있잖아요? 이런 글은 누가 쓰는 거예요? 출판사에서 써주나요?"

제목과 관련 어구라고 부르는 것은 전문 용어로 부제와 캐치프레이즈 (홍보 문구)라고 합니다. 책에서 요즘에 제일 중요한 게 앞표지인데 앞표지에서는 이 세 가지가 중요합니다. 바로 제목, 부제, 홍보 문구죠. 이 3가지는 1차로 저자분이 문구를 써주는 게 좋아요. 원고에 대해서 누구보다 잘 알고 있는 당사자니까요. 그동안 통계를 보면 저자가 고민해서 준 걸 가지고 출판사에서 2차로 고민하는 형태가 판매 성적이 좋더라고요. 시장성 있는 카피인지, 독자들에게 어필할 문구인지를 체크하면서 쓰면 돼요.

자, 그래서 이제는 저자인 여러분이 직접 제목과 부제, 캐치프레이즈를 만들어 보셔야 합니다. 설레는 단계이기도 하고 집중해야 할 단계이기도 하죠. 제목과 부제, 캐치프레이즈의 중요성이 날로 커지고 있거든요. 요즘에는 이 3가지 세트로 한방에 예비 독자의 시선을 낚아야 해요. 이 3가지에 따라 책의 운명이 결정될 때도 많답니다. 그러니 기껏 힘들게 많은 분량의 본문을 써놓고 여기에 신경 안 쓰면 큰일나겠죠. 80-20 파레토 법칙으로 보면, 본문의 그 수많은 글들은 덜 중요한 80%에 해당하고, 제목과 부제, 캐치프레이즈, 뒤표지 문구 등이 훨씬 중요한 20%에 해당합니다. 글자 수는 20%보다 훨씬 적으니, 이건 뭐 99% 대 1%의 싸움인가요? 그런데 놀라운 건 그 1%의 글귀가 책의 운명을 결정한다는 점이죠. 참 아이러니하고도 무서운 현실이에요. 그러니 이 대목을 작성하실 땐 정신 바짝 차리셔야 해요.

표지 어구들의 역할

제목의 역할을 한 마디로 정리하면? 잠재 독자들에게 어필하는 겁니다. 후킹^{hooking}, 즉 낚는 거죠. 재미있거나 기발하거나 쇼킹하거나 뇌리에 오래 남거나 검색에 잘 걸릴 단어로 연구하세요. 특히 요즘 시대에는 검색에 잘 걸려야 됩니다. 표현하는 단어가 쉽고 짧을수록 검색에 잘 걸리죠. 예를 들어 '꿰뚫기' 이런 복잡한 단어는 요즘엔 지양하는 게 좋죠. 타이핑하기 어렵잖아요. 타이핑하다가 자기도 맞는지 헷갈려 검색하다 말아버릴 수도 있으니까요.

■ 제목
　□ 강렬한 임팩트, 시선 끌기, 독자 유혹의 기능
　□ 어필하는 것, 섹시한 것, 낚는 것...의 역할

□ 재밌는 것, 기발한 것, 쇼킹한 것, 뇌리에 남을 것, 검색에 잘 걸릴 만한(말이 쉬워야 하고, 짧을수록 좋다) 것 위주로 선정

책의 부제라는 것은? 정직하면 돼요. 부제는 '섹시'할 필요까진 없고 정직하게 그 책의 성격을 잘 묘사하는 표현이면 충분해요. 보통은 여러 제목안 중에 2순위로 미뤄놨던 후보 제목을 좀 더 긴 문장 형태로 다듬어서 선정하면 좋습니다. 부제는 문장 한 줄 형태로 다듬어 보세요. 두 줄을 넘으면 너무 콘셉트가 뭉툭해지니까 한 줄 이내로 줄여보세요(스티브 잡스의 주장처럼 '한 줄 이내로 구겨 넣으세요!').

■ 부제

□ 책의 성격을 정직하게 드러내는, 설명하는 역할

□ 책의 성격을 잘 묘사하는, 잘 설명하는 2순위 제목 중에 버리지 않고 선정하면 좋다.

□ 한 문장 이내로 정리하기. 정확하게 책의 성격을 잘 설명하는 한 개짜리 문장

세 번째로 캐치프레이즈는 책의 상품성과 가치를 어필하는 선전성 문구에요. 홍보용 문구를 서너 줄 정도 추가하면 돼요. '~하자' '~하라'로 끝나는 선동형 메시지도 좋아요. 혹은 '어느 독자들이 읽으면 좋을 책'임을 명시해도 되고요. '최고 조회'나 '수상 경력' 등 사회적 인정을 받은 증거들을 넣으면 강하게 어필할 수 있어요. 한 마디로 구매를 자극하는 말들이면 돼요. '이래도 안 살 거야?' '이래도 지갑을 안 열 거야?'라고 독자

들의 뒤통수를 잡아당기면 돼요! '저는 믿을 만한 사람입니다'라는 걸 검증해줄 자료들을 들이대는 것도 강력해요. 설득력이 강한 어떤 문장을 뽑아 놓기도 하고요.

■ 캐치프레이즈(3~5줄 사이)

  □ 선전 문구, 홍보 문구, 버리기엔 아까운 나만의 주장, 사회적 증거 제시

여러분이 이렇게 적는 것은 최종 버전은 아니에요. 나중에 출판사와 최종적으로 협의하게 됩니다. 물론 출판사에서도 함께 고민하지만 1차적으로는 저자분이 더 치열하게 고민해서 주세요. 원고를 직접 쓴 당사자인만큼 핵심을 건드리는 문구를 뽑는 데 도움이 된답니다.

실제 책으로 샘플 살펴보기

서점 사이트에 가서 아무 책들이나 샘플로 한번 보죠. 《10m만 더 뛰어봐》 책을 한번 볼까요.

여기서 본제는 《10m만 더 뛰어봐》죠. 부제는 '하루 벌어 하루 먹고 사는 인생에서 10m를 더 뛰면서 사는 인생'이라고 했네요. 못 살던 사람이 인생 역전한 이야기죠. 책의 콘셉트를 정확히 잘 묘사한 문구입니다. 그 다음에 홍보 문구. 이 책의 경우 홍

보 문구는 간단하게 '심장을 뛰게 하는 책' 이렇게만 했네요. 간단하지만 나름 강력하죠. 이 사람 사진 포즈 자체가 뭔가 선동하는 것 같잖아요? 이 책의 판매에 이 저자의 포즈도 한몫 했어요. 이 분의 포즈가 원래 이렇게 주먹대장 콘셉트거든요. 사람이 에너지가 넘쳐요. 그래서 일단 이 표지가 이 분을 잘 대변하는 포즈죠. 실제로 이 표지는 반응을 잘 이끌어냈던 잘 된 표지의 사례랍니다(이 책의 개정판 작업에 저도 참여해서 판권에 제 이름도 있어요).

좀 더 길고 정확하게 홍보 문구를 적는 책들도 많이 있어요. 예를 들어 《트렌드 코리아 2021》 책을 보죠.

제목이 '트렌드 코리아 2021'이고 부제는 '서울대 소비 트렌드 분석센터의 2021 전망' 이 부분이죠. 서울대 소비 트렌드 분석센터라는 말로 독자들에게 신뢰성을 부여하고 있네요. 추가 부제가 또 있죠. '팬데믹 위기에 대응하는 전략은 무엇인가' 이 대목이요. 작년에 코로나 때문에 모든 전망서들의 예측이 다 틀렸어요. 그래서 이번에는 팬데믹 중심의 분석으로 엄청 밀어붙이기 시작한 거죠.

그래 놓고 '바이러스가 몰고 온 새로운 경제학 브이 노믹스. 지금 중요한 것은 변화의 방향이 아니라 속도다' 이게 이 책의 캐치프레이즈죠. 이 문구를 이 책에서 엄청 미시더라고요. 이 '속도가 아니라 방향' 어쩌고 하는 문구는 원래 이 저자분이 처음 한 말은 아니죠. 그냥 기존에 이미 유명했던 문구를 재활용한 거죠. 이렇게 제목, 부제1, 부제2, 캐치프레이즈까지 다 잘 잡아 놓은 책이네요.

《온택트 시대의 공부법》 책으로 분석해보기

《온택트 시대의 공부법》 책은 자비 출판하신 거예요. 최근에 제가 열었던 전자책 클래스를 잠깐 들으시고 쓰신 원고였어요. 자비 출판이었음에도 불구하고 현재 판매가 꽤 잘 됩니다. 깜짝 놀랐어요. 출간 이후로 매일매일 교보문고나 알라딘, 예스이십사 등에서 꾸준히 주문이 들어오고 있어요. 제가 '와우, 되게 잘 하신다' 생각했죠. 저자분이 주변에 소문을 내고 있는 거죠. 동료 교사들이나 교사연수 가서 "선생님 이번에 제가 책 냈어요. 좀 사주세요. 서점 사이트마다 등록돼서 판매되고 있으니까 들어가 보세요." 이렇게 열심히 알리고 계시는 걸로 추정돼요. 그래서 매일매일 꾸준히 주문이 들어오는 거예요.

자, 그래서 이 책의 제목은 《온택트 시대의 공부법》이죠. 책을 대표하는 대표 키워드 1개를 제목으로 도출한 거죠.

부제는 '온택트 시대—영상 콘텐츠가 답이다'라는 말로 책의 성격을 규명하고 있죠. 홍보 문구는 '온택트 시대 영상으로 공부 걱정 끝! 양질의 콘텐츠만이 교육 성공의 필수 조건이자 경쟁력이다. 미래 교육에 대한 불안감을 해소해주는 길잡이 책!'으로 뽑았죠.

"이 책은 이런 장점을 가지고 있으니까 사보세요"라고 사람들을 자극하는 게 홍보 문구의 역할이니까요.

"제목은 이렇게 쓰시고, 부제는 한 문장으로 정리해 보시고, 홍보 문구는 3줄 정도로 뽑아서 구매를 자극할 수 있게 쓰세요." 제가 이렇게 가이드를 드렸어요. 그랬더니 숙제를 잘 해오셔서 지금 실제 판매 반응이 아주 좋은 경우에요. 자비 출판인데도 이 정도면 나중에 이 책은 상업적으로 돌려도 되겠다 생각했어요. 반응이 좋으면 자비 출판도 기획 출판으로 다시 돌려볼 수 있답니다.

그동안 열심히 쓴 원고의 마지막 화룡점정은 바로 이 3가지로 하는 겁니다. 마지막 가장 중요한 화룡점정은 1) 신박한 제목 2) 책의 성격을 정확히 설명한 부제 3) 구매를 자극하는 홍보 문구, 이 3가지입니다. 맘에 드는 게 나올 때까지 치열하게 고민해보세요. 물론 출판 계약이 되고 나면 출판사가 함께 고민할 테니 외롭지 않을 거예요. 파이팅!

어쨌든
마무리한다는 자세가 중요하다

19년 동안 25권(소설 5권, 산문집 18권, 번역서 1권)을 쓴 임경선 작가도 어느 인터뷰에서 이렇게 말했어요.

"저는 글을 쓰고 발표하지 않거나 세이브 원고, 이런 게 없어요. 그냥 내는 거예요. 스스로를 예술가라고 여지를 주거나 여유를 주었으면 오히려 망했을 거 같아요. 중요한 것은 끝내는 거예요. 완벽하지 않더라도 맺음을 하는 것이 중요해요. 아쉬운 부분은 다음번에 하면 되는 거죠."

2021.03.02, 채널예스 인터뷰 중에서

저도 이 얘기에 동의해요. 세상에 '완벽한 상태'라는 것은 없어요. 특히나 요즘처럼 빨리 변하는 시대에는 완벽주의적인 태도는 버리는 게 낫다고 누차 말씀드렸죠. 초고 쓸 때도 죽이 되든 밥이 되든 일단 전체 할 말을 꺼내놓는 게 중요했죠. 탈고 할 때도 죽이 되든 밥이 되든 일단 전체를 교정교열 보고 책으로 꺼내놓는 게 중요해요. 완벽하지 않아도 어쨌거나 마무리 짓고 끝내는 게 제일 중요하답니다. 묵히는 원고 없이 어쨌든 다 책으로 출간하는 게 좋다는 뜻이에요. 출간만이 내가 이 세상에 공식적으로 기록되고 기억되는 방법이니까요.

원고를 다 쓰고 나서 발표하지 않으면? 그것은 그냥 비밀일기가 될 뿐이에요. 책쓰기는 내 글을 대중에게 공개하겠다는 다짐이자 공개에 대한 두려움을 극복하는 행위죠. 너무 사람들 시선을 의식하지 마세요. 사람들은 생각보다 남의 일에 관심이 없어요. 당신 글을 읽었어도 그때뿐이에요. 요즘 사람들은 당신이 염려하는 것처럼 그렇게 골똘히 남의 문제를 계속 생각하고 있을 만큼 한가하지 않아요. 그러니 발표하기도 전에 혼자 너무 심하게 움츠러들지 마세요. 그러면 아무 성취도 못 거둬요.

경쟁서의 등장에 대처하는 마음가짐

어떤 분야에서 남들이 그동안 안 다뤘던 주제를 내가 선점했다고 쳐요. 나만의 방식으로 처음 다루는 책으로 기획을 잘 해서 원고를 거의 써가고 있는 시점에, 갑자기 그 주제로 다른 사람의 책이 먼저 나와버렸다면?? 멘붕되기 십상이죠.

하지만 유명 맛집들이 서로 군집(block)을 이뤄 몰려 있어야(경쟁이 시작돼야) 찾는 발길들이 더 많아지는 원리 아세요? 책도 마찬가지랍니다. 무주공산 상태도 물론 좋지만 그에 못지않게 경쟁서의 등장을 반겨 생각할 필요가 있어요.

특히나 동일한 주제로 나온 그 경쟁서가 좋은 반응을 얻고 있다면? 시장에 그 주제에 대한 사람들의 니즈가 있다는 반증이죠. 그러니 경쟁서의 등장을 오히려 반가워해야 하죠. 그 경쟁서가 못 다루는 영역과 약점을 분석하여 내가 두 번째로 더 나은 작품(better version)으로 출시하면 됩니다. 쫄지 마세요! 결국은 더 창대해지리니!

앞에 과학자 단계에서는 우리가 정신없이 자료를 만들고 쓰고 분량을 확보하고 넣고 빼고 하다 보니까 뭔가 정돈이 안 돼 있었죠. 예술가 단계인 퇴고 단계로 오면 넣기보다는 빼기를 본격적으로 하셔야 했어요. 덧셈보다는 뺄셈을 많이 하셔야 합니다. "조각이란 뭔가를 덧붙이는 게 아니라 석상 안에 갇혀 있던 천사를 끄집어내는 과정이다"라고 했던 미켈란젤로처럼요. 빼기를 많이 해야 예술다워집니다.

구조를 먼저 다듬어야 돼요. 구조를 다듬으려면 꼭지당 분량을 체크하셔야 되죠. 꼭지당 최소 분량으로 무조건 A4 한 페이지 이상 넘겨야 해요. 안 그러면 너무 부실한 원고가 돼요. 그 이하로 쓰면 사실 이건 그 콘텐츠가 본인에게 부족하단 증거에요. 그 꼭지는 없애든지 공부를 좀 더 하셔서 채우든지, 다른 꼭지와 통합하든지 하셔야죠. 문단 전환도 체크해 보셔야 했죠. 문장들이 여러 개 합쳐져 있는 것을 우리가 문단, 말 묶음, 말 꾸러미, 말 덩어리. 이 정도의 순우리말로 옮길 수 있었죠. 그 문단들의 덩어리가 꼭지죠.

구조를 이렇게 다듬고 나서는 문장 자체도 다듬어야 돼요. 그때 포인트는 장문 만연체보다 각 단문으로 끊어치기를 하시면 좋다고 추천드렸어요. 장문으로 쓰면 뭐가 안 좋아요. 늘어져서 독자들이 내용을 파악하기 어려워요. 단문으로 탁탁 쳐주면 독자들이 이해하기도 쉽고 문장에 힘도 생깁니다.

전문 용어보다는 일상어로 풀어주는 게 좋고요, 일본식 조사들도 조심하시라 말씀드렸죠. 뺄셈의 단계이기 때문에 생략해야 하는 내용은 최대한 정리해주시는 게 좋습니다. 특히 생략의 포인트는 접속사 날려버리시고 주어도 생략할 수 있으면 하세요. 특히 한국어는 주어가 생략이 가능한 언어예요. 그래서 최대한 생략이 가능한 것은 다 빼는 게 좋습니다. 그러면 좀 더 힘이 생기는 문장들이 많이 만들어지죠.

저자 자신만의 말버릇도 제3자의 눈으로 체크해 보시라 말씀드렸습니다. 저 레오짱도 지금 13번째 책을 집필했는데 이번에 새삼 발견한 제 말버릇이 있었어요. 저의 말버릇은 것(thing)을 굉장히 많이 쓰는 경향이었어요. 여러분도 글을 많이 쓰다 보면 자기만의 계속 반복되는 버릇이 있을 거예요. 그걸 최대한 생략하거나 바꿔보세요.

계속 다듬고 쳐내고 날리고를 반복하다가 마지막에 점 하나를 찍어줘야 용이 승천할 수 있죠. 그 화룡점정이 뭐였죠? 원고를 재밌게 꾸며 보는 작은 장치들이죠. 원고를 밋밋하게 끝내지 말고 비유로 살짝 바꿔본다든지, 유머러스하게 설명을 바꾼다든지, 독자분들이 이해하기 좋게 도해나 삽화, 손그림을 넣어보시라 말씀드렸어요. 강조 요약 처리도 빠지면 섭하고요.

화가는 마지막 퇴고 단계니까 최종적으로 독자의 눈으로 자기 원고 전체를 읽어보시길 권해요. 쓰기에만 급급해서 "너무 힘든 과정이었어!" 하고 헉헉 대다 바로 끝내버리지 말고요. 모드를 바꿔 마지막으로 한 번만 더 보세요. "나는 이제부터 독자입니다"라고 선언하고, 독자로 빙의해서 내 원고를 객관적인 눈으로 읽어보라는 거죠.

　내 책의 핵심 독자가 될 바로 그분으로 빙의한 다음에 냉철하게 객관적으로 원고를 처음부터 끝까지 살펴보는 거예요. 보다 냉철하게 보려면 모니터로 보지 말고, 책을 프린트해서 보시면 원고 객관화에 더 도움이 됩니다. 화가의 눈으로 퇴고까지 마무리했다면 이제 본격 전사가 되어 싸우러 나가야 합니다.

HOW 4. 전사 되기

여러분이 하셔야 할 마지막 변신은 바로 '전사'입니다. 전사^{warrior}는 싸우는 사람^人이죠. 무엇과 싸워야 합니까? 원고를 투고했는데 당장 받아주지 않는 현실과 싸워야 합니다. 수동적으로 투고하는 게 아니라 전투적으로 투고하는 방법을 알려드릴게요. 일단 출간 계약이 성사되면? 계약사항에서 피해 보는 일이 없도록 레오짱이 이 책을 통해 끝장 디테일로 안내해 드릴게요. 전사로서 싸워야 할 가장 중요한 지점은 바로 홍보 마케팅에서입니다. 특히 출간 후 첫 몇 달간 홍보 마케팅에 목숨을 거세요.

4단계 변신.
전사: 굴하지 않고 끝까지 싸우는 사람
(투고와 계약과 홍보 마케팅 단계)

● 좌절에 굴하지 않고 계속 시도하는 사람이 돼야 합니다(투고).

● 뜻을 관철시키거나 협상할 줄 알아야 합니다(계약).

● 끝까지 성실하게 역할을 해야 합니다(편집, 저자 교정).

● 액션이 최우선인 단계로 무조건 계획한 모든 걸 실행에 옮겨야 합니다
  (홍보와 마케팅).

● 지속성, 꾸준함이 가장 핵심인 단계입니다. 온오프라인을 막론하고 계
  속 알리고, 연재하고, 끊김 없이 연속적으로 이벤트를 해야 합니다. 특
  히 첫 3개월 동안만큼은 집중적으로.

1장 투고 노하우의 모든 것 (전투적으로 투고하기)

이번엔 투고의 세계와 계약의 세계에 대해서 세상에 존재하는 그 어떤 책보다 가장 실제적이고 가장 디테일한 설명으로 알려드리겠습니다. "그동안 이런 안내는 세상에 없었다!"라고 단언할 수 있습니다. 출판 계약의 세부에 대해 잘 알고 있는 분들은 출판사 직원들 외엔 거의 없어요. 제가 출판사 계약 전문 담당자(기획 총괄실장) 출신이잖아요? 그래서 자세하고 정확하게 설명드릴 수 있어요. 이런 경험을 가지고 있는 출판사 재직자들은 대부분 숫기가 없어서 사람들 앞에 잘 나서지 못해요. 저처럼 이렇게 많은 대중과 함께 소통하려고 적극적으로 나서는 사람이 없기 때문에 이 주제의 강의는 여러분이 거의 처음 접하시는 거예요. 그렇게 생각하셔도 돼요. 진짜입니다.

투고하기에 앞서
알아둘 것들

"저는 예전에 투고를 몇 번 해봤는데 메일을 보내고 나서 연락이 며칠 동안 안 오면 그렇게 초조하고 화가 날 수 없더라고요. 도대체 왜? 이 사람들이 나를 무시하는 건가 싶기도 하고요."

그 심정 이해는 합니다. 그렇지만 출판사 입장에서도 한번 생각해보죠. 출판사는 언제 올지도 모르는 예비 저자의 원고만 단감 떨어지기를 기다리듯 입 벌리고 있는 곳이 아니에요. 뻔한 상식 같지만 이걸 간과하는 투고자분들이 많아요. 모든 투고자는 자기가 투고한 메일에 답이 왜 빨리 안 오는지 너무 조급증을 내면서, 빨리 답을 달라고 성화인 경우가 많아요. 예비 저자분들은 어떻게 하면 출판 계약을 빨리 따내서 책을 빨리 나오게 할까에만 관심이 있기 때문이죠. 반면 출판사들은 이 책을 어떻게 팔아야 할까에만 관심이 있어요. 서로 이해 지점이 다르죠.

출판사는 마치 공장과도 같은 컨베이어 시스템이라고 생각하세요. 계속 돌아가지 않는 자전거는 넘어지는 것과 같아요. 출판사도 기존 공정을 계속 제작하며 돌아가는 자전거 혹은 공장과 같아요. 그러므로 자세한 설명글도 없이 일부 샘플 원고만 첨부파일로 던지지 마시고, 상세한 안내글과 출간기획서로 요약해주고 설득해야 해요.

아무 설명도 없이 무작위로 단체 메일을 보내는 행태는 최악이에요. 또 누구에게나 해당할 공통적인 인사말로 성의 없이 투고하는 것도 별로 좋지 않아요. 최소한 그 출판사의 이름을 불러주시고, 그 출판사가 주력으로 내는 분야의 원고로 접근하는 정성 정도는 있어야죠. 입사 지원자가 자기가 지원하려는 회사에 대한 공부도 안 하고 응시하면 어떤 인상을 주겠어요?

투고에 대한 출판사들의 입장

잠시 출판사 사람으로 빙의해서 투고 원고를 생각해봅시다. 출판사에 몸담고 있다 보면 투고 원고는 매일매일 쏟아져요. 150명 이상의 구성원으로 돌아가는 대형 출판사에서나, 작은 출판사에서나 마찬가지예요. 비율로 보면 작은 출판사들이 규모 대비 더 많은 투고 원고를 받는 경우도 많아요. 이 현상이 갈수록 심해지는 이유는? 브런치나 블로그 같은 글쓰기 플랫폼들이나 책쓰기 스쿨이 많아져서겠죠.

대부분 투고자분들은 정성과 예의를 갖춰서 자기 원고를 어필하십니다. 출판사에서도 이런 분들에게 어떻게든 도움을 드리고 싶어 짧게나마 피드백을 해요. 그런데 간혹 약간 무례한 분들도 계세요. 심지어 마구 화를 내는 투고자들도 있어요. 주로 전에 거절의 경험을 새기고 있는 분들인데, 심한 경우 자기 원고에 거절 답장을 보냈다는 이유만으로 "내가 가만두나 봐라. 소송할 거야!"라고 협박하는 분도 봤어요. 계약도 이뤄지지 않았는데 소송을? 백날 소송해보십시오. 승소율 0%예요.

투고 원고의 정성이 이러할 진대, 인맥이나 소개의 소개를 통해 들어오는 의뢰 원고자의 경우 가끔 출판 타진의 과정을 너무 쉽게 보실 때도 있습니다. 원고를 보기도 전에 만나서 인사부터 하자고 덤비는 예비 저자일 경우 서로 곤란해지는 경우가 가끔 생기죠.

드물지만, 만나자마자 강짜를 쓰는 소개자들을 만난 적도 있습니다. 그런 분들이 묻는 말들은 이런 식입니다. "출판하는 데 돈이 얼마나 들어요?" "얼마 내면 돼요?" 이건 출판사에 굉장히 무례한 질문입니다. 출판은 좋은 원고에 대한 출판사의 '투자' 개념입니다. 아직 다듬어지지 않은 원고에 대해 제작비와 인건비와 홍보 마케팅비를 들여 투자해주는 사람들을 하청업체 대하듯 하면 안 되죠.

원고를 꼭 다 쓰고 투고해야 하나요?

"꼭 원고 전체를 다 쓰고 투고해야 하나요? 요새는 출판사에서 원고를 거의 완성해서 보내주기를 원한다는 말이 있던데 실제로 그런가요? 목차는 어느 정도 써놨거든요. 그냥 목차와 기획안만 쓰고 투고하면 안 되나요?"

목차와 기획안만으로 하는 투고는 초보 저자에겐 성사율이 매우 낮아요. 기획안만으로 계약을 오케이한 출판사가 있다면? 그것은 저자가 이미 상당히 알려져 있는 인플루언서이거나, 그 출판사가 영세해서 출판 경험이 부족하거나, 교재를 위주로 영업하는 곳이거나 이 세 가지 경우 중 하나죠.

필력 자체가 중요한 시나 소설, 에세이 분야라면 좀 달라요. 문장의 기교나 표현력을 보는 이런 분야는 필력이 중요하죠. 문인형 글쓰기인 시, 소설, 에세이 분야에서는 샘플 원고의 표현 자체를 되게 그럴싸하게 쓸 수 있어야 하죠. 그런 경우는 전체 목표 원고의 30% 정도만 쓰고 투고해도 계약할 수 있어요. 등단하신 분 수준이거나 인스타그램에서 굉장히 많은 좋아요와 팔로워를 유도할 만큼의 글이 되거나 갬성 이미지와 어울리는 글로 뭔가 어필이 된다면 말이죠. 그럴 경우 원래 책은 3장(챕터)으로 구성할 예정인데 그중에 1장(챕터)만 써서 투고해도 돼요. 샘플 원고로 내 글솜씨를 충분히 증명할 수 있으니까요.

그렇지만 대부분 실용적인 책이나 자기계발서, 교재성의 원고들은? 원고를 다 완성 후에 투고하는 게 좋아요. 실용적인 정보와 교훈을 주는 것들은 전체 목차와 전체 원고의 구조를 다 보여줘야 해요. 자기가 가진 콘텐츠를 확실하게 내 보이고 거래를 시도해야 성공 확률이 올라가겠죠? 목차와 기획안만 써 놨다는 정도 가지고는 안 돼요. 좀 러프한 상태라 할지라도 초고 원고 전체를 다 써놓고 보여주는 것이 계약 성사율이 높습니다. 일부만 써놓고 하는 투고는 계약 성사율이 매우 낮아요. 자존감에 굉장한 타격을 입을 수 있습니다. 50번 거절 메일 받으면 '아, 내가 이거밖에 안 되는 사람이야?' 그러면서 멘탈이 무너지는 경우가 많아요. 괜히 없던 우울증까지 생기는 사람들도 많이 봤다니까요.

저는 에세이 분야로 반만 써서 투고하고 싶은데요?

"제가 쓰려고 하는 책이 김수현 저자의 《나는 나로 살기로 했다》류의 책이에요. 그런데 그 책이 에세이인지 자기계발서인지 경계가 좀 헷갈리더라고요. 제가 교보문고 어플에 검색을 해 보니까 한국 에세이로 분류가 되기는 하더라고요. 에세이는 투고할 때 절반만 완성해도 괜찮다고 하셨잖아요? 그럼 절반만 써도 될까요?"

에세이는 사실 시, 소설 이런 영역에 들어가요. 그 말은 앞서 말씀드렸듯 문필력, 즉 표현력이 중요하다는 얘기에요. '끼깔나게' 쓸 줄 아는 사람들에게 추천드려요. 에세이 분야에서 성공하려면 약간의 문인 기질이 있어야 돼요. 갬성갬성하게 글을 쓸 수 있어야 합니다. 물론 원고의 내용도 어느 정도는 있어야겠지만, 콘텐츠 이전에 라디오 디제이가 오프닝 멘트 하듯이 나오는 갬성이 있어야 해요. 듣자마자 '오 괜찮은데?'라는 반응을 일으키는 그런 갬성을 내가 줄 수 있다면, 도전해볼 만한 분야가 에세이죠.

김수현 작가의 경우에는 본인이 일러스트레이터잖아요. 본인이 글도 되고 그림도 되는 거예요. 갬성에 호소할 수 있는 기본 역량이 있는 거죠. 이런 사람은 처음 책을 쓴다 해도 반만 써서 투고해도 설득이 되죠. 이 경우 에세이로만 분류해서 승부를 봐도 돼요. 그런데 냉정하게 얘기하면 보통 사람들은 그 정도의 필력이 없어요. 그러면 자기계발 분야로 전체 원고를 다 쓰고 투고하는 게 맞죠. 처음 보여줄 때는 절반만 보여주더라도 말이죠.《나는 나로 살기로 했다》 이런 책들은 사실 분류는 에세이지만 분류가 애매한 책이에요. 일러스트가 많이 들어 있고 글도 많이 갬성하게 꾸며서 내놨지만 사실 내용은 자기계발형 에세이에요. 그래서 자기계발서 분야에 놔도 돼요.

갬성갬성한 그림이 없거나 표현력에 자신 없는 사람은 자기계발서로 포지셔닝을 하는 게 좋습니다. 내가 진짜 그림도 다 그릴 수 있고, 표현력까지 좋아서 인스타 같은 데에 한번 연재하면 좋아요가 미친듯이 1천 개씩 달린다면? "이거 보세요, 좋아요 1,000개 달렸잖아요. 제 팔로워 숫자 보이죠? 저 나름 인플루언서에요." 이렇게 말할 수 있으면 출판사들이 바로 계약해주죠. 요즘엔 출판사들이 인플루언서로서의 수준이나 인스타나 페북, 브런치의 반응만 보고도 많이 계약해요. 그렇게 계약해 주는 사람들이 글배우 같은 인스타 작가들이잖아요.

하여튼 에세이로 승부를 보려면 필력이 좋아야 해요. 그런데 그들도 사실 글을 쉽게 내는 게 아니라 그 갬성갬성한 필력이라는 게 진짜 쥐어짜듯이 해야 나오는 경우가 많더라고요. 필력은 그냥 나오는 게 아니에요. 글배우라는 친구를 보면 책 하나 내는데 거의 마른 수건 쥐어짜는 기분으로 원고를 쓰던데요? 저는 '저런 스타일로 쓰면 못 살 것 같아' 할 정도에요. 그 사람 스타일로 쓰려면 살이 안 찔 것 같아요. 자동 다이어트 각이죠. 그만큼 에세이로 성공하려면 노력을 많이 해야 합니다.

그림작가와
제휴하는 방법도 있다

"그래도 여전히 김수현 스타일 책으로 도전해보고 싶어요. 그런데 제가 그림은 못 그리는데 어떻게 하면 좋을까요?"

본인의 글이 단기간에 그렇게 좋아질 수는 없을 테니 일러스트로 전체 이미지를 보강해 보는 것도 방법이에요. 주변에 일러스트 잘 그리는 동료나 친구를 한번 섭외해 보세요. 일종의 제휴를 하는 거예요. 그 제휴라는 것이 꼭 거창한 계약이 아니어도 돼요. 잘 아는 사람이라면 그냥 밥 한 끼, 술 한번 거하게 사서 갈음할 수도 있고요. 인세를 나눌 수도 있어요.

예를 들어 "내가 10% 받으면 너에게 그림작가 인세로 한 3% 챙겨줄게." 이런 것도 그림작가들에게 동기부여가 되거든요. 본인도 그림작가로 공식 데뷔하는 거고 '만약 책이 잘돼서 10만 부가 팔리면 나도 10만부에 대한 3%가 보장되는 거니까 해볼 만한데?'라고 생각하는 사람도 많아요. 그렇게 하면 어떤 분들은 "내 작업료는 미리 안 받아도 된다"는 입장을 취하기도 해요. 실제로 "난 그림은 잘 그리는데 글솜씨는 없어서…"라며 글작가와 제휴하는 경우도 많아요("나는 그림을 그릴 테니 너는 떡을 썰어라?"가 아니라 "너는 글을 써라, 나는 그림을 그릴게"로 가는 거죠).

만약 그림이 꽤 많이 들어간다면 인세를 5 대 5로 나누는 경우도 있어요. 인세를 총 10% 받는다고 하면 "우리 싸우지 말고 인세 배분을 5 대 5로 하자" 이렇게 하면 공평하죠. 보통은 글작가와 그림작가가 공저 형태로 제휴하면 인세를 5 대 5로 해야 추후 안 싸우고 가장 깔끔하더라고요. 나중에 "네가 왜 그때 6을 받았고 나는 4냐?" 그러면서 이 1% 때문에 틀어져서 서로 머리카락 쥐어뜯고 난리 나는 경우도 많이 봤거든요. 애초에 분쟁의 소지가 없게 5 대 5로 가는 게 이런 제휴 관계에서는 가장 뒤탈이 없더라고요.

투고 원고는
어디까지 멋있게 만들어 보내야 하나요?

"레오짱님이 저번에 얼핏 보여주신 투고 원고 샘플을 보니까 엄청 멋있던데요, 원고를 투고할 때 꼭 그렇게 멋있게 만들어서 보내야 하나요?"

아, 저는 그냥 제 취향이 디자인 요소를 약간 넣어서 마무리하기를 좋아해서 그런 거고요. 너무 멋있게 꾸미지 않으셔도 돼요. 출판사들이 검토하는 원고의 기준은 콘텐츠의 함량이지 꾸밈새는 아니니까요. 하지만 이왕이면 다홍치마라고, 같은 콘텐츠라도 너저분하게 정리 안 된 채로 보낸 원고보다 좀 더 정리가 돼 있고 이미지 같은 게 함께 구성돼 있는 투고 원고가 더 눈길을 끄는 건 당연해요.

아래한글이나 워드 문서 텍스트에 이미지만 잘 넣어도 그럴 듯해요. 그렇게 멋있게 안 해도 되지만, 투고 원고를 좀 더 돋보이게 하고 싶으시면 이미지를 추가해 보세요. 텍스트만 있느냐 이미지도 있느냐의 문제죠. 제가 출판사 입장에서 투고를 많이 받기도 해요. 그때 좀 혹하는 투고들은 예를 들어 중간에 (어디서 구했는지는 모르겠지만) 무슨 캐릭터가 들어가 있

346

는 이미지가 있는 유형이었어요.

실제 투고된 원고 중에 수학을 삶의 에세이 형식으로 푼 원고가 있었어요. 초보 저자의 원고였죠. 투고 원고에 본인을 나타내는 듯한 여자 캐릭터가 있고, 그 캐릭터가 내용을 설명하는 것처럼 아래 한글에 넣고 그걸 PDF 파일로 변환했더라고요. 꽤나 '있어 보이'더라고요. '와 이런! 벌써부터 느낌이 좋은데?'라는 생각이 들면서 갑자기 이 분을 한번 만나보고 싶어지더라고요.

그래서 실제로 만나봤어요. 나중에 얘기를 하다 보니 다른 출판사들에서도 다 비슷한 반응이었던 거예요. 저랑 만나기 전에 벌써 세 군데를 만나고 오신 거였죠. 만난 출판사들에서 모두 계약하자고 제안했대요. 저는 우리가 그렇게까지 매달릴 원고는 아닌데 싶어서 관두긴 했지만요. 여튼 그분은 진짜 출판사를 '골라가며' 계약했어요. 이미지 하나 넣는 게 많은 차이를 낳더라고요. 이미지 하나 깔끔하게 중간 중간에 넣어보세요.

출판사는 어떻게 골라서
투고해야 하나요?

"출판사가 너무 많아서 어디가 어딘지 잘 모르겠어요. 어떻게 선택해서 투고해야 하나요?"

일단은 자기 원고가 어느 장르에 해당하는지부터 판단을 하셔야 합니다. 내가 시를 좀 쓴다, 소설 좀 한다, 에세이류다 이러면 그 해당 분야를 많이 내는 출판사들에 투고를 하셔야 해요. 소설만 주로 내는 출판사에 에세이를 투고하면 잘 될 리 없죠. 실용서나 자기계발서 내는 출판사에 에세이를 투고해도 거의 반응이 없어요(번짓수를 잘못 찾은 거죠. 조선시대로 치면 이 서방 찾으려고 김 서방네 동네에 가는 격이죠).

출판사도 그 회사만의 전공이 있거든요. 출판사들이 모든 분야를 잘하지 않아요. 자기네가 주력하는 분야만 잘 해요. 이건 책을 선정하는 기준에서도 그렇고, 디자인을 알맞게 하는 문제도 그렇고, 나중에 잘 파느냐 못 파느냐 문제에서도 그래요. 그러니 전공에 맞는 출판사인지 파악하셔서 투고하세요.

인터넷으로 서점 사이트에서 그 출판사 이름으로 검색만 해봐도 바로 알 수 있어요. 서점 사이트에서 '출판사 이름' 검색하고 그동안 낸 책들이 어떤 종류의 책인지 살펴보세요. 검색어 조회 후 '인기순'은 요즘 주로 찾는 책들 위주로 보여주는 거고, '판매량'은 판매 순위별로, '신상품'은 최근에 출간된 순서로 보여주는 거예요. 최근 그 출판사의 움직임을 알기 위해선 '신상품' 기준으로 보시는 게 좋아요.

그 분야를 잘하는 출판사에 투고해야 좋나요?

"저는 육아서를 생각하고 있는데요. 예스이십사나 알라딘에서 육아서 중 엄마표 놀이 이런 식으로 검색했을 때, @@@ 출판사 책이 맨 위에 뜨거든요. 그러면 @@@에서 그런 책을 출판했을 때 잘될 가능성이 크다는 거죠?"

맞습니다. 그 출판사의 대표 자체가 애 엄마세요. 출판사 대표 본인이 독자층과 일치하는 딱 그 연령대, 그러니까 10세 전후 미취학에서 취학으로 넘어가는 아이를 기르고 있는 엄마다 보니까 출판사의 관심사도 그 분야에 잘 맞춰져 있는 거죠. 그래서 그 분야 원고를 살피는 눈이 더 정확하게 열려 있는 거죠. '아, 진짜 이건 필요하다' 아니면 '이건 껍데기만 이렇다'는 걸 선별할 수 있는 눈을 가지고 있게 돼요. 대표자 본인이 관심이 많다 보니까 그런 쪽에 정성을 들여서 엄마들이 혹하게 잘 만드는 것도 있고요. 이 출판사의 이 분야 책들이 웬만하면 다 잘 팔렸어요.

그 분야 책들이 히트하면 서점의 해당 분야 담당자들도 그 출판사를 눈

여겨보거든요. "여기는 육아서를 되게 잘 내고 잘 파네"라고 인식하게 되는 거죠. 그러면 더욱 잘 대해주고 신간이 나오면 더 잘 노출해주죠. 선순환 고리로 넘어가게 됩니다. 만약 투고했는데 그곳이 육아서 출간 경험이 없는 출판사라면? 그곳과는 계약이 돼도 문제에요. 책이 나와도 별 반응이나 노출을 못 받고 묻힐 가능성이 높아요. 이미 자기가 낼 분야의 책을 기존에 출간해서 어느 정도 반응이 좋았던 곳에 투고하는 게 현명한 출판사 선별법이에요.

예를 들어 육아서나 요리책을 내고 싶다면? 관련 책을 이미 많이 낸 출판사에 투고하셔야 돼요. 육아 쪽 경험이 한 번도 없는 데에 투고를 해봐야 헛발질이에요. 출판사도 그 분야에 쌓인 노하우가 있어야 하고 코드도 맞아야 하고 관심사가 통해야 돼요.

또 편집디자인 노하우 이런 것도 무시 못 할 영역이거든요. 출판사들 중에도 육아 요리책만 잘 편집하는 곳이 있어요. 그런데 에세이 내는 출판사에 갑자기 "요리책 좀 내주세요" 하고 덜컥 계약을 했다 쳐요. 그러면 완전 이상하게 디자인 해봐요. 전혀 엉뚱하게 디자인이 나올 때도 많아요. 일부러 그랬겠어요? 그 출판사에서도 경험이 없다 보니까 헤매는 거예요. '이렇게 하는 게 맞을까, 저렇게 하는 게 맞을까?' 자기네들도 좌충우돌해요. 그러면 책이 출간되고 나서도 잘 안 될 가능성이 높아요. 제대로 만들지도 못하고 제대로 팔지도 못해요.

채널 영업망이라는 것도 중요한데 서점에도 분야마다 상품 담당자들이 있어요. MD라고 하죠. 머천다이저^{merchandiser}. 큰 출판사나 오래 영업해 온 출판사들은 각 서점 담당자들과 쌓아온 친분이 있어요. 그것도 경쟁력이죠. 그 MD들과 평소 밥도 먹고 커피도 마시고 친해 놓은 거예요. 그래야 책을 설득할 때 훨씬 편해요. MD들도 오래 된 출판사나 큰 출판사들과만 놀아주려고 하지 잘 모르는 신생 출판사는 함부로 어울려주지 않아요(그러니 더 구력을 쌓은 다음에 친분을 시도해보세요).

내가 자기계발서만 내는 사람인데 만약 소설 분야 MD들한테 가서 얼쩡댄다면? 상대도 안 해줘요. 싸하죠. 번지수 잘못 찾아간 느낌이 강하게 드실 거예요. 그러니까 결론적으로 예비 저자 여러분은 그 분야를 늘 하던 출판사를 공략하셔야 해요. 투고를 하더라도 말이죠.

마지막으로 해당 분야를 오래 해온 출판사는 자기네 타깃 집단에 맞춘 홍보 노하우도 많거든요. 요리책 내는 출판사는 엄마들 맘카페 이런 데랑 되게 긴밀해요. 그런 채널에 홍보도 많이 해봤어요. 그런데 이런 걸 안 해본 출판사한테 갑자기 이런 채널에도 홍보해달라고 하면 출판사도 되게 헤매요. 이런 여러 가지 이유가 얽혀 있습니다.

출판사 연락처 수집은
어떻게 하나요?

"출판사 연락처가 있어야 투고를 할 텐데 그런 연락처는 도대체 어디서 알 아내야 하는 건가요?"

출판사 리스트를 어디서 구하는지 물어보시는 분들이 많아요. '투고 출판사 리스트'라고 인터넷에도 돌아다니는 게 있거든요? '500개 출판사 리스트'라고 해서 돌아다녀요. 심지어 어떤 사기꾼들은 그 리스트를 파일 하나에 70만 원씩 받고 팔아요. 엑셀파일 하나일 뿐인데 '출판사 컨택 리스트'라는 이름을 붙여서 그걸 고가에 파는 모습을 보고 깜짝 놀랐어요. 그 파일을 누가 구경시켜주길래 저도 그 리스트를 뜯어 봤더니 한심하더라고요. 그 속에 들어 있는 리스트들은 최근 자료가 아니에요. 망해서 없어지거나 오래전 버전이거나, 듣보잡 이상한 출판사들 리스트가 잔뜩 포함되어 있어요. 이런 자료로 계약이 제대로 잘 될 리 없어요. 이놈들이 그런 걸 70만 원씩 받고 크몽 같은 재능 마켓에서 거래하고 있더라고요. 속지 마세요. 그냥 깔끔하게 본인이 직접 수집하는 게 더 좋아요.

직접 수집을 어떻게 하냐고요? 2가지 방법이 있어요. 오프라인 서점에 직접 가는 방법이 하나 있고요. 모 인터넷 서점 사이트에서 찾는 방법도 있어요. 먼저 오프라인 서점에 직접 가서 판권을 찾는 방법입니다. 에세이 책을 준비중이라면 에세이 코너에서 판권을 찾는 게 가장 좋아요. 서점 매대에 놓여 있는 책들은 모두 최근 책이고 거기에 놓여 있는 책들은 다 웬만큼 영업과 마케팅을 할 줄 아는 출판사에서 나왔다는 의미니까요. 그런 곳에 보내면 성공 확률이 더 높죠.

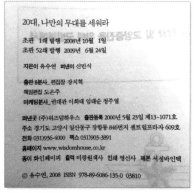

판권 페이지 예시

괜히 사기꾼에게 돈 주고 옛날 리스트 사서 뒤적이지 말고 자기 분야에 맞춰서 직접 수집하세요. 준비중인 책이 자기계발 분야에 해당된다면 그 분야의 판권만 집중적으로 50개쯤 수집하세요. 수집하는 것도 생각보다 어렵지 않아요. 옛날에는 서점에서 사진 찍으면 이 사람들이 꽤나 히스테리컬하게 대했거든요? "어디 서점에서 사진을 함부로 찍으십니까. 내놔보세요. 지우세요!" 이랬는데 요즘에는 오프라인 서점에서 장사가 잘 안 되니까 "마음껏 찍어 가세요. 하나라도 더 SNS에 바이럴 해주시면 좋죠." 거의 이런 분위기로 대해요. 요즘에는 손님들이 사진 찍는 거 봐도 직원들이 내버려둬요. 주로 맨앞이나 맨뒤 페이지에 있는 판권들을 핸드폰으로 찍어 놓으셨다가 집에 가서 엑셀 파일에 한꺼번에 정리하세요. 이메일 리스트로 4가지 항목 정도로요.

출판사 이름, 분야, 전화번호, 이메일

이렇게 4가지로 정리하면 돼요. 깔끔하게 최신 분야별 리스트로 50개 정도 있으면 그중에 채택 확률이 굉장히 올라가요.

또 인터파크 사이트의 도서 분야 카테고리에서 뒤표지 바로 앞을 펼쳐 보면 대부분 판권을 볼 수 있어요. 다른 서점 사이트에는 미리보기가 앞부분에만 있는데 인터파크 도서 사이트에서는 가끔 판권이 보여요. 이건 사람들이 잘 모르는 비밀이었는데 이 책의 독자 여러분에게만 알려드립니다.

투고의
실제 요령

"그럼 실제 투고는 어떻게 해요? 이메일을 쓰는 법이나 원고를 첨부할 때 어떻게 해야 하는지 전혀 감을 못 잡겠어요."

네, 이제 실제 투고 요령을 알려드릴게요. 가급적이면 과감히 원고 전체를 첨부할 것을 추천드립니다. 여기에 '재유포 금지' 처리를 해두시면 됩니다. "계약 의사가 없다면 바로 폐기해 주세요"라고 당부도 하시고, 복사 방지용 락lock을 걸어놓으면 됩니다.

원고 전체를 보여주되 아래한글이나 워드 문서 그대로 보내지 마세요. 반드시 PDF 파일로 변환해서 보내는 게 좋습니다. 왜? 복사 방지하려고요. 이런 형태를 PDF 파일이라고 하죠. PDF 파일은 Adobe Reader라는 무료 프로그램을 설치하면 워드나 아래한글 프로그램에서도 연동이 돼서 바로 사용할 수 있어요. 워드나 아래한글 프로그램에서 '다른 형식으로 저장' 눌러서 'PDF로 저장' 누르면 돼요. 그러면 이렇게 깔끔하게 변환이 돼요.

전사 되기

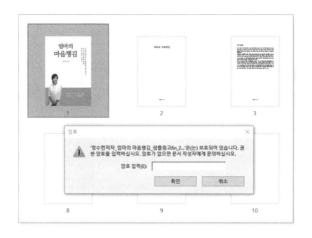

여기서 중요한 것은 PDF 파일에 보호장치를 걸어두는 거예요. 일반 무료 버전에서는 작동이 안 되고요. Adobe Acrobat Pro 버전(PDF를 다루는 유료 버전) 같은 것을 구해보세요. 잠깐만 쓰실 거면 '30일 무료 체험판' 형태로 활용하셔도 되고요. 그러면 여기 PDF 문서에 다양하게 암호 설정도 할 수 있고, 아예 텍스트는 일절 건드려지지 못하게 설정할 수도 있어요. 텍스트를 읽기만 가능하고 긁어서 복사하고 싶어도 복사가 전혀 안 돼요. 저도 그렇게 복사 방지 잠금 처리해서 보내거든요. 이런 형태를 '문서에 락lock(열쇠)을 걸었다'라고 표현하죠. 보기만 가능하고 복사가 일체 안 돼요. 누군가에게 이메일로 회람을 시켰다 그러면 그런 기록도 다 남아요. 그래서 약속을 어기고 재유포시키면 추적도 할 수 있어요(자세한 '검토 추적' 설정 방법은 QR코드를 참고하세요).

PDF 검토 추적 및 관리

실제 투고 샘플을 보여드릴게요

샘플로 보여드릴게요. 실제 샘플입니다. 이 책은《컬러 테라피》라는 책인데 실제로 투고할 때 이런 식으로 했어요. 페이지 구성을 보면 분량이 꽤 많죠? 전체 원고 그대로 투고한 거예요. 컬러풀하게 사진도 넣어서 투고했어요.

이 원고는 투고하자마자 출판사들에게서 "당장 계약하고 싶은데 혹시 다른 데 연락 중인 데 있나요?" 하고 연락이 왔어요. 그래서 제가 "두 군데에서 방금 전화가 왔습니다. 내일까지 답을 드려도 될까요?" 이런 식으로 거꾸로 튕기는 분위기로 갈 수 있었죠. 투고자가 보통은 '을'이죠. 그런데 투고자가 '갑'이 될 수 있는 포지션을 여러분이 점하셔야 해요. 책 소개를 정확하고 자세하게 해주시면 돼요.

예를 들어 세 포인트 이내로 책 소개 요약도 있고, 저자의 핵심 메시지

전사 되기

도 압축적으로 정리해 줘야죠. 저자가 이 원고에서 무슨 말을 하려고 한다는 걸 3개 단락 정도로 요약해 주고, 이 책의 사용법으로 '어떻게 구성을 했습니다' 이런 가이드도 줬고요. 저자 소개도 스토리텔링 방식으로 넣어주고요. 제목 후보도 넣어줍니다. "우리가 제목까지 미리 대신 고민했습니다. 출판사에서는 머리 많이 쓰지 않으셔도 됩니다." 투고자가 얼마나 치열하게 연구했는지 보여주는 거죠. 제목 후보 1안, 2안, 3안, … 5안 정도까지 뽑아줍니다. 이 책의 경우 부제까지 곁들여서 제목을 한 11개쯤 뽑았어요.

다음에 핵심 콘셉트를 또 한 번 부연 설명해요. 기획 의도를 설명하고요. 그러니까 벌써 설득을 여러 번 한 셈이에요. "이래도 너희들이 설득 안 당할 거야? 이렇게까지 입 아프게 설명하고 또 설명하는데도?" 거의 그런 분위기로 촘촘하게 압박해주죠. 그러면 웬만큼 상식적인 출판사라면 바로 알아들어요.

보통 경쟁서 분석까지 해주는 게 좋아요. "비슷한 책이 이런 게 있는데 이 책의 장점과 단점은 이런 것이 있습니다. 이 책의 장점은 이런 건데 단점은 어떻습니다." 해외도서 포함해서 경쟁서를 한 5개쯤 정리해주면 좋아요. 나아가 이 책이 경쟁서와 어떻게 다른지 포인트 원, 투, 쓰리… 3개 정도 뽑아 주세요.

그리고 "이제 본문을 한번 보여드릴까요." 해서 본문으로 넘어가는 거고요. "목차는 구성이 이런 식입니다. 독자는 이렇게 잡았습니다"도 보여줘야죠. 타깃 독자는 구체적으로 잡는 게 좋아요. '누구나 다 보면 좋지.' 이렇게 하면 망하는 거고요. 확산 독자도 컬러에 관심이 있고 어쩌고 등

등… 컬러라는 말이 계속 들어가죠. 컬러 테라피를 배웠거나 배울 사람, 자기 감정 점검이 필요한 사람 이런 식으로 좀 자세하게 했죠.

그리고 추천사, 국제적인 어떤 글로벌 인물을 하나 갖다 놓고 영어 편지로도 증명하는 거예요. 'Dear Young Jung Kim, …' 이쯤 되면 출판사들이 거의 '아이고, 이거 빨리 계약해야겠네' 이런 느낌이 들죠. 이 정도 되면 거의 게임 오버.

책 소개(요약)

1. 컬러 테라피 국내 최고의 실력파 강사의 첫 원고!!, 강의마다 수강자들에게 눈물바다를 쏟게 만들어내는 최고의 인기강사, 그녀의 첫번째 책!!!

2. LG그룹, CJ그룹에서 잘 나가던 인사담당자였던 그녀는 왜 그 탄탄하고 안정된 대기업 직장을 박차고 나가 컬러 테러피에 평생을 헌신하게 됐을까?

3. 컬러 테러피 분야의 최고 권위자가 있는 남아프리카공화국까지 비행기를 타고 건너가 직접 배워 온 그녀만의 컬러 강의 13년의 농축된 임상 티칭의 모든 노하우를 담은 책!!

저자의 핵심 메시지

컬러는 나를 비춰주는 거울-판단이 아닌 나를 알아차리기 위한 도구

고민을 털어놓는 수많은 사람들의 이야기를 듣다 보면 우리는 그 사람의 문제점을 명확하게 알 수 있으나 정작 본인만 문제를 몰라 헤매는 경우를 자주 보게 됩니다. 이럴 때 컬러는 자기 모습을 객관적으로 바라볼 수 있는 시각을 제공하여 감정의 늪에서 허우적거리는 우리에게 도움을 줍니다. 어떤 도구 없이 자기를 객관적으로 바라보기는 쉽지 않고, 설령 누군가가 '너의 문제는 이거야' 라고 이야기하면 '나에 대해서 뭘 안다고 그런 말을 하는 거야?' 라며 불쾌해 하기 십상이지만 이때 컬러를 통해 마치 거울을 보듯 나와 내면을 들여다보면 거부한 마음이 수긍으로 바뀌는 것을 자주 볼 수 있습니다.

본인이 선택한 컬러가 어떤 메시지를 가지고 있는지 설명을 듣고, 그 메시지를 본인의 상황과 연결하여 자기를 돌이켜 보면 다른 이의 피드백이 아닌 컬러가 들려주는 이야기로 자신을 인정하게 되는 것이지요. '내 마음속에 이런 게 있구나. 맞아 나 요즘 그랬어' 하고 말입니다.

그 동안 정리되지 않아 읽기 어려웠던 내 마음을 컬러를 통해 이해해 보시기 바랍니다. 내 마음을 이해하고 내 삶을 이해하다 보면 다른 이들을 이해하고 그들의 삶도 이해하게 됩니다. '저 사람은 왜 저래?' 라는 판단이 아닌 '아 저 사람도 이런 과정을 겪고 있구나' 하고 말입니다. 컬러는 판단이 아닌 있는 그대로의 나를, 상황을, 타인을, 이해하고 받아들이게 해주는 도구입니다.

이런 앞 기획 구성 부분에서 1차 설득이 완료되고, 2차로 본문을 구경시켜주는 거예요. "자, 들어갑니다잉~" 하는 기분으로 자신 있게 본격 보여주기를 시전하시면 되죠.

프롤로그와 사진은 대충 이렇게 비슷하게 썸네일 형태로 넣어 놓고 여러 가지 본문 구성 장치와 소품까지 짜서 보여주면 투고 구성으로 나무랄 데가 없어요. 복합적인 구성을 가지고 있죠. 이렇게 되면 출판사에서 바로 계약하자고 해요.

이렇게 여러분이 기획안과 마케팅안까지 추가로 작성해서 보내는 거죠. 이왕이면 원고 자체도 좀 깔끔하게 다듬어서 보내세요. 서체도 좀 단정하고 예쁜 걸로 통일해서 정리하시고, 지나치게 다양한 요소로 눈을 어지럽게 하지 마시고요. 또 텍스트만 잔뜩 넣어서 보내면 '어우 머리 아파!' 하면서 출판사에서 검토하는 사람들이 별로 좋아하지 않을 수도 있어요. 그 사람들은 사실 매일 텍스트와 씨름하는 사람들인데 또 텍스트만 잔뜩 넣은 폭탄으로 보내면 호감이 생기지 않아요.

투고할 때는 이미지도 좀 넣어보세요. 요즘 픽사베이 같은 무료 이미지 사이트 많잖아요? 그런 데서 눈을 좀 쉬게 해주는 괜찮은 이미지들(분위기가 원고 내용과 관련 있는 이미지들)을 텍스트 사이사이에 넣어서 긴 원고를 검토하는 사람들이 중간 중간 한 호흡 쉬어갈 수 있게 해주세요. 너무 텍스트만 왕창 때려 넣으면 비호감이에요.

이메일 본문에도
요약을 넣어라

"투고 이메일을 쓸 때 그냥 간단한 인사말과 아래한글 원고 첨부파일만 붙여서 보내면 될까요?"

아니요. 그게 초보 예비 저자분들이 가장 많이 실수하시는 대목이에요. 이메일에 달랑 첨부파일만 붙여 보내지 마시고요. 제발 메일의 본문에 인사말과 내용의 요약(핵심 소개글)을 넣어주세요. 인사말과 핵심 소개문을 최소 한두 문단 이상 요약해서 적어주는 게 좋아요. 아까 보여드린 '출판의 의도' 이런 거 있잖아요. 그걸 복사해 이메일 본문에 좀 더 요약해서 적어주는 거예요.

다시 한 번 당부드리는데 원고 원본 파일을 보내지 마세요. 텍스트를 바로 복제하고 재유포가 얼마든지 가능하니까 뜻하지 않게 자료가 도용될 여지가 있어요. 대부분 출판사 사람들은 그러지 않으리라 믿습니다만, 세상엔 가끔 몰지각한 사람들도 있는 법이니까요. 한두 개의 썩은 사과가 그 바구니의 사과 전체를 곪게 만들기도 하잖아요. 애초에 빌미를 주지 않도록 LOCK을 걸어놓은 PDF 원고로 만들어 보내세요.

투고 메일 실제 샘플: 유혜리 저자의 책

안녕하세요! 업무에 수고가 많으시죠?^^

최신작 《스트레스에 강한 사람들의 비밀》 원고를 소개드립니다.

이 책은 "코로나19로 극심한 스트레스에 노출된 당신에게

한국인의 일상에서 흔히 접하는 생생한 사례를 통해

스트레스의 긍정적 면을 새롭게 알려주고 현실에서 바로 응용할 수 있게 해주는

가장 현실적인 가이드서"입니다.

첨부한 파일 1개(기획서 및 원고 통합파일)를 참고해 주십시오.

귀 ○○출판사와 좋은 인연이 되기를 바랍니다. 대단히 감사합니다.

_____

연락처는 다음과 같습니다.

전화: 010-○○○○-○○○○

이메일: have2000@naver.com

개별 발송으로
보내라

"출판사 이메일을 서점에서 제법 많이 모아왔어요. 이걸 한꺼번에 메일 '받
는 이' 란에 모두 넣고 발송하면 되겠죠?"

아니요. 마음이 급해져서 단체로 투고 이메일을 보낼 때는 제발 '개별
발송'으로 보내세요. 마치 그 출판사에만 보낸 것처럼 보내시라고요. 별
생각없이 단체 발송 그대로 보내면 안 돼요. 무슨 말인지 잠깐 시연해드
릴게요. 네이버 메일에 들어가봅시다.

단체로 뿌리더라도 '개인별' 항
목에 체크를 하셔야 해요. 출판사
리스트 50개 정리하셨잖아요? 엑
셀에 복사해서 이메일 50개를 한
꺼번에 여기다 붙여넣기 하면 촤
라락~ 하고 다 들어가죠. 이걸 대

부분 체크 안 하고 보내시는 분들이 많아요. 그러면 출판사 사람들이 엄청 싫어해요. '이 사람 진짜 성의 없네.' 이런 느낌이 들어요. 출판사들이 기분 상해서 '우리가 안 해도 다른 데서 연락하겠지 뭐' 하고 제대로 검토도 안 해요. 그럼 그 투고는 망하는 거죠.

그렇게 하지 말고 제발 여기 '개인별'에 체크 누르세요. 개인별로 보내기를 체크하고 보내면 메일을 받는 사람 입장에서는 마치 그 출판사에게만 보낸 것처럼 보여요. 문구도 '존경하는 출판사 담당자님께' 이렇게 어떤 특정 출판사에게만 보내는 느낌이 나게 보내세요.

가장 좋은 것은 실제로 개별적으로 하나하나 맞춤형 메일을 보내는 형태에요. 자기가 원하는 출판사들을 콕 찍어서 개별 이메일로 보내면 뭐가 좋나요? 그 출판사 이름도 언급해주고, 그 출판사 최근 신간도 언급해 나름 애정을 표현할 수 있죠. 그러면 받는 출판사 담당자 입장에서는 한결 더 마음을 열고 대하게 돼요. 그게 최고의 투고 방식이에요. 평소에 관심 가졌던 출판사들은 따로 체크해뒀다가 출판사의 최근 신간 동향들도 살펴본 뒤 독자로서의 소감도 덧붙여서 개별 발송으로 보내세요.

보내놓고
초조해 하지 말라

"저는 투고 메일을 보낸 후에 일주일이 지나도 답이 없으면 가슴이 너무 답답하고 초조해요. 그렇게 많은 출판사들에게 보냈는데… 엄청 멘붕이에요."

그 심정 이해합니다. 하지만 마음을 편안히 가지고 기다려 보세요. 보통은 투고 원고 검토에 1~2주 이상 걸리는 건 기본이거든요. 출판사들도 그런 원고가 들어오리라 예상하고 일정을 빼놓고 있던 상황은 아니니까요. 어쩌면 자체 일정 때문에 일주일 이상 걸릴 수도 있고요. 그런데 초보자분들은 자기 입장에서만 하루이틀 기다리는 것에도 너무 초조해 하세요.

1~2주 이상 답이 없거나 "우리 출판사랑 방향이 맞지 않아 죄송합니다." 이런 답장이 한 10개쯤 쌓이다 보면 자존감이 확 낮아지는 분들도 계세요(사실 대부분은 그렇죠). 투고하다가 자존감까지 잃어버릴 줄이야? '와 내가 이렇게밖에 대접을 못 받는 사람인가?' 그러면서 자기 자신을 다시

바라보게 돼요. 현타라고 하죠, 현실자각 타임. '내가 이거밖에 안 되나? What for? 그동안 나는 도대체 뭘 위해 살아왔던가?' 뭐 이런 이상한 생각까지 해요. 그래서 거절 메일이 2주 동안 한 30개쯤 쌓인다면 진짜 그 다음부터는 대부분의 저자들이 상태가 많이 안 좋아져요.

　마음을 대범하게 가지세요. 출판사들이 검토하는 데 보통 길게는 3주까지도 걸려요. 아까 제가 하는 그 방식으로 진짜 정성껏 투고하시면? 보낸 10곳 중에 한두 군데 정도는 좋은 답장이 와요. 제가 한번 보여드릴게요. 좋은 답장의 예.

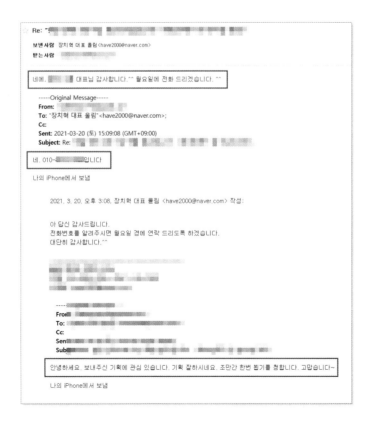

전사 되기

좋은 소식은 이렇게 답장이 옵니다.

"저희 출판사에 원고를 주셔서 너무 감사합니다!"

하지만 나쁜 소식은 대부분 이렇게 답장이 옵니다.

"좋은 원고를 제안해주셨으나 저희와는 방향이 맞지 않아…."

그런데 대부분 거절 메일은 이 다음에 "그렇지만 우리 본사의 방향과 맞지 않아 너무 죄송하게도 다음 기회에 어쩌고저쩌고…" 이런 말이 등장해요.

되는 원고는 이렇게 바로 다른 답변이 오고요. "원고 검토 결과 안내. ○○○출판사입니다. 안녕하세요 ○○대리입니다. 우선 소중한 원고 투고해주셔서 감사합니다. 원고 피드백하여 더 좋은 책으로 만들어 기획 출판하는 도서로 출간 제안드립니다. 계약 의사가 있으시다면 답변 부탁드립니다." 덧붙여 자기네 홈페이지, 페이스북, 모바일 이메일까지 다 공개해요. 빨리 좀 연락 달라고. 아주 바람직한 답장이죠.

또 다른 케이스로는 김난도 작가의 '트렌드 코리아' 시리즈 출간으로 유명한 '미래의창'이라는 출판사인데요. 여기서도 바로 이렇게 답장이 왔었죠. 세 줄 이내에 긍정적인 말이 하나 있죠.

"보내주신 원고를 '흥미롭게' 검토했습니다." 이거 벌써 좋은 말이죠?

"혹시 시간이 되신다면 이야기를 좀 더…" 이건 매우 좋은 신호예요. 계약하고 싶다는 얘기죠.

"이야기를 나누어보고 싶은데요." 제가 이 원고의 코칭 및 계약 에이전트 역할까지 해드렸기 때문에 저에게 이렇게 말하는 거죠. "시간을 조율해 주시고 어쩌고저쩌고…" 그러면서 자기가 먼저 시간을 얘기해요. "이번 주 토요일, 목요일, 월요일 아무 시간이나 미팅 가능 어쩌고저쩌고…" 그런데 제가 그날 일이 너무 바빠서 이 이메일을 깜빡 못 읽어서 반나절 동안 답장을 못 했어요. 그랬더니 나중에 출판사에서 먼저 계속 휴대폰 문자로도 말을 걸더라고요. 이 정도면 굉장히 적극적이잖아요? 이메일을 못 열어보던 상황이니까 문자로 계속 "이메일 답장 드렸는데 혹시 보셨나요?" 하면서 먼저 연락하는 거죠. 대부분 투고한 사람들은 그렇지 못하죠.

실제 레오짱의 2021년 4월 20일의 SNS 기록입니다.

---

1. 다른 데 갈 새도 없이 처음 연락하자마자 바로 계약을 하겠다고 덤비신 고마운 고갱님, 아니 출판사님. 될성부른 원고는 하루 만에 결론이 나기도 합니다. 오래 기다릴 것도 없어요.

2. 사실 이번 출판사는 저번에 제가 제안했던 다른 원고에도 계약을 강력히 희망했으나 먼저 의사를 밝힌 출판사에 빼앗기는 바람에 분투를 삼킨 전력이 있는 곳.

3. 그때의 일이 미안해서 "다음 번 원고 나오면 당신네 출판사에 가장 먼저 보여줄게요." 약속한 바 있는데, 오늘 보여주자마자 그 자리에서 최고의 조건으로 "계약하겠습니다!" 하시네요.

4. 투고자가 을이 되지 않고 때론 이렇게 갑의 처지가 되면 참 짜릿한 일

이죠(그렇다고 제가 갑을 따지는 사람은 아니지만요). 괜찮은 출판기획자라면 출판사들끼리 서로 이렇게 앞다투게도 할 수 있어야죠.

만약 여러 출판사에서 그렇게 복수의 긍정적인 응답이 온다면 매우 해피한 상황이죠. 그 경우 바로 결정하지 마시고 찬찬히 비교해보세요. 비교의 기준은 그 출판사 평판이죠. 이 평판이라는 게 꼭 엄청 거대한 유명 출판사일 필요는 없고 "이거 뭐 듣자 하니까 별로 안 좋은 소문이 들리던데…" 여부를 타진해 보시라는 거예요.

예를 들어 무슨 책을 사재기해서 어디 뉴스에 나왔다든지, 아니면 대표가 무슨 불미스런 일에 연루되었다든지… 그런 뉴스도 검색하면 가끔 보이거든요. 아니면 "거기는 계약 조건이 엄청 짜대. 아무리 열심히 써봐야 인세 7%밖에 안 준대." 이런 데들… 주위에 출판 경험 있는 지인들에게 한번 물어보세요. "여기 들어봤어? 여기 어때?" 이런 거 물어보시면 사람들이 의외로 뭔가를 알고 있는 경우도 많아요. 안 좋은 소문이 있는 곳은 특히 잘 알아요.

출간 가능 시기도 한번 출판사에 물어보세요. 나는 목표로 하는 일정이 급한데 책으로 바로 내줄 수 있는지. 기본적으로 모든 출판사들은 생각보다 빨리빨리 책을 낼 수 있는 입장이 아니에요. 그 출판사 상황에 따라 한 반 년 있다가 낼 수도 있고 "1년 있다가 내드릴까요?" 이런 경우도 있어요. 그러면 저자 입장에선 복장 터지니까 그쪽에서 계약 의사가 있다면 그런 건 미리미리 물어보세요. 그중에 저자 자신에게 유리한 곳으로 결정을 하셔야죠.

좋아요. 여기까지 투고를 말씀드렸어요. 출판의 종류에는 5가지가 있었고 기획안으로만 투고하는 건 힘들다, 다 쓰고 전체를 투고하는 게 좋다는 말이었고요. 출판사를 골라서 투고할 때는 자기 분야만 좁혀서 정성스럽게 해야 한다는 말이었습니다.

전사 되기

투고 거절로 상심했던 저자가 역전승하는 방법

작년에 많은 출판사들에 홀로 고독히 투고하셨던 A저자분… 거절 메일을 읽을 때마다의 감정들에 너무 힘들어하셨을 그림들이 생생히 떠올라 사실 저도 가슴 아팠어요. 도와드리고 싶었어요. 스스로도 지쳐서 그만 포기할까 하시던 원고… SNS 인연으로 2020년 초에 제가 주최한 〈온라인 글감옥〉 ZOOM 수업을 들으시고, 원고를 제 코칭에 맞춰 빠르고 충실하게 재단장하시는 열정과 솜씨를 발휘하셨습니다(칭찬, 박수!).

사실 그 어떤 원고라도 콘셉트와 구성을 새롭게 틀어만 주면 얼마든지 재탄생이 가능하죠(특히 이 저자님 경우에는 원고 내용도 꽤 알찼어요. 각도와 구성 방법의 보완이 필요했을 뿐). 그동안 거절의 상처에 데이셔서 그런지 계약서 사인하기 직전까지도 약간 불안해 하시던 저자분의 표정이 읽혀서 속으로 미소 지었어요. 사인 완료본을 받아드는 순간 엄청 행복해 하시는 미소를 보고 저도 덩달아 행복해졌고요.

보통 출판기획자들은 계약서 작성 순간 같이 찾아가는 정성까지 기울이진 않아요. 하지만 출판 코치 역할을 맡은 이상 저 레오쌤은 인세도 출판사로부터 맥시멈으로 최대치를 협상해 드리기 위해 항상 같이 동행해 그렇게 받을 수 있게 힘써드리죠. 더 나아가 사실상 '갑'일 수도 있는 출판사 담당자와 첫 미팅부터 사교적으로 점심도 같이 먹고 낮술도 마시고 하는 것은 아주 이례적인 경우에요. 이것은 사실 공감대를 형성하고 에너지를 충분히 전달했기 때문에 가능했던 일이죠.

오늘의 교훈 1

당신은 이미 콘텐츠를 갖고 있다. 그것을 새로운 각도로 틀어주는 눈을 떠라.

오늘의 교훈 2

이미 콘텐츠와 자료가 풍부한 저자는 조금만 접근 방식을 바꿔줘도 아주 매력적인 저자 후보가 될 수 있다.

오늘의 교훈 3

강을 건널 때는 뱃사공(레오짱 같은 출판전문가)의 손길에 맡겨라. 난생처음 직접 노 저으려면 고운 손에 물집 잡히고 마음에도 물집 잡혀 고생한다.

2장 계약 노하우의 모든 것 (서로 윈윈하는 계약법)

투고에서 좋은 답변을 받으셨다면 그 다음은 실제 계약을 어떻게 하는지 알고 계셔야 해요. 아직 투고에 성공하지 못한 상태더라도 출판 계약이라는 게 현실에서 어떤 식으로 이루어지는지 알고 계시면 두고두고 유용하니까 잘 읽어 두세요. 저는 그간 세상에 없던 최상의 수준으로 출판 계약의 디테일까지 친절하게 설명드릴게요. 출판권이 뭔지, 비용 부담 항목이라는 게 뭔지, 인세는 어떻게 되고 정산 보고는 어떻게 받는 형태가 좋은지, 2차 저작권으로 추가 수입을 거두려면 어떻게 해야 하는지 등등 싹 다 알려드릴게요. 따라만 오세요!

출판권이란 게
뭔데?

"출판 계약이 구체적으로 뭘 계약하는 건가요? 저자인 제가 내야 할 돈 같은 게 있는 건가요?"

지금부터 출판 계약에 대한 이야기를 드려볼게요. 실제 계약은 어떻게 하는지 아주 디테일하게 엑기스만 모아서 말씀드리겠습니다.

출판 계약이란 무엇일까요? 출판 계약이 저작권을 가져가는 게 아니에요. 이게 여러분이 가장 헷갈려 하시는 대목이에요. 출판 계약을 했다고 저작권이 출판사에게 있지는 않습니다. 출판 저작권은 여전히 저자에게 있는 거예요.

"그러면 출판권이라는 게 정체가 뭔데?"라고 물으시겠죠. 출판권은 판매 권한이에요. 저자를 대신해 팔아줄 권한이죠. "한 3년간은 우리가 대신 잘 팔아줄게, 그 권한을 우리에게만 주겠니?" 이런 권한이 '출판권(줄여서 '판권')'이라는 거예요. 출판 계약을 했다는 말은 이 출판사에 '판권'을 넘겼다는 얘기예요. 그렇지만 저작권은 여전히 저자에게 있어요. 이 사실을 기억하는 게 중요해요.

그리고 대부분의 정상적인 출판 계약이라면 저자가 내야 할 돈 같은 것은 일체 없답니다. 그 점은 걱정 안 하셔도 돼요. 앞의 '출판의 종류 5가지' 꼭지에서 설명 한번 드렸죠? 저자가 돈을 내고 내 맘대로 하는 자비출판과 달리 출판사에서 투자하는 개념인 기획 출판에서는 저자가 내야할 돈은 0원이에요.

그런데 기획 출판 계약서에도… '비용 부담' 항목이 있네?

그런데 아무리 기획 출판이라 해도 비용 부담 항목에 대해 이해하셔야할 대목이 있어요. 저자가 원고를 생산할 때까지 드는 여러 가지 기본 비용이 있잖아요? 예를 들어 자료 연구에 들어가는 비용 같은 거요. 내가 커피숍에 가서 내 원고 쓰는데 커피값까지 출판사에서 내줄 순 없잖아요? 그리고 취재비. 내가 만약에 주변 지인의 사례를 구하려고 취재를 했어요. 일산까지 갔다고 교통비 달라고 할 수 없잖아요? 원고는 저자가 알아서 생산해야 하는 거니까 원고 생산에 드는 비용은 저자 부담이 되죠. 그게 상식이죠.

그럼 출판사에서 부담하는 건 뭐냐? 제작, 홍보, 판매 이런 것과 관련된 비용이에요. 편집과 디자인 할 때 비용 꽤 들어요. 200~300만 원가량 들기도 해요. 이거 다 출판사에서 부담하는 거죠(전자책도 비용이 들지만). 특히 종이책으로 만들 때 제작비라는 항목은 돈이 꽤 많이 들어요. 이것도 2,000부정도 찍으려면 400~500만 원 정도 들어요. 다음으로 홍보 마케팅비. SNS에 널리 뿌리는 데도 비용이 들죠. 페이스북 광고 돌리기, 유튜브 구글 애

드센스 광고 돌리는 비용도 기본적으로는 출판사에서 모두 부담해서 합니다. 유통 판매비는 뭐냐? 창고에 책을 두는 창고비와 서점에 유통시키는 물류비가 들겠죠. 매일 아침마다 서점에서 독자들의 구매 주문이 오면 처리하는 관리비와 인건비 등 이런 것도 다 출판사 부담이라는 거죠.

그런데 이 사이에 낀 애매한 부분이 이런 거예요. 삽화비. 이걸 뭘로 보느냐에 따라서 비용의 책임이 달라지죠. 삽화를 내가 잔뜩 그려놓고 싶어요. 나는 20개 넣는 게 맞다고 생각해요. 그런데 보통 컷당 최하 5만 원이니까 20개까지 그리면 최하 100만 원 들어가는데 출판사에서는 "그 100만 원을 우리가 왜 갑자기 부담해야 하죠?"라고 문제 제기를 할 수 있다고 했죠. 편집, 디자인, 제작, 홍보… 이런 것들은 다 출판사 부담이지만 이 삽화비 항목이 계약할 때 보면 항상 애매해요.

사실 삽화는 원고 생산 항목의 일부에 해당하잖아요. 어떤 측면에서 보면 디자인 과정이라고 해석될 수도 있고요. 애매하게 걸쳐 있어요. 그래서 "저자가 100% 부담하기는 좀 그러니까 5:5 이렇게 나눠서 한 20컷 그립시다"라고 결론이 날 때도 있어요. 협상이 원활치 않을 경우, 저자들이 "삽화는 주변 지인 중에 잘 그리는 사람에게 제가 부탁해볼게요." 이렇게 결론이 나는 경우도 많이 봤어요.

계약하지 말아야 할
기준이 있다면?

"출판사와 계약하는 게 마냥 좋은 경우만 있진 않을 거 같아요. 세상 모든 일에는 양면성이 있으니까요. 만약 제안이 왔더라도 계약하지 말아야 할 기준이 있다면 어떤 경우일까요?"

네, 그런 경우도 있습니다. 계약 오퍼가 왔다고 그저 흥분해서서 덥석 계약부터 하고 볼 일은 아니에요. 그 출판사가 제대로 된 제안을 하고 있는지를 따져 보셔야죠. 일단 "자비로 좀 책임지세요."라고 제작비 일부 부담을 강요하는 데가 가끔 있어요. "편집비와 디자인비를 저자분이 부담해주세요"라는 식으로 얘기하죠. 아니면 "SNS에 마케팅할 때는 당신들이 돈 내세요. 인스타그램 인플루언서 50명 리스트는 저희가 가지고 있거든요. 우린 리스트만 줄 테니 홍보비는 저자가 내셔야 합니다." 이렇게 운영하는 데도 제법 많아요. 저자분 입장에선 약간 부담스러울 수 있죠(하지만 그 출판사 이름에 권위가 있는 곳이라면 그 정도 마케팅비는 감당할 만한 가치가 있을 때도 있어요).

만약 또 계약을 10년쯤으로 길게 한다면 골치 아파요. 너무 오래 한 곳에 내 저작물이 묶여버리게 되니까요. 인세를 지나치게 낮게 후려치는 데들도 있는데 이런 데는 하지 마세요. 인세는 잠시 후에 더 상세히 말씀드릴게요.

갑질을 하려는 데가 있어요. 일단 이런 데는 목소리부터 되게 커요. "아이고 저자님, 뭐 하고 계세요, 얼른 여기까지 튀어 오세요. 내일까지 안 오시면…" 이렇게 말투부터가 갑질하는 분위기를 주는 데도 있어요. 많지는 않지만 가끔 목격됩니다.

그리고 마케팅력이 없어 보이면 하지 마세요. 출판사가 매우 영세해 보인다, 그래서 책을 한두 권만 낸 것 같다, 혹은 이름이 진짜 듣보잡이다 싶은 경우도 하지 마세요. 물론 신생 출판사라 이름은 생소해도 잘 만들고 잘 파는 출판사들도 있긴 합니다. 정확히 판단하는 방법은? 인터넷 서점을 통해 그 출판사의 표지 디자인을 보면 돼요. 그럼 웬만큼 가늠할 수 있어요. 실력 없는 데는 표지 디자인부터 눈에 안 띄거든요. '와, 내가 발로해도 이거보다는 낫겠는데?' 싶은 디자인들… 그런 데가 은근히 많아요.

그 다음에 인세 정산을 불투명하게 해주는 데가 있어요. 이 경우는 생각보다 많아요. 아주 큰 출판사 중에서도 인세 속이는 데가 있어요. 저는 10군데 이상을 다 꿰고 있지만, 나중에 계약하실 때 저에게 전화로 한번 물어보시면 개인적으로 알려드릴 수는 있어요. "거기는 아닙니다." "거기는 괜찮습니다." 이런 답변으로 드릴게요. 꼭 저 아니더라도 거기에 계약한 지인이 있거나 출판 경험이 있는 지인에게 물어보면 알 수 있어요. "거기는 인세 제대로 주는 것 같아?" 하고 물어보면 대부분 인세 잘 안 챙겨주는 데는 소문이 나 있어요. 몇몇 큰 출판사들도 인세 장난을 많이 쳐요.

인세 장난이라 함은? 책이 팔렸는데 팔린 돈을 제대로 주지 않고 "반품이 더 많이 들어왔습니다." 자꾸 이렇게 말을 해요. 그러면서 중간에 반품 비용을 공제해요. 그러면 줄 돈이 없게 되는 거죠. 예를 들어, "판매량이 100부인데 반품이 150부가 들어왔습니다. 그래서 인세는 하나도 발생하지 않았고 오히려 마이너스 50이네요." 항상 이렇게 말을 하면서 인세를 지급하지 않는 패턴이 대표적이에요.

물론 '실제로' 반품이 더 많이 들어올 경우도 있죠. 문제는 잘 팔리는 책에도 항상 똑같이 이런 식의 계산법을 회사 정책이랍시고 주야장천 밀고 있는 대형 출판사들이 있다는 거예요. 저자 입장에서는 화나는 일이죠.

이런 출판사들은 계약을 안 하시는 게 좋아요. 작더라도 정직하게 하는 출판사와 계약하세요. 열심히 의욕을 가지고 하는 곳이 좋아요. 작은 출판사 중에서도 되게 열심히 잘 하는 곳들이 있어요. 특히 SNS 시대인 요즘 더 많아지고 있어요. 신인 저자 입장에서는 그런 데가 더 실속 있어요.

종이책으로 내는 게 좋나요,
전자책으로 내는 게 좋나요?

"요즘엔 전자책도 많이 보는 추세잖아요. 어떤 사람들은 종이책 없이 전자
책으로만 내는 경우도 많이 보이던데요. 종이책으로 내는 게 좋은지, 전자
책으로 내는 게 좋은지요?"

파급력으로 보면 종이책이 훨씬 힘이 세요. 한국 사람들은 생각보다 아
직 전자책을 그리 많이 안 봐요. 미국은 아마존 킨들, 파이어 이런 것들이
거의 공짜에 가깝게 다 보급되어 있다 보니까 전자책을 굉장히 많이 봐요
(단말기는 공짜, 책 다운로드만 유료… 이런 제프 베조스의 정책이 유명했었죠!).

그런데 우리나라는 단말기 자체부터 통일이 안 돼 있어요. 서로 각자가
짱 먹으려고 하다 보니 단말기에 천하통일이 안 돼 있는 거예요. 교보문
고에서 파는 단말기 따로 있고요. 예스24, 알라딘도 크레마 리더 뭐 이런
단말기가 따로 있고, 어디서 파는 단말기가 따로 있고… 이렇게 다 제각
각이에요. 전자책 단말기 시장이 아직도 춘추전국시대인 셈이죠. 그러다
보니까 우리나라는 독자들은 "니들끼리 싸워라. 우리는 전자책 안 보고

말지"하고 약간은 외면한 형국이거든요. 그래서 전자책이 더 안 팔려요.

아이패드나 갤럭시탭 같은 태블릿으로 보면 될 거 아니냐고요? 우리나라는 아이패드 같은 태블릿도 미국만큼 보급률이 크지 않아요. 저 같은 애플 마니아들이야 아이패드에 환장을 하지 일반인 여러분들이 아이패드 많이 갖고 있으세요? 아니잖아요. 그렇다면 폰으로 봐야 하는데 폰으로 보기에 전자책은 너무 눈이 아파요. 화면 가득한 작은 텍스트가 폰으로 보기에는 눈에 부담을 주죠. 그 대신 유튜브를 보는 게 낫다고 생각하죠. 얼마나 시원시원해요. 아무 생각 없이 크고 잘 보이는 영상으로 그냥 편하게 보고만 있으면 되는데… 그런 식으로 다들 영상물만 보지 전자책은 아직 활성화가 안 되고 있어요.

한국에서는 아직까지 종이책으로 내는 게 훨씬 자기의 이름을 널리 알리는 파급력이 커요. 그런 이유로 종이책 출간을 더 권해드리죠. 그렇지만 발간 속도 자체는 전자책으로 내는 게 훨씬 빠르죠. 그래서 내가 당장 다음 달부터 기업체 강의 나갈 때 '저자로서의 이력'을 프로필에 올리는 게 시급하다면? 전자책으로 빨리 내는 게 더 좋죠.

대개 괜찮은 출판사라면 계약할 때 종이책, 전자책 항목에 한꺼번에 체크한 뒤에 둘 다 내줘요. 종이책 내주고 보통 한 달 있다가 전자책도 내줘요. 왜 한 달이라는 간격을 두냐고요? (최종 디자인 파일을 epub으로 변환하는데도 시간이 걸리기 때문이지만) 종이책을 어느 정도 팔아야 하거든요. 서로 가격을 다르게 책정하니까요. 전자책은 보통 종이책 가격보다 30% 정도 싸게 해요. 사람 심리가 더 싼 걸 사려고 하니까 보통 한 달 정도 종이책만 팔다가 다음에 전자책을 출시하죠. 이게 출판사들의 기본 전략이에요.

전자책을 그대로 종이책으로도 내려면?

"저는 일단 마음이 급해서 전자책으로만 먼저 출시했어요. 나중에 보니까 종이책으로도 내고 싶은 마음이 들던데, 이런 경우 원고를 다시 써야 하나요?"

그대로 똑같이 종이책으로 내시면 돼요. 종이책이라고 별 다를 게 없어요. 대신 전자책이니까 두께는 약간 얇은 경우가 있을 수 있어요. 전자책은 보통 분량이 140페이지밖에 안 되는 경우도 많아요. 140페이지면 두께감(세네카)은 얇기는 하지만 그래도 종이책 버전으로 내면 좀 더 기념이 되죠. 기념도 되고 훨씬 더 뿌듯하고 선물로 주기도 좋고 "책 사주세요!"라고 얘기하기도 좋아요. 책에 저자 사인도 해줄 수 있고, 여러 가지 기념회도 열 수 있어요.

애초에 정식 기획 출판으로 계약한 경우라면 종이책 버전도 내달라고 하면 돼요. 전자책만 낸 경우라면 이야기가 다를 수 있으니까, POD 소량 출판 방식으로 종이책을 인쇄하는 것도 생각해보세요. "내가 전자책 냈는데 이거 종이책으로 한 30부만 찍어볼까?" POD 인쇄 방식으로 하면 10~30권 작은 단위도 가능해요.

"우리 지인들하고 출판기념회용으로 30권만 찍자." 그래서 그냥 돌잔치 하듯이 불러서 축하받는 자리를 가질 수도 있고요. "기념으로 내가 한 권 사줄게. 정가가 1만 원이야? 그러면 축하금으로 5만 원 줄게." 뭐 이렇게 나오는 지인들도 있죠. 서로 돌잔치 부조하듯이요.

종이책 계약할 때 인세는 어떻게 되나요?

"종이책으로 계약할 때 인세는 보통 어떻게 되나요? 저자의 레벨에 따라 받게 되는 인세도 다르죠?"

굉장히 많이 물어보시는 질문이에요. 초보 저자(책을 처음 내보는 저자) 분들은 보통 7% 받는다고 생각하시면 돼요. 그전에 책을 썼는데 히트작이 없다면? 중급인 8%로 가요. 책을 그 전에 썼는데 어느 정도 성과가 있었다면 9%, 최고의 대우가 10% 인세에요.

책의 인세는 아무리 많이 받아야 10%예요. 이 비율이 적어보이시죠? 그렇지만 10%가 사실 출판업의 구조에서 저자에게 줄 수 있는 최대의 마진율이에요. 이건 출판 산업이 오래 돼서 마진율 자체가 되게 박하기 때문이에요. 원래 오래된 산업일수록 비용 구조가 다 공개돼 있어서 마른 수건을 쥐어짜는 마진 구조를 가지게 되잖아요? 출판 산업은 매우 오래 된 제조업이죠. 독일의 구텐베르크가 만든 금속활자 인쇄부터 시작해서 576년(1445~2021년) 정도로 오래된 산업이죠. 그래서 업계 마진율이 마른 수건 쥐어짜듯이 돼 있는 거예요. 그러다 보니까 저자에게 줄 수 있는 마진율의 최대 폭이 10%예요. 그러면 인세 계산을 한번 해봅시다. 제가 친절하게 엑셀로 인세 계산표까지 준비했습니다.

인세율 계산				
책정가	인세	원	초판부수	초판인세
15,000	10%	1,500	2,000	3,000,000
책정가	인세	원	재판부수	재판인세
15,000	10%	1,500	3,000	4,500,000
15,000	10%	1,500	5,000	7,500,000

보통 요즘에 책 가격은 평균 1만 5,000원입니다. 얇은 에세이는 1만 3,800원이 많고요. 자, 그럼 인세를 계산해봅시다. 책 정가가 1만 5,000원이고, 인세는 맥시멈 10%니까 한 권 팔리면 1,500원이죠. 초판first print은 보통 2,000부를 찍어요. 많이 안 찍어요. 옛날에는 3,000부, 5,000부도 찍었는데, 처음 한 번에 찍는 인쇄 판수인 초판이 요즘엔 보통 2,000부에요. 더 작게는 1,500부만 찍기도 해요. 많이 안 팔릴까 봐서요. 그러면 이 초판에서 발생하는 저자의 수익금, 즉 인세가 300만 원이에요. 생각보다는 괜찮죠? 계약하고 거의 바로 300만원을 받는 셈이니까요.

그러다가 재판을 한 번 더 찍게 되면 보통 1,000부씩 찍어요. 그걸 누적해 3,000부로 환산하면 450만 원을 받는 거고, 누적해서 5,000부 정도 됐다면? 이건 어느 정도 기미가 있는 거예요. 책이 좀 팔릴 가능성이 보여요.

대부분 95%의 책은 2,000부를 못 넘기고 죽어요. 대부분 다 죽어요^{They die out}. 2,000부도 다 소화 못하고 시장에서 잊혀지는 거예요. 그렇지만 2,000부를 넘겨서 3,000부를 넘었다면? "2쇄 갔습니다, 3쇄 들어 갔습니다, 5,000부까지 갔습니다" 이러면 베스트셀러가 될 가능성이 있어요. 스테디셀러로 갈 수도 있죠. 인세는 750만 원이 들어오는 거죠.

1만 부부터는 뭔가 분위기가 달라요. 내 책을 둘러싼 공기가 달라져요. 히트의 느낌이 나는 거죠. 분위기가 뭔가 알싸하니 좋아요. 그때부턴 히트 레이시오^{hit ratio}, 즉 히트율이 점점 상승하는 느낌이 들어요. 1만 부가 판매되면 저자에게 인세 수익으로 1500만 원, 2만 부가 팔리면 3천만 원, 10만 부가 팔리면 1억 5천만 원이 들어오죠. 30만 부 팔리면 4억 5천만 원, 70만 부 팔리면 10억 5천만 원입니다. 100만 부가 팔렸다면 15억 원이 들어오는 거고요.

책정가	인세	원	HIT부수	재판인세
15,000	10%	1,500	10,000	15,000,000
15,000	10%	1,500	20,000	30,000,000
15,000	10%	1,500	50,000	75,000,000
15,000	10%	1,500	100,000	150,000,000
15,000	10%	1,500	300,000	450,000,000
15,000	10%	1,500	500,000	750,000,000
15,000	10%	1,500	700,000	1,050,000,000
15,000	10%	1,500	1,000,000	1,500,000,000

보통은 이런 데가 갈리는 지점이에요. 제가 색바탕으로 표시한 대목들,

여기가 갈림길이에요. 대부분의 책들은 2,000부를 다 못 팔고 죽어요. 대부분 이 지점에서 사망하십니다.$^{dead\ point}$ 그런데 만약에 5,000부가 넘어갔다면? 굉장히 의미가 있어요. 5,000부에서는 1만 부로 넘어가는 게 의외로 쉽거든요.

요즘 같은 SNS 시대에 5,000부가 실제 판매됐다는 것은 그 5,000명 중 상당수가 (책이 좋으면) 입소문을 낼 수 있기 때문이에요. "이 책 봤는데 괜찮아." 그래서 SNS에 후기를 남기는 거예요. 그러면 그걸 보고 마음이 동하는 제3자가 또 생겨요. 물론 그런 행동을 5,000명이 다 하지는 않지만, 예를 들어 그 책을 산 1%만 어떤 식으로든 구매평이나 후기를 쓴다고 해도 50명의 후기가 여기저기 돌아다니게 되죠. 그 정도만 돼도 바이럴 효과가 제법 발생해요. 요즘엔 그런 네트워크 효과 덕분에 일단 1만 부를 넘어가면 어느새 2만 부가 되어 있고 이런 경우가 되게 많아요.

요즘 시대는 바이럴 네트워크 효과가 있어서 옛날하고 달라요. 1만 부만 넘어가면 이게 5만 부 되는 게 의외로 금방일 수 있어요. "엊그저께 5만 부 찍었는데 금방 또 10만 부 넘었습니다." 이런 경우를 흔히 볼 수 있어요. 10만 부는 요즘 시대에 엄청 크게 히트한 거거든요. 말 그대로 베스트셀러가 된 거예요. 같은 원리로 10만 부가 넘으면 30만 부 가는 건 의외로 쉬워요. 그때도 막 들불처럼 퍼지는 그런 느낌이 있거든요.

그래서 김수현 씨의 《나는 나로 살기로 했다》 이런 책들 보시면 처음에 5만 부 찍었다가 금방 또 '10만 부 기념 에디션' 이런 거 광고하잖아요. 이게 다 그런 효과 때문이에요. 일종의 티핑 포인트 같은 거죠. 보통 요즘 출판계에서 티핑 포인트는 한 1만 부 정도로 봐요. 1만 부만 넘으면 이때부

　　　　　　　전사 되기

터는 책이 혼자 알아서 바이럴이 되는 그런 느낌이 있어요.

약 3개월 이내에 1만 부 판매를 넘기면 자동으로 자기가 알아서 막 새끼를 쳐요. 그래서 여러분! 책을 내고 초기 3개월이 굉장히 중요하다는 거예요. 초기 3개월에 아무 활동도 안 하고 책 내놨으니 스스로 알아서 팔리겠거니, 사람들이 알아서 사겠거니 하고 앉아 있으면? 이런 바이럴 효과는 절대 일어나지 않아요.

계약금은
얼마쯤 받을 수 있나요?

"인세하고 계약금은 별도인 거죠? 최근에 출판 계약서에 사인한 주변 사람들을 보면 "계약금은 안 주던데?"라고 하는 사람도 있고 "100만 원 받았다"는 사람도 있더라고요.

계약금은 우리가 선급금(선불로 지급하는 금액)이라고 불러요. 계약금은 따로 주는 돈이 아니에요. 영어로 어드밴스^{advance}, 즉 '미리 주는 돈'이라고 불러요. 나중에 인세에서 이만큼 깐다(공제한다)는 의미죠. 미리 주고 나중에 그만큼을 빼는 선불금의 개념이에요.

그런데 요즘 계약금은 0원, 즉 안 주는 데가 대부분이고요. 주는 데는 보통 50만 원이 가장 많아요. "계약금 50만 원 드릴게요." 하면 기분만 좀 좋으라고 주는 상징적인 액수죠. 좀 우대했다 그러면 100만 원 정도를 계약금으로 줘요. 그렇지만 이 돈들은 나중에 책이 팔리면 공제하는 돈이라고 했죠.

만약에 서로 원고가 안 나오거나 책 출간이 안 돼서 위약금을 다툴 경우에는 이 계약금 액수가 문제가 돼요. '50만 원의 몇 배를 물린다', '100만 원의 몇 퍼센트를 위약금으로 물린다' 이런 다툼을 나중에 하게 되거든요. 그러니까 계약금을 많이 받았다고 무조건 좋아하실 건 아니에요.

그 다음에 인세 정산, '책이 팔렸으면 인세 정산(정리해서 계산)을 언제 해서 받게 될까?' 하는 부분이죠. 보통은 실제 판매 부수를 매년 두 번 정도 나눠서 줘요. 실제 송금은 인세 집계 후에 익월, 즉 그 다음 달에 이체해줘요. 기타소득세 3.3%를 공제한 금액으로요. '실판매 부수'는 뭐냐 하면 판매한다고 나갔던 책에서 반품된 걸 뺀 거예요. 이것만큼만 주는 거예요. 실판매 부수를 실제 저자 수익으로 받게 되는 거죠.

그 다음에 "종이책으로 나올 때 증정본은 저자인 저는 몇 권 받을 수 있어요?" 10권 정도 주면 후하다 할 수 있어요. 나머지 더 사고 싶다면? 예를 들어 100권 지인들에게 뿌리고 싶다면 정가에서 30% 할인한 70% 가격에 주는 게 가장 일반적인 룰이에요.

전자책만 따로 계약하고 싶으면
어떻게 하나요?

"저는 종이책까지 쓸 정도의 원고 분량은 안 되고, 전자책 형태로라도 빨리 내서 책을 낸 저자라는 이력을 확보하고 싶은 마음이 앞서요. 전자책만 따로 내려면 어떻게 계약하나요? 종이책 계약 방식하고 다른가요?"

아, 상황이 급하시군요. 전자책의 장점은 3가지 정도에요. 빨리 낼 수 있다는 점이 하나고, 저자로서의 경력 업그레이드를 하기에 좋다는 점이 두 번째죠. 적은 분량의 원고도 하나의 책으로 낼 수 있다는 점이 세 번째고요. 트렌디하게 빨리 속도감 있게 내고 싶을 때 쓸 만한 출판 형태에요.

전자책은 인세를 정산하는 구조가 좀 달라요. 종이책은 많아야 맥시멈 10% 인세라고 말씀드렸죠? 7부터 8, 9, 10퍼센트. 그런데 전자책은 정가 기준이 아니라 순매출액의 20%에서 25%까지 줘요. 전자책은 판매하는 형태가 4가지 이상으로 다양하기 때문이죠.

비투씨[B2C]는 기업에서 소비자에게 파는 형태에요. 비투비[B2B]는 기업에서 기업으로 단체 구매 형태로 파는 형태고요. 비투비씨[B2BC]는 우리 제품이 상대 기업으로 전달된 후 그 상대 기업에서 또 다시 소비자에게 파는 형태, 즉 기업 간에 제휴해서 소비자에게 판매하는 형태에요. 전자책에는 또 '대여'라는 4번째 판매 형태가 있어요. 예를 들어 한 달 동안만 그 책을 빌려볼 수 있게 하는 거예요. 한 달 후에는 권한을 가져가버려서 더는 못 봐요.

종이책은 한번 그 사람 손에 쥐어지면 끝이지만 전자책은 이런 식으로 계약의 형태가 굉장히 다양해요. 전자책은 열람 권한을 줬다가 뺏을 수도 있고 나눠 팔 수도 있죠. 여러 가지 다양한 판매 옵션이 있기 때문에 정가 기준으로 정산하는 게 아니라 순매출액 기준으로 정산하게 되는 거예요.

내 책을 구름빵처럼
도시락통으로도 팔려면 어떻게 해요?

"뉴스에 보니까 어떤 책들은 연극으로도 만들어지고 영화로도 만들어지고 학용품으로도 만들어지던데 이런 건 어떻게 계약하는 걸까요? 종이책 출간계약서에 이런 항목도 있나요?"

네, 맞아요. 이런 걸 우리가 OSMU(오에스엠유)라고 부르죠. 원 소스 멀티 유즈One Source Multi-use의 준말이에요. '소스는 하나인데 이거 가지고 재탕 삼탕 여러모로 활용한다'는 뜻이에요. 예를 들면 어린이 그림책 《구름빵》이 대박났죠. 책만 잘 팔린 게 아니라 구름빵 캐릭터도 도시락통이나 학용품 같은 문구류에 사용돼 많은 수익을 만들어냈어요. 그럼 출판계약 할 때 이런 OSMU로 확장하는 권리는 저자가 어떻게 가질 수 있는 걸까요?

출판계약서상에서는 이런 용어를 '2차적 사용권'이라고 부른답니다. 2차적 사용권 대목은 대부분의 종이책 계약서에 항목이 들어 있어요. 만약 내 계약서에 이 항목이 없다면? 문화체육관광부에서 만든 '출판표준계약서' 양식대로 추가해달라고 출판사에 요청하세요.

OSMU로 확장한 <구름빵>(위)과 <마법천자문>(아래)

2차적 사용권 내용을 보시면 내 작품의 전체나 일부를 연극으로 팔 때, 영화로 팔 때 등등의 권리를 다 설정할 수 있어요. 상품으로 만들 때, 도시락 가방으로 만들 때는 어떻게 되는가 하는 문제죠. 책이 OSMU로 확장하려면 그냥 자기계발서나 에세이류만 가지고는 안 돼요. 소설 같은 스토리텔링이 있거나 그 속에 매력적인 캐릭터가 들어 있어야 하죠. 그래야 그 캐릭터나 스토리를 가지고 연극이든 영화든 뮤지컬이든 도시락통이든 2차 상품으로 각색할 수 있으니까요.

그런 점에서 어린이 책이 OSMU로 활용도가 높아요. 소비자들(어린이들)이 그 캐릭터들에 열광하니까 도시락통이나 학용품에 들어가면 불티나게 팔리죠.《마법 천자문》이라는 학습만화 캐릭터도 그렇게 확장돼 많이 팔렸고,《구름빵》이라는 동화책 시리즈도 그렇게 짭짤한 부가 수입을 올리고 있어요(제가 좋아하는 짭짤이 토마토처럼 짭짤한 수입을!).

OSMU로 확장한 <완득이>(위)와 <미생>(아래)

성인용 책들 중에서는 소설 분야가 OSMU로 활용하기 가장 좋아요. 캐릭터와 스토리텔링이 들어 있으니까 연극, 영화, 뮤지컬로 바로 각색할 수 있죠. 정유정 작가의《7년의 밤》이나 김려령 작가의《완득이》, 공지영 작가의《우리들의 행복한 시간》같은 소설들은 같은 이름의 영화로 만들어져 개봉됐어요. 웹툰이나 만화가 영화로 만들어지는 경우도 많죠. 만화라는 형식에도 역시 캐릭터와 스토리텔링이 들어 있으니까요. <미생> <은밀하게 위대하게> <이태원 클라쓰> 등의 웹툰이 같은 제목의 영화나 드라마로 진행됐죠. 엄청난 인기와 인지도 상승, 부가 수익을 만들어냈습니다.

전사 되기

진짜 큰 돈은 OSMU에서 나온다

책에 스토리텔링과 캐릭터 요소를 넣으면 책으로 벌어들일 수 있는 소득의 스케일이 상상도 못할 정도로 커질 수 있어요. 스티븐 킹은 특히 그 재주의 대마왕이죠. 그는 영화로 부가 수익을 끊임없이 받고 있어요. 책도 팔고 영화로도 팔고 하는 거죠. 그의 소설을 원작으로 한 영화는 〈캐리〉, 〈샤이닝〉, 〈미스트〉, 〈쇼생크 탈출〉, 〈그린 마일〉, 〈미저리〉, 〈그것〉, 〈스탠 바이 미〉등 영화 팬에게도 유명한 작품이 많아요. 여기에 더해 리메이크작, 속편, 특별판 블루레이 DVD나 유료 영상 스트리밍 서비스로 돈이 사방에서 동시에 굴러 들어오고 있어요.

스티븐 킹이 OSMU의 왕이라면 OSMU의 여왕은 단연코 《해리포터》를 쓴 JK 롤링이죠. 책을 쓸 때만 해도 극빈층에 싱글맘 신세였던 그녀는 책을 낸 뒤로 영국 여왕보다 부자가 됐죠. 그녀의 책들이 팔린 수입보다 훨씬 큰 것은 그녀의 소설을 원작으로 해서 만들어진 부가 상품들이죠. 즉, 영화, DVD, 운동화, 가방, 캐릭터 인형, 스케이트 보드, 필기구, 잠옷 등에서 나오는 2차 저작권 수입이에요. 진짜 큰돈은 이런 데서 벌게 됩니다.

책으로서는 아니지만 OSMU 방식으로 소득원을 창조하는 능력의 1인자는 영화 〈스타워즈〉를 만든 조지 루카스가 최고죠. 루카스는 할리우드 최고 부자들 중 한 명이지만, 영화를 감독하고 연출하는 재능은 없다는 것이 중론이에요. 하지만 진짜 그의 능력은 영화로 프랜차이즈를 설계하고 확장시키는 영역에서 발휘됐어요. 그가 쓴 〈스타워즈〉의 처음 시놉시스는 유치하기 짝이 없었고 대본은 상당히 읽기 어렵게 써 있어서 당시 모든 영화사에서 퇴짜를 맞았대요. 오직 20세기폭스에서 빽을 통해 겨우 겨우 쥐꼬리 만한 돈을 받아낼 수 있었다고 하죠.

〈스타워즈〉를 만들자고 20세기폭스사를 설득하면서 그는 연출료를 일절 안 받는 대신에 협상을 했어요. 즉, 흥행 수익의 40퍼센트와 2차 상품화 권한을 확보한 거죠. 당시만 해도 영화 관련 상품을 판매해서 돈 벌었다는 소리는 전례가 없었기 때문에 20세기폭스에서는 그 조건을 수락했다고 해요. 그런데 결과는 어떻게 됐나요? 네, 루카스는 영화 연출료 수익보다 훨씬 큰돈을 캐릭터 상품 판매로 벌어들여 어마어마한 거부가 됐죠. 스타워즈 장난감과 조립제품, 인형, 문구류와 기타 등등의 끼워팔기 상품 등으로 말이죠.

왜 이런 게 큰돈이 될까요? 사람들은 자신이 좋아하는 인기 스토리와 캐릭터의 일부를 계속 반복적으로 구매하려고 많은 돈을 쓰기 때문이죠. 2차 저작권이 책 인세 자체보다 훨씬 더 큰 수입원이 되는 이유입니다. 책을 내서 큰 부자가 되고 싶다면 2차 저작권(즉 OSMU)을 항상 생각하세요.

저는 오디오북 계약도 하고 싶은데요?

"요즘 오디오 형태로 책을 읽어주는 서비스가 많아졌고 저도 이용하고 있어요. 그래서 제 책도 오디오북으로도 팔고 싶은데 어떻게 하나요?"

내 책을 오디오북으로도 제작하고 싶다고 물어보는 분들이 요즘 많아지고 있어요.

요즘에 AI스피커 등의 기술이 결합되면서 귀로 듣는 책 시장이 성장 중이라서 그런 것 같아요. 오디오북 업체들 중 요즘 활약 중인 곳들로는 네이버 오디오클립, 윌라, 스토리텔, 밀리의서재 등이 있어요.

오디오북 항목도 종이책 계약서에 보통 포함돼 있어요. 이 경우 수익금 정산은 보통 순매출액을 반으로 나눠서 배분해요. (전자책 기준과 동일하게 순수익의 25%를 정산하는 기준도 있습니다.-편집자 주) 순매출액이라는 것은 총 실제 매출액에서 결제 수수료나 마케팅 수수료, 중개수수료 같은 것을 뺀 것을 말해요. 용어가 복잡해 보이는데 사실은 간단해요. 그냥 '번 돈에서 수수료 뺐다'고 생각하시면 돼요. 이건 출판사가 오디오북 제작유통사에 제안해서 진행하는 거랍니다. 저자분이 출판사에 강력히 희망하시면 오디오북으로도 출시할 수 있을 거예요. 파이팅!

인세 이외에
인센티브 같은 게 따로 있나요?

"책이 예상보다 잘 팔리면 계약서에 서명한 인세 외에 별도로 받을 수 있는 인센티브가 있을까요?"

따로 없습니다. 사실 출판사들의 마진율은 저자 인세율 정도밖에 안 됩니다(혹은 그보다 더 적은 곳들도 있습니다.) 그래서 인세 10%는 저자분에게 드릴 수 있는 최대치의 출판업계 마진율입니다. 그대로 10%로 계약하시면 가장 좋은 겁니다. 실제 현실을 보면 초보 저자의 경우에는 인세 7% 정도부터 시작하는 곳도 많습니다. 책을 한두 권 앞서 내 본 경험이 있는데 별로 안 팔렸다 그러면 8%, 나름 선전했다 그러면 9% 정도로 계약을 해준다고 앞서 설명드린 바 있죠?

아주 어쩌다가 대단히 유명한 셀러브리티(유명인)나 초우량 베스트셀러 작가분들은 다르게 계약을 요구하기도 합니다. 예를 들어 초판 부수부터 1만부까지는 인세 10%로 하고, 1만 1부부터는 11%로 가는 식으로 러닝 개런티^{running guarantee} 방식으로 계약하기도 합니다. 이런 경우는 예외적이에요. 흔치는 않습니다.

옛날엔 10만 부 팔리면 기업체 대상 강연료로만 4, 5억 원씩 벌어들이는 분들도 많았습니다. 요즘엔 김영란법 때문에 강연 단가가 조정되긴 했지만, 여전히 기업체 강연이나 자문, 협업 기회 등이 책 덕분에 많이 열립니다. 그러니 인세만 생각하는 것은 근시안적 사고에요. 제가 누차 말씀드렸듯이, 책은 인세 자체보다 책이 가져다주는 더 많은 기회와 인연들에 진짜 가치가 있답니다.

인상 깊었던 출판계약 사례가 있었나요?

"레오짱님은 27년 동안이나 출판계에 계셨으니까 그동안 수많은 출판계약 사례를 보셨을 거 같아요. 그동안 가장 인상 깊었던 출판 사례가 있었다면 좀 들려주세요."

네, 저는 올해로 27년 차 출판계에 있었던 사람이 맞습니다. 제가 이 질문을 받고 가만히 생각을 해봤어요. 일단, 저의 첫 책 계약 사례더라고요. 첫 책으로 제가《나비효과 영문법》이라는 영어책을 냈어요. YBM시사영어사에서 당시 제가 직원이라고 총무이사님이 저한테 인세를 안 주려고 하시는 거예요. 그 일이 나름 인상 깊었어요. '아, 출판사 직원이면 책 계약할 때 불리한 입장에 설 수도 있겠구나!'를 깨닫게 된 첫 순간이었으니까요.

제가 당시에 편집국 소속이었기 때문에 편집국 이사님에게 가서, "이사님, 좀 도와주세요. 제가 책 계약은 했는데 총무이사님이 인세를 안 주려고 해요." 그래서 함께 설득하러 가서 인세를 받았어요. 당시 총무이사의 논리는 그거였죠. "직원이 월급도 받으면서 인세를 또 받는다고? 그 꼴은 내가 못 보지!" 그런 거였어요. 그런데 편집국 이사님의 도움으로 이 치를 잘 관철시킨 거죠. 결과적으로 이 첫 책이 영어 분야 베스트셀러 1등을 차지하면서 꽤 쏠쏠하게 용돈을 받게 됐던 기억이 납니다(김 편집이사님, 감사해요!).

그 다음 사례는, 위즈덤하우스에서 출간된 《프린세스 마법의 주문》의 경우예요. 이 책의 경우는 저자에 대한 신비주의 전략 때문에 인상이 깊었어요. 당시 편집 담당자 빼고는 위즈덤하우스 직원들도 저자가 누구인지 전혀 몰랐거든요. 아네스 안이라는 분이었는데, 원고 내용으로만 보면 50대 아주머니가 쓴 것 같았어요. 나중에 실체를 알고 보니 20대 미혼 여성이었어요. 다들 깜짝 놀랐죠.

이 원고를 설계한 기획자분이 약간의 전략을 쓴 거예요. 마치 세상 경험을 아주 많이 한 농익은 여성이 30대 후배 여성들에게 알려주는 그런 메시지처럼 저자 포지셔닝을 한 거죠. 그런데 이 책 대박 났거든요. 20대 여자가 마치 50대 여자인 척하고 쓴 원고였는데 의외로 그럴듯해서 인상 깊었던 사례입니다. "프린세스들이여, 세상을 제대로 살려면 스스로에게 주문을 걸어라." 뭐 이런 에세이 성격의 자기계발서였는데, 그럴듯했어요.

그 다음으로는 《배려》 《경청》 시리즈가 인상 깊었던 계약이었는데요. 아까 보통은 인세를 맥시멈 10% 준다고 했는데요. 이런 책들에는 별도의 기획 인세라는 게 추가로 붙었어요. 기획자라는 사람들이 중간에 껴서 그랬죠. 《배려》 이 책은 당시에 거의 70만 부 팔렸고 《경청》도 거의 30만 부 팔린 책이었죠. 기획자들이 기획 인세를 별도로 2~3%씩 받은 거예요. 전체 인세가 12~13%가 된 거죠. 저자 10%, 기획자 2~3%. 그러면 인세 13%는 출판사에서 감당하기에 상당히 벅찬 이익률 구조가 돼요. 당시 출판사는 나중에 이런 책들이 너무 많아져서 앞으로는 장사가 잘된 것 같은데 뒤로 밑지는 모양새가 많이 발생했죠. "책은 대박난 것 같은데 실 수익률은 낮게 나오네?" 인세 설계상의 문제였던 거죠. 기획 인세 3%씩만 더 추가해 가져가도 출판사에는 굉장히 큰 부담이에요. 그래서 나중에는 "총 인세 10% 내에서 당신들끼리 알아서 나누시오" 이렇게 중재하는 것으로 결론이 났어요.

책을 내주기로 한 출판사가 출간을 자꾸 미뤄요

"책을 내주기로 얘기 나눴던 출판사에서 이제 와서 출판 시장이 침체됐다고 출간을 무기한 미루거나 다른 데 알아보래요. 어떡하면 좋죠?"

이런 건 좀 골치 아픈 경우예요. 계약서를 안 썼다면 법적 구속력이 없어요. 그럴 경우엔 진짜 다른 데 알아보셔야 돼요. 계약서를 썼다면? 저자가 출판사를 구속할 수 있어요. "저기요, 우리 계약서까지 썼잖아요. 그러니까 좀 다시 생각해주세요."라고 설득할 근거가 있죠. 물론 구두 약속도 계약서를 쓴 것에 준하죠. 미팅록 녹음 파일이 있거나 서로 나눈 계약 관련 메시지가(문자, 카톡, 이메일 등으로) 보관돼 있다면 말이에요. 그 경우도 증빙 자료를 근거로 사정해 보세요.

그런데 만약 출판사 자체가 비리비리하다 그러면? 설혹 출간해주기로 설득이 돼도 별 소용이 없기 때문에 다른 데로 갈아타셔야 돼요. 새로 알아보시는 게 더 나아요. 만약 계약서를 쓰고 계약금 50만 원이라도 받았다 그러면 위약금을 50만 원의 몇 배로 요구할 수는 있어요. "당신들 때문에 내가 책도 못 내고 지금 손해가 막심하다. 내가 강사 활동 대신에 원고만 석 달 동안 쓴 것에 대한 보상 없냐?" 이렇게 문제 제기를 할 수 있어요. 그런데 그렇게 되면 보통 출판사와 싸우게 되기 때문에 뒤끝이 좋지는 않아요. 하여튼 원칙적으로는 그렇다는 거예요.

정 안 내주면 자비 출판으로라도 내보세요. 그래서 자기 브랜딩을 직접 하셔도 돼요. 요즘엔 출판 마케팅도 SNS 위주로 펼쳐지니까 개인도 열심히 활동하면 기존 출판사 못지않게 성과를 낼 수 있는 시대거든요.

자비 출판 할 때 마케팅은 어떻게 해야 하나요?

"자비 출판을 할 때는 마케팅은 출판사에서 대신 해주지 않나요?"

자비 출판의 형태로 책을 낼 때는 대부분 책을 만들어주고 유통시키는 데까지만 출판사에서 책임져요. 제작은 종이책이나 전자책으로 말 그대로의 물건 제작을 말하고, 유통은 각 서점에서 주문이 오는 대로 배달해주는 걸 말하죠. 언론사에 책을 뿌려주는 것까지를 돈 받고 대행해주기도 하지만, 이 경우 추가비용을 달라고 할 거예요. 언론사에 책을 뿌릴 때는 보도자료도 같이 첨부해줘야 하는데, 보도자료 작성도 추가 비용이 들 테고요.

자비 출판에서 적극적인 이벤트와 홍보까지 기대해선 안 돼요. 기본적으로 자비 출판은 출판사측에서 적극적인 의지를 가지고 '투자'한 개념이 아니기 때문이에요. 홍보와 마케팅 등 적극적인 활동은 기본적으로 저자가 알아서 해야 하는 개념이죠. 내 취향껏 만들어서 저자가 알아서 홍보하고 판매되면 그 수익의 대부분을 저자가 가져가는 형태에요. 장단점이 있죠.

번역 출판을 하고 싶으면 어떻게 해요?

"저는 직접 책을 쓰는 것보다 해외 도서를 번역해서 출판하고 싶어요. 그런 경우는 어떻게 해요?"

번역 출판은 개인이 혼자 진행하기엔 어려운 대목이 많아요. 그래도 하고 싶으시다면, 일단 국내에 있는 주요 에이전시에게 '해외신간 레터'라는 걸 신청하세요. 정기적으로 해외 최신도서 정보를 받아보시면 돼요. 검색할 때 KCC, 에릭양, 임프리마코리아… 이런 데를 쳐 보시면 나와요. 이런 해외도서 에이전시 홈페이지에 들어가서 "이메일로 열심히 받아볼 테니까 요즘 해외에서 뜨고 있는 책 리스트 좀 주세요."라고 메일을 보내세요. 그러면 정기적인 안내 메일을 잘 보내줘요.

왜냐하면 에이전시 영업을 도와주는 거니까요. 그들은 해외도서 자료를 소개해서 수수료 받는 게 비즈니스 모델이거든요. 해외 책이 국내에 번역 계약이 되면 중간수수료 수입이 발생하는 거죠. 그런 식의 수수료 비즈니스라서 에이전시 입장에선 최대한 많은 출판사들이 계약을 많이 해줄수록 좋은 거예요.

"귀사에서 정기적으로 보내주는 레터, 해외에서 뜨고 있는 책 소개하는 소식지 좀 받아보고 싶어요!" 하고 신청하시면 돼요. 그러면 "이번 주에 소개해드릴 도서는 이런 겁니다" 하고 한 10권 정도의 신간을 소개해줘요. "그중에 1번 도서가 마음에 드는데 견본 자료 좀 받아볼 수 있어요?" 예전엔 견본을 실제 종이책으로 줬는데 요즘엔 전자파일 형태로 줘요. 대략 1~2주 정도 검토 기한을 줘요. "기간 내로 검토해보시고 계약 생각이 없으면 다른 데 줄 테니까 빨리 알려주세요." 이런 식으로 말해요. 그래서 계약하기도 하는 거예요.

해외도서를 계약할 때는 중간에 이런 국내 에이전시들이 중간에 끼어서 수수료를 받고, 해외 출판사 측에도 담당 해외 에이전시가 또 있어요. 그러니까 이중 에이전시 구조죠. 그런데 첫 거래 틀 때는 전에 책을 좀 팔아본 출판사인지 이력을 따져요. 아무나 계약을 잘 안 해주고 그 전적을 따지죠. 전에 계약한 책들의 판매 성적을 본다는 말이에요. 개인이 이런 거 하려면 이력을 증명하기도 어려우니까 번역을 희망하는 사람이 출판사에 먼저 제안을 하는 게 더 좋아요. 왜냐하면 판권을 가져오는 데만 보통 최소 300~400만 원은 들거든요. "이 책을 한국에서 팔 권한을 나에게 주시오" 하는 그 권한, 즉 '한국 판권'을 계약하는 데 최소 300만 원쯤 소요된다고요.

비용이 많이 들죠. 그런데 이 책을 한국어로 번역하는 데는 돈이 더 들어가요. 300쪽 분량의 외국 책을 한국어로 번역하려면 보통 600만 원에서 많게는 800만~1천만 원까지 들어요. 이 비용을 개인이 감당할 수 있을까요? 좀 벅찬 액수잖아요. 그러니까 보통은 출판사에서 이런 과정을 대신 타진해요.

번역 도서는 그래서 출판사 정도의 규모가 될 때 직접 판권 계약을 할 수 있어요. 개인이 "나 진짜 이 원서를 좋아해, 내가 영어를 좋아해서 미리 봤어, 그런데 우리나라에는 소개가 안 됐네?" 그러면 출판사에 역으로 제안하면 되죠. "제가 이런 원서를 봤는데 이러이러한 점에서 너무 좋아서 소개하고 싶습니다." 이렇게 할 때는 번역료를 챙기거나 가끔 설득력이 좋은 분들은 기획료 형태를 챙길 수도 있어요. 보통은 해외 번역서가 6~7% 인세 계약을 하는데, 별도 1~2% 정도를 기획료로 달라고 출판사에 요구하면 돼요(하지만 대부분 번역자들에게는 별도의 기획 인세를 주지는 않아요).

개정판 다시 내는 것이 생각보다 쉽지 않은 이유

"제가 예전에 한번 책을 낸 적이 있는데요, 그때는 제대로 활동을 못해서 아쉬웠습니다. 이번에 이 책을 개정판으로 다시 내서 제대로 활동해보고 싶은데요."

있던 원고 대충 보강해서 다시 내면 된다?!" 개정판 내는 건 생각만큼 만만한 작업이 아닙니다. 그 이유는 다음과 같아요.

1. 독자는 끊임없이 세대교체 중입니다. 초베스트셀러 작가 모 씨도 5년만의 신작은 결과가 만족스럽지 못했습니다. 그가 통감하며 한 최근 고백은 "독자들이 달라졌더라!"는 말이었습니다. 요즘 2년은 과거의 10년과 같습니다. 세상이 너무 빨리 변해서 과거의 목소리는 벌써 올드하게 들려요.

2. 초판에 에너지와 인맥 등 저자의 자원을 웬만큼 동원했습니다. 과거 10만 부 도서의 개정판이 1만 부도 안 나가는 경우를 숱하게 봤습니다. 정말 그런 사례가 너무도 많은데요, 그 경우는 물론 '신선도'도 떨어졌거니와 저자의 자원도 지난번에 어느 정도 써버렸기 때문입니다.

3. 물론 개정판으로 더 잘되는 경우도 있습니다. 저자가 최근에 방송에 나와 각광받은 경우거나, 초판 때도 7, 8쇄 이상 잘 팔리고 있는데 다른 이슈(출판사와의 분쟁 등)로 말horse을 바꿔 타 재출간하려는 경우에 해당됩니다. 저자분이 지금도 왕성하게 활동하고 있는 분인 경우 개정판으로 재출간할 때도 판매 실적이 괜찮은 편이에요. 파이팅!

실제 계약서를 샘플로
끝장 디테일 설명을 해드릴게요

"실제 계약서 샘플을 보여주신다면 이해하는 데 정말 도움이 많이 될 거 같아요. 친절한 레오짱님, 부탁드립니다!"

네, 그렇게 간곡히 부탁하시니, 다른 분 말고 장치혁 님 본인 계약서로 예를 들어드리겠습니다. 실제 계약서로 몇 가지 중요한 출판 계약의 포인트만 보여드릴게요. (문화체육관광부 사이트에서 〈출판표준계약서〉를 무료로 다운받은 후에 제 설명을 같이 보세요.).

저작재산권자 표시 대목입니다. 장치혁 관련 주민등록 번호와 계좌번호도 넣고요. 나중에 인세를 받기 위해 필요한 내용들이에요.

형식적이기는 하지만 저자를 보통 '갑'으로 설정해주는 출판사는 괜찮아요. 그리고 출판사를 '을'이라고 부르면 마인드가 괜찮은 거예요. 어떤 출판사는 자기가 '갑'이래요. 계약서 시작 부분부터 이렇게 쓰면 일단은 좀 이상한 느낌을 받아요. 느낌이 약간 '음… 당신네가 갑이야?' 그러면서 기분이 약간 묘해졌어요.

제2조 (배타적 발행권의 허락)
① '갑'은 '을'이 위 저작물의 전송(電送) 행위를 할 수 있도록 허락하고, '을'은 위 저작물의 전송에 관한 독점적인 권리를 갖는다.
② 전항의 '전송 행위'라 함은 인터넷 등 온라인상의 게시, 디지털 파일(digital file) 형태를 통한 유무상 전송

2조: 보시면 '전송까지 포함한다'고 되어 있죠. 이건 전자책까지 같이 내주겠다는 뜻이에요. '인터넷이나 온라인…' 하는 건 전자책 계약도 동시에 같이 한다는 의미입니다.

제3조 (배타적 사용)
'갑'은 본 계약 기간 중 위 저작물의 제호 및 내용의 전부 또는 일부와 동일 또는 유사한 저작물을 출판하거나 타인으로 하여금 출판하도록 하여서는 안 된다.

제4조 (제호 및 상표의 등록)
'을'은 필요하다고 판단하는 경우에 위 출판물의 제호 및 상표의 등록을 할 수 있으며, 이에 소요되는 비용은 '을'이 부담하고, 등록된 제호 및 상표는 '을'의 소유로 한다.

제5조 (출판권 및 배타적 발행권의 존속 기간)
① 본 계약은 계약일과 동시에 유효하며, 그 유효 기간은 초판 발행 후 만 █년까지로 한다.
② 본 계약은 계약 기간 만료일로부터 3개월 전까지 계약 일방 당사자의 서면에 의한 의사표시(우편 발송 시 등기우편)에 의하여 해지할 수 있으며, 서면에 의한 의사표시가 없는 한 본 계약과 동일한 조건으로 █년씩 자동 연장된다.

3조: 배타적 출판이라는 말은 "이 책의 원고는 우리하고만 합시다"라는 뜻이고요.

5조: '계약일과 동시에 유효기간은 초판 발행 후 ○년까지로 한다.' 초반에 첫 책을 찍고 3년 정도가 보통이고 간혹 5년으로도 계약을 해요. 출판 계약으로 5년은 약간 길기도 해요. 그런데 저는 왜 길게 계약을 설정했냐면 이 출판사가 작지만 열심히 잘 하는 곳이어서요. 잘 팔리고 있는데 3년 만에 "우리 계약 그만해요." 이러면 그때 또 번거롭잖아요(저는 귀찮은 거 싫어해서). 그 다음에 '계약 만료일 3개월 전까지 뭔가 의사 표시를 하지 않으면 자동 3년씩 연장된다' 이런 게 있어요. 보통 이래요.

6조: '이 계약 이후로 언제까지 원고를 넘기기로 한다' 원고를 넘기면 출판사는 원고를 완전히 다 받고 나서 12개월, 즉 1년 내에는 내줘야 한다고 보통 설정해요. 1년 내에 못내 주면 저자가 출판사에 위약금을 물릴 수도 있어요. "여보세요, 1년 지났잖아요. 그런데 아직도 제 책이 안 나왔네요. 계약금 받은 것의 몇 배 주실래요?" 이렇게 얘기할 수 있다는 얘기예요.

제7조 (저작재산권의 보증 및 저작물의 내용에 따른 책임)
① '갑'은 위 저작물에 대하여 완전하고 유일한 저작권을 가지고 있고, 본 계약일 이전에 이 계약의 내용과 동일 또는 유사한 계약을 제3자와 체결하지 않았음을 '을'에게 보증한다.
② '갑'은 위 저작물이 본 계약일 이전에 출판되지 않았으며, 타인의 명예훼손에 관련된 내용 및 타인의 저작권을 침해하는 내용이 없음을 '을'에게 보증한다.
③ 위 저작물의 내용과 관련하여 '을' 또는 제3자에게 분쟁 및 손해가 발생할 경우, '갑'은 민·형사상의 책임

7조: 이건 저자인 당신이 저작권을 침해하는 대목 없냐고 확인하는 내용이에요. 이거 요즘에 민감한 이슈에요. 다른 사람 글을 그대로 가져다

가 썼을 경우 만약 저작권자가 따지고 들면 이 책임은 저자에게 있다는 얘기예요. 원래 원고 내용에 관한 것은 저자의 책임이니까요.

제10조 (비용 부담)
① 위 저작물의 저작에 소요되는 비용(자료비, 교통비, 숙식비, 취재비 등)은 '갑'이 부담하고 제작, 홍보, 판매, 전송에 따른 비용(그에 따른 세금 포함)은 '을'이 부담한다.
② '갑'이 타인의 저작물을 위 저작물에 포함시키고자 하는 경우, '갑'은 그 저작물의 저작권 문제를 해결하고 그 저작물을 자신의 최종 원고와 동시에 '을'에게 전달하여야 한다. 단, '을'이 '갑'을 대신하여 이를 구할 경우 '을'은 그 비용을 '갑'에게 청구할 수 있다.
③ 위 저작물이 출간된 이후 '갑'의 요청에 따라 전체 분량의 5% 이상에 해당하는 수정, 증감 등에 의하여 제작비가 발생하는 경우, 그 제작비는 '갑'이 부담한다. 단 '을'은 이 비용을 '을'이 '갑'에게 지급하는 금액에서 공제할 수 있다.

10조: 비용 부담 대목 이거 중요하죠. 기획 출판이냐 자비 출판이냐를 가르는 대목이죠. 저작에 필요한 자료비, 교통비, 숙식비, 취재비는 '갑'인 저자가 부담해요. 원고 생산은 저자의 몫이니까요. 제작, 홍보, 판매나 전송은 '을'인 출판사가 부담한다고 돼 있죠. 이게 보통 정상적인 형태예요.

13조: 체제 장정에 대한 내용이에요. 체제, 즉 책을 어떤 형태로 만들거냐는 얘기죠. 두껍게 할 거냐 소프트커버로 할 거냐, 책 가격은 얼마로 할 거냐, 이런 건 출판사 권한이라는 말이에요. 제작 비용을 온전히 출판사 부담으로 투자하는 거니까요.

제14조 (갑에 대한 증정본 등)
① '을'은 초판 발행시 10부, 재쇄 발행시 2부를 갑에게 증정한다.
② '갑'이 위 ①항의 부수를 초과하는 복제물이 필요한 경우 정가의 70%에 해당하는 금액으로 '을'로부터 구입할 수 있다.

전사 되기

14조: '초판을 인쇄할 때 저자에게 10부 준다. 재쇄 찍을 때는 2부씩 준다. 그리고 더 필요하면 70%에 가져가라' 이런 것이 일반적인 룰이죠. 가끔 이런 걸 무시하고 "홍보용으로 쓴다"는 이유로 책을 공짜로 많이 달라고 막무가내로 우기시는 저자분들(특히 교수님들 부류)도 계세요. 학교 행사에 쓴다면서 책을 공짜로 200부, 300부씩 증정해달라고 하는 경우도 많이 봤어요. 그건 비싼 제작비 들여 그 책 만든 출판사에게 고스란히 손해로 돌아가는 거예요(출판사들은 땅 파서 장사하나요? 비즈니스상 예의가 아니죠).

제15조 (출판권 설정 대가의 지급방식)

① '을'은 위 저작물에 대한 출판권 설정의 대가(이하 '저작권사용료'라 줄임)로 출간된 도서 정가의 ▨%에 해당하는 금액을 지급한다. 단, 실판매부수는 해당기간 동안 판매된 부수에서 반품된 부수를 뺀 부수를 말한다.
② 위 ①항의 저작권사용료는 매년 2회씩 5월, 11월에 실판매부수를 집계하여 그 익월 말에 정산한다.
③ '을'은 위 저작물의 전송에 따른 대가(1회당 판매수익금)는 전송 순매출(각종 수수료 및 부대비용 등을 제외한 실수령액 기준)의 ▨%를 지급한다.
④ 위 ③항의 전송 이용허락의 대가는 위 저작물의 전송에 의한 이용 횟수를 매년 2회씩 5월, 11월에 집계하여 그 익월 말에 정산한다.
⑤ 온라인 이벤트, 소셜커머스, TV홈쇼핑, 학원 납품, 서점 납품, 북클럽 납품 등으로 특별 판매할 경우 또는 기타 거래처에 공급율을 도서 정가의 ▨% 미만으로 내려 특별 판매하는 경우, 그 부수에 대한 저작권사용료는 위 ①항에 의하여 지급할 금액의 ▨%에 해당하는 금액을 갑에게 지급한다. 단, 위 특별판매의 도서공급율(정가대비 출고가)이 ▨% 이하일 경우 '을'은 위 ①항에 의하여 지급할 금액의 ▨%에 해당하는 금액을 '갑'에게 지급한다. 특별판매의 경우, '을'은 '갑'의 요청이 있을 시 저작물의 공급가격과 공급부수를 알릴 수 있다.
⑥ '을'은 '갑'의 요구가 있을 경우 도서 실판매부수나 전송 이용 횟수에 관련된 자료를 '갑'에게 공개해야 한다.

15조: 인세, 이 대목이 출판계약서에서 가장 중요해요. 계약서의 핵심은 이 대목이에요. 대가의 지급 방식, 한 마디로 '인세 얼마 줄 거냐' 이거예요. 저는 ○○%로 잘 받았습니다. '○○%를 지급한다, 1년에 두 번씩 나눠서 준다'고 되어 있죠. 연말에 1년에 한번만 정산해주는 출판사도 있

고, 분기(3개월)마다 한 번씩 정산해 주는 출판사도 있어요. 이건 그 출판사 회계 시스템에 따르죠. 그리고 '전자책 전송에 따른 대가'는 전자책 인세를 말하는 거예요. 저는 ○○% 받기로 했죠.

15조 6항: 이것도 중요한 대목인데 '저자가 요구하면 실제 판매 데이터를 보여줘라'는 얘기에요. 나중에 인세 보고할 때 되게 애매하게 보고하는 출판사도 있어요. 예를 좀 보여드릴게요(제가 별걸 다 준비했죠? 나란 남자, 넘나 친절한 듯…).

인세 지불 안내서	
▒▒ 선생님께	2020년 11월 26일

선생님의 저서를 아래와 같이 발행하게 되어 인세를 지불하겠습니다.

도 서 명	▒▒▒▒▒▒▒▒▒▒
발행회(쇄)수	1▒쇄
정 가	
인 세 율	
발행일	2020년 10월 27일
발행부수	1,500 부

인세 보고 양식인데 어떤 출판사는 그냥 이렇게 줘요. '인세 지불 안내서, 선생님 저서를 이렇게 팔았는데 발행은 이렇게 했어요. 1500부 팔았어요.' 끝! 이런 방식은 불투명하죠. 내역이 없잖아요. 어째서 이렇게 팔렸는지의 상세 내역이 전혀 없네요. 이렇게 하면 별로고요. 좀 더 자세하게 알려줘야 바람직하죠. 예를 들어 이런 식으로요.

전사 되기

선생님께

2019년 선생님 저서의 판매 내역을 아래와 같이 보고합니다.

1. 도서명 :
2. 인세율 : 정가   18,000 의 10.00%   전자책 수익의 25.00%
3. 판매내역 :

연도	출고량	반품량	증정/폐기량	실출고량
2015	3,913	135	197	3,778
2016	1,980	155	27	1,825
2017	942	31	5	911
2018	751	53	29	698
2019	661	30	24	631
합계	8,247	404	282	7,843

4. 단행본 :

이렇게 "○○선생님께. 선생님 저서의 판매 내역을 아래와 같이 보고합니다. 정가는 10%인데 전자책은 25%이고 출고량은 얼마인데 반품, 즉 안 팔려서 돌아온 책은 이겁니다." 중간에 반품하다가 갑자기 어디 모서리가 찍히거나 못 쓰게 됐다면 폐기해야 해요. "이런 것들은 또 몇 부가 발생했네요. 실제로 판매된 것은 이것입니다, 그러면 이것만큼만 드릴게요." 이런 상세한 내역이 있는 거죠. 이게 좋은 인세 보고에요. 이렇게 인세 보고를 주는 곳이라면 꽤 성실한 출판사죠.

사실은 이거보다 더 자세하게 요구할 수도 있어요. 엑셀 데이터로 달라고 요구하는 경우도 있어요. "아, 이거 이상한데? 제가 그때 지인한테 판 부수만 해도 얼마인데 어쩌고저쩌고~~ 엑셀 데이터 좀 다 보여주세요!" 그런데 이러면 약간 싸우자는 분위기로 가는 거니까 비추에요. 보통은 이 정도 하면 "아 그래요. 알았어요. 이 정도면 대충 이해가 되네요. 이때쯤 이렇게 팔렸죠." 이렇게 대략 맞는 것 같으면 넘어가는 게 저자의 매너죠.

16조: 선급금은 계약금의 의미로 인세를 미리 주는 건데, 저는 ○○○만 원 받은 거죠. 이 정도면 맥시멈으로 받은 거예요. 나중에 인세에서 공제한다고 돼 있죠.

17조: 여기도 요즘 꽤 중요한 대목. '2차적으로 도시락통 같은 상품으로 내 책이 팔릴 때 저자의 수익은 어떻게 되느냐'의 문제죠. "내 저작물이나 상징물이 구름빵처럼 도시락통에 뭔가 캐릭터로 들어가거나 할 때 어떻게 되느냐?" 바로 이 대목이에요. 개작, 연극영화 방송 녹음 등 2차적으로 사용될 경우에는 그에 대한 처리를 을에게 위임, 즉 "출판사 당신들이 알아서 팔고 보고만 제대로 해주세요"라는 뜻이죠.

해외에 수출할 때도 있어요. 예를 들어 중국에서 연락이 와요. "우리 중국살람, 니 하오마! 당신네 이 책을 우리가 번역해서 좀 팔고 싶은데요?"
그것도 위임한다고 돼 있고요. 이 인세도 1년에 두 번 준다고 돼 있죠. 중
국 출판은 저자 이름값을 알리는 데는 꽤 좋아요. 중국 13억 인구가 내 책
을 기억해주고 환호해주면 좋잖아요? 가수이자 연기자로 중국에서 활약
했던 장나라가 거의 국빈 대우를 받았듯이 말이죠.

중국에서는 '저자'라는 직업군을 되게 높게 봐요. 중국에 수출한 책으
로 유명인사가 돼서 거기서 강연회를 한 번 하면 어마어마한 돈을 벌 수
있어요(코로나 상황 좀 풀리면요). 그런데 책 인세 정산의 경우엔 이 사람들
이 불투명하고 부정직한 경우가 많아요. 책이 몇 권이 팔렸는지 제대로
보고를 안 해요. 중국 애들은 그런 걸로 악명 높죠. 그래서 중국에 수출을
했다 그러면 인세는 과히 기대 안 하시는 게 좋아요.

실제 제가 아는 유명 저자님도 당했어요. '여자들을 위한 자기계발서'
를 썼는데 우리나라에서 거의 150만 부 정도 팔렸고 중국에도 수출해서
70만 부 정도 팔렸대요. 그런데 작가에게 돌아온 인세는? 처음 10만 부인
가만 받고 나머지 60만 부에 대해서는 소식이 없더래요. 그런 식이에요.
중국에서는 책이 많이 팔려봤자 인세 형태로는 많이 기대하기 힘들다는
거죠. 대신 그곳에 가서 현지 강연회를 하시면 강연료 수입이 아주 클 수
있습니다.

제25조 (계약의 해지)

① '갑' 또는 '을'이 본 계약서에서 정한 사항을 위반하였을 경우 그 상대방은 2주 이상의 기간을 정해 서면으로 그 이행을 최고한 후, 본 계약의 전부 또는 일부를 해제·해지할 수 있으며 그에 따른 손해배상을 청구할 수 있다.

② 위 저작물의 원고 인도가 '갑'과 '을' 사이의 합의 없이 지연되는 경우 '을'은 이의 이행을 서면으로 '갑'에게 통보하여야 하며, 이 통보일로부터 30일 이내에 이행되지 않을 경우 '을'은 본 계약을 해제할 수 있다. 이때 '갑'은 '을'로부터 받은 선인세를 7일 이내에 '을'에게 반환하여야 하며, 이때 선인세의 10%를 위약금으로 '을'에게 지급하여야 한다.

③ '갑'이 작성한 본 저작물의 내용 및 표현에 의한 소송 및 분쟁이 발생하여 그로 인한 피해가 우려되는 경우, '을'은 본 계약을 해제할 수 있다. 이때 '갑'은 '을'로부터 받은 선인세를 7일 이내에 '을'에게 반환하여야 하며, 이때 선인세의 10%를 위약금으로 '을'에게 지급하여야 한다.

④ '갑' 또는 '을'이 본 계약의 내용을 변경하고자 할 때에는 쌍방이 합의로 정한다.

25조: '계약한 일이 잘 안 됐다 그러면 서로 미리 준 선인세의 10%를 위약금으로 물린다.' 이런 벌금 조항이 있죠. 서로 계약 원고를 제때 못 줬거나 출판사가 1년 내에 책으로 못 내줬다 그러면 10%를 더 줘야 한다는 내용이죠. 이건 계약마다 조금씩 다른 형태인데 여튼 그런 항목은 있습니다.

[별표1] 2차적 저작물(수익 기준)

본 계약 기간 중에 위 저작물이 2차적으로 사용되는 경우, 이에 관한 '갑'과 '을'의 수익 배분율은 각각 다음과 같다. 단, 그 수익 배분은 2차적 사용을 통해 발생한 순매출액을 기준으로 한다(여기서 '순매출액'이란, 2차적 사용을 통해 발생하는 총매출액에서 각종 결제 수수료와 마케팅·중개 수수료 등의 제비용을 공제하고, 을이 수취한 수익금을 말한다).

내 용	저작권자 (갑)	출판권자 (을)
① 한국 이외의 지역에서 번역 출판되는 경우(외국어로 번역하여 출판할 경우)		
② 기계적 방법(CD, 카세트테이프 또는 기계적 재생 수단을 통해 구현하는 방법)에 의하여 위 저작물의 전부 또는 일부를 2차 사용하는 경우		
③ 드라마 사용권, 영화 사용권, 텔레비전, 라디오 방영권		
④ 위 저작물의 일부 또는 전부가 신문, 잡지 등에 게재되는 경우		
⑤ 축약 또는 요약되어 출판 또는 서비스할 경우		
⑥ 시리즈 또는 총서로 재판되었을 경우		
⑦ 저작권자의 전집, 저작집 등에 수록할 경우		
⑧ 온-오프라인 교육프로그램으로 제3자에게 저작권 대여 시 수익금		

본 계약 내용은 다 설명드렸고요. 마지막으로 별첨1. 2차적 저작물, 즉 아까 설명드린 OSMU(원소스 멀티 유즈) 계약 조항이에요. 2차적 저작물에 대한 아주 자세한 별도의 별첨이 되어 있죠. 해외 출판은 보통 5대 5로 가고요. CD나 음원으로 팔 때도 보통 5대 5로 가고, 드라마나 영화나 텔레비전 라디오로 팔 때는 제가 ○, 출판사 ○로 갔네요. 온오프라인 교육 프로그램화될 때는 5대 5로 가고… 이런 걸 이렇게 미리 정해놔야 해요.

요즘 시대에는 원 소스 멀티 유즈 하는 경우가 많기 때문에 중요해요. 이런 거 좀 따지고 가세요. 보통 5:5가 가장 무난하고요. '아, 이 대목은 내가 좀 욕심난다.' 예를 들어《도깨비》비슷한 소설을 썼어요. '내 것 좀 드라마화해보고 싶어. 공유 비슷한 배우가 주연을 해주면 대박날 텐데. 이건 내가 양보를 많이 못해주겠네? 내가 7을 가져가야지'라고 생각해볼 수 있죠. 그러면 "드라마화는 7대 3으로 가요." 그 항목은 적극적으로 요청을 하세요. 이것만 좀 이렇게 해주라 설득해볼 수 있죠.

실제 계약서 설명, 다 끝났습니다. 제 계약서까지 전체를 자세하게 보여드렸습니다(이보다 자세히 출판계약서 실제 샘플을 설명한 책은 어디에도 없을 거예요!)

[샘플] 계약 소식 알리기

계약 시점부터 사실상 내 책의 사전 홍보는 시작됩니다. 그때부터 저자의 일거수 일투족을 중계방송 혹은 라이브 방송 하듯이 하세요. 자연스런 일상과 진정성 있는 생각도 SNS에 자주 노출하세요. 그래야 책이 출간돼서도 지속적인 호감과 영향력을 발휘할 수 있게 되니까요.

소식 알리기 샘플 1

#출판계약: 국내외 최고 항공사의 탑클래스 승무원 출신으로 전 세계를 누비던 3인의 저자가 뭉쳤습니다. 이제는 코칭과 서비스 교육 등 새로운 분야로 아주 성공적인 커리어 전환을 이뤄낸 30대 언니들의 이야기! 오늘 책 예쁘게 잘 만들고 마케팅홍보 잘 하기로 유명한 #서사원 출판사와 계약시켜드렸습니다(대표로 김샛별 저자님이 계약서 서명 완료!).

3인의 공저자분들이 지난 몇 개월간 열정을 폭발시키며 엄청 열심히 쓰신 결과 눈밝은 출판사 대표님이 그 뜨거운 열정을 바로 알아보셨어요. 너무 축하드립니다! 새해에 나오면 베스트셀러 예약 갑시다!

전사 되기

#레오짱 #출판코칭 #종이책출판 #계약현장

소식 알리기 샘플 2

#출판계약: 이번엔 코치로서가 아니라 저자로서!

출판계약을 했습니다. 그동안 수많은 저자들을 원고 0 상태에서 100 상태까지 코칭하고 가이드하면서 좋은 출판사들과 계약까지 성사시켜드렸는데요(일명 #레오짱 출판코칭). 그동안 그분들 도와드리느라 바빠서 정작 제 신간은 못 내고 있었는데, 멋진 출판사로부터 #선제안을 받고 고민하다가 그곳과 계약을 완료했습니다.

스스로 직접 낼 수도 있었지만, 원래 #중이제머리못깎는다는 속담처럼, 마케팅홍보를 더 잘 하는 곳이 있다면 그곳과 손잡는 것이 더 시너지가 클 수 있겠다는 판단에서입니다. 책도 잘 만드시지만 마케팅홍보를 잘 하는 곳(소위 말하는 요즘 탄력 제대로 받은 곳, 출판에서는 '기세'가 중요하거든요!) 대표님이 아주 적극적으로 먼저 말씀주셔서 저도 기쁜 마

음으로 현재 새벽마다 #글감옥 수행하면서 서서히 탈고를 준비 중입니다.

계약서 서명 이후의 원고 수정탈고

"레오짱님 덕분에 계약까지 다 완료돼서 너무 감사합니다. 계약 이후에도 원고를 보충해서 줘야 하는 건가요?"

그렇죠. 계약서에 서명하기 위해 투고한 원고는 완벽한 상태의 원고는 아니고 어디까지나 초고니까요. 출판사가 바라보는 시장에 대한 관점은 저자나 기획자와 조금 다를 수 있어요. 그래서 크지 않은 범위 내에서 기존 원고를 조정하게 된답니다. 아주 조금만 조정하는 경우는 어투나 일부 자료 보충을 요청하는 수준에서 끝날 때도 있고요. 많이 조정하는 경우엔 목차의 구조를 수정한다든지 특정 대목의 자료를 날리거나 보강한다든지 하는 등의 요구가 있을 수 있어요.

콘셉트 자체나 중점 포인트를 미묘하게 변경하는 게 좋겠다고 출판사 담당 팀원들이 생각하는 경우라면? 대부분 출판사와 계약하는 자리에서 1시간 정도 콘셉트 수정회의를 한답니다. 이후 저자의 수정보완 작업이 필요하게 되겠죠. 원고를 수정보완하는 데는 보통 1~2개월 정도 걸려요. 원고 자체를 다 뜯어고치자는 의견은 안 나와요. 그럴 거면 애초에 계약을 하자고 하지 않았을 테니까요.

3장 저자 교정에 전투적으로 임하기 (실물 책으로 나오는 과정의 모든 것)

이제 실물 책으로 나오는 과정에 대해서 말씀드릴게요. 여러분이 원고를 다 쓰시고 투고 이후에 계약까지 다 했다고 쳐요. 그 다음에 교정 교열 거쳐서 어떻게 책으로 나오는지 그 과정도 알아두셔야 슬기로운 '저자 생활'을 하실 수 있겠죠? 그런데 그 과정에 대해서 전혀 모르는 분들이 대부분이라서 이 코너를 마련했답니다. 여러분이 '저자로서 이 정도는 알아둬야 한다'는 수준까지는 알려드릴게요. 그럼 내 책 만들러 고고씽!

실물 책으로 나오는 과정(1): 편집 과정

"레오짱님 덕분에 계약도 하고 원고도 수정해서 탈고까지 마쳤어요. 그럼 이제 출판사에서 본격적인 책을 디자인하고 편집을 하는 거죠?"

네, 맞습니다. 일단 여러분이 원고를 다 쓰셨다면 작성한 워드나 아래 한글 원고 원본을 출판사에 메일로 주시면 돼요(계약한 이후에는 PDF 말고 원본을 전달해야 합니다). 출판사에서는 그 원고를 인디자인이라는 책 편집 전문 프로그램에 흘려 앉히기를 합니다. 기본적인 디자인의 바탕을 깔아 주는 작업이죠. 이것을 '조판한다'고 말합니다. 판을 조직한다, 즉 앉힌다 는 뜻이죠.

2000년대 초반까지는 편집용 프로그램이 쿽 익스프레스였어요. 매킨 토시에서만 돌아갔던 프로그램이죠. 그래서 일반인은 이 프로그램을 접 할 수 없었고 사용해본 경험자만 쓸 수 있는 굉장히 어렵고 무거운 프로 그램이었어요. 당시에 편집 디자이너들이 이 프로그램 돌리다 수시로 컴 퓨터가 꺼지고 재부팅하고 애먹었던 기억이 아주 많아요(그들이 제 교정본도 수시로 날려먹었던 슬픈 기억이). 그렇지만 당시엔 이 프로그램이 거의 유일하게 출판 편집 작업을 컴퓨터상으로 가능케 해줬기 때문에 울며 겨자 먹기로 써야만 했죠.

그전에는 어떤 단계였냐고요? 사식집이라고 해서 손으로 일일이 글자를 따붙이던 수작업 방식의 시대였어요. 그나마 컴퓨터로 편집하는 단계로 넘어가게 해준 게 바로 퀵 익스프레스였습니다. 당시엔 이 정도만 커버해줘도 감지덕지했던 거죠. 그랬던 것이 2000년대 중반부터는 인디자인이라는 프로그램으로 서서히 교체가 되었습니다.

인디자인은 어도비사에서 만든 프로그램인데 특이한 게 일반 PC에서도 잘 돌아갔습니다. PC와 매킨토시 어느 쪽에서 써도 호환이 잘 되는 장점이 있었죠. 무엇보다 프로그램이 좀 더 직관적이고 사용하기에 가벼웠죠. 이런 신박한 편집 전용 프로그램이 만들어지다 보니까 이 프로그램이 출판편집 프로그램 시장을 석권하게 됐습니다. 그래서 지금은 더 이상 퀵 익스프레스는 쓰지 않습니다. 모두 인디자인으로 편집디자인을 합니다 (저도 인디자인을 잘 다룰 줄 알고요. 별걸 다 할 줄 아는 남자, 레오짱…).

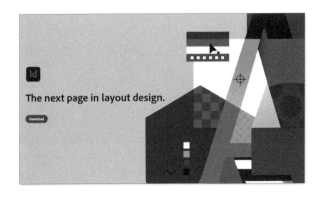

조판과 레이아웃 편집

이제 여러분이 주신 소중한 원고를 인디자인이라는 프로그램에 레이아웃을 앉히게 됩니다. 1차로 텍스트 위주로만 쭉 원고를 인디자인 프로그램에서 흘려 앉히기 하는 기초 작업을 합니다. 이걸 우리가 '조판한다'고 부른다 했죠. 그것을 조금 더 예쁘게 요소요소를 다듬어주고 디자인적인 요소를 넣고 장식적인 대목도 추가합니다. 서체도 부분 부분 다르게 설정하면서 미학적인 완성도를 높이는 작업까지 하죠. 이를 업계에선 '레이아웃을 잡는다'라고 표현합니다.

레이아웃 샘플 디자인을 확정하면 저자한테도 보여줍니다. 보여줘서 저자가 "그래요 저도 이 레이아웃 디자인이 마음에 듭니다. 이런 분위기로 가시죠." 이렇게 정해지면 출판사 소속의 디자이너가 조판해둔 것을 그 레이아웃에 맞춰서 더 깔끔하고 보기 좋게 만들어줍니다(본격 편집의 시작).

이제부턴 본격적으로 교정교열을 보는 단계가 시작됩니다. 교정교열은 저자에게 보여주기 전에 출판사의 편집 담당자, 즉 편집자가 먼저 한두 번 교정을 봅니다. 첫 번째 교정은 1교라 부르고, 두 번째 교정은 2교, 세 번째 교정은 3교… 이런 식으로 부르죠.

'교정'은 테크니컬한 부분을 보는 걸 뜻해요. 문법이 틀렸거나 오자, 탈자가 난 것, 어법이 이상한 것 이런 것을 보고 잘못된 걸 고쳐주는 것을 '교정'이라고 부릅니다. '교열'은 내용적인 것이 잘못됐을 때 수정해주는 작업을 뜻합니다. '앞뒤 맥락이 이상하다'든가 '이 대목은 논리적으로 비약이 심하다.' '이 내용은 앞으로 가야 할 것 같다, 뒤로 가야 할 것 같다. 이건 빼야 한다' 이러한 것들을 컨텍스트적으로 접근하는 조금 더 큰 차원의 수정 작업입니다. 글을 맥락적인 차원에서 살펴봐주는 이런 작업을 '교열'이라고 합니다.

정상적인 출판사라면 담당 편집자가 대부분 교정과 교열 작업을 기본적으로 다 해줍니다. 어느 정도 문제되는 것들을 출판사에서 먼저 1교, 2교를 거치면서 교정 교열을 자체적으로 보죠. 그 뒤에 깔끔해진 상태로 저자분에게 전달하죠(요즘엔 PDF 파일의 형태로 메일로 전달함). 보통은 세 번째 수정 버전인 3교 상태에서 저자에게 교정을 보게 합니다. 저자분이 봤을 때 내용에 이상이 없는지, 더 보충하거나 수정할 것은 없는지 보완하라는 차원에서 주는 거죠.

그러면 저자는 그 교정지 위에 저자 교정을 봐야 합니다. 원고가 디자인된 상태 위에서 교정교열을 보게 된다는 의미는 뭘까요? 저자는 이때 아래한글이나 워드 문서 상태에서 수정 작업을 하는 게 아닙니다. 이제는 인디자인 프로그램으로 구성되어 나온 그 상태의 교정지를 출력해서 표시하든 PDF 문서 위에 표시해야 합니다. 간혹 다시 아래한글 문서에 수정 작업을 해서 주시는 저자분들 꼭 계신데, 출판사 입장에서는 이중 작업을 하는 셈이라 비추예요. 그냥 PDF 위에 수정자를 표시하시는 게 제일 좋아요.

PDF 파일 위에 교정교열 보는 방법

PDF 파일 위에 저자 교정을 보는 방법은 독자분들을 위해 제가 따로 영상으로 설명을 준비했습니다(QR코드 참고. 너무 친절한 레오씨. 우후훗!).

레오짱은 저자 교정을 볼 때 모니터 3대를 사용합니다. 첫 번째 모니터는 기존 교정 표시 확인용(내가 표시해뒀던 내용들 되짚어 보기용)입니다. 두 번째 모니터는 교정 표시본이 잘 고쳐졌나 대조용입니다. 편집자나 디자이너에게만 맡겨 놓으면

안 돼요. 저자도 꼼꼼하게 체크해야 교정교열 실수가 최소화되니까요. 세번째 모니터는 수정사항 추가 기입용입니다. 미 반영된 부분 다시 체크는 물론이고 새로 추가하거나 수정할 것도 적어 넣습니다. 위 사진에서의 핵심은 세 번째 기기인 아이패드로서, 애플 펜슬로 바로바로 PDF 위에 표시를 하니 교정지를 따로 출력할 필요가 없고 출판사와 주고받기도 편해 아주 효율적입니다. (PDF 위에 PC로 교정 보는 법도 위에서 알려드렸지만, 아이패드 등의 태블릿이 있다면 이 방법을 쓰는 것이 더욱 직관적이고 효율적이더라고요. 작업자 상호간에 놓치는 것도 덜하고요. 참고하세요.)

저자는 이때 사진이나 이미지를 더 삽입하고 싶다면 "이 부분에 이런 이미지를 넣어주세요" 하고 본인이 조달을 해서 주기도 합니다. 교정지

위에 사진 자리를 표시해서 재미있는 삽화나 만화 이미지를 친구나 지인에게 부탁해서 넣을 수도 있고요. 아니면 출판사에서 투자 차원에서 대신 의뢰해 줄 수도 있고요. 그러한 이미지 보완 작업까지 마치면 저자 교정은 일단 끝나게 됩니다. 그렇게 해서 다시 저자 교정을 반영해서 출판사에서는 4교, 5교를 보죠. 보통은 길어야 5교나 6교 정도에서 마무리를 짓게 됩니다. 그러면 이제 마지막 인쇄소에 넘기기 전에 제목과 부제를 다시 한 번 치열하게 고민하는 시간이 필요합니다.

전체 교정교열을 끝낸 후 보게 되는 책의 분명한 성격이 있거든요. 초고를 막 썼을 때와 조금 방향이 달라질 수도 있어요. 전체를 수정하고 보완하다 보면 그림이 조금 달라질 수도 있고 원래 의도했던 콘셉트하고 조금 결이 다른 게 나올 수 있거든요. 최종적인 그 결에 맞춰서 제목과 부제를 확정하는 회의를 해야 합니다. 이것을 우리가 '제목회의를 한다'고 해요. 대부분 출판사에서도 아이디어를 내고 저자도 아이디어를 내서 회의를 1~2시간 정도 하게 됩니다.

그때 중요한 것은 표지 문구에 해당하는 표 1, 2, 3, 4라는 걸 정하는 것인데요. 표1은 우리가 '앞표지'라고 부르는 부분이에요. 표2는 저자 소개가 담긴 '앞날개' 부분을 말하는 거고요. 표3은 '뒷날개', 즉 뒤표지 바로 앞에 있는 날개를 가리키죠. 거기는 주로 여러 가지 홍보 문구나 책의 요약이 들어가게 됩니다. 표4는 뒤표지를 말합니다. 표4도 생각보다 중요해요.

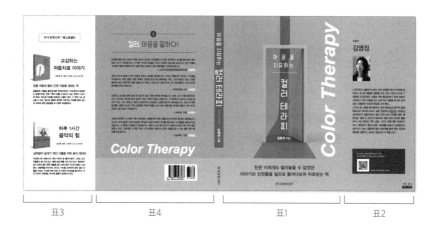

여러분이 표 1, 2, 3, 4 설명을 들으셨는데 이 중에서 가장 중요한 게 뭘까요? 짐작대로 앞표지가 가장 중요합니다. 왜냐하면 대부분의 사람들은 귀찮은 걸 싫어하기 때문이죠. 사람들은 본문 전체를 뒤적여 보기 전에 표지만 가지고 책을 판단하거든요. 앞표지만 0.5초 만에 스캔해서 그 책에 대한 첫인상을 갖게 됩니다. '뭔가 끌려' 아니면 '궁금해' '마음에 들어' '구려' '식상해' '또야?" 이러한 다양한 속마음을 품겠죠. '아 이건 내가 한번 살펴볼 책이다, 아니다'를 판단하는 것이 눈 깜짝할 사이에 이루어져요. 그래서 앞표지가 매우 중요합니다.

앞표지에서 중요한 건, 특히 제목과 잘 들어맞는 이미지와 부제, 홍보 문구죠. 표지 이미지와 부합하는 제목이 낚시의 미끼와 같은 역할을 해서 사람의 뒤통수를 확 끌어당기거든요. 표 2, 3, 4는 표1에 비해 사람들이 상대적으로 덜 보기 때문에 제목과 부제가 굉장히 중요해요. 다시 말해 제목과 부제, 홍보 문구가 담겨 있는 앞표지가 굉장히 중요합니다.

그래서 이 고민을 진짜 치열하게 해야 해요. 그때 핵심은? 하이 콘셉트

하나로 우뚝 솟게 문구를 다듬어야 한다는 겁니다. 송곳과도 같이 날카롭고 에지 있는 최종적인 한 줄이 콘셉트로 뾰족 솟아나오게 해야 하죠. 마지막 순간까지 책의 성격을 분명하고 선명하게 뽑아내야 해요. 그 최종적한 줄을 뾰족하게 뽑아낼 수 있을 때까지 고민에 고민을 거듭해야 합니다. 이것이 이 단계에서 가장 중요한 포인트입니다.

책 제작에 걸리는
순수한 시간은 얼마나 되나요?

"원고에 대한 디자인과 교정교열 시간까지 포함해서 인쇄까지 되어 나오려면 보통 어느 정도 기다리면 될까요?"

순수하게 편집과 제작에 걸리는 시간은 최소 2개월 정도 걸려요. 출판사 일정에 아무 것도 걸려 있지 않아서 바로 작업에 들어가게 되는 상황이라는 전제하에 말이죠. 중간에 저자분에게도 "이거 마음에 드세요?" 하고 한번 보여줘야 하잖아요. 그렇게 하면 3주도 걸리죠. 그리고 교정본을 나만 볼 수 있나요? 친한 지인한테도 한번 보여주고 피드백도 받아봐야 하는 거 아니겠습니까?

근데 아이러니가 있어요. 보통 잘 나가는 출판사들은 워낙 일정이 바쁘고 타이트해서 저자분이 지금 원고를 탈고해 전달해도 바로 착수가 안 될 경우도 많아요. 이미 진행되고 있는 편집 일정이 있기 때문에 일정표에 새롭게 추가로 배정을 해야 하죠. 그래서 실제 인쇄가 되기까지 몇 개월이 걸릴지는 해당 출판사 상황에 따라 달라져요. 계약이 된 후라면 최종 원고를 넘길 때 출판사 담당자에게 물어보세요. 저자가 급하게 목표로 하는 출간 시기가 있다면? 더 빨리 내달라고 설득해볼 수 있죠. 급행으로 처리하는 경우 편집과 제작 모두 포함해서 2개월 정도 보시면 됩니다.

> 저는 대학교수인데 이번에 첫 원고를 계약했어요.
> 원고 넘긴 이후의 일정이 궁금해요.

출판사에서 자자분께 1차로 드리는 건 텍스트 위주 조판 PDF입니다. 2, 3차 조판부터 사진이나 도표까지 제대로 갖춰 드리는 정식 레이아웃 PDF라고 보시면 됩니다.

원고랑 상관없이 책에 넣을 추천사는 미리 많이 받아놓으세요. 교수님과 인맥이 닿는 분들 중에서 제일 유명한 분들로요. 한국 독자들이 좋아하는 권위 있는 분들로는 세계적인 석학, 삼성 기업 관계자, 서울대 교수 등이죠. 4~5명에게 3줄(4~5문장) 정도씩만 받아주시면 돼요. 대기업 이사님들 아시면 추천사도 받고 나중에 기업체 차원에서 책도 사달라고 부탁해보세요.

교수님은 초판 인세 대신 책으로 받기로 하셨으니 2,000부에 대해 대략 200~300부 정도 될 겁니다. 그건 제자들에게 선물로 뿌리세요. 교수님께서 선물로 주셨는데 제자들이 서평 정도는 SNS 등에 열심히 남겨야죠. 그게 소셜 바이럴을 일으키는 소스가 됩니다.

실물 책으로 나오는 과정(2): 제작 과정

"와, 이제 저자 교정도 다 봤으니 제가 할 일은 끝난 건가요? 궁금해 미치겠는데 표지만 미리 받아볼 수 없을까요?"

여러분이 고심 끝에 제목과 표지를 최종 결정했고 출판사와 협의까지 끝났다면? 그것을 바탕으로 표지를 만들어야 합니다. 제목과 부제도 아직 안 정해졌는데 "그것과 상관없이 미리 표지를 좀 만들어주면 안 돼요?"라고 부탁하는 저자들이 가끔 계세요. 그것은 말이 안 되는 겁니다. 마치 여러분 신체 사이즈를 무시한 채로 "아무 옷이나 살래요" 하는 것과 비슷해요. 마음이 급하다고 내 몸은 사실은 L(라지) 사이즈인데 S(스몰) 사이즈로 옷을 사가는 셈이죠. 자기와 맞을지 치수나 디자인도 안 보고 일단 아무 사이즈로 사버린 뒤에, 나중에 집에 가서 입어보려고 하면 그게 어울릴까요? 전혀 엉뚱한 모양새가 되겠죠. 책 제목이나 콘셉트와 맞지 않아서 이상하고도 엉뚱한 책 디자인이 만들어지기 십상입니다. 그래서 표지 디자인을 편집 마감 전에 일찌감치 달라는 부탁은 별로 추천드리지 않아요.

전사 되기

제목과 부제를 결정한 뒤에 그것에 맞춘 표지 디자인을 해야 힘을 발휘합니다. 미리 표지 디자인을 만들어놓는다고 그것이 나중에 쓰여지느냐? 시간 낭비입니다. 내용과 디자인이 합치가 돼야 하거든요. 그래야 파워풀해지는 거죠. 표지 디자인은 여러분이 제목과 부제, 홍보 문구까지 자세하게 만들어 확정한 후 가장 마지막에 해야 되는 작업입니다.

표지를 오케이하면, "본문도 더 이상 수정할 게 없나요?" 하고 편집자가 묻습니다. 곧 "본문까지 오케이"라고 하시면 드디어 실제 책으로 만들기 위해 '제작 발주'라는 걸 하게 됩니다. 제작 발주는 출판사에서 내보내는데, 인쇄소와 제본소와 물류업체에 동시에 이메일로 발주서를 보내게 된답니다.

책 사이즈는 요즘 어떤 게 유행인가요?

요즘 출판 트렌드에서 책의 판형(사이즈)은 대개 신국판인데 굉장히 두껍거나(전문서) 아주 가볍게 읽을 수 있거나(에세이 류) 쪽으로 양극화돼가고 있어요. 미래 예측이나 인문학적인 전문적인 주제들을 다룬 책들은 두툼한 분량으로 가는 경향이 있고요. 에세이나 가벼운 자기계발서는 전체 원고의 분량이 꽤 작은 편이에요. 신국판을 기준으로 봤을 때 300쪽을 넘지 않고 보통 많아야 250페이지 이내죠. 오래 전부터 한국에서 가장 기본적이고 보편적으로 사랑받아온 책의 판형은 신국판입니다.

신국판을 가장 선호하는 이유가 뭘까요? 보통 펄프 나무 원단에서 종이로 압착해서 전지라는 걸 만들어요. 전지는 하나의 큰 종이를 말하죠. 나무

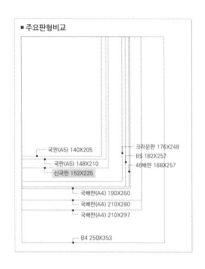

■ 주요판형비교

국판(A5) 140X205
국판(A5) 148X210
신국판 152X225
크라운판 176X248
B5 182X257
46배판 188X257
국배판(A4) 190X260
국배판(A4) 210X280
국배판(A4) 210X297
B4 250X353

를 탁 잘랐을 때 나오는 기본적인 종이의 단위가 전지인데, 이 전지를 그대로 접어서 잘랐을 때 16장이 나와요. 그렇게 했을 때 신국판이 딱 들어가요. 그렇게 분절한 16장이 신국판 사이즈로 했을 때 한 장의 종이 로스[loss](손실)도 없이 딱 들어가기 때문에 신국판 사이즈를 출판하는 사람들이 좋아하는 거예요.

나머지 조금 작게 하는 판형은 다 로스(종이 손실)가 생겨요. 종이를 자르고 남은 종이는 모두 버리게 되니까요. 그래서 신국판 전지 16장, 앞뒤로 32페이지를 한 단위로 해서 인쇄기에 찍혀요. 한번 왜앵~ 돌릴 때 32페이지가 한꺼번에 잉크가 찍히는 거죠. 왜앵~ 치키, 왜앵~ 치키 하고요. 저 역시도 같은 이유로 신국판을 좋아합니다.

신국판보다 작은 판형이 국판(혹은 변국판)이고요. 원고 80쪽을 워드 문서로 쓰면 3~4배수로 잡아 최대한 여유 있게 편집할 경우 책으로 320쪽까지 만들 수 있어요. 제가 특히 좋아하는 판형은 변국판이라고 140×205 사이즈입니다. 이 판형 역시 종이 로스가 하나도 없는 알찬 사이즈인데, 요즘 모바일 시대 정서에 맞게 작고 귀여워서 좋아해요.

실제 구매층의 대부분을 차지하는 여성 독자분들이 특히 선호하는 판형이기도 하고요. 제가 출판 코칭한《뇌를 들여다보니 마음이 보이네》나

《나는 나로 살기로 했다》 같은 책들도 모두 변국판에 준하게 위 아래로 약간의 변형을 가한 사이즈에요. 요즘 독자들은 귀여운 책을 좋아하거든요. 전체적인 분량이나 사이즈, 책의 장정 자체도 귀엽고 부담 없어서 각광받고 있어요.

얼마나 찍어서 팔고 싶으세요?
POD vs 오프셋 인쇄

"제 책은 히트할 것 같지 않은 소소한 내용이라서 지인들 위주의 기념품용으로만 책을 만들고 싶은데요. 자비를 들여 조금만 책을 제작하고 싶으면 어떻게 해야 할까요?"

자비를 들여 소량만 찍고 싶으시군요. 출판 인쇄에서 '소량'의 기준은 200부 정도랍니다. 200부 이하로 찍고 싶으면 POD 출판을 하면 됩니다. 퍼블리싱 온 디맨드Publishing on Demand, 즉 주문하는 수량에 맞춰서 퍼블리싱 하는 형태를 말해요. 이건 인쇄기가 아니라 커다란 레이저 프린터라고 생각하면 됩니다. 인쇄기처럼 압력을 이용해서 찍는 게 아니라 집에 있는 레이저프린터처럼 토너에서 잉크를 뿌린 뒤 열로 굳히는 방식이죠. 이것을 '주문형 소량 출판'이라고 불러요. POD 방식으로 인쇄하면 1부만 찍을 수도 있고 199부를 찍을 수도 있고 원하는 만큼 만들 수 있습니다. 대신 1권당 제작 단가는 정식 인쇄 단가보다 훨씬 높죠.

POD 인쇄기

오프셋 인쇄기

　200부 이상을 찍게 되면? 정식 인쇄소에 있는 커다란 기계, 즉 오프셋 인쇄기에 인쇄를 돌리게 됩니다. 오프셋^{off-set} 인쇄기는 왜 이름이 이렇게 됐을까요? 고무패킹에 잉크를 묻혀서 그것을 분리^{off}시킨 뒤에 반대편에 있는 커다란 종이(전지)에 잉크를 찍는다^{set}고 해서 그렇게 이름을 붙인 겁니다. 이것은 정식 인쇄기에서 돌리는 방식을 의미해요.

　출판에서는 보통 200부 이하는 POD 출판을 한다고 생각하면 돼요. 대중 출판 혹은 기획 출판이라고 부르는 것들은 보통 초판으로 200부보다 훨씬 많은 수량을 찍습니다. 초판을 보통 2,000~3,000부 사이에서 찍어요. 요즘엔 경기가 안 좋아져서 1,500~2,000부가 평균적인 초판 인쇄 부수예요. 그러니 정식 기획 출판이라면 당연히 단가가 훨씬 저렴한 오프셋 인쇄로 찍겠죠.

그렇다고 200부 이하 POD 출판을 무시하면 안 된다고 말씀드린 바 있죠? 해외에서는 의외로 POD로 처음 책을 냈다가 대박 난 사례가 많습니다. 여러분이 잘 아시는 야한 소설 있죠,《그레이의 50가지 그림자》. 이 책은 소설을 한 번도 써보지 않은 주부가 자기 머릿속에 담고 있었던 야한 상상을 소설로 써서 POD로 출판했거든요. 그래서 주변의 아주머니들에게만 선물로 준 거예요. "내가 이런 재미난 이야기를 한번 상상해봤는데 어때?" 하고 읽혀봤더니 주변 이웃들이 다 뒤집어진 거예요. "이렇게 재미있는 걸 우리만 볼 수 없지." 그래서 주변인들의 환호성에 힘입어 정식으로 출판사에 청원을 넣어서 대중을 타깃으로 출판되었죠. 역시나 주부들 사이에서 널리 입소문이 나서 영화로까지 만들어졌어요.

그렇게 POD로 출판했지만 대박 난 사례들이 의외로 많다고 말씀드렸죠. 로버트 기요사키의《부자 아빠 가난한 아빠》도 처음에는 POD로 출발했었죠.《누가 내 치즈를 옮겼을까》이 책 역시 스펜서 존슨이라는 정신과 의사가 자신이 우울증을 자가 치료하기 위해서 만든 자기 위로용 스토리텔링 책이었고요. 이렇게 POD로 출발했더라도 추후 책이 나왔을 때 반응이 어떨지는 아무도 모르는 거예요. 자비 출판으로 하게 될 때는 POD로 할 수밖에 없는데 그렇다고 그 가능성을 무시하지는 말자는 거죠. 파이팅입니다!

이걸 무시하면
인쇄사고가 날 수도 있다

"제 책 인쇄 할 때 구경 가고 싶은데 출판사에 부탁하면 가서 볼 수 있나요?"

네, 당연히 보실 수 있죠. 그런데 인쇄는 대부분 표지 인쇄 따로, 본문 인쇄 따로 진행합니다. 그래서 저자분이 가게 되더라도 책 전체 인쇄본을 볼 수는 없어요. 대부분은 표지가 중요하기 때문에 표지 인쇄할 때 시간 맞춰 가게 되죠.

그런데 구경 가는 것과 별도로 인쇄가 본격적으로 시작되기 전에 반드시 짚고 넘어가야 할 부분이 있습니다. '인쇄 감리'라는 대목인데요. 이 과정을 안 하고 넘어가는 출판사도 가끔 있어요. 출판의 엄밀함을 잘 모르는 경험이 좀 없는 사람들이 주로 그런 실수를 많이 하는데요, 감리는 꼭 가시는 게 좋습니다.

왜냐하면 우리가 컴퓨터 화면으로 보는 RGB 화면과 인쇄기에 돌려서 종이 위에 프린트하는 CMYK라는 방식은 전혀 다른 색 표현 방법이거든요. 색깔이 구현되는 방식이 정반대에요. 그래서 컴퓨터 모니터상으로만 확인하고 인쇄 감리를 안 가게 되면 실수가 많이 일어납니다.

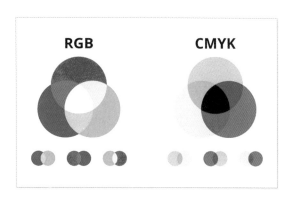

RGB 방식은 '가산혼합'이라고 해요. 가산, 즉 색깔이 더해질 때마다 색이 겹치는 부분이 밝아집니다. 보세요. 빨강색과 파란색이 겹쳐졌더니 밝은 보라색이 됐죠. 그리고 빨간색과 초록색이 겹쳐졌더니 밝은 노란색이 됐죠. 그리고 파란색과 초록색이 합쳐졌더니 밝은 옥색이 됐죠. 그리고 이 모든 게 합쳐지면 하얀색. 점점 더 색깔을 많이 합칠수록 더 이상 밝을 수 없는 하얀색이 나오는 결과가 나오는 게 가산혼합입니다. 인터넷 웹상으로나 모바일상으로 보는 화면은 모두 RGB 방식이기 때문에 색깔이 무지 쨍하고 환해 보입니다.

그런데 이것을 인쇄기에 그대로 종이 위에 찍을 때는? 모니터에서 봤던 이 컬러 값을 기대하면 큰 오산이라는 거죠. 종이에 찍을 때는 '감산혼합,' 즉 색깔이 겹쳐질수록 탁해지고 어두워지는 혼합 방식으로 나오게 돼요. 그래서 최악의 경우엔 정반대의 결과가 나올 수 있어요. 보세요, 감산혼합이라는 CMYK 방식은 이렇게 하얀색과 노란색을 합쳤더니 더 진한 초록색이 나오고요, 노란색과 보라색 계열을 합쳤더니 더 진한 빨간색이 나오고. 이 모든 색깔을 더하면 까만색에 가까운 탁하고 어두운 색이 나오죠.

이렇게 정반대의 결과치가 나오기 때문에 여러분이 웹상에서 봤던 색감이 쨍했던 교정 교열지를 감리를 안 가보고 "그대로 그냥 찍어주세요" 했다가는 대참사가 일어날 수도 있습니다. 전혀 다른 색깔이 나올 수도 있고요, 내 얼굴이 불타는 고구마처럼 빨갛게 인쇄되거나 황달 걸린 사람처럼 누렇게 떠 보인다거나… 기대치와는 다른 여러 가지 결과가 빚어질 수 있어요.

다시 정리해드릴게요. 감리는 왜 가야 하냐? RGB로 화면에서 봤던 색이나 톤을 내가 원하는 수준까지 맞춰줄 수 있도록 인쇄 현장에 가서 계속 주문하고 요청하는 작업이기 때문이죠. '기장님들'로 불리는 인쇄기를 다루는 분들을 상대로요. 감리를 안 가면 인쇄사고로 이어질 수 있습니다. 그래서 출판사에 요청해서 가달라고 하시기를 추천드려요.

저는 지금도 가끔 저자분들 모시고 같이 감리도 가드리곤 한답니다. 그때마다 저자분들은 자녀의 출산 현장을 보는 것처럼 감격하시더라고요. 저는 인쇄 감리 갈 때마다 파주출판단지 내 맛집까지 꼭 들러서 맛있는 점심을 먹고 옵니다. 금강산도 식후경이니까 감리 끝나고 나서는 꼭 맛있는 파주 맛집을 검색해 점심도 드시고 오시길 바라요.

"드디어 제 책이 세상에 나왔네요. 어제 친한 친구에게 출간 소식을 전했더니 제 목소리를 듣고는 "영혼이 천국에 있는 듯한 목소리인데? 내가 들었던 네 목소리 중 제일 밝은 목소리다."라고 하더라고요. 아마도 그랬을 겁니다. 기쁨, 벅참, 감동의 감정들은 숨길 수가 없더라고요. 이런 감정만 느끼며 산다면 발길 닿는 곳이 모두 천국일 거 같아요."

한 저자분이 저의 출판 코칭을 받고 본인의 책 표지가 인쇄기에서 돌아가는 영상을 본 직후 밝힌 소감입니다. 인쇄가 잘 나오는지 보러 가는 감리 현장에 동행한 저자분들은 열에 아홉은 "마치 내 아이의 출산 장면을 보는 것 같다"며 감격해 하시죠.

사실 내 지식을 엄청나게 축적해놓은 고갱이를 눈에 보이는 결과물로 탄생시키는 순간이니 '내 아이의 출산'이 맞습니다. '내 정신의 출산'이죠. 그래서 저는 항상 이 순간을 기념하러 제 책의 인쇄 현장을 찾아 기록해 놓는답니다. 표지가 첫 인쇄기에서 나오는 탄생 순간을 여러분도 꼭 영상으로 기록해 두세요. 다시 볼 때마다 심장이 두근두근해집니다. 여러분도 축복의 순간을 어서 빨리 기념해보시길!

제본소에서는
무슨 작업을 하나요?

"인쇄 감리가 정말 중요한 거군요. 현장에서 제 책 표지가 갓 인쇄되어 나
오는 장면을 보니 가슴이 정말 웅장해지더라고요."

네, 감격적인 현장이죠. 감리까지 다 하셨으면 이제 다 된 초판 인쇄본
은 제본소에 넘기게 됩니다. 인쇄소와 제본소는 같은 하나의 업체일 수도
있고 별도의 업체일 수도 있습니다. 크게 제대로 하는 곳들은 모두 별도
로 운영되는 곳이거든요. 제본소만 해도 규모가 엄청나게 큽니다.

제본소는 무슨 작업을 하는 곳일까요? 인쇄 이후에 일어난 모든 작업
을 처리하는 곳이에요. 일단 후가공 작업이 있어요. 책에 입힌 코팅 위에
또 금박을 넣기도 하고 은박을 눌러넣기도 하죠. 형압이라고 해서 일정하
게 압력을 줘서 어떤 모양만 살짝 튀어나오게 처리한다든가, 특정한 부위
만 움푹 들어가게 할 수도 있어요. 특정 부위만 반질반질하게 만드는 에
폭시 처리 등… 이렇게 뭔가 입체적이고 있어보이게 책을 꾸며주는 작업을 '후
가공한다'고 불러요. 인쇄 '후'에 하는 추가 '가공'이니까 '후가공'인 거죠.

후가공 작업은 제본소에서 하지 않고 별도의 후가공 전문업체에서 하기도 해요.

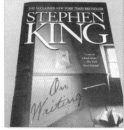

다양하게 후가공한 표지들

제본소에서 하는 주된 작업은 자르고 묶어 주는 거예요. 전지 상태에서 앞뒤로 인쇄했던 용지를 잘라서 거친 부분을 다듬어 주죠. 한 묶음씩 32페이지 단위로 묶어주고, 펼쳐져 있던 책 표지에서 날개를 접어주는 등 이런 모든 후반 공정을 다 한 뒤 최종적으로 30~50부 단위로 포장해 묶어주는 밴딩banding까지 마무리 짓는 곳이 제본소입니다. 제본소에서 나머지 후반 작업을 모두 마무리한 뒤에 최종적으로 원하는 물류창고에 넣는 거죠. 그러면 이제 저자에게 줄 책 10권 정도를 빼놓고 물류창고에 넣어 판매용으로 보관하게 됩니다.

출판사에 양장으로 만들어달라고 요구하면 안 되나요?

"양장 책이 있어보이던데, 제 책을 양장으로 해달라고 출판사에 요구하면 안 될까요?"

베스트셀러는 양장이 별로 없어요. 양장은 기본적으로 제작비가 훨씬 많이 들고, 신경이 많이 쓰이는 작업이에요. 제작에 걸리는 시간도 기존 도서가 1주일이면 끝날 작업 기간에 추가로 5일 정도가 더 걸리는 등 손이 많이 가요. 또 제작비가 높아지는 만큼 소비자 판매가격이 올라가서 보통의 경우라면 출판사에서는 양장을 선호하지 않아요. 대부분의 책들은 다 소프트커버에요.

가끔 양장으로 제작하는 경우가 보인다고요? 이미 판매가 확실시되는 유명 저자라든지, 책의 분위기상 격조 있어 보이는 게 꼭 필요한 분위기의 에세이나 문학작품이라든지, 사실은 책의 분량이 좀 모자라는 단점을 양장으로 가려서 좀 더 두께감 있어 보이게 하려는 경우 등이 있어요.

소프트커버로 만들어 팔다가 책이 잘 팔리면 10만 부 기념 에디션으로 양장을 만들어 별도의 가격대로 팔기도 하니까, 일단은 소프트커버로 좋은 성적을 거둔 뒤에 출판사에 권유해 보세요(판매 성적이 좋으면 기념 에디션은 양장으로도 잘 만들어줍니다).

서점에 배포해 깔기
(배본이라는 숙제)

"인쇄소와 제본소까지 작업이 다 끝나면 제 책을 서점에선 언제 볼 수 있을까요? 지인들에게도 빨리 말해주고 싶은데요."

책 제작이 끝나서 창고에 들어간 책을 서점에 배포하는 행위, 이것을 배본配本이라고 불러요. 나눌 배配, 책 본本 - '책을 서점마다 나누어 유통시킨다'는 의미죠. 출판사가 마음대로 서점들에 전화해서 "우리 이번 신간 2,000부 넣을게요!" 이렇게 마음대로 내보내면 어떻게 될까요? 서점에서 그걸 다 받아줄 수 있을까요? 전국에 활동 중인 출판사만 해도 수천 개가 있고 한 달에도 신간이 수천 종이 나오는데요. 신간이 나왔다고 출판사들이 원하는 숫자만큼 다 받아주면 서점의 창고는 폭발 직전 상태가 될 겁니다. 그래서 이것을 조절하는 사람들이 있습니다. 주요 서점마다 그 본사의 MD merchandiser, 즉 상품 구매 담당자들입니다. 책을 배본하기 위해 출판사에서 이들을 먼저 만나야 하는 이유죠.

이 신간 배본을 어느 정도 분량으로 할 것이냐. 그리고 프로모션을 어떻게 함께 협력해서 가져갈 것이냐 하는 것을 사전에 협의하고 시작해야 혼란이 없습니다. 그걸 하기 위해서 배본 미팅이라는 걸 가야 합니다. 배본 미팅을 안 가면 어떻게 되냐고요? 서점에 우리 책이 아주 기본적인 책 정보만 등록되고 독자 주문이 왔을 때 2~3일 소요 기간 걸려서 가까스로 독자에게 배송되는 느린 책이 되겠죠. 배본 미팅을 하지 않고 배급한 책들은 빠르게 수급되지 않는 거죠.

내 책을 진짜 밀고 싶고 제대로 팔고 싶다면? 서점 본사에 있는 MD와 배본 미팅을 해야 합니다. 그들과 이야기가 잘 된다면 많은 분량을 한꺼번에 선주문 받을 수도 있습니다. 예를 들어 교보문고에서만 300부나 500부를 배본용 주문으로 받을 수 있습니다. 그러면 전국에 있는 교보문고 13개 지점에 골고루 깔아 놓을 수 있죠. 광화문 지점에 50부 가고, 강남 지점에 50부 가고, 나머지 어디 지점에 30부 가고… 하는 식으로요. 그렇게 돼야 비로소 서점에도 많이 깔려서 사람들의 시선에 많이 노출되죠.

이렇게 배본 미팅을 통해서 많은 분량을 배본하면 오프라인 서점에서는 1~2주 정도는 신간 매대에 잘 진열됩니다. 한 지점당 20~30부씩 깔아 놓고 신간 코너에 잘 누워 있는 모습으로 만나볼 수 있죠. 온라인 서점 사이트에서는 분야 노출이 될 가능성도 있어요. 이건 3~4일 단위로 노출되다 다음 신간으로 교체되는 형식입니다.

배본 미팅은 굉장히 중요해요. 배본 미팅도 안 하고 "우린 그냥 주문 오는 대로 팔래요." 이렇게 나오면 책에 돌파구가 안 생기겠죠. 당신의 책을 내주는 출판사가 혹시 배본 미팅도 안 가는 곳인지 확인해볼 필요가 있어요. 그 정도도 안 하는 곳이라면? 그 출판사 마케팅은 벌써 싹수가 노란 것이니까요. 혹시 안 간다고 한다면 (비극이지만) 저자라도 배본 미팅을 꼭 요청하시고 저자도 함께 가서 책 소개를 돕겠다고 말씀해보세요. 그 정도 성의가 있으면 MD 설득에 더욱 효과가 있습니다.

전사 되기

내 책이 출판사 내 여러 출간물 중 주력도서가 될 가능성은?

"책 낸 경험 있는 친구에게 들은 얘기가 있어요. 다른 책과 내 책이 비슷한 시기에 나올 경우에 어떤 책을 더 밀고 어떤 책은 덜 민다고 하던데… 그게 사실인가요?"

네, 사실입니다. 그건 출판사의 운영 구조상 어쩔 수 없는 맹점인데요. 큰 출판사일수록 한 달에도 수십 종의 신간을 출간합니다. 계약할 때는 아무리 하하호호 웃으며 출판 계약을 했더라도 출간 임박 시기에 다른 책과 나오는 타이밍이 겹치면 우선순위 경쟁에 놓이게 될 수밖에 없습니다. 출판사 경영진 입장에서도 1순위, 2순위, 3순위로 밀어줄 도서로 차별해서 마케팅을 할 수밖에 없죠.

아니 그러면 애초에 계약을 하지 말지 그랬냐고요? 계약할 때는 이 책이 미래의 출간 시점에 어떤 책들과 겨루게 될지 잘 알 수가 없어요. 책들 간에 출간까지 걸리는 속도가 서로 다르니까요. 이건 운영상 어쩔 수 없이 생기는 문제에요. 중점 도서로 선정되는 것은 출판사 마케팅회의 때

결정됩니다. 결정이 나면, 담당 마케터들도 주력 도서 위주로 활동 계획을 세울 수밖에 없습니다.

주력 도서가 되는 기준은 뭘까요? 당시의 외부적 분위기에 맞는 주제인지의 여부, 원고의 화제성, 재미도, 완성도, 저자의 매력도(활동성, 권위성) 등이죠. 이에 따라 주력 도서가 될 수도 있고, 비슷한 시기에 나오는 다른 도서들에게 우선순위에서 밀릴 수도 있어요. 그러니 평소에 마이크로 인플루언서 이상으로 자신이 자리 잡을 수 있도록 많은 활동을 해두세요.

반면 작지만 강한 '강소 출판사'와 계약하면 이런 우선순위 경쟁에서 비교적 자유로울 수 있습니다. 즉, 내 책도 매번 중점 도서에 준하는 취급을 받을 수 있다는 장점이 있죠. 강소 출판사에서는 출간 종수가 많지 않아서 매번 내는 그 책이 주력 도서가 되니까요. 다만 그 출판사가 작지만 마케팅을 활발하게 잘 한다고 검증된 곳이어야겠죠?

4장 책 홍보와 마케팅의 모든 것

드디어 책이 나왔습니다! 책이 나왔다는 만족감에 취해 아무것도 안 하는 분들이 계세요. 책이 인쇄되어 나온 것 자체만으로는 아무런 일도 일어나지 않는답니다. 저자분이 팔 걷어부치고 뛰어야 '일들'이 일어납니다. 저자가 본격적으로 움직이는 순간부터 책 브랜딩의 시작입니다. 여기서 중요한 건 출간 전부터 활동을 해놓아야 한다는 것입니다. 출간 전 활동과 출간 후 활동, 그 다양한 홍보 마케팅의 세계로 힘차게 함께 가보시죠. 고고씽!

마이크로 인플루언서가 되도록
노력하자

"출간 전에는 제가 어떤 역량을 키워야 제 책의 판매와 브랜딩에 도움이 될
까요?"

활동은 출간 전부터 시작해야 합니다. 책이 나오기 전부터 마이크로 인플루언
서micro influencer(팔로워 혹은 구독자 1만 명 이하)가 되도록 노력해야 합니다. 요
즘엔 새로운 미디어와 SNS의 영향력이 전통 매체보다 더 큰 영향력을 발
휘하곤 합니다. 유튜브, 팟캐스트, 인스타그램, 페이스북, 틱톡 등이 책 시
장에서도 큰 영향력을 발휘해요. 소위 말하는 마이크로 인플루언서에 해
당하는 사람들이 책을 추천하면 곧 그 책이 입소문을 타게 되죠. 뉴 미디
어의 영향력이 이렇기에 웬만한 출판사들도 자기네가 직접 SNS 채널을
운영하면서 시대의 흐름에 발맞춰가려고 노력 중이기도 합니다.

SNS 중에 책 관련 게시물은 최근 인스타그램에서 가장 활발히 올라오
고 있어요. 인스타그램에서 #북스타그램 #책스타그램 등의 해시태그를
달고 등장하죠. 코로나19가 장기화되면서 SNS에서 단체모임이나 여행

등 외부 활동에 대한 게시물보다 책이라는 내향적 활동에 대한 포스팅들이 대거 늘어나고 있어요.

이런 인플루언서들에게 출판사들은 자사의 신간을 직간접적으로 소개(노출)해달라고 요청하고 있어요. 작가와의 만남 등 홍보마케팅 행사에 그들을 앞다투어 초대하고도 있고요. 책 리뷰를 써 달라거나 관련 굿즈(상품)를 보내면서 그들을 관리하는 출판사들도 많고요.

책을 전문적으로 소개하는 유튜버를 '북튜버'라고 부르죠. 〈김미경 TV-북드라마&북토크〉, 〈겨울서점〉, 〈책읽찌라〉 등이 대표적인 북튜버들이에요. 이들이 추천하는 책이나 이들이 주관해서 올리는 저자 인터뷰 영상은 책 판매에 적지 않은 영향을 끼치고 있어요.

예비 저자 측면에서도 마찬가지에요. 출판사에서도 예비 저자들과 계약할 때 유튜브나 SNS, 팟캐스트, 틱톡 등에서 자기 채널을 운영하고 있는 사람들을 점점 더 선호하고 있어요. 마이크로 인플루언서 정도만 돼도 신간이 나왔을 때 초기 판매에 나름 영향력을 발휘할 수 있으니까요.

그러니 예비 저자 여러분, 기를 쓰고 1만 명 이하의 구독자를 확보하는 마이크로 인플루언서가 되도록 지금부터 노력하세요. 유튜브도 좋고 인스타그램도 좋고 페이스북도 좋고 틱톡도 좋습니다. 자기 성향과 맞는 채널을 하나 정해서 오늘부터 구독자(혹은 팔로워) 늘리기에 도전해보세요. 구독자 늘리기의 핵심은 '꾸준함'과 '진정성' '리액션'에 있다고 이쪽 분야 '선수real player'분들이 이구동성으로 말하더군요.

출판 경기가 어려워져도 인플루언서들은 여전히 환영받는다

당신이 어느 정도의 소셜 영향력이 있는 사람, 즉 마이크로 인플루언서 이상이라면? 축하해요. 일단은 기획서와 샘플 원고 정도만 빨리 써서 출판사랑 계약부터 추진해보세요. 출판사를 확정해 계약해 놓고 시작하면 방향 설정도 더 잘 할 수 있고 책임감도 더 느낄 수 있으니까요. 대부분의 사람들은 마이크로 인플루언서도 못 되기 때문에 '선계약 후집필'이라는 선택사항은 없지만요.

요즘에는 코로나 때문에 출판 경기가 안 좋아서 저자 계약도 이미 인플루언서로 검증을 받은 사람들 위주로 하는 경향이 있거든요. 인스타그램에 삽화나 분위기 있는 배경그림에 에세이 글로 연재하는 분 중에 출판사 러브콜을 받는 분들도 많아지고 있고요. 냥이 사진이나 자기의 취향이 드러난 사진을 지속적으로 연재해서 출판사로부터 연락을 먼저 받는 케이스도 제법 있습니다.

그러니까 본인이 나름 마이크로 인플루언서급에 해당되신다면 "계약부터 빨리 하자" 강하게 한번 얘기해보시기를 추천드려요. 아직 마이크로 인플루언서가 아니라면? 인스타든 브런치든 유튜브든 틱톡이든 자기와 잘 맞는 채널을 하나만 선택해서 부지런히 키워 보시거나, 기존 인플루언서에게 제안을 해보셔야죠.

전사 되기

꾸준함과 진정성과 리액션을 버무려라

브런치든 블로그든 인스타든, 유튜브든 자기만의 채널을 하나 만들어서 지속적으로 자신의 전문성을 알리세요. 요즘에는 출판사들이 브런치 연재물과 인스타그램, 유튜브 등을 많이 체크해요. 잠재적 저자를 물색하려고요. 인스타가 단지 음식 자랑, 패션 자랑 하는 데가 아니고요. 요즘에는 예비 저자들을 찾는 장소로도 많이 발전하고 있어요. 유튜브도 마찬가지죠. 유튜브에 일정한 구독자가 있고 계속 뭔가 일관된 자기 이야기를 떠들면 그게 그대로 출판으로 나올 수 있어요.

중요한 점은 어떤 채널이든 꾸준히 연재하시라는 거예요. 연재 형식으로 콘텐츠를 업로드 하시면 팬층이 사전에 확보되는 역할도 해요. 또 책이 나오기 전부터 이 분야 관련 키워드로 검색했을 때 노출에 잘 걸리죠. 검색한 정보가 내 블로그에 잔뜩 올라와 있으면? 검색할 때마다 내가 많이 보이게 되고, 그럼 당연히 예비 독자들이 신뢰감을 갖게 되겠죠.

채널을 운영할 때 또 하나 중요한 점은 미개척 주제를 건드려야 한다는 점이에요. 어떤 한 분야에서 가장 먼저 책으로 낼 주제를 선점하는 것이 좋아요. 선점이야말로 자기 몸값을 올리고 대표적 전문가로 자리 잡는 데 큰 도움을 줍니다. 미개척 주제를 블로그나 브런치, 포스트, 인스타, 유튜브 등에 자신만의 전문성을 더해서 꾸준히 글로 쓰세요. 그것이 곧 출판까지 연결되고, 출간 이후에도 나름 압도적인 포지션을 갖게 해주거든요.

평소 모습이 그대로 자료가 된다

"어떤 저자분들은 출간 전부터 연예인 데뷔하듯이 자기 이미지 관리도 하는 듯한 느낌을 받았어요. 실제로는 어떤가요?"

맞아요. 본인이 곧 데뷔할 연예인이라고 생각하세요. 그런 마인드가 책의 성공에 도움이 됩니다. 아이돌 가수로 데뷔하기 위해 몇 년 동안 혹독한 훈련으로 내공을 갈고 닦잖아요? 본인을 아이돌 연습생이라고 생각하세요. 출간은 곧 첫 무대 데뷔와 같으니까요. 첫 무대 데뷔를 전후해 만들어놓은 이미지가 곧 그 저자의 첫 인상을 형성합니다. 그러니 이제는 '공인'이 된 것처럼 언행도 조심하시고, 평소 모든 활동이 책에 대한 이미지 형성 요소라고 생각하세요.

실제로 책을 내시고 나면 저자의 평소 활동 모습이 기초 홍보 자료로 쓰이게 되거든요. 홍보용 사진 자료로도 재활용되어 쓰이고, 출판사에서 MD들에게 저자의 활동성을 보여줄 때도 쓰이고, 심지어 홍보 영상을 만들 때도 요긴하게 사용됩니다. 그러니 이왕 활동하실 때 화끈하고 확실하게 활동하세요. 이왕이면 주도적으로 활동하시고, 그 모습을 차곡차곡 증거 자료로 잘 보관해두시면 훨씬 유리하겠죠.

출간 초기에 저자는
무엇을 해야 하나요?

"책 인쇄가 완료되기 전에 뭐라도 열심히 하고 싶은데 뭘 해야 할지 통 모르겠어요. 좀 가르쳐 주세요!"

오, 저자로서 매우 바람직한 태도입니다. 현실에선 출판사가 뭔가 해주기만 바라면서 미동도 안 하는 저자분들이 훨씬 많거든요. 혹시 당신도 홍보마케팅을 출판사가 할 일이라고 생각하고 있지는 않나요? 그런 생각으로는 절대 성공하는 저자가 되지 못합니다. 베스트셀러 저자일수록 자기 책이 반응이 없으면 가만히 있지 못하는 분들이에요. 이 분들은 책이 나오기 전부터 목숨 걸고 전방위로 전사처럼 뜁니다.

예를 들어 베스트셀러 저자인 김미경 원장님은 신간이 나오면 절대 가만히 있지 않아요. 베스트셀러 저자일수록 저자 자신이 더욱 맹렬히 움직입니다. 그동안 쭉 성공해온 저자로서의 자존심을 지키겠다는 자세죠. 유명 저자도 그러할 진대, 초보 저자로 갓 데뷔한 여러분이 외부만 바라보고 있어선 절대 안 될 얘깁니다.

여러분이 진짜 전사처럼 싸우셔야 할 타이밍이 홍보마케팅 기간입니다. 홍보마케팅을 할 때 가장 기본은 뭘까요? 책이 나오기 전부터 시작해야 된다는 겁니다. 티저teaser라고 하죠. 영화에서 예고편을 티저 영상이라고 부르는 것처럼요. 원래 티즈tease는 영어에서 '약올리다'는 뜻이잖아요. 영화 본편의 내용을 보여줄 듯 말 듯 "야, 이거 보고 싶지? 궁금하지? 그러면 영화관으로 와." 이런 역할을 하는 게 티저잖아요. 예고편의 역할은 주로 잠재 고객들을 유혹하는 거죠. 영화에서도 잠재 고객들을 간질간질 애태우고 궁금하게 하면서 넘어오게 미끼 던지는 작업을 미리 하는 것처럼 책도 나오기 전부터 예고 작업을 하셔야 합니다.

대표적인 방법들이 제목 설문이죠. "여러분, 제목 의견 좀 여쭤보고 싶어요. 제가 제목을 한 20개 고민했는데 여러분의 편의를 위해서 4개로 모아봤습니다. 4개 중에 좋은 의견 주시거나 골라주세요!" 이렇게 하는 거죠. 그게 사전 광고 효과를 줍니다. 그냥 진짜 제목이 고민돼서 물어보는 것도 있겠지만 동시에 사실은 사전 티징 작업이기도 하죠. 나오기 전부터 일종의 락lock을 걸어두는 거죠. "이런 책이 곧 나올 건데 여러분도 참여했습니다." 참여감이라는 것이 고객 유인에 굉장히 중요하잖아요. '어떤 책 프로젝트에 내가 의견을 줬다.' '그 의견이 일부 반영이 됐다' 이런 느낌의 개입도를 높이는 거죠. '내가 여기에 참여했기 때문에 나는 이 책을 사서 기념할 거야.' 그런 심리적인 효과도 생기는 겁니다. 그래서 제목 설문 작업도 열심히 해야 합니다.

2차로 표지 디자인에 대한 설문도 진행하세요. "여러분이 저번에 골라주신 소중한 제목 중에 몇 개를 추려 드디어 표지로 만들어봤는데 의견 좀

주세요." 표지 시안은 하나가 아니죠. 보통 정상적인 출판사라면 3~4개

정도의 표지시안 디자인을 만들어서 줍니다. 아예 표지 디자인의 느낌이

다른 것일 수도 있고 비슷한데 조금씩 변형만 시킨 것일 수도 있어요. 출

판사에서 저자에게 표지 시안을 보통 3~4개 정도 만들어주거든요. 그러

면 저자는 그때 단순히 '나는 A가 좋아요. B가 좋아요' 하고 땡 하면 절대

로 안 됩니다. 그거야말로 또 새로운 티징을 만들 수 있는 소중한 기회거

든요.

　"여러분 드디어 표지시안이 나왔어요. 여러분의 소중한 의견 좀 주시

면 감사하겠습니다!" 그러면서 또 한 번 사전에 관객몰이를 하세요. 주의

집중을 시키는 거죠. 그렇게 하면 곧 나올 책에 대한 기대감이 점점 상승

해요. '아 내가 저번에 제목 설문에도 3번으로 의견 줬는데 이거 내가 선

택한 표지 디자인으로 나오면 기분이 참 좋을 것 같아. 그러면 나도 기념으로 사서 저자 사인도 받아야지!' 뭐 이런 식으로 점점 개입도가 높아지는 거죠. 이렇게 그 제품에 관여도가 세지면 사람들이 감정이입을 하게 돼 있거든요. 그 제품이 점점 좋아지는 거예요.

[샘플] #표지투표 1

안녕하세요, 표지시안 4개를 놓고 친구님들의 고견을 여쭙니다.

이 책은 #레오짱 #출판코칭 과정을 통해 #서사원 출판사와 계약을 맺게 되신 #이현숙 저자님의 첫 책인데요. ^^

20년간 매일매일 진땀나는 생방송 경험으로 다져진

롯데홈쇼핑 베테랑 쇼호스트가 알려주는

1인 판매 방송의 모든 것!

《라이브 커머스 성공 전략》

의견 주시는 분들 중 3분을 추첨해 출간 즉시 이 책을 택배로 선물 드리겠습니다. 고견 부탁 드려요~!^^

(순서대로 시안 4가지 중 택1)

#레오짱 #출판코칭 #서사원출판사 #라이브커머스

실제로 이 이벤트 이후 레오짱이 사비를 들여 서점에서 책을 주문해 당첨자들 집으로 배송까지 해드렸어요.

[샘플] #표지투표 #오늘만2번째^^

안녕하세요, 표지시안 3개를 놓고 친구님들의 고견을 여쭙니다.

해당 책은 제 출판 매니지먼트를 통해 #미래의창 출판사와 출간 계약을 맺게 되신 #

이상현 저자님의 책인데요. ^^

『뇌를 들여다보니 마음이 보이네』 책은 연세대 의대를 거쳐 현재 국민건강보험 일산

병원 가정의학과 전문의이신 이상현 저자님의 책입니다. 저자님의 오랜 뇌의학 공부

와 명상 공부의 교집합을 잘 녹여낸 수작입니다.

소중한 의견 주시면 대단히 감사하겠습니다.^^

#레오짱 #출판매니지먼트 #미래의창 #뇌과학 #명상

[샘플] #표지투표 3

안녕하세요. 표지시안 5개를 놓고 친구님들의 고견을 여쭙니다.

해당 책은 제 출판 코칭을 통해 #한국경제신문사와 출간 계약을 맺게 되신 #김영정

저자님의 책인데요. ^^

『마음을 치유하는 컬러 테라피』 책은 국내 최고의 컬러 테라피 전문강사인 김영정

저자님의 10년 내공을 응축시켜 선보이는 첫 책입니다. "친한 이에게도 털어놓을 수

없었던 우리 내면의 이야기와 나 자신도 몰랐던 감정들을 컬러로 들여다보며 치유받

게 해주는 마법 같은 책"입니다.

(순서대로 시안 5가지 중 택1)

#레오짱 #출판코칭 #한국경제신문사 #컬러테라피

계속
중계방송을 해라

"책 나오기 전부터 열심히 알려야 한다는 것 잘 알겠습니다. 그럼 책이 나온 다음에는요?"

인쇄가 다 끝났다 그러면 그때부터가 진짜 전투의 시작이죠. 책이 인쇄되어 내 손에 쥐어질 때까지 쉬지 않고 계속 떠들어야 해요. 여러분 자신이 빅 마우스가 돼야죠. 빅 마우스. 트위터라는 플랫폼의 애초에 시작이 트위팅(쩍쩍쩍 떠들기)하는 거잖아요? 새가 쩍쩍거리는 것처럼 자기 소식을 계속 내보내는 걸로 유명해진 트위터처럼 계속 떠드셔야 해요. 트위터 초기에 어떤 사람들이 "저는 어디에 지금 조난됐어요. 여러분 구조해주세요!" 이런 것도 실시간으로 트위팅해서 트위터라는 플랫폼이 더욱 유명해졌던 것처럼요. 책이 진행되는 현장 그대로를 중계하는 것도 일종의 트위터와 같은 바이럴을 일으키는 거예요.

"여러분, 오늘은 제가 여기 A라는 서점에 왔는데 요즘 신간들은 이런 특징인 듯하네요." "오늘 어디 갔습니다." "지금 제 느낌은 이렇습니다." "아,

오늘 하루 꼬이네요." "여러분 지금 제 책이 갓 인쇄 중입니다. 인쇄기 돌아가는 소리 들리시나요?" 이런 걸 계속 SNS에 떠드세요. 그래야 사람들에게 계속 인식시킬 수 있고 잠재 독자들에게 예약을 걸어둘 수 있어요.

현장에서 라이브로도 요즘에 많이 1인 방송하죠? 라이브로 바로 현장 상황을 영상으로 내보내는 것도 좋은 방법이에요. 라이브로 하지 못하더라도 영상을 찍어 두세요. 착착착~~~! 인쇄기 돌아가는 소리가 얼마나 좋아요. 인쇄기에 돌리면 내 책이 인쇄된 종이가 1초에 30장씩 순식간에 나오거든요. 그걸 직접 사람들에게 그대로 영상으로 찍어서 생생하게 공유하는 거죠. 그러면 그 자체도 생생한 라이브 방송을 보는 느낌을 줍니다. 마치 아이의 출산 현장을 지인들이 생중계로 구경하는 것 같은 느낌

전사 되기

을 주거든요. 현장감을 느끼게 해주는 게 좋아요.

또 첫 배본이 시작될 때도 중계하세요. 배본은 서점에 책을 까는 행위라고 했죠. "여러분 지금 배본 중이라고 하네요. 예스24 서점에도 내일 모레부터 주문이 가능하다고 했고요. 교보문고에는 벌써 제 책이 좌악 깔려 있습니다. 광화문 교보문고에 가신 분들은 서점에서 제 책 사진 찍어서 인증해주시면 제가 커피 쿠폰 쏠게요." 이런 식으로 하세요. 그럼 주변 사람들부터 적극적으로 인증도 하곤 하죠. 굳이 쿠폰 쏘지 않아도 가까운 지인들은 스스로 서점에서 책 인증 사진을 찍어 보내는 경우도 많습니다. "제가 오늘 서점 갔는데 우리 A저자님 책을 발견해서 엄청 반가웠어요. 제가 사진 하나 찍었는데 보내드릴게요." 그러면 그 자체가 바이럴 소스가 되는 거예요.

책이 나온 지 일주일 정도 지났다면 독자 후기도 서서히 올라오겠죠. 독자 후기도 혼자만 뿌듯해 하면서 가만히 보고만 있으면 안 돼요. 모두 캡처해 놓으셔야 합니다. 홍보의 세계에서는 캡처라는 행위가 굉장히 소중해요. 할 수 있는 캡처는 다 해두세요. 반자동 캡처되는 그런 무료 툴들을 써서 잘 저장해 두세요(캡처가 정확히 되는 무료 프로그램으로 '알캡처'를 추천드려요). 그러고 나서 그 캡처 자료들도 막 올리면 안 되고 체계적으로 올리셔야 해요. 이건 온라인 서점에서 확보한 캡처, 이건 카톡으로 대화 나눈 캡처, 이것은 지인이 이메일로 보낸 후기… 이런 모든 것들을 잘 모아서 가릴 부분은 가리고(모자이크 처리는 스마트폰 무료 사진 편집 앱을 사용) 인증하는 것도 다 바이럴의 요소거든요. 이런 이미지들을 캡처해 놓은 건 그때만 쓰고 끝나는 게 아니라 나중에 두고두고 사용할 수 있어요. 이런 캡처물이 바로 여러분의 홍보 자산입니다.

'베셀 인증'이라는 것도 캡처해두셔야 해요. 네이버에 베스트셀러 딱지 붙은 것은 사실은 판매량 때문에 붙은 것은 아니고 주변 지인들이 일주일 이내에 집중적으로 검색을 많이 했을 경우에 알고리즘에 의해 자동으로 생성된 거라고 했죠. 판매 때문에 일어난 건 아니지만 그래도 사람들이 많이 사용하는 포털업체의 베스트셀러 딱지가 붙어 있으면 그것도 있어 보이잖아요. 사라지기 전에 얼른 캡처해 놓으시고 두고두고 홍보에 활용하시면 됩니다.

이런 것들은 모두 기본적으로 하셔야 하는 행동입니다. 그리 어려운 거 아니잖아요? 옛날 오프라인 시대처럼 서점마다 일일이 돌아다녀야 하는 것도 아니니 얼마나 편해요? 지인들에게 부탁하셔도 되고 후기도 올라가는 족족 캡처만 잘 해놓으면 누구나 할 수 있는 일이죠.

[샘플] 출간 소식 알리기

유혜리 저자님의 첫 책 《잠깐 스트레스 좀 풀고 올게요》 출간을 축하드립니다. 오랫동안 공들여 쓴 원고가 세상에 나와 인사를 하고 사람들에게 사랑을 받으면 저자로서 그만한 보람도 없지요. 독자분들로부터 "책을 읽고 감동받았다" "뭉클해졌다"는 등의 피드백을 듣게 되면 그 피드백에 글쓴이와 출판 코치는 더한 감동을 받습니다. 특히 출판 코치로서 제가 저자분께 가이드 드린 구성요소들을 독자분들이 하나하나 알아봐 주시면 보람이 배가 되지요.
전국 서점 판매도 시작했으니 많이들 응원해주세요!

《잠깐 스트레스 좀 풀고 올게요》 서점 링크

(서점 링크는 길게 나오면 보기 흉하니 url 단축 사이트에서 줄여서 올립니다.)

교보문고 https://han.gl/uFXcb

예스이십사 https://han.gl/ilnkH

알라딘 https://han.gl/HlvAD

인터파크 https://han.gl/fRkj3

#잠깐스트레스좀풀고올게요 #유혜리저자 #이담북스

#레오짱 #출판코칭 #출간소식 #축하합니다

출간 후가
진짜 브랜딩의 시작이다

"책이 나오면 오프라인 서점 매대에 놓이거나 인터넷 서점 분야에 추천도 서로 뜨는 거 봤어요. 이런 건 자동으로 되는 건가요?"

아니요. 아직도 신간이 나오면 '자동으로' 주요 서점에 진열되거나 노출된다고 생각하는 분들이 많습니다. 아니죠. 1차로 '분야'에 노출되는 것은 출판사의 영업 결과물이고, 2차로 '메인(초기화면)'에 노출되는 것은 초기 판매량(혹은 저자의 유명세)의 결과물입니다. 2차 메인 노출로 갈 수 있도록 저자분들이 사전 활동, 사전 작업, 사전 판매를 확보해두어야 할 이유죠.

스마트폰으로 인해 사람들이 책을 점점 읽지 않는 데 비해 기술 보편화로 인해 출간 종수는 오히려 증가세에 있는 것, 분명 이 시대의 역설입니다. 시장은 악화되어 가는데 경쟁은 더 치열해지고 있단 얘기죠. 매달 새로 나오는 책만 무려 5,000종이 넘습니다. 그런 마당에 오프라인 서점은 점점 더 사라져가고 온라인 서점에 노출될 자리도 광고 자리 빼고는 좁아져만 갑니다. 온오프라인 양쪽에서 신간이 놓일 자리 자체가 없어지고 있는 거죠.

저자도 출판사도 책 나온 후부터가 진짜 시작입니다. 도원(복숭아 밭) 결의든 삼겹살 집 결의든 뭔가를 해야지요. 출간 기념 '잔치'를 하면 안 되고 출간 기념 '결의'를 해야 합니다. 출간 축하 샴페인만 터뜨리고 끝나버리면 답이 없어요. 어떻게 홍보하고 마케팅을 해나갈 것인지를 일정표까지 짜면서 구체적으로 이야기 나눠야 합니다.

책이 나오자마자 저자와 출판사는 최대한 빠른 시일 내에 만나야 합니다(온라인 미팅 포함). 어떻게 널리 알리고 퍼뜨릴 것인가 논의해야 하니까요. 물론 그 논의는 책 나오기 전부터 여러 차례 해야 합니다만, 실물 책을 손에 쥔 채로 할 때 좀 더 구체적이고 실질적인 논의들이 나오게 되거든요.

오프라인 매대에 잘 놓이는 건 출판사가 배본 미팅을 한 결과에요. 온라인 서점 사이트에 분야 노출되는 것도 마찬가지고요. 그 뒤에 좀 더 나아가 오프 매대에 추가 진열이 되고, 온라인에 추가 노출이 되려면 초기 판매량이 올라와 줘야 합니다. 책이 나오고 첫 몇 주간 지인들에게 부탁을 하든 홍보를 열심히 해서든 판매가 집중되도록 하세요. 그럼 추가 진열과 추가 노출의 뽐뿌를 받게 될 겁니다.

출간 후 첫 3개월
마케팅에 올인하라

"책이 출간된 후 저자는 어느 정도 기간 동안 홍보와 마케팅 활동을 해야 할까요?"

책 마케팅은 출간 후 초기 3개월이 굉장히 중요해요. 책이 갓 서점에 놓여서 좋은 반응을 얻고 바이럴 루프를 형성하기까지는 사실 3개월만 바짝 뛰면 돼요(좀 더 압축적으로 많이 뛸 수 있다면 첫 2개월 동안도 괜찮아요!). 1년 내내 뛰라는 말씀은 감히 안 드릴게요. 첫 3개월만 미친 듯이 집중적으로 뛰어도 그 3개월이 초기 마중물 효과를 내요. 선의 선순환 루프를 만들죠.

마중물이 뭐냐고요? 마중물은 '펌프질을 할 때 물을 끌어올리기 위해 위에서 붓는 물'이에요. 펌프를 처음 작동시키거나 작동한 지 오래 됐다면 펌프 속 물이 밑으로 빠진 상태라 마중물을 넣어 펌프 내부를 주사기처럼 진공 상태로 만들어 놓아야 물이 올라오거든요. 저자의 초기 3개월 활동이 두고두고 그 책의 마중물이 됩니다. 그 마중물 활동조차 저자가 안 하면 나중에 아무리 펌프질을 한들 다 헛일이 돼요.

마중물을 부어야 할 첫 3개월 동안 잠잠히 있다가 나중에야 늦장부리며 '뛰려고' 하면 벌써 김이 다 새서 힘들어져요. 그 책의 '기세'가 죽어 없어져버린 거죠. 하지만 초기에 미쳤다 하고 첫 3개월간 바짝 집중적으로 뛰면 효과가 엄청 좋게 나타나요. 특히 눈에 잘 띄는 이벤트로는 강연회가 효과적이에요. 출간 기념 강연회를 한 달에 10회, 2개월 내에 20회 정도 몰아서 뛰세요.

평소엔 유료로 나설 강의였더라도 책 나온 초기에는 무료로 많이 뛰세요. 그만큼 더 많은 잠재 독자들에게 노출이 많이 되고 소문이 잘 납니다. 그런 눈에 띄는 이벤트를 많이 하시면 자꾸 사람들에게 회자되고 사람들의 뇌리 속에 책의 존재가 각인이 돼요. 2개월 후에는 좀 마음도 편해지고 자동으로 입소문이 돌기 시작하고 구매 인증이 추가로 일어나면 그걸 보고 또 2차, 3차 구매가 일어나는 그런 선순환 효과가 일어나요. 눈사람 만들 때 눈덩이 굴리기 효과, 즉 스노우볼snowball 효과와 비슷하죠. 재테크에서 말하는 복리 효과와도 비슷하고요.

그렇게 초기 2~3개월만 미쳤다 생각하고 시간과 노력을 투자하세요. 책의 홍보 마케팅은 사실상 그 초기에 대부분 승부가 나요. 최근에 제 지인 중에 책을 내서 전형적으로 이 패턴을 구사하셨던 분이 계세요. 실제로 지금도 잘 팔리고 있어요. 2개월째로 접어든 요즘도 강의를 미친 듯이 많이 뛰고 있더라고요. 여기저기 오픈 채팅방이나 줌을 통해서 많이 하고 있는데 벌써 한 달에 10회 넘게 강연을 뛰었더라고요. 유료도 뛰고 무료도 뛰고. 그런데 무료가 사람들이 더 많이 오기 때문에 파급력은 더 있는 거고요. 실제로 이런 패턴으로 여러분도 한번 뛰어보는 것이 굉장히 추천할 만한 형태입니다(잠시 후 실제 사례로 다시 말씀드릴게요).

출판기념회와 저자 강연회

출판기념회나 저자 강연회를 특히 적극적으로 많이 뛰세요. 저자 강연이 모든 저자 활동의 기본축이 되어주기 때문입니다. 여러 가지 홍보 방법과 이벤트가 있지만 저자가 직접 대중들에게 얼굴을 드러내고 말하는 저자 특강이 다른 모든 활동의 '어머니' 격입니다(음악의 어머니는 헨델, 책 홍보마케팅의 어머니는 저자 강연회!). 어머니(강연)가 뛰면 자식들(SNS 이벤트, 바이럴, 홍보 작업)이 추가 활동을 펼치기에 훨씬 수월해집니다.

요즘에는 코로나 때문에 다들 줌이나 유튜브 등을 활용해서 온라인 형태로 하고 계시죠. 이걸 왜 해야 할까요? 이벤트 그 자체보다도 사실은 더 중요한 이유가 있어요. '그림을 만들기 위한 것'이기도 하고 바이럴을 위한 것이기도 해요. 나중에 이 이벤트를 기록과 증거 자료로 삼아서 자꾸 바이럴로 재활용하기 위해서예요.

"이런 이벤트를 할 겁니다!" 하는 사전 포스팅과 사후 인증샷으로 2차, 3차 바이럴에 재활용해서 여러 버전에 두고두고 쓸 수 있으니까요. 사실은 재활용 용도가 훨씬 크죠. 출판기념회나 저자 강연회를 하면 사람들이 몰리잖아요. 사람들이 몰린다는 의미는 다른 사람들이 신뢰한다는 얘기고, 그건 곧 그 책의 신뢰도를 높이는 '그림 자료'로 이어지니까요.

책 홍보 마케팅 활동
총정리

"제가 책을 처음 써봐서 책 관련한 홍보 마케팅은 진짜 아무 것도 몰라요. 일단 좀 알아야 면장을 할 거 같아요. 책이 나왔을 때 저자와 출판사가 할 수 있는 홍보 마케팅 활동의 종류와 방법들을 싹 다 알려주신다면 매우 감사하겠습니다!"

분부대로 할게요. 레오짱은 친절하니까요. 출판사에서 해줄 수 있는 홍마(홍보마케팅) 활동은 대략 이런 것들이 있어요.

- 출판기념회와 저자 강연회(저자가 중심이 돼 뛸 것)
- 오프라인 서점 매대 관리(분야 진열, 잘 될 경우 별도 이벤트 매대 진열)
- 오프라인 서점 광고 진열(보통 1개월 단위)
- 오프라인 서점 이벤트(물량 소진 시까지)
- 온라인 서점 광고(보통 1주 단위)
- 온라인 서점 노출(분야 노출, 잘 될 경우 메인 노출)

- SNS 이벤트(바이럴 작업)

- 인플루언서 추천, 소개 유도(바이럴 유도)

- 샘플북, 카드뉴스, 인터뷰 영상/북트레일러 활용(바이럴 작업)

- 매체 홍보/협찬(신문, 잡지, 방송, 팟캐스트, 유튜브 등)

가장 기본이 되는 활동은 출판기념회와 저자 강연회라고 했죠. 이건 꼭 출판사 도움 없이도 저자가 중심이 돼 뛸 수 있는 영역이니까 최대한 많이 뛰세요(자세한 건 앞에서 설명드린 내용을 참고하시고요).

오프라인 서점 매대 관리(분야 진열, 잘 될 경우 별도 이벤트 매대 진열)

책이 나오면 기본적으로 신간 매대에 1~2주 정도 깔려 있을 수 있습니다. 하지만 그 기간 동안 판매량이 신통치 않으면? 바로 서가로 가서 등을 보이고(외면 받은 채로) 꽂혀 있는 신세가 돼요. 처량하죠. 서점은 '공간당 매출 얼마'를 따지는 곳이잖아요? 그러니까 '평당 매출'을 보장해주지 못하는 책은 밀어내고 보장해줄 새 책으로 바꿔치기 하는 것은 당연한 비즈니스 논리죠.

오프라인 서점 광고 진열(보통 1개월 단위)

이건 제법 출판사에서 투자해줘야 가능한 일입니다. 1개월 단위로 보통 진열해요. 그렇게 광고를 했는데도 책이 일주일에 1, 2권 정도만 팔린다면? 다음 달에도 그런 적자를 감수해줄 출판사는 없겠죠. 바로 광고 중단입니다.

오프라인 서점 이벤트(물량 소진 시까지)

오프라인에서 책을 사서 인증하는 방식의 이벤트를 할 수 있죠. 구매 영수증을 출판사가 운영하는 카페 등에 응모하거나 출판사에서 만든 서점 광고 이미지를 찍어 해시태그를 달아 응모하는 등의 방법이 있어요.

온라인 서점 광고(보통 1주 단위)

온라인 서점에서 보이는 거의 모든 책 이미지들은 광고로 배정된 자리라고 보셔도 과장이 아니에요. 온라인 서점 광고는 주로 배너 광고나 검색창 광고로 하는 형태에요. '기획전'이라는 이름으로 하는 이벤트도 광고의 일종이죠. 출판사 기획전도 있고 분야별로 연합해서 하는 연합 기획전도 있어요. 시즌별 기획전이나 특정한 뉴스 관련 기획전도 가능하죠.

온라인 서점 노출(분야 노출, 잘 될 경우 메인 노출)

온라인 서점의 무수한 자리 중 일부는 광고가 아니라 순수한 MD들이 추천해주는 자리에요. 거기에 노출되면 광고에 준하는 효과를 내기도 합니다.

온라인 서점 이벤트

추첨 이벤트도 간혹 있지만 대부분의 경우엔 책을 사면 굿즈(상품)를 주는 이벤트가 주를 이룹니다. 모든 책들은 도서정가제 법에 적용을 받기 때문에 모든 굿즈 이벤트는 무료로 주면 안 되고 '포인트 차감 방식'을 써야 해요(도서정가제란? 전자책을 포함한 모든 간행물은 종류에 관계없이 정가의

10%까지만 할인이 가능하게 한 법이에요. 마일리지 등 추가 혜택 5%까지 포함할 경우 최대 15%의 할인까지만 가능해요).

SNS 이벤트(바이럴 작업)

책을 증정하면서 서평을 써달라고 부탁하는 서평 이벤트가 대표적이죠. 별도의 굿즈(엽서, 마우스패드, 휴대폰 케이스, 메모보드, 에코백, 티셔츠 등)를 만들어 책을 사서 인증하면 증정해줄 수도 있고요.

인플루언서 추천, 소개 유도(바이럴 유도)

저자나 출판사의 SNS 영향력이 아직 미미할 경우에 쓰는 방법이죠. 외부의 마이크로 인플루언서급 이상에게 연락해서 돈이나 책을 주고 추천이나 소개나 노출을 해달라고 부탁하는 거죠. 요즘엔 SNS 시대이기 때문에 결코 무시할 수 없어요.

샘플북, 카드뉴스, 인터뷰 영상/북트레일러 활용(바이럴 작업)

바이럴(입소문)을 일으킬 때 책의 내용물(콘텐츠)을 가지고 하는 것을 '콘텐츠 마케팅'이라고 불러요. 주로 카드뉴스나 북 트레일러, 책그림 영상의 형태로 만드는 게 효과적이에요. 콘텐츠 마케팅은 홍보와 광고 느낌 없이 내용으로 감동을 주어 잠재 고객에게 스며들 수 있어요. 때문에 잘만 만들면 바이럴을 타고 공유가 많이 되기도 합니다. 공유 건수가 많아지면 책 판매에도 직간접적으로 큰 도움이 되죠.

매체 홍보/협찬(신문, 잡지, 방송, 팟캐스트, 유튜브 등)

책의 성격에 따라 언론사나 각 유력한 매체에 책을 뿌리기도 해요. 이 때 책만 보내는 게 아니라 기자들이 참고해서 기사로 쓸 수 있게 '보도자료'라는 걸 써서 줍니다. 대부분 출판사 담당자가 써주죠. 전문 대행업체를 통해 릴리즈(배포)합니다.

출판사에서 하는 홍보나 광고, 이벤트보다 저자들의 적극적인 SNS 홍보가 더욱 위력을 발휘하는 게 요즘의 상황입니다. SNS는 출판사처럼 '업체' 냄새가 나는 곳보다는 개인적인 접근이 더 진정성 있게 보이기 때문이죠. 내가 아직 SNS 영향력이 미미하다면? 주변에 있거나 소개받을 수 있는 마이크로 인플루언서가 있으면 적극적으로 책도 보내고 소개를 부탁하세요. 마이크로보다 더 윗급의 인플루언서면 최고고요.

이렇게 지지고 볶고 열심히 뛴 결과 베스트셀러에 진입하면 어떤 효과가 있을까요? 그 책이 종합 베스트셀러 20위권에만 들어가도 상당한 무료 추가 진열과 무료 노출 서비스를 받게 됩니다. 분야 매대에 진열되는 것은 물론이고, 분야 베스트 진열대, 종합 베스트셀러 진열대 등등 여러 곳에 동시적으로 진열과 노출이 됩니다. 이건 돈이 들어가는 게 아니라 책이 잘 팔리니까 서점 측에서 밀어주는 일종의 무료 서비스입니다(될 놈을 밀어줘야 서점측도 이익율이 높아지니까요). 이러니 베스트셀러가 다시 더 큰 베스트셀러를 만드는 선순환 효과가 있는 겁니다. 출간 직후 첫 3개월간 어떻게든 베스트셀러 순위권 안에 들어가도록 뛰어야 하는 이유가 여기에 있는 거죠.

어느 정도 팔려야 베스트셀러인가요?

"베스트셀러라고 불리는 책들은 어느 정도 팔렸다는 의미인가요? 어느 정도 팔려야 베스트셀러에 들어가는 거죠?"

베스트셀러는 원래 '일정한 기간 동안 많이 팔린 책'을 뜻하죠. 베스트셀러의 기준은 시대마다 달라지고 있는데 코로나 이후로 출판계 상황이 녹록치 않아서 그 기준이 점점 낮아지고 있는 추세에요. 요즘엔 보통 출간 직후 1개월 이내 3쇄 이상 찍으면 '베스트셀러'라고 업계에서 인정하는 분위기입니다. 요즘 책들은 라이프 사이클이 짧아서 대략 3개월 이내에요. 만 1년 내에 총판매 부수가 1만 부 이상을 넘기면 요즘엔 꽤나 잘 팔린 책으로 봅니다.

좀 더 세분화해서 생각해볼 필요도 있어요. 자기가 속하는 분야에서 몇 위 안에 들지 등의 분야 순위 목표를 설정해 그걸 달성하기 위해 뛰시는 것이 좋습니다. 예를 들어, '자기계발 분야 주간 베스트셀러 10위권' 안에 들면 꽤 괜찮은 성적이죠. 이런 기록도 잘 캡처해 두세요. 이런 기록을

전사 되기

2차, 3차 홍보에 활용해야 하니까요.

단기간에 반짝 하고 뜨지는 않았어도 오랜 기간 동안 꾸준히 팔리는 책들은 우리가 '스테디셀러'라고 부르죠. 그런데 요즘엔 대부분 초기에 베스트셀러였던 책들이 길고 오래 가는 스테디셀러로 자리 잡는 경우가 많아요. 물론 초기에는 존재감이 전혀 없다가 나중에 어떤 계기로 꾸준히 잘 팔리는 책이 되는 경우도 있습니다. 예를 들어 SNS 노출이나 사람들의 추천, 뉴스 등에서의 예기치 않은 언급 등으로 말이죠. 어떤 경우든 초기 3개월간 바짝 활동을 해두시면 베스트셀러든 스테디셀러로 자리 잡는 데 큰 도움이 됩니다. 우물에 마중물을 부어놓는 것과 같아요. 초기에 바짝 마중물 활동을 많이 하시길!

네이버 베스트셀러 딱지의 진실

"네이버나 이런 포털 사이트에서 '베스트셀러' 딱지가 붙는 기준이 있나요?"

포털 사이트에 '베스트셀러' 딱지가 붙었다고 좋아하는 분들 많으신데 착각입니다. 그것은 정말 자기 만족 정도에 그치는 거죠. "네이버 베스트셀러 붙었어요! 저도 드디어 베스트셀러 된 건가용?" 하는 분들 계십니다. 갓 나온 신간인데 가끔 베스트셀러 딱지가 잠깐 한 2주 정도 붙어요. 그거 왜 붙냐면 실제 구매가 아니라 특정 기간 내에 그 키워드에 대한 검색이 집중적으로 이루어질 때 자동적으로 붙여지는 거죠. 지인들이 "쟤가 책 냈대. 무슨 책 냈는지 한번 보자." 그래서 네이버에 입력하잖아요, 그러면 갑자기 검색량이 많아지죠. 그러면 네이버 알고리즘에서 '사람들이 요즘 이 키워드와 이런 류의 책에 관심 있나 봐.' 그래서 일단 알고리즘으로 반자동으로 베스트셀러 딱지를 하나 붙여주죠. 실제 판매하고는 별로 상관없어요.

그런데 그거 보고 흥분해서 "와, 베스트셀러 인증해야지." 인증하고 막 캡처해놓고 난리가 나요. 실제로 서점에서는 잘 안 팔리는데 네이버에서만 베스트셀러로 표시되는 경우가 많죠. 교보문고, 예스24, 알라딘… 등 인터넷 서점에 베스트셀러 글자가 붙으면 진짜 베스트셀러인 게 맞죠. 그런데 네이버에만 베스트셀러 딱지가 붙어 있다? 그것은 좀 갸우뚱할 일이죠. 그냥 잠시 기분 좋아질 거리, 잠시 SNS에 자랑거리는 될 수 있겠죠.

그걸 착각하시는 분들이 많고 특히 출판사 중에서도 자기네가 서점에서는 정작 잘 못 파니까 "네이버에라도 베스트셀러 붙었으니까 그게 어디냐?" 해서 그것도 자랑하는 출판사들이 가끔 있는데, 개인이 자랑하면 모를까 출판사가 자랑하기엔 약간 부끄럽죠. 그래도 빨리 딱지 없어지기 전에 잘 캡처해 놓으세요. 그것도 개인에겐 기념이거든요.

전사 되기

오프서점 매대 진열이
무슨 의미가 있을까요?

"온라인 시대가 됐고 코로나 이후로는 사람들이 더더욱 오프라인 서점 매장에 가지 않잖아요? 그런데 오프라인 서점에 책이 잘 진열되는 게 무슨 의미가 있을까요?"

정곡을 찌르는 질문이에요. 온라인 시대지만 오프라인 서점에서 하는 매대 진열은 여전히 중요해요. 코로나 때문에 더더욱 온라인이 강화된 시대가 된 건 사실이죠. 그래도 책을 사보는 사람들은 가끔 주말에라도 여전히 서점에 가요. 책은 사보는 사람들이 계속 사보거든요. 책을 아예 안 보는 사람은 책 자체에 관심이 없지만 책 사는 사람들은 여전히 서점에 가요.

가장 책을 많이 사는 독자군은 어린 자녀를 둔 40대 여성들이 압도적으로 많아요. 유아나 초등 저학년까지의 자녀를 둔 여성분들이 압도적인 실구매층인데요. 이 사람들은 코로나 유행 이전엔 주말마다 자녀와 같이 동반해서 서점 산책을 하곤 했어요. 요즘에 코로나 때문에 예전처럼 자주는 못하지만 산책 같은 것도 많이 하시고 서점은 마스크 쓴 채 여전히 자주 찾으시더라고요.

온라인이 더 싸기 때문에 사람들이 오프라인 서점에서 책을 잘 안 사지 않냐고요? 절반은 맞는 말이에요. 도서정가제 때문에 오프라인에서는 할인을 못해줘요. 온라인에서 사면 10% 할인에다가 5% 추가 적립을 해주죠. 그러면 사실은 15% 할인하고 비슷한 혜택이 있으니까 사람들이 더 온라인으로 쏠리죠. 물론 오프라인에서도 5% 적립을 해줄 수 있지만 온라인하고 경쟁이 안 되죠.

그럼에도 불구하고 오프라인 서점은 여전히 중요한 측면이 있어요. 왜냐하면 사람들은 오프라인에서 한번 책의 실물을 확인하면 그 책과 저자에 대해 훨씬 신뢰감을 갖거든요. 그리고는 '아, 이 책 괜찮은데 나중에 사야지!'라고 어디 메모해놓죠. 근데 집에 가면 다 까먹어요. 그렇게 잊고 있다가 SNS에 자꾸 후기가 올라오고 인증샷이 올라오고 사람들이 "이 책을 샀는데 괜찮다"는 말들이 자꾸 떠돌아요. 그러면 그때 다시 기억이 나는 거예요. '아, 그때 그 책 말이구나, 나도 서점에서 슬쩍 봤는데 괜찮은 것 같았어!' 그러면 그 순간 장바구니 결제가 시작되는 거예요.

전에 오프라인 서점에서 봤던 게 효과가 없지 않아요. 뇌리에 어딘가에 저장돼 있다가 나중에 기억이 한번 트리거^{trigger}되는 순간 구매로 연결됩니다. 오프라인에서 책의 실물을 만지는 느낌이 좋아서 오프라인 서점에서 현장 구매하는 걸 더 선호하는 사람들도 있고요. 책의 인증샷을 찍거나 저자와의 만남 등 이벤트 대목은 오프라인이 여전히 강점을 갖고 있죠. 그래서 여전히 오프라인 서점은 무시할 게 못 됩니다.

참고로 교보문고 등 오프라인 서점에서 할인 받는 꿀팁 아시나요? 웹

전사 되기

상에서 미리 주문하지 못했다 할지라도 서점 현장 가서서 해당 서점 어플로 결제하신 뒤 담당 코너(교보의 경우 '바로드림' 코너)에 가서 책을 찾아가시면 됩니다. 그러면 줄 설 필요도 없이 인터넷 서점 할인율과 똑같이 10% 할인에 5% 적립 혜택을 받을 수 있거든요.

누우면 살고 서면 죽는다

책은 "누우면 살고 서면 죽는다"는 법칙이 있어요. 진열 매대에 누워 있어야 책의 앞표지가 제대로 다 보일 거 아니에요? 책을 살 잠재 독자분들의 눈에 띄려면 반드시 평평하게 앞표지 전체가 누워 있어야 노출되겠죠. 신간이 나와서 정상적으로 배본이 된다면 대략 일주일간은 여러분 책이 신간 코너에 누워 있을 수 있어요. "이번 주 신간입니다" 하고 일주일간은 표지가 보이게 누워 있을 수 있어요. 그 다음 운명은? 독자분들이 실제로 그 책을 사주는 판매량에 따라서 결정되는 거죠.

일주일간 누워 있었는데도 판매가 신통치 않아 찾는 사람도 없고 주문도 없다면? "이 책 어디 있어요"라고 궁금해하는 사람도 없다면? 일주일 후에는 서가에 등만 보인 채로 서 있게 되는 거죠. 저 높은 서가 어딘가에 쓸쓸히 등만 보인 채로 끼워져 있으면 좀처럼 안 보이겠죠. 그러면 그 책의 운명이 상당히 우울해지는 상황이라고 보셔도 돼요. 책의 운명은 등을 보이는 순간 거의 절단 나는 거죠. 평평하게 누워 있는 그 기간을 어찌 오래 유지할 것이냐 그것이 관건이에요.

여러분의 책이 평대에 계속 얼굴을 반짝 보이면서 "내 표지는 이렇게 생겼어요!"라고 계속 외칠 수 있으려면? 작더라도 꾸준하게 판매를 일으킬 수 있도록 노력해야 해요. 지인들이나 SNS에서 뭔가 계속 이벤트와 활동을 하셔야 해요. "서평 좀 올려주세요." "후기 올려주시면 제가 뭐 해드릴게요." 등 할 수 있는 것들을 최대한 생각해보세요. 쿠폰도 쏠 수 있고 일대일 코칭도 좋고요, 출판사에서 몇 명 뽑아서 당첨 선물도 드릴 수 있고 다른 책으로 선물도 보내드릴 수 있고… 이런 식으로 다양한 이벤트를 계속하면 계속 평대에 '누워' 있을 수 있어요.

출판사의 파워에 의해서도 매대 진열 기간이 다를까요? 당연히 그렇습니다. 그 출판사가 전작들을 잘 팔았다 그러면 서점에서 우대를 해주죠. 서점도 평당 얼마만큼의 매출이 나오느냐로 분야 간에 서로 경쟁하는 시스템이거든요. 매출 기준으로 좋은 자리를 보장해주는 생리를 가지고 있으니까 책이 잘 팔리면 진열 우대 기간이 좀 더 늘어나죠. 일주일 누워 있을 거 2주 누워 있게 해주고 이렇게 할 수 있어요. 출판사와 서점이 얼마나 긴밀한 사이였냐 이런 것도 중요한 요소입니다.

오프라인 매장 피티를 잘 하는 출판사

신간이 나왔는데도 적극적인 홍보 마케팅을 하지 않고 멀뚱멀뚱 그냥 있는다면? 우편으로 서점 등록용 도서 두 권 보내고 만다면?(대다수의 신생 출판사들이 하는 방법) 책이 제대로 소개가 안 되죠. 오프라인 서점 매장에서도 단체 경합 피티를 정기적으로 하고 있거든요. 이런 무료로 얻을 수 있는 기회를 적극적으로 활용하는 출판사가 좋은 출판사죠.

교보문고 같은 오프라인 서점에서 경합 피티를 일주일에 한 번씩 해요. "매장에 서비스로 진열해드릴 텐데 이번 달 진짜 미는 책이 있으면 나와서 계급장 떼고 그냥 다이다이로 붙어보세요!" 하는 자리에요. 주로 출판사 대표들이나 마케팅 팀장들이 직접 나가요. 어떤 출판사들은 발표에 강해요. "우리 책으로 말씀드릴 것 같으면~" 하면서 다들 열변을 토해요. 거기서 열과 혼을 바쳐서 피티를 잘하면 서점 담당자들이 결정을 내리죠. "우리 이번 달 화제의 도서는 저 책으로 가야겠다!"고요.

선정만 되면 한 달씩 공짜로 책을 진열해줘요. 좋은 평대 자리에 공짜로 30부 정도씩 깔아줘요. 그게 원래 광고비로 치면 한 달에 꽤 비싼 금액에 해당하는데 공짜로 해주는 거예요. 그런 경쟁 피티도 잘하면, 여기저기 노출이 많이 되고 결과적으로 책도 잘 팔리는 거죠. 계약한 출판사가 그런 데도 적극 참여하는지 물어보세요.

온라인 서점에서는
어떤 걸 해볼 수 있을까요?

"오프라인 서점에서 하는 이벤트는 이해가 가는데 온라인 서점에서는 어떤 이벤트나 활동을 할 수 있는 건가요?"

온라인 서점에서도 여러 가지 활동과 이벤트를 할 수 있습니다. 주로 "이 책 사면 뭘 드립니다" 이런 식의 이벤트가 많아요. 그 드린다는 게 사실 비싼 건 아니고 소소한 상품이에요. 기념 볼펜 하나 드릴 수도 있고, 조그마한 엽서 한 장을 드릴 수도 있는 거죠. 의외로 그런 조그마한 것에 사람들이 반응을 할 때도 많아요. 책을 좋아하시는 사람들은 문구류도 좋아하기 때문에 배보다 배꼽이 더 큰 그런 구매(문구 사은품 때문에 책 구매)까지 연결되기도 해요. 온라인 서점은 주로 굿즈goods 이벤트가 주축이 되죠. 이 부분은 잠시 후 더 자세히 말씀드릴게요.

온라인 서점 광고는 보통 일주일 단위로 하는데 오프라인 광고에 비해 단위 기간으로 보면 꽤 비싸요. 그래서 요즘에는 큰 출판사 말고는 온라인 서점 광고를 많이 안 하는 추세예요(소소하게 여러 굿즈나 테마 묶음에 여러 출판사가 자잘하게 끼여 들어가는 '연합광고'라는 형태는 광고 단가가 싼 편이라서 참여하곤 하지만요). 대신 요즘엔 SNS에 광고를 많이 하고 있죠.

'채널 인터뷰'라는 것도 활용해 보시면 좋아요. 온라인 서점에서도 자체 콘텐츠 발행 채널을 갖고 있어요. 예스24는 '채널 예스'라고 해서 저자 인터뷰를 하면 저자 사진이 3장 정도 실리고 제법 깊이가 있는 긴 인터뷰를 해줘요. 그것도 나름 효과가 있어요. 교보문고에서는 '북모닝'이라는 코너에서 여러 책 소개나 이벤트를 노출해줘요. 이런 코너를 기웃거릴 정도의 독자라면 책에 굉장히 관심이 많은 독자이거나 헤비 바이어heavy buyer, 즉 책을 꽤 사랑하는 사람들일 경우가 많아요. 다 읽지는 않더라도 클릭 클릭해서 장바구니 결제 자주 일으키는 그런 사람들이에요. 그래서 이런 서점 채널에서 인터뷰 하면 실제 구매로 이어질 가능성도 낮지 않아요.

아무튼, 굿즈 마케팅

굿즈는 문구류라고 생각하셔도 돼요. 원래 good은 '좋다'는 뜻이지만 goods하면 '좋은 것들,' 즉 '상품'이라는 뜻으로 확장된 영어거든요. 이걸 서점가에서는 문구류와 같은 뜻으로 많이 써요. 굿즈는 일종의 미끼 상품인데 이게 무시할 게 못 된다고 말씀드렸죠?

한국의 책 구매 독자분들은 여성분들이 실세에요. 실 구매자의 60~65% 이상이 여성인데, 기본적으로 여성들은 문구류에 굉장히 약하십니다. 문구류라면 사죽을 못 쓰는 분들이 의외로 많아요. 남자들은 "아, 그 예쁜 쓰레기 얻어서 뭐해? 그런 엽서 다 쌓이기만 하는 쓰레기지 어디다 쓰냐?" 이렇게 별로 안 좋아하는 경향이 있어요. 그런데 여자분들은 그런 거 하나 때문에 책을 사기도 해요. 캘리그라피가 들어 있는 조그마한 물품 하나 때문에 책을 사요.

와디즈나 텀블벅이라는 소셜 펀딩의 기본 속성이 모두 굿즈를 주요 미끼로 파는 거예요. 본 상품보다는 사실 굿즈의 복합 구성으로 사람들을 낚는 거예요. 왜냐하면 텀블벅이나 와디즈 같은 소셜 펀딩의 핵심 사용자도 다 20~30대 여성이거든요. 핵심 사용자가 여성분들이 압도적으로 많아요. 다 굿즈 때문에 사람들이 그 상품을 예약판매 형태로 사는 거죠. 굿즈가 여러분이 생각하는 것보다 책 구매를 연결하는 상당히 중요한 포인트예요.

언론에 홍보하려면
어떻게 해야 해요?

"책 판매와 직접적으로 상관없어도 좋으니 제 소원은 제 이름 달고 나온 책이 언론사에 기사로 나오는 거랍니다. 작은 로망이라고나 할까요? 언론에 실리려면 도대체 어떻게 해야 하죠?"

언론사에 책을 보내는 것을 '릴리즈release한다'고 해요. 언론 릴리즈는 출판사와 협동해서 하면 돼요. 어떻게 하냐? 보통은 종이신문 주말판에 서평 코너라고 해서 책 소개 코너가 있어요.《조선일보》,《중앙일보》,《동아일보》,《매일경제》,《한국경제신문》이런 주요 신문들이 오피니언 리더들에게는 여전히 어느 정도의 영향력을 갖고 있어요. 요즘에 웬만하면 뉴스를 인터넷으로 본다고 하지만 CEO들은 여전히 종이신문을 많이 보거든요. 인터넷으로는 뉴스를 놓치는 게 많지만 종이신문은 꼼꼼히 다 볼수 있기 때문일 거예요. 뉴스의 흐름 전체를 한꺼번에 볼 수 있다는 조감의 느낌도 있어요. 그래선지 기업체 리더들은 여전히 종이신문을 많이 정기구독해서 보세요.

그러다 보니까 주말에 서평 기사 실리는 게 아직은 의미가 있는 거죠. 영향력 있는 CEO들은 그런 서평 보고도 '아, 이건 내가 관심 있는 주제였는데 마침 괜찮은 책이 나왔네?' 그러면서 "비서, 이거 좀 주문해보지." 해요. 아니면 자기가 직접 주문 넣기도 하고요. 팀장급이 보고 괜찮으면 "이 책으로 우리 사내 독서토론 모임 한번 진행해보자." 이렇게 단체 구매로 이어질 수도 있고요. 신문사가 예전보단 힘이 많이 없어졌지만 아직까지 무시할 정도는 아니에요.

중요한 포인트가 또 하나 있어요. 신문에 서평이 실리면 그게 인터넷 서점에도 연동되어 뉴스로 나와요. 주요 신문사나 방송사는 네이버나 다음 같은 포털 사이트 하고 다 기사가 제휴돼 있거든요. 그래서 종이신문에 기사화되면 웹이나 모바일 검색에도 고스란히 이중 노출이 돼요. 내 책이나 내 이름을 쳤을 때 검색 결과로 내 책이 뉴스에 나오는 셈이죠. 내 책이 신문에서도 다뤄졌다는 증거물이 보이면 신뢰도가 3배쯤은 올라가요. 얼마나 좋은 소스예요? 그런 것도 잘 캡처해 놓으세요. 요즘 세상에는 캡처할 게 참 많아요. 웬만하면 다 캡처해놓으세요.

언론사에 책을 정확하게 뿌려주는 릴리즈 대행업체가 있어요. 언론 릴리즈업체에 뿌리는 작업은 주로 출판사에서 해줘요. 사실 할 때마다 권당 얼마씩 돈 드는 작업인데, 언론사에도 어필될 책이라 판단하면 대개는 출판사 부담으로 진행해주죠. 출판사에서 릴리즈업체에 연락하면 그들이 출판사 사무실까지 찾아와 30~40부 정도를 수거해서 언론사 서평 담당자 책상 위에 고스란히 놔줘요. 그 기자 소속이 사회부에서 어제 막 출판부로 옮겼어도 이 사람들은 그걸 귀신같이 알아내요. 정확히 전달하는 게 자기들의 비즈니스 미션이고, 그걸 가지고 수수료로 건당 얼마씩 받아서 수익을 거두는 사람들이니까요. 이런 릴리즈 업체가 국내에는 대표적으로 두 군데가 있어요. 북피알이라는 곳과 여산통신이라는 곳이에요. 주로 목요일이나 금요일에 책을 뿌리기 시작하면 다음 주 초나 다음 주 주말에 서평으로 짜잔 하고 내 책의 기사가 실리는 식이죠. 안 실릴 가능성도 있어요. 그렇지만 실리리라고 기대하면서 보내는 거죠. 뚜껑은 열어봐야 아는 거니까요.

그러다가 일이 잘 풀리거나 기자가 이 책을 받아봤는데 괜찮다면? "그냥 작은 서평으로만 쓰기엔 좀 아깝네요. 저자분이랑 인터뷰도 한번 하면 좋을 거 같아요!"라고 신문사에서 먼저 연락이 올 때도 있어요. "인터뷰 하시게 신문사에 한번 오시죠." 인터뷰는 신문사에서 할 수도 있고 중간에 어디서 만나 할 수도 있어요. 대부분 카페나 조용한 곳에서 만나 인터뷰를 하게 되죠. 예전엔 취재기자 한 사람이 있고 사진기자가 뒤따라 오곤 했어요.

그런데 요즘에는 신문사들이 사정이 별로 안 좋아서 기자 혼자 직접 사진기도 들고 다녀요. 한때는 무거운 DSLR 이런 거 들고 다녔는데 요즘엔 기자 혼자 그냥 기동력 있게 작은 휴대용 사진기 들고 와서 찍기도 하더라고요. 만약에 그렇게 저자 인터뷰까지 실렸다 그러면 그건 꽤 좋은 일이에요. 인터뷰 기사도 역시나 인터넷에 검색하면 다 나오거든요. 그래서 이런 오래된 미디어 채널도 무시하지 마시라는 거죠.

언론 노출의 효과 중에 또 하나가 있어요. 바로 트리거trigger 역할이죠. 어떤 신문사에 조그맣게 기사로 나왔어도 그걸 다른 신문사 기자가 보고 관심을 가질 수 있거든요. "이 사람은 기사로 나온 거 보니까 각이 좀 나오는데 우리 신문에도 좀 다뤄볼까?" 이렇게 생각할 수 있어요. 더 좋게 풀리면 그걸 보고 방송사 PD나 작가가 연락해 올 수도 있어요. 작은 언론 노출이 선순환 사이클을 만들어낼 수 있는 거죠. 그래서 신문이 아무리 힘이 없어졌어도 홍보 트리거 역할을 하는 매체로서는 아직 무시하면 안 된다는 얘깁니다.

책이 나오면 방송 출연 가능성은 어떻게 될까요?

책이 나오면 출판사에서 방송사 작가들에게 책을 보내기도 합니다. 신문, 잡지 릴리즈 할 때 방송사 릴리즈도 포함해서요. 에세이류 신간을 라디오 작가나 디제이에게 보낸 경우 일부 문장이 낭독되면서 간접적으로 소개되는 경우는 있습니다. 하지만 대부분의 TV 프로그램이나 케이블 TV 등에서는 그렇게 보내진 책들은 베스트셀러가 아니라면 거의 거들떠도 안 본다고 생각하면 돼요. 거꾸로, 종합 베스트셀러 30위 권 안에 들어가면 방송사 작가들이 먼저 연락해 와서 출연 섭외를 요청합니다. 즉, '선先 유명세 후後 섭외요청'입니다. 그게 인지상정이죠.

만약 책이 뜨지도 않았고 내가 다른 걸로 유명해진 기회도 없는데 방송사에서 출연해달라고 했다면? 당신의 전문성이 뛰어나다고 다른 경로로 인정받았거나 "돈 내고 방송 출연하라"는 방송사측의 장삿속일 가능성이 높아요.

가장 바람직한 경우는 내 책이 베스트셀러가 돼서 방송사 담당자들의 눈에 띄는 거예요. 책은 문화상품 중에 가장 선봉에 서 있는 매체라서 베스트셀러 동향을 방송국 PD들이나 작가들은 항상 주시하고 있기 때문이죠. 그러니 내 책 발간 직후부터 몇 달간에 집중해서 홍보 뛰셔야겠죠? 초반 기세가 가장 중요합니다. 첫 2~3개월 이내에 내 책의 판매 기세와 입소문을 확 올릴 수 있도록 뛰세요. 그러면 미디어들이 모두 주목하기 시작합니다.

SNS 이벤트와
바이럴은 어떻게 해요?

"물론 출판사에서도 열심히 해주시겠지만 저자인 저도 열심히 SNS 이벤트
나 콘텐츠 바이럴Contents Viral을 하면 책을 알리는 데 도움이 되겠죠?"

말이라고요! 당연히 큰 도움이 되죠. 저자는 신경도 안 쓰는데 출판사
혼자만 애쓰고 있거나 그 반대의 경우도 안습이지요. 기본적으로 저자분
측에서도 이벤트와 바이럴을 다양하게 할 수 있어요.

Text: 브런치, 블로그, 페이스북, …

Image: 카드뉴스, 인스타, …

Sound: 팟빵, 팟캐스트, 오디오클립, 클럽하우스…

Video: 유튜브, 비메오, 네이버TV…

먼저 텍스트 기반으로 여러분이 할 수 있는 이벤트나 바이럴부터 보죠.
브런치나 블로그, 포스트 등에 책이 나오기 전부터 사전 연재하는 것도

괜찮고요. 책 나온 후에도 사진을 추가해 가며 연재를 할 수도 있어요. 책이 출간돼 있는데 내용을 지나치게 똑같이 하면 구매에 방해가 되니까 책의 핵심 부분은 살짝 가리고 하는 게 좋아요. 블로그나 브런치를 활용해서 연재나 이벤트를 해보세요. 모바일 웹용으로는 더 최적화되어 있는 네이버 포스트를 활용하셔도 돼요. 블로그는 웹용으로 최적화되어 있어서 모바일로 보면 형태가 조금 깨져서 포스트보다 안 예쁘게 보여요. "책 구매 인증을 하시면 저자가 일대일로 컨설팅을 해드릴 수 있습니다" 이런 식의 이벤트도 할 수 있죠.

이미지로 하는 것들은 카드뉴스나 인스타그램 형태로 업로드 하시면 좋습니다. 요즘 카드뉴스 만드는 무료 툴들이 많은데 저도 웹에서 많이 활용하고 있어요. 제가 애용하는 디자인 사이트들로는 미리캔버스, 망고보드 등이에요. 그런 여러 가지 반자동 탬플릿들을 활용해 보시면 좋습니다. 여러분이 디자인에 문외한이더라도 괜찮아요. 그런 사이트의 탬플릿 기능을 이용하면 쉽고도 꽤 그럴싸하게 홍보물을 만들 수 있고 걸리는 시간도 많이 줄일 수 있습니다.

사운드 기반의 이벤트도 열심히 해보세요. 클럽하우스라는 앱은 오디오로만 서로 떠드는 SNS에요. 쌍방향 라디오라고 생각하시면 돼요. 라디오는 일방형이지만 클럽하우스는 자기가 듣고 있다가 "아, 나 할 말이 있는데요!" 하고 손 들면 자기가 갑자기 말하는 사람이 될 수 있는 플랫폼이에요. "저 사람이 손들었는데 프로필을 보니 괜찮을 거 같아서 한번 불러 올려볼까요" 하고 모더레이터(사회자 혹은 방 운영자)가 수락만 하면 그 사람도 스피커가 되는 거예요. 아무래도 음성 기반 소셜미디어다 보니까 클럽하우스에서 책을 낭독해주는 사람들도 제법 있어요.

작가가 본인 책을 한 20분 정도 낭독해주면 책 홍보에 도움이 되겠죠. 본인이 낭독해준 뒤 다른 분들 의견을 듣거나 질문을 받을 수도 있어요. 그러면서 책이 자꾸 홍보가 되는 거죠. 이런 미디어는 소셜 네트워크 원리이기 때문에 말하는 내용이나 매너가 괜찮다 그러면 팔로워들이 순식간에 굉장히 많이 생겨요. 이 사람이 뭔가 떠들 때 사람들이 그냥 안 지나치고 '저번에 얘기했던 게 괜찮았으니까 이번에도 한번 들어봐야지' 하고 자꾸만 팬들이 불어나는 패턴이에요. 팬이 1K, 즉 1천 명만 생겨도 생각보다 큰 영향력이 발휘될 수 있는 거죠.

팟캐스트나 팟빵, 오디오클립에서 저자 인터뷰나 책 낭독도 가능하죠. 팟캐스트는 iOS 기반이고 팟빵은 국내에서 안드로이드 기반으로 만든 건데 둘 다 적극적으로 활용해보세요. 네이버에서 팟빵과 팟캐스트를 의식해서 만든 '오디오 클립' 서비스도 요즘에 저자 인터뷰로도 유용하게 활용하는 분들 있어요. 제 지인도 그렇게 잘 활용하고 있어서 살펴봤어요. 이런 데서 오디오 깔끔하게 잘 녹음하고 대화해서 느낌 괜찮으면 책을 사는 사람도 제법 생기더라고요.

비디오 기반은 요즘에 줌^{Zoom}이 가장 대세죠. 줌으로 출판기념회를 많이 해요. 제가 운영중인 '레오짱 줌스쿨'은 줌과 오픈 채팅방을 섞어서 운영하는 방식이에요. 출판기념회나 저자 특강을 하는 플랫폼인 셈이죠. 유튜브와 다른 점은 일방통행이 아닌 쌍방향 라이브로서의 매력이 있는 거죠. 쌍방향으로 소통할 때 사람들은 좀 더 숨통이 트이고 자연스럽게 그 콘텐츠를 받아들여요. 유튜브는 보다가 싫증도 잘 나고 중간에 몰입도가

　　　　전사 되기

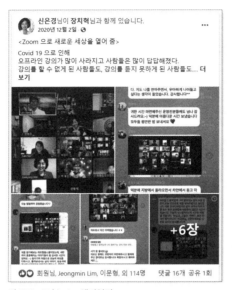

전 KBS <9시 뉴스> 앵커였던
신은경 교수님과 함께한 레오짱 줌스쿨 특강

쉬이 떨어져 꺼버리면 그만인데 줌특강은 한 번 참여하면 1시간이나 1시간 반은 같이 있게 되더라고요. 몰입도가 상대적으로 꽤 높아지죠. 몰입도가 높아지면 관여도도 높아지기 때문에 그 상품이나 책에 애착을 품게 되죠. '레오짱 줌스쿨' 강연 도중에 실시간으로 책을 구매한 사람들도 제법 많았고요, 강연 직후엔 더 많은 구매가 일어나기도 했어요.

그 다음에 비메오 vimeo 같은 플랫폼은 유튜브에 대항마로 등장했어요. 규모로는 여전히 상대가 안 되지만 영상의 퀄리티 자체는 꽤 높아요. 여러분이 유료로 영상을 파는 채널로도 운영하실 수 있어요. 유튜브에도 요즘에 그런 유료 채널 기능이 생겼지만, 비메오가 더 원활해요. 네이버TV에도 홍보 영상 찍어서 활용할 수 있고요.

책 실제 홍보 마케팅 사례 밀착 돋보기 1:
박세인 저자

"최근에 있었던 신간 중에 홍보마케팅을 잘 한 사례가 있으면 알려주세요. 이왕이면 출간 전부터 출간 후까지 전체를 포인트별로 짚어주시면 감사하겠습니다!"

친절한 레오씨에게 부탁하셨으니 안 들어드릴 수 없죠. 그럼 최근에 좋은 활동을 보여준 책 홍보 마케팅 사례를 간단하게 짚고 넘어가 볼게요. 인플루언서를 활용한 마케팅을 최근에 제 지인분이 모범적으로 잘해 주셔서 그분의 타임라인을 재구성해드릴게요.

《영향력을 돈으로 만드는 기술》이라는 책을 낸 박세인(개명: 박제인) 저자에요. 이 분은 책 내기 전부터 주변의 영향력 있는 지인들을 자기 책에 사례로 넣기 시작하셨어요. 인플루언서로서의 활동 측면에서 보면, 저는 그렇게 큰 인플루언서가 아닌데 무려 3페이지에 걸쳐서 사례로 넣으셨더라고요. 일단 먼저 쓰신 뒤에 나중에 카톡이 왔습니다. "대표님, 제 책에 대표님 사연도 넣고 싶어서 허락 구해요!"라고 하시면서요. 잘 아는 분이라

바로 오케이 했죠.

책이 출간된 뒤에는 출판사에
부탁해서 사례로 든 사람들에게
책을 가장 먼저 한 권씩 발송해
주더라고요. 마이크로 인플루언
서라도 여튼 인플루언서들은 여
차저차 입소문을 퍼뜨리는 중심

에 있는 사람들이니까요. 2차로 출판사 팀장이 문자를 또 줘요. "좋은 이
야기를 책의 사례로 쓸 수 있게 해주셔서 감사합니다, 대표님. 책 받아 보
시고 후기도 남겨주시면 더더욱 감사하겠습니다." 이런 문자를 주더라고
요. 사람이 또 이런 문자 받고 가만히 있을 수는 없거든요? SNS에 후기를
남기게 돼요.

제가 후기를 남기면 그걸 또 출판사에서는 홍보자료로 활용하죠. 마음
에 드는 후기와 소셜 반응을 캡처해서 서점에 들고 가서 담당 MD들을 설
득하는 거죠. 좋은 반응이 많이 일어나고 있다는 걸 눈으로 직접 보여주
는 거죠. "정식으로 책이 팔리기도 전인데 예약 판매 중에 벌써 이렇게 좋
은 반응이 나오고 있어요!" 그런 자료들을 들이밀면 설득이 돼죠. 그러면
인터넷 서점에서도 좋은 자리에 노출해주고, 오프라인 서점에서도 좋은
매대에 추가 진열을 해주게 돼요. 그 노출은 사실 광고비를 받고 집행해
줘도 될 만큼 괜찮은 자리인데 그런 인기의 증거물을 보여주면 공짜로도
노출해준다는 의미죠. 이제 출판사나 저자는 또 그렇게 서점에 노출된 것
자체를 SNS에 공유해요. 그러면 이게 다시 홍보의 고리를 형성하는 거예

요. 바이럴 루프viral loop를 형성한다고 하죠.

실시간 중계적인 마케팅도 많이 해요. 실시간으로 책의 진행 상황을 SNS에 공유해서 이목을 끌죠. 출간 전부터 "지금 책이 막 인쇄되고 있어요." 하며 소식을 알렸어요. 시시각각 달라지는 책의 등락 순위도 알리고요. 엄청난 순위 상승 아니어도 자기 분야에서 더 세분화시켜 들어간 작은 분야의 순위까지도 숫자가 괜찮아 보이면 공유하는 식이죠. "일주일 전에는 자기계발 분야 주간 45위였는데 지금 38위로 올랐네요." 예를 들어 이런 식이죠. 이런 거 하나하나를 다 캡처해서 자랑하는 것도 부지런히 하면 사람들 주의를 집중시키는 효과가 있어요. 책이 뭔가 작은 성과를 거둘 때마다 가만 있지 않고 계속 축하를 유도하는 것도 괜찮죠. 책이 잘될수록 더 많은 축하와 더 많은 입소문이 퍼지기 때문이죠. 부익부 빈익빈에 따라가는 대중심리를 유도하는 겁니다.

반복되는 강연 공지와 후기, 사람들의 구매 후기가 동시다발적으로 뜨면 관심 없던 사람조차 관심을 갖게 됩니다. 실제로 제가 아는 동생도 반복 인증 노출 효과 때문에 이 책을 구매할까말까 하고 저에게 전화를 해왔더라고요. "행님! 요즘 그 책이 여기저기 계속 뜨던데… 그러니까 저도 그 책이 궁금해지더라고요. 살만한 가치가 있는 거예요?" 이렇게요. 그래서 나도 사례로 들어가 있으니까 얼른 사보라고 했죠.

덤으로, 박세인 저자가 어느 채널과 한 인터뷰 중에서 '책을 내고 나서 달라진 본인의 삶'에 대해 얘기한 대목이 인상 깊어 공유 드려요. 예비 저자 여러분께도 동기부여가 되실 거예요.

"사실 저는 29살 될 때까지 변변치 않은 직업과 벌이로 살다가 책을 내고 억대 연봉이 됐어요. 당시만 하더라도 사람들이 저보고 '뭐 하는 사람인지 모르겠다'고 했었거든요. 그런데 책 내고 잘되니까 사람들이 '너는 결국 뭐라도 될 줄 알았다'고 하더라고요. 저는 똑같은 사람이고, 달라진 거는 책을 낸 것 하나뿐인데 주변의 평가가 달라지고 부모님께 인정받은 게 정말 큰 변화였던 것 같아요."

"책이 잘 팔리면 삶이 많이 달라져요. 방송 요청도 들어오고, 강의나 컨설팅 요청도 들어오고, 제 첫 책이 좋은 반응을 거두면서 서영대학교 경영학과 겸임교수도 맡게 됐어요. 강의 의뢰가 쏟아져 들어오는 게 가장 큰 변화였던 것 같아요. 수입 면에서도 변화가 커요. 최소 5배 정도는 수입이 뛰었어요. 어떤 경우에는 강의 한 번으로 수입이 1억 넘게 들어왔는데 그 달에 다른 일들도 한꺼번에 소화하면서 월수입 최대 1억 5천만 원까지 벌어봤네요. 길 가다가 사람들이 알아보는 건 기본이고, 주변 사람들의 평가도 많이 달라지는 것 같아요."

(출처: Daum 1boon 인터뷰 중)

인스타그램 @kindseinc

인플루언서(신뢰 활용) 마케팅 요약

1. 주변의 영향력 있는 지인들을 사례로 써서 넣는다.

2. 이후에 카톡 등으로 동의를 구한다.

3. 출판사에 부탁해 그들에게 인쇄 직후 첫 책을 배송해 빠른 후기를 부탁한다(마케팅 팀장의 문자를 통해).

4. 빠른 1차 후기가 올라오면 SNS에 공유한다.

5. 출판사는 그런 빠른 호평 후기와 소셜 반응들을 보여주며 서점 MD들을 설득해 좋은 자리 노출을 약속 받는다.

6. 추가 노출이나 진열이 되면 그것을 다시 SNS에 공유하여 신뢰를 높인다.

실시간 중계(라이브적) 마케팅 요약

1. 거의 실시간으로 책의 진행 상황을 SNS에 공유하며 이목을 끈다(예고 효과).

2. 책의 순위에 변동이 있을 때마다 부지런히 SNS에 공유하며 알린다(주목 효과).

3. 책이 성과를 거둘 때마다 축하를 유도한다(부익부 빈익빈 대중심리 유도).

4. 초기 2개월 동안 미친 듯이 저자 강연 활동하기(팟캐스트와 유튜브 출연, 뛸 수 있는 강연회는 유/무료를 막론하고 초기 2개월간 자진해서 최대한 많이 뛴다. 실제로 한 달에 출간 기념 강의만 20회 정도 함)

책 실제 홍보 마케팅 사례 밀착 돋보기 2: 아성힘

"와, 극히 최근에 있었던 실제 사례를 처음부터 끝까지 다 알려주시니까 도움이 많이 돼요! 감사합니다. 다른 사례도 있을까요?"

알려드린 김에, 밀착 돋보기 케이스 하나 더 알려드릴게요. 이번엔 공저 형태로 내서 홍보 마케팅을 열심히 잘한 사례에요. 최근에 6명이 공저로 쓴《아주 작은 성장의 힘》이에요. 이 책도 사실은 최근 마케팅의 베스트 샘플이에요. 보통은 6인 넘는 사람들이 공저로 책을 쓰면 '모두의 비즈니스는 아무의 비즈니스도 아니다Everybody's business is nobody's business.'라고 해서 아무도 책임을 안 지게 되는 경우가 많거든요. 서로 공 떠넘기기 바빠서 대부분의 공저 책들은 실패해요. 서로 눈치게임 하느라 볼장 다 본다는 얘기죠. 또 공저가 잘 안 되는 경우는 '나는 이미 잘 나가니까' '나는 이미 이 정도의 커리어인데 그냥 어찌저찌 하다 보니 거기 공저에 껴 들어간 것뿐이야.' 이런 식으로 서로 자기 자존심만 높이다가 망하는 거예요.

그동안은 서로 책임을 떠넘기는 게 대부분의 공저 패턴이었는데 이 팀은 좀 다

르더라고요. 서로 합이 잘 맞았다고 봐야 할까요. 물론 서로가 거의 첫 책이 나온 셈이니까 잘됐으면 하는 마음으로 자신의 에고ego를 내세우지 않고 서로 발 벗고 나선 덕이라고 해석할 수도 있겠죠. 좀 더 객관적으로 들어가 보면 공저에서는 책임감이 높은 한두 사람, 보통 리더 역할을 한 사람의 행동이 분위기 형성에 중요해요.

여기서는 주로 전현미 작가나 임정민 작가가 그런 분위기 형성을 한 것 같아요. 원래 전현미 작가는 책을 내면 본인이 적극적으로 책임지는 스타일이더라고요. 예전에도 지켜봤는데(제 친구거든요). 꼭 자기 책이 아니더라도 본인이 강연회를 주최하면 50부씩 출판사에서 책을 받아와서 어떻게든 자체 소화를 하곤 했어요. 아는 업체 사장님에게 소개해서 교육 자료로 쓰게 유도한다든지 그래도 안 팔리면 본인이 직접 사기도 하고요. 책임감이 높은 거죠. 그런 식으로 총대 매는 사람이 공저자 중에 하나둘

전사 되기

있으면 분위기가 그렇게 만들어지거든요. 그래서 나머지 젊은 친구들까지 '아, 이렇게 나도 가만히 있을 수 없다' 그래서 여기저기 계속 홍보활동을 하게 돼요. 책 진열 인증샷도 올리고 매일매일 이 책을 콘텐츠로 해서 나의 활동 상황을 계속 올리고 하다 보니까 여기저기 SNS에 안 보이는 데가 없게 된 거죠.

책이 나오고 몇 달간 공저자 여섯 명이 거의 동시에 융단폭격 홍보를 매일 해대니까 사람들이 정신을 못 차리게 된 거 같아요. 트위터로 치면 매일매일 눈만 뜨면 사정없이 동시다발적으로 짹짹거린 셈이죠. 그래서 '에잇, 내가 사고 말지!' 다들 그런 식이더라고요. 그렇게 결국 '사고 말면' 그 산 사람들이 간단한 세 줄 후기라도 남기죠. 또 그거 가지고 이 친구들이 가만히 있지를 않아요. "아, 이 분도 사셨네요!" 하고 또 짹짹짹거려요. 그 행동을 책 나오고 거의 두 달째 매일 해왔어요. 그러다 보니까 사람들이 약간 피로감을 느끼기도 하죠. 그래도 근래에 소셜 네트워크에서 이 책만큼 동시다발로 많이 떠드는 책이 없게 된 건 부인할 수 없어요.

6명 공저로 썼을 경우 아무도 책임을 안 질 수도 있지만 서로 어벤저스 팀처럼 움직이면 그것도 재미있어요. 헐크는 아이언맨과 움직이고 블랙위도우는 토르와 움직이고 이렇게 따로 또 같이 움직이면 홍길동이 분신술을 쓰는 것 같은 효과를 일으키죠. '아, 이 사람들은 에너자이저야 뭐야. 지치지도 않고 계속 보이네?' 이렇게 두 달간 계속 책이 보이면 사람들이 두 손 두 발 다 들고 "유 윈You win!"을 외치게 되는 거죠. 출간 직후 한 달 만에 벌써 10번의 강의를 뛰었는데, 이 분들은 그 뒤로도 계속 다음 강의를 많이 잡아놨었어요.

공저하는 책은 주제가 수미일관하게 모아지지 않기 때문에 구성상 일정한 한계가 있기 마련이에요. 그런데 이 책의 함량은 둘째 치고 일단 여기저기 눈에 많이 띄니까 사람들이 책을 사게 됐던 케이스에요. 그래서 지금 기대 이상의 성적을 거두고 있습니다. 공저한 책이 이렇게 월등한 성적을 보이고 있는 것은 근래에 보기 드문 일이에요.

공저자 본인들 카카오톡 배경사진을 책 사진으로 바꿔놓는 것은 기본이었어요. 모든 줌 강의에 참여할 때도 자기 뒷배경에 계속 책 사진이 노출되게 하는 등 지속적으로 노출시키는 데 주력하더라고요. 인상적이었습니다.

저도 쭉 살펴봤지만 사실 그 책을 내준 출판사가 디자인 능력이 있는 곳도 아니었고 마케팅적으로도 거의 아무 활동도 하지 않는 곳이더라고요. 그런데도 불구하고 이 정도 성과를 낸 것은 순전히 공저자들 활동력의 힘이라고 봐야겠죠. '와, 공저자들끼리 지지고 볶아도 이 정도는 하는구나'라는 좋은 사례를 만들었어요.

요약: 공저라는 한계를 극복한 설레발의 힘

1. 공저는 원래 아무도 책임지려 않고 서로 미루는데, 이 팀은 특이하게 모두가 나서서 설레발을 계속 치니 노출이 동시다발적으로 몇 주 넘게 계속 되었다.

2. 강연을 최대한 많이 잡아서 이벤트에 대한 예고와 후기가 계속 남겨졌다(주로 오픈 채팅방들을 통한 온라인 줌 강의 형태로 릴레이 강의를 함).

3. 계속 책 좀 사달라고 6명이 번갈아가면서 혹은 동시다발적으로 계속

홍보를 이어갔다. 이후에도 판매 성적이 조금이라도 오르면 알리고 별 딱지 하나만 붙어도 알리고, 매일매일 관련 글 조각을 연재하듯 텍스트, 카드뉴스, 영상 등의 다양한 형태로 계속 노출시켰다.

4. 사람들이 여기저기 SNS에 안 보이는 곳이 없으니 자연스럽게 관심을 쏟게 되고 결과적으로 책 구매로 이어졌다. 노출로 붙은 네이버 베스트 셀러뿐만 아니라 실제 인터넷 서점 분야 베스트셀러로도 오르는 등의 성과를 거두었다.

강연 버전의 다각화도 생각해보면 좋다

이상으로 최근에 있었던 두 가지 홍보 마케팅 사례를 살펴봤어요. 공저의 경우라면 저자가 다수라는 이점을 최대한 활용해보세요. 예를 들어, 강연을 최대한 다양한 버전과 다양한 포맷으로 변형해 가면서 횟수를 최대화해볼 수 있죠. 그러면 듣는 사람들 입장에서도 질리지도 않고 계속 관심을 갖게 만들 수 있거든요.

6명의 공저라면 이렇게 활동할 것을 제안드리겠습니다. 3인만 먼저, 나머지 3인만 따로. 6명이 한꺼번에 하기도 하고, 토크쇼 문답 형태로만도 진행해보고, 강연 형식만으로도 진행해 보고, 노래 공연을 겸한 콘서트 방식으로도 진행해보는 거죠. 여러분의 상상력을 총동원해 보세요. 창의적일수록 덜 질리고 입소문이 멀리 퍼지니까요.

중간 점검

중간 정리해보죠. 지금까지 출판 홍보 마케팅의 여러 가지 기본적인 것과 추가적인 것을 말씀드렸습니다. 책이 나오기 전후의 홍보 마케팅의 중심을 출판사가 아니라 저자 자신에게 두세요. 그러면 주인의식이 생겨서 더 잘 됩니다. 출판사와 잘 얘기해서 함께 공세를 취할 수 있는 홍보 전략들을 짜보세요.

굿즈는 출판사와 협업해서 하시면 되고 기념회, 강연회 이런 것은 귀찮다 하지 말고 꼬박꼬박 하시면 두고두고 바이럴 루프를 만드는 데 좋습니다. 줌에서 강연하는 것은 효과가 꽤 좋다고 검증된 바에요. 오프라인 서점과 SNS에서 할 이벤트용 굿즈도 저자 입장에서도 뭘로 하면 좋을까 계속 고민해보세요. 주변에 영향력 있는 지인들에게 개인적으로 부탁해서 노출과 추천, 소개를 최대한 유도해보시고요.

다음으로 요즘에는 저자분들도 카드뉴스 이런 거 쉽게 만들 수 있으니까 본인 책의 좋은 구절을 한 50개쯤 선별해서 만들어보세요. 그런 것들을 계속 만들어 포스팅하세요. 텍스트만 연재하면 사람들이 덜 재미있어 하니까 가시성과 주목도가 높은 이미지 게시물로 만들어(배경과 텍스트를 합성해서) 포스팅 하세요. 그럼 훨씬 주목도가 높아지거든요. 전사의 심정으로 3개월간은 미친 듯이 싸우기, 파이팅입니다!

영문판이나 중국어판으로
해외수출 되게 하려면 어떻게 해야 하나요?

"저는 제 책을 해외에 꼭 수출하고 싶어요. 제 오랜 로망이거든요. 만약 베스트셀러가 안 되도 제 부담으로 영문판이나 중국어판으로 번역 출간할 수도 있을까요?"

해외 에이전시에서 연락 받고 해외 출판사와 수출 계약을 하게 되면 저자분의 비용 부담은 전혀 없으시고요. 그렇지 않고 자비로라도 번역해서 만들고 싶다면? 번역비가 돈이 가장 많이 드는 항목인데, 한글을 영어로 번역하는 경우를 기준으로 신국판 300페이지 책 한 권에 대략 800만 원 정도 듭니다.

번역이 끝나면 영어 버전으로 책을 다시 디자인하고 재편집해야 해요. 그렇게 해서 아마존 사이트 등에 ISBN을 등록하면 됩니다. 외국에 나갈 때마다 해외 거래처나 지인들께 해외 버전의 책으로 인사차 건네주면 존경심을 많이 표해주세요(특히 중국). 그런 용도로 번역본을 만들어 들고 가는 분들도 가끔 계시더라고요. 중국에 자주 나가시는 분들은 중국어 버전으로 만들어 들고 가시는 거 많이 봤어요.

그런데 말이죠. 국내에서 베스트셀러가 되지 않으면 아무리 자비로 번역해 해외 에이전시들에게 보내도 무시 당합니다. 국내에서 베스트셀러가 되면? 에이전시들이 알아서 먼저 해외에 소개해 해외 에이전시들에게서 연락이 옵니다. 수출이 성사되면 해당 국가 출판사가 자기네 비용을 들여서 번역하고 유통도 하고 판촉도 다 알아서 해요.

해외 수출 버전이 팔리면 인세는 어떻게 되냐고요? 해외 출판사가 판매분 정산한 금액을 에이전시에 보내고 그걸 저자와 출판사가 5 대 5 정도로 나눠 가집니다. 해외 인세는 6~7퍼센트 정도니 절반씩 나누면 3, 4퍼센트 정도가 되겠죠. 해외 수출이 정산으론 큰 의미는 없을 수도 있지만, 해외에서 인지도 높이는 데 큰 도움이 돼요. 또 저자 초청 강연을 하게 되면 훨씬 큰돈을 벌 수도 있고, 다른 비즈니스 기회도 열리기 때문에 여러 모로 해볼 만한 도전이랍니다.

꿈을 현실화시키는 가장 쉬운 방법은? 좋은 책을 써서 초기 3개월간 목숨 걸고 홍보 마케팅 해서 베스트셀러로 만들어내시는 겁니다. 그럼 해외 수출을 포함한 여러 가지 추가 기회들이 활짝 열립니다. 마지막까지 파이팅!

레오짱이 관여해서 해외 수출 번역까지 된 책들

이 단계에서는 전사가 되지 않으면 안 된다고 했죠? 특히 이 마지막 싸움은 굉장히 험난할 수 있기 때문에 절대 작은 장애물에 굴하지 않는 불굴의 사람이 되어야 합니다. 투고할 때 1차 좌절이 찾아오죠. 낯 모르는 출판사들에 내 원고를 팔려고 할 때 좌절은 디폴트(기본값)라고 생각하세요. 그래서 굴하지 않는 정신이 핵심입니다. 홍보 마케팅 할 때도 좌절이 깊을 때죠. "왜 이렇게 사람들이 내 책을 몰라주지? 안 사지?" 이런 좌절을 뚫고 전진해야 합니다.

투고할 때는 마치 입사 지원하는 기분으로 하셔야 돼요. 출판사에 대해서 이름도 틀려가면서 입사 지원서를 넣으면 안 되겠죠? 예를 들어 나는 지금 현대그룹에 입사 지원을 하는데 "저는 평소에 삼성을 너무 좋아해서 응시했습니다"와 같은 자기소개서를 고치지도 않고 현대에다가 툭 던져 넣으면 어떻게 되겠어요? 어이없는 상황 같지만 실제 투고할 때 그런 상황 많거든요. "저는 문학동네를 너무 사랑해서 반드시 쌤앤파커스에서 출간을 하고 싶습니다." 이런 식으로 앞뒤가 다르게 메일을 안 고치고 보내는 사람 많아요. 그런 실수하지 않으시려면 입사 지원하는 사람의 기분으로 임하세요. 정확히 내가 그 출판사의 출간 성향과 과거 리스트를 파악하고 접근하는지 체크해보셔야 해요.

투고가 성공하여 출판 계약할 때는 부드럽게 협상해야 되죠. 사실은 출판사는 갑이기 때문에 우리들은 을로서 부드러운 협상가가 돼야 합니다. 출판 계약의 포인트는 뭐였죠? 증정 수량 이런 거에 연연해하시는 초보 저자들이 많으신데, 그런 건 하나도 중요하지 않아요. 출판 계약에서의 가장 핵심은 인세율이죠. 합당한 인세를 받으셔야 됩니다. 인세율, 계약 기간, 2차 저작권 등등 위주로만 예민하게 보시고 "나머지는 다 알아서 하세요. 좋습니다. 오케이 오케이 오케이" 하시면 돼요. 다른 건 볼 것도 없습니다.

그 다음에 끝까지 책임을 다하는 저자 교정 단계도 전투적으로 임하셔야죠. 이제 출판사에서 편집을 어느 정도 해서 줄 거예요. 그때는 팩트 체크 위주로 교정을 보세요. 특히 저작권에 위배되는 게 없을지를 신경 써서 보시면 좋아요. 아울러 사진이나 도표는 저자가 기초 자료를 주시는 게 좋아요. 본인이 쓴 사람이잖아요? 그래서 내용을 너무나 잘 알고 있는 사람이 이미지 백업 자료를 주는 게 좋지 편집자가 다 알아서 하라고 하면 서로 피곤해집니다.

편집이 끝나 책이 인쇄기에 돌아갈 때 보면 자식 출산하는 느낌이 들어요. 실제 인쇄소에 따라가서 그 느낌을 느껴보세요. 표지가 1분에 수백 장이 인쇄돼 나오거든요. 그렇게 이제 실물로 만져지잖아요. 물성으로 만져진다는 그 느낌이 마치 태아가 이제 막 나오는 순간과 비슷해요. "어디 우리 아기 얼마나 예쁘게 나왔나 보자!"하고 보는 그런 뭉클함이죠. 그렇게 귀히 만난 자식인데 바로 고아원에 버리면 되겠어요? 책 나오고 나서 아무 관리도 활동도 안 하고 방치해 놓는 게 고아원에 버리는 것과 같아요. '내 자식은 내가 지킨다'는 정신으로 홍보 마케팅을 전투적으로 하셔야 해요.

출간의 이 마지막 과정에서 우리 모두 전사가 돼야 하는 가장 중요한 이유가 바로 홍보마케팅(홍마) 때문이죠. 길게 할 것도 없고 첫 3개월간만 홍마에 바짝 올인하시면 돼요. 1년 내내 하라는 얘기가 아니고 3개월 정도만 바짝 하면 그게 두고두고 선의 선순환을 부르는 마중물 역할을 한다고 했죠. 최소한의 마중물 활동, 그게 첫 3개월이라는 말이에요. 책이 나오자마자 해야 돼요. 책 나오고 나서 1~2개월은 아무 것도 안 하고 손 놓고 있다가 3개월째에 가서야 한 번 띄워볼까 해서 뛰면 이미 김이 팍 새 버려 안 됩니다.

본인이 마이크로 인플루언서가 되거나 그들의 어깨에 올라서거나 해야 된다고 했죠. 본인이 인플루언서면 남한테 아쉬운 소리 할 거 없으니까 베스트지만 대부분 저자는 그렇지 못하죠. 그럼 다른 사람의 어깨를 빌려야죠. 이미 마이크로 인플루언서인 주변 사람들에게 "나 좀 출연할래요. 책 설명할 기회를 좀 주세요."등으로 적극 영업을 해야 합니다.

3개월 동안 해야 할 주요 활동으로 저자 강연회는 가장 기본이죠. 이벤트로 책을 사면 엽서나 책 이름 인쇄한 펜 등 굿즈를 선물할 수도 있고요. 출판사와 협의해서 이벤트 하시면 좋고 SNS에 바이럴 하는 것도 기본적으로 열심히 하셔야죠. 책을 10분의 1로 축약해서 샘플 북을 PDF로 뿌려도 좋고요. 카드 뉴스 만드는 탬플릿 사이트를 활용해서 좋은 문구 등을 계속 노출하면서 책을 간접 홍보하시면 좋고요. 영상 인터뷰 아니면 북 트레일러를 출판사에 부탁해서 만드는 시도도 좋고요. 인플루언서 채널에 출연하는 방법도 강추드렸죠. 요즘에 유튜브 영향력이 웬만한 종편 영향력만큼 효과가 있기 때문에 돈 주고라도 어디든 출연하면 좋습니다. "책 좀 소개해 주세요"라고 책을 협찬할 수도 있고요. 여튼 내가 아무리 굼벵이라도 구르는 재주라도 부려봐야 하는 때가 바로 홍마 타이밍입니다.

전사 되기

저자분들은 전체적으로 네 번의 변신을 해야 된다고 했죠.

탐험가가 돼야 하는 기획과 목차 단계에서는 열심히 전체적인 컨셉의 방향성을 찾아 나서야 했습니다.

과학자 단계에서는 실험을 하고 검증을 해야 했죠. 원고를 이리저리 만들어보고 실험해 봐야 하는 단계였습니다. 기본적으로 모든 꼭지를 주근사자(주장, 근거, 사례, 자료)를 담고 있게 신경 써서 입체적인 책으로 만드는 단계였죠.

화가 단계인 마지막 퇴고할 때는 깨끗하게 군더더기를 걷어내고 덧셈보다는 뺄셈을 많이 하셔야 한다고 말씀드렸고요.

마지막 전사 단계에서는 진짜 전투적으로 싸울 줄 알아야 합니다. 투고하고 계약하고 책이 나온 뒤에는 본격적으로 최소 3개월간은 목숨 걸고 싸워야 합니다. 진짜 이 단계야말로 전사처럼 덤벼야 해요. 오래 하라는 얘기가 아니었죠. 최소 3개월만 초집중적으로 전투하듯 활동하면 바이럴이 자동적으로 선순환 고리를 일으킵니다. 책이 입소문에 재 입소문, 그리고 책을 사본 독자들이 구매평 등을 대거 올리면 그게 다시 새로운 바이럴 루프를 형성하게 된다고 말씀드렸어요. 바이러스가 퍼질 때 가장 중요한 건 숙주를 많이 확보하는 거죠. 바이러스가 들어간 첫 숙주가 재채기(입소문)를 크게 일으키면 그 뿜어져 나온 비말(스토리, 증거물)이 공기를 타고 다른 사람의 기관지로 들어가서 새로운 사람을 숙주화하는 거잖아요. 내 책이 계속 회자되려면 바이러스처럼 숙주들을 많이 퍼트려야 하죠. 주된 숙주는 내 책의 팬들이겠죠. 재채기 한 번에 주변 사람을 다 감염시킬 정도의 그런 큰 숙주 역할을 하는 적극적인 팬들을 많이 확보할 때까지 계속 뜁시다! 주로 입이 큰 사람들, 즉 빅마우스라고 부르는 사람들, 많이 떠들기 좋아하는 사람들, 소문내기 좋아하고 자랑하기 좋아하고 SNS에 인증하기 좋아하는 사람들, 이런 사람들에게 협찬과 홍보를 많이 하세요.

이렇게 4번의 변신을 제대로 거치는 저자가 됩시다. 그럼 여러분의 책은 확실히 베스트셀러와 스테디셀러로 오래오래 사랑받게 될 테니까요. 마지막까지 지치지 말고 파이팅해요 우리! 당신 곁엔 레오짱이 있습니다!

에필로그

책을 쓰고 홍보하고 판매하기라는 긴 여정을 함께 해주신 독자 여러분, 수고 많으셨고 사랑합니다! 직접 쓰고 기획한 책 13권을 하나도 빠짐없이 모두 베스트셀러로 만든 사람으로서, 이 2권의 책에 저의 지난 27년간의 출판 노하우를 하나도 남김없이 다 풀어드렸습니다.

단순히 '원고를 쓰는' 수준이나 단순히 '나도 책을 출간했다'는 차원을 넘어서 '이왕 쓰시는 원고가 널리 사랑받는 책이 되도록 만드는 방법'을 알려드리고 싶었습니다. 그리고 책을 쓰는 가장 효율적인 방법과 바뀐 이 시대에 홍보 마케팅하는 방법까지도요.

책 구매를 인증하시면 추가적인 소책자나 영상의 형태로 보너스까지 드릴 준비를 해두었습니다. 자세한 것은 '레오짱과 함께하는 행복한 글감옥' 네이버 카페 공지를 참고하세요. 책을 읽으신 뒤 생긴 문의사항은 언제든지 책에 안내된 레오짱의 연락처로 문의 주시면 친절하게 답변드리겠습니다. 예비 저자 여러분의 건승을 기원합니다.

2021년 가을에 레오짱 드림